SPHERES OF JUSTICE
A Defense of Pluralism and Equality

正义诸领域
为多元主义与平等一辩

[美国] 迈克尔·沃尔泽 著
褚松燕 译

译林出版社

图书在版编目（CIP）数据

正义诸领域：为多元主义与平等一辩 ／（美）迈克尔 · 沃尔泽（Michael Walzer）著；褚松燕译 . —南京：译林出版社，2022.11
（人文与社会译丛 ／ 刘东主编）
书名原文：Spheres of Justice: A Defense of Pluralism and Equality
ISBN 978-7-5447-9379-7

Ⅰ.①正… Ⅱ.①迈… ②褚… Ⅲ.①正义 – 研究 Ⅳ.①D081

中国版本图书馆 CIP 数据核字（2022）第 147588 号

正义诸领域：为多元主义与平等一辩 ［美国］迈克尔 · 沃尔泽 ／ 著 褚松燕 ／ 译

责任编辑 张海波
装帧设计 胡 苨
校 对 孙玉兰
责任印制 单 莉

原文出版 Basic Books, Inc., 1983
出版发行 译林出版社
地 址 南京市湖南路 1 号 A 楼
邮 箱 yilin@yilin.com
网 址 www.yilin.com
市场热线 025-86633278
排 版 南京展望文化发展有限公司
印 刷 江苏凤凰新华印务集团有限公司
开 本 880 毫米 × 1230 毫米 1/32
印 张 13.625
插 页 2
版 次 2022 年 11 月第 1 版
印 次 2022 年 11 月第 1 次印刷
书 号 ISBN 978-7-5447-9379-7
定 价 98.00 元

主编的话

刘 东

总算不负几年来的苦心——该为这套书写篇短序了。

此项翻译工程的缘起，先要追溯到自己内心的某些变化。虽说越来越惯于乡间的生活，每天只打一两通电话，但这种离群索居并不意味着我已修炼到了出家遁世的地步。毋宁说，坚守沉默少语的状态，倒是为了咬定问题不放，而且在当下的世道中，若还有哪路学说能引我出神，就不能只是玄妙得叫人着魔，还要有助于思入所属的社群。如此嘈嘈切切鼓荡难平的心气，或不免受了世事的恶刺激，不过也恰是这道底线，帮我部分摆脱了中西"精神分裂症"——至少我可以倚仗着中国文化的本根，去参验外缘的社会学说了，既然儒学作为一种本真的心向，正是要从对现世生活的终极肯定出发，把人间问题当成全部灵感的源头。

不宁惟是，这种从人文思入社会的诉求，还同国际学界的发展不期相合。擅长把捉非确定性问题的哲学，看来有点走出自我围闭的低潮，而这又跟它把焦点对准了社会不无关系。现行通则的加速崩解和相互证伪，使得就算今后仍有普适的基准可言，也要有待于更加透辟的思力，正是在文明的此一根基处，批判的事业又有了用武之地。由此就决定了，尽管同在关注世俗的事务与规则，但跟既定框架内的策论不同，真正体现出人文关怀的社会学说，决不会是医头医脚式的小修小补，而必须以激进亢奋的姿态，去怀疑、颠覆和重估全部的价值预设。有意思的是，也许再没有哪个时代，会有这么多书生想要焕发制度智慧，这既凸显了文明的深层危机，又表达了超越的不竭潜力。

于是自然就想到翻译——把这些制度智慧引进汉语世界来。需要说明的是，尽管此类翻译向称严肃的学业，无论编者、译者还是读者，都会因其理论色彩和语言风格而备尝艰涩，但该工程却绝非寻常意义上的“纯学术”。此中辩谈的话题和学理，将会贴近我们的伦常日用，渗入我们的表象世界，改铸我们的公民文化，根本不容任何学院人垄断。同样，尽管这些选题大多分量厚重，且多为国外学府指定的必读书，也不必将其标榜为“新经典”。此类方生方成的思想实验，仍要应付尖刻的批判围攻，保持着知识创化时的紧张度，尚没有资格被当成享受保护的“老残遗产”。所以说白了：除非来此对话者早已功力尽失，这里就只有激活思想的马刺。

主持此类工程之烦难，足以让任何聪明人望而却步，大约也惟有愚钝如我者，才会在十年苦熬之余再作冯妇。然则晨钟暮鼓黄卷青灯中，毕竟尚有历代的高僧暗中相伴，他们和我声应气求，不甘心被宿命贬低为人类的亚种，遂把移译工作当成了日常功课，要以艰难的咀嚼咬穿文化的篱笆。师法着这些先烈，当初酝酿这套丛书时，我曾在哈佛费正清中心放胆讲道：“在作者、编者和读者间初步形成的这种‘良性循环’景象，作为整个社会多元分化进程的缩影，偏巧正跟我们的国运连在一起，如果我们至少眼下尚无理由否认，今后中国历史的主要变因之一，仍然在于大陆知识阶层的一念之中，那么我们就总还有权想象，在孔老夫子的故乡，中华民族其实就靠这么写着读着，而默默修持着自己的心念，而默默挑战着自身的极限！”惟愿认同此道者日众，则华夏一族虽历经劫难，终不致因我辈而沦为文化小国。

一九九九年六月于京郊溪翁庄

目 录

中文版序

迈克尔·沃尔泽

我非常高兴看到《正义诸领域》被翻译成中文，并希望这本书能够对在中国必将日益热烈的有关分配正义的辩论有所助益。经济改革及其带来的新的不平等使哲学反思不可或缺。事实上，在全世界，我们所说的“全球化”这张政治与经济进程纠缠在一起的网络正在制造越来越大的不平等，因此，有关正义的辩论确实日甚一日地重要起来。

“复合平等”的论点在我看来，仍然像我在20世纪80年代初写这本书时一样具有说服力。我希望在中国背景中，继而在全球背景中思考复合平等，这将会使事实比1983年时显得（甚至）更加明显——我并非在像一些批评者所指责的那样宣扬某种道德相对主义。《正义诸领域》在美国和英国思想性和专业性期刊中引发的相对主义争论，大都使我感到不愉快；我参与其中是不情愿的，因为我真正想写的是社会诸善具体的和日常的分配，而不是重大的抽象的哲学问题。那些例子是这本书的灵魂；而使用它们，即艰难地对它们进行条分缕析的目的，决不是要捍卫一种极受约束的相对主义观点——支配特定物品的分配的标准是，而且应当是，与那些物品在分配和获得它们的人们的生活中的意义有关的。在我看来，这个观点在当时，而且直至今天，都是一个相当显而易见的命题。它考虑到不同文化和国家中不同分配安排的合法性，但它本身是普遍适用的；它的用意是防范无时无处都在制造最危险的不平等的各种（基于财富或权力或出身与血统的）暴政。除了承认这两种价值能够在不同的时空以不同的方式实现，实际上也已经得到实现以外，我“为多元主义与平等一辩”不带任何相对主义色彩（我也想承认可能存在着大一统的等级制社会——尽管这些社会在社会科学虚构中远比在现实世界中更可能出现——以至于多元主义与平等都不可能在这些社会中实现）。

另外两种对《正义诸领域》的论点的批评或忧虑在我看来更为严重，并且也可能更令本书的新读者感兴趣。第一种批评质疑了我对各种人类才能所表达出的乐观态度和才能在人群中传播的方式。我认为，人们擅长不同的事物，而且有许多不同的事物供人们去精通，因此，只要各分配过程的自治得到尊重，一系列广泛的才能将产生一系列广泛的分配。不同的人将开始拥有不同的物品；没有人会在每个地方都取得成功。

但如果确实存在在一切可能的方面，或至少在他们的社会所重视的所有方面都极具才干的人，那情况又会怎样呢？而如果确实还有另外一些对任何领域都不擅长的人——他们不能在学校里取得好成绩或在工作中表现得能够胜任，他们不知道如何才能在政治领域中进行有说服力的辩论，他们没有特殊的体能，在家庭里没有表达爱和关心的能力，没有精神上的敏感性，那情况又会怎样呢？我的观点是，毫无疑问，我们所有的人都知道世界上有一些看起来像那样的人，但我并不相信他们实际上确实是那样的人。当代被社会大量排斥在外的人，新下层阶级，日益增多的生活在社会边缘的男人们和女人们，都不能被看作人类不平等的证据。相反，如果人们在每个领域都失败了，我们就应该把这看作一种不能把各领域分开并保持它们自治的系统性失败的一个标志：某种才能或某一组才能，某种善或某一组善，支配着所有其他的才能或善。如果我们能够打破这种支配局面，我们就会看到新的男人们和女人们——先前消极的、不讨人喜欢的甚至微不足道的人——突然在意想不到的方面有所擅长并一举成名，甚至可以说在他们自己的领域中取得领导地位。这是我在这本书里打的赌；而且，我仍愿打这个赌。它是一种平等主义政治必要的赌注。

第二种批评或忧虑集中在复合平等中的国家的地位和人们对政治的理解上。在本书中，我赋予政治权力双重地位。一方面，它与其他社会物品一样是一种社会善，有它自己的意义（我描述并捍卫了它在民主生活中所具有的意义），并且有它自己的分配机构和标准；像其他物品一样，它通常是一种值得拥有的好东西，但像其他物品一样，它也被不同的人予以不同的重视，一些人猛烈地追逐它，而另一些人则对它漠不关心或相对不关心。另一方面，政治权力体现在国家中是维护、修订和捍卫所有分配领域的边界的必要工具。在这个意义上，没有人能够对它无动于衷。正如托洛茨基对辩证法进行论述时所说的：如果你对政治不感兴趣，政治就对你感兴趣。

我可能对权力的第二方面论述得不够。当然，这两方面并非不一致。当我们民主地分配权力时，我们大概是在反映它的可能用途并寻找会很好地使用它的人。虽然如此，达到并维护复合平等，要求人们恰当使用权力，这个事实使权力成为与所有其他善不同的一种善。国家预防任何其他社会善的暴政，但预防国家暴政的又是什么呢？答案在于宪制、有限政府、一个致力于捍卫所有社会物品的自治并能够捍卫所有社会物品的自治的——而我并没有对其中的任何一种做出充分的论证——有能力的参与性的公民整体。我应当考虑到它们对当下的中国将具有特殊的重要意义，并且，我希望复合平等的这个方面被中国的读者们继续研究下去并详细予以阐述。

我同样没有充分强调的是，不论必要的限制是什么，我们同样需要一个能够充分发挥积极作用的国家。国家权力的价值可以通过历史的和当代的例子来阐明。我们可以思考国家官员如何在现代早期运用他们的权力破坏基于出身和血统的旧贵族制（而只保留其社会地位）的政治地位。而且，我们还可以再思考它们在20世纪是如何运用它们的权力为市场的帝国主义行径设定限制条件的。我承认，在这两种情况下——17世纪和18世纪欧洲的君主专制主义与我们自己时代的极权主义，在各领域间划定或重新划定边界的必要工作造成国家权力超越它自己的正当边界而扩张。因此，国家必须回到它正当的领域中。但这仍然是政治工作，而它的成就依赖于致力于复合平等的、在国家中掌权的人。

当然，复合平等也必须从所有领域内部来捍卫：通过工会抵制资本的暴政；通过教师坚持他们学校的独立性，拒绝服务于狭义的政治（或宗教）目的；通过医疗卫生专业人士寻找帮助他们最脆弱的病人的途径；通过福利制度避免使人们生活在“贫困线”之下或者免除被市场原则左右的命运。尽管如此，国家仍然是所有这些情况中人们最后诉诸的机构，无论何时，只要各领域内部的努力失败了，国家就会介入其中，而且常常如此。出于这个原因，尽管我更喜欢一种高度多元化的和非中央集权的政治，即《正义诸领域》所要求的，我也仍然是一个社会民主主义者，有着坚定的立场。

全球化有一天必将要求，也许它已经要求，国际服务机构来保卫不同的分配领域。但我怀疑这仍然将是现有国家要做的工作。它今天所采取的形式是这样的：国家必须为全球市场对它的公民们的影响设定界限；它必须保卫它自己的福利、教育和政治过程的自治。我说这些的意思并不是赞成政治孤立主义或经济孤立主义；我所提倡的保卫要求参与全球经济并与国际社会的其他成员密切合作；它将常常使跨越国界的合作成为必然。我只是想论证，复合平等不会在全球帝国主义化的市场中生存下来，就像它不能在一个全球化的帝国主义国家中生存下来一样。正如论证多元主义和平等的论点意味着在国家中需要有差异一样，在整个世界中也需要有差异。

2000年7月

序　言

平等从字面上理解是一个适宜于背叛的理想。献身于它的男人和女人，一旦组织起争取平等的运动并在他们中间分配权力、职位和影响力，就背叛了它，或者似乎背叛了它。有记得所有成员名字的行政秘书，有用高超技巧对付记者的新闻专员，还有不知疲倦地周游于地方分部"打基础"的受欢迎的演说家。这些人既是不可缺少的，又是不可避免的，而且，他们无疑在某些方面要胜过他们的伙伴。他们是叛徒吗？可能是，但也可能不是。

平等的魅力并不能由它的字面意思来解释。生活在独裁或寡头统治的国家里，我们可能梦想一个分享权力的社会，在这个社会里，每个人都精确地享有同样份额的权力。但我们知道，这种平等挨不到新成员的初次聚会结束。有的人将被选为主席；有的人将会做雄辩的演讲来劝我们都服从他的领导。在这一天的聚会结束时，我们便开始被区分开来了——这就是会议的目的。生活在资本主义国家，我们可能会梦想一个每个人的钱都一样多的社会。但我们知道，星期天中午十二点平均分配的钱不到一周结束就会被不平等地再分配了。一些人会把钱存起来，一些人会把钱用于投资，而还有人会把钱花了（他们将通过不同方式花钱）。钱的存在就是为了使各种各样的活动成为可能；如果钱不存在，物物交换也会产生同样的结果，只不过稍微慢点罢了。生活在封建国家，我们可能会梦想一个所有人都平等地得到荣耀和尊敬的社会。但是，即使我们能给每一个人相同的头衔，我们也知道我们不能否认——事实上，我们也愿意承认——许多种类不同、程度不同的技能、力量、智慧、勇气、仁慈、精力和风度把每个人区别开了。

我们当中许多献身于平等的人也不会满意于维持它的字面意思的必要政权：国家就像普洛克路斯忒斯之床[1]一样强求平等。"平等主义，"弗兰克·帕金写道，

xi 要求这样一个政治体制，在其中，国家能够不断地遏制那些凭借他们的技术、教育或个性特质组织起来的社会和职业团体，否则，他们可能……索要社会报酬的一个不相称的份额。遏制这种团体的最有效的方法就是不给他们进行政治组织的权利。[2]

这一评论来自支持平等的人，而反对平等的人甚至会更迅速地指出平等所需要的压制以及可能产生的单调和可怕的顺从。他们说，一个人人平等的社会将是一个假象充斥的世界，在这样的世界中，事实上并不一样的人将被迫显得和做得好像他们是一样的似的。并且，这种假象将会由假装实际上并不在其中的精英或先锋队去强制推行。这并不是一个诱人的前景。

但这并不是我们所说的平等。有一些平等主义者采纳了帕金的观点并与政治压制媾和，但他们的平等是一个可怕的信条，它只要为人们所了解就不可能吸引许多信徒。甚至那些我可称之为"简

---

1 普洛克路斯忒斯是古希腊神话人物，他羁留旅客，缚之床榻，体长者截其下肢，体短者拔之使与床齐。后人以"普洛克路斯忒斯之床"喻野蛮地强求一致。——译注

2 Frank Parkin, *Class, Inequality, and Political Order*（London, 1972）, p.183.

单平等”的拥护者的脑海中也不会是一个拉平的墨守成规的社会。但他们所想的是什么？如果不能从字面上去理解，那么平等又意味着什么？追问这些传统的哲学问题并不是我的直接目的：在什么方面我们是彼此平等的？并且，因为什么特征我们在那些方面是平等的？整本书是对这些问题中的第一个问题的一种详尽的回答；至于第二个问题的答案，我并不知道，尽管在最后一章，我将提出一个相关特征。但肯定有不止一个特征：第二个问题用一个一览表来回答要比仅用一个单词或短语回答看起来更为合适。答案与我们承认彼此作为人类与作为同一物种的成员有关，而且我们承认还有身体、思想、情感、希望，甚至可能还有灵魂，我用承认这一假定来作为此书的基础。我们的差异是很大的，但我们的相似之处也同样显而易见。那么随这种差异和相似而来的是什么样的(复杂的)社会安排呢？

平等的根本含义是消极的，平等主义就其起源来说是一种废弃主义政见。它的目标并不在于消灭全部差别，而是消灭特定的一套差别，以及在不同地点不同时间消灭不同的差别。它的目标总是明确的：贵族特权、资本主义财富、官僚权力、种族或性别优越性。但是，在上述的每一种情况下，几乎都会采取同样的斗争方式，关键是一个群体控制其成员的能力。产生平等主义政见的并不是富有与 xii
贫困并存这一事实，而是富者“碾碎穷人的脸面”，把贫穷强加到他们身上，迫使他们恭顺这一事实。类似地，导致民众要求消除社会和政治差别的不是因为存在着贵族与平民或官员与普通公民(无疑也不是不同种族或性别的存在)，而是由于贵族对平民、官员对普通公民、掌权者对无权者的所作所为。

屈从的经历——首先是个人屈从的经历——是憧憬平等的原因。反对这种憧憬的人常常宣称平等主义政见生机勃勃的激情是忌妒和怨恨，而且事实上这种激情确实在每一个屈从群体中激起怨愤。在某种程度上，这种激情将塑造其政见：因此，马克思在他早期手稿中所描述和批判的"粗陋的共产主义"只不过是一个忌妒纲领罢了[1]。但是，忌妒和怨恨是一种让人不舒服的激情，没有人喜欢它们，我认为这么说是准确的：平等主义与其说是这些激情作用的行为结果，倒不如说是一个有意识的尝试，以逃避产生这些激情的条件，或者避免使这些激情变得危险的条件——因为，可以说，有一种忌妒存在于社会生活表层却没有产生严重后果。我可能忌妒邻居的绿手指[2]或者他那深沉的男中音，甚至他赢得我们共同的朋友尊敬的能力，但这些忌妒没有一种会驱使我组织一场政治运动。

政治平等主义的目标是不受支配的社会。这是冠以**平等**之名的活生生的愿望：不再需要打躬作揖、谄媚奉承；不再有恐惧的哆嗦；不再有盛气凌人者；不再有主人，不再有奴隶。这不是一种消除所有差别的愿望，我们不需要所有人都一个样子或者拥有同样数量的同一种东西。当没有人占有或控制支配的手段时，男人们和女人们是彼此平等的（对所有重要的道德目的和政治目的来说都如此）。但是，支配的手段在不同社会里的构成是不同的。出身与血统、地产、资本、教育、神恩、国家权力——所有这些都在不同时期为一些人支配别人提供了手段。支配往往以某些社会物品（social goods）[3]为中介。尽管经验是个人的，但个人本身却无法决定经验的特征。

---

1 Karl Marx, *Economic and Philosophical Manuscripts*, in *Early Writings*, trans. T.B. Bottomore（London, 1963）, p.153.（马克思在《1844 年经济学哲学手稿》中对"粗陋的共产主义"给予批判，指出"由于它到处否定人的个性……只不过是私有财产的彻底表现"，"任何私有财产本身所产生的思想，至少对于比自己更富足的私有财产都含有忌妒和平均主义欲望"，"粗陋的共产主义者不过是充分体现了这种忌妒和这种从想象的最低限度出发的平均主义"，是"对整个文化和文明的世界的抽象否定"。参见马克思，《1844 年经济学哲学手稿》，人民出版社，2018 年。——译注）

2 即种植花木蔬菜等的高超技能。——译注

3 作者在本书中所使用的 social good（s）一词是一个包容性概念，意指社会中可供分配分割、作为支配手段的物质或非物质物品，即容纳了事实和价值两方面，如此处所列出的出身、血统、地产、资本、教育、神恩、国家权力，以及食物、衣服等。因此，译者会根据具体语境译作"社会善"、"社会物品"等。——译注

因此，平等再一次如我们所梦想的那样不需要压制个人。我们必须理解和控制社会物品；我们不必用自己的标尺裁剪人类。

我在本书中的目的是描述一个这样的社会，在这个社会中，没 xiii
有一种社会物品充当或能够充当支配的手段。我不会去试图描述我们应该如何创造这样一个社会，仅仅描述这样一个社会就已经很艰难了：一个没有普洛克路斯忒斯之床的平等主义；一个鲜活开放的平等主义，它不与“平等主义”一词的字面意思相合，而是与这一憧憬的更加丰富的层面相宜；一个与自由相一致的平等主义。同时，我的目的并不在于勾画出一个并不存在的乌托邦或一个普适的哲学理念，一个平等的社会是我们力所能及的社会，正如我试图阐释的，它是一种此时此地的实践可能性，早已扎根在我们对社会物品共享的认识中了。**我们**共享的认识是：这一憧憬是与其得以发展的社会环境相关，而不是或并不必然与所有社会环境相关。它与人们如何互相联系，以及他们如何用其所造之物来形成彼此关系的特定观念相适合。

我的论点完全是特殊主义的，我不是要宣称我从生活于其中的社会环境中获得了多大进展。着手哲学事业的一种方法——可能是最初的方法——是走出洞穴，离开城市，攀登山峰，为自己（而绝不是为饮食男女们）塑造一个客观的普遍的立场。于是，你就可以在局外描述日常生活领域，这样，日常生活领域就失去了它特有的轮廓而呈现出一种一般形态。但我的意思是站在洞穴里，站在城市里，站在地面上来做描述。研究哲学的另一个方法是向其他公民们阐释我们共享的意义世界。正义与平等可以被设想为哲学的人工制品，但一个公正的或平等主义的社会却不能如此理解，如果这样一个社会并不存在——正如它已经隐藏在我们的观念和范畴中——我们将永远不会对它有什么具体的了解，也永远无法把它变为现实。

为了提出（某一种）平等主义的可能现实，我试图通过当代和历史上的实例、自己所处社会中的分配状况以及与别的社会的比较，来推演出我的论点。分配无法代替戏剧性解释，我也几乎讲不出我想讲的故事：有开头、过程和一个含有寓意的结尾。我的实例都是粗线条的，有时集中在分配机构上，有时集中在程序上，有时集中在标准上，有时又集中在我们分享、分割和交换的物品的用途和意义上。这些例子旨在表明物品自身的力量，或者更准确地说我们关于物品的观念的力量。我们用头脑所创造的社会环境就像我们用双
xiv 手创造的社会环境一样，我们创造的独特的世界正适宜于平等主义的解释，再次声明，不是字面意思上的平等主义——我们的观念对它来说太复杂了；但它们确实直接趋向于禁止为了支配之目的来使用物品。

我认为，这一禁止的源头与其说是一种关于人的普遍主义观念，倒不如说更是一种关于物品的多元主义观念。因此，在下文中我将模仿约翰·斯图亚特·密尔的方法，并舍弃了（大部分）个人权利（也即人权或自然权利）的观念可能给我的论点带来的便利。[1]若干年前，我论述战争时，是严重依赖权利思想的，因为战争中的正义理论确实能够从两个最基本、最广为承认的人权中产生——并且用最简单的（消极的）方式：生命和自由不受剥夺。[2]或许更重要的是，这两项权利似乎能解释我们在战争期间最通常做的道义判断，它们真正起到了作用，但在思考分配的正义时，它们的助益却是有限的。我应该主要在关于成员资格和福利的章节中诉诸它们；但即便在那里，它们也不可能使我们深入到论证的实质上去。通过增加权利来做出的对正义的全面解释或对平等的辩护的努力，不久就会使所增加的权利变得毫无意义。说人们有权拥有我们认为他们有权拥有的任何东西，等于什么也没说。男人们、女人们确实除了生命和自

1 Cf. John Stuart Mill, *On Liberty*, in *The Philosophy of John Stuart Mill*, ed. Marshall Cohen (New York, 1961), p.198.

2 见 Michael Walzer, *Just and Unjust Wars: A Moral Argument with Historical Illustrations* (New York, 1977),特别是 Chaps. 4 and 8。

由还有别的权利，但这些权利并不源自我们共同的人性，而是来自共享的社会物品观念，它们在特性上是局部的、特殊的。

但是，密尔的功利原则也不能在关于平等的争论中用作最终的裁决。我认为，“最大意义上的功利”能够以我们喜欢的任何方式发挥作用，但是，古典功利主义看起来似乎为社会物品的分配要求一个协调的方案，一个高度精确的中心计划。并且，虽然这个计划可能产生有点像平等的东西，但它也不会产生我所描述的不受任何支配的平等：因为制订计划的人的权力可能是支配性的。如果我们要尊重社会意义，那么分配就不能与普遍幸福相洽和，也不能与别的什么东西相洽和。只有当社会物品为明晰的“内在”原因而分配时，支配才能被排除。我将在第一章中解释这一意思，然后论证分配的正义不是——而功利主义肯定是——一门整合的科学，而是一种区分的手艺。

而平等只不过是这种手艺的结果——至少对我们来说，它是用手头的材料做成的。因此，在本书的其余章节中，我就试图一个一 xv
个地描述那些材料，那些我们制造和分配的物品。我将试图说明安全与福利、金钱、官职、教育、自由时间、政治权力等对我们意味着什么；它们在我们的生活中扮演着何种角色；以及如果能够免受一切类型的支配，我们可能如何分享、分割和交换它们。

1982年于新泽西州普林斯顿 xvi

致　谢

致谢和引文事关分配正义，是我们支付智力债务的通用货币。这笔支付确实是重要的，在《塔木德》[1]中有这么一句谚语：当一个学者答谢他的**所有**资料来源时，他就离赎罪日更近一点了。但做到全面答谢并不容易，我们可能没有或没能注意到许多我们所背负的沉重债务——因此圣日仍然很遥远。即便在此，正义也是不完整、不完善的。

在1970—1971学年，我在哈佛大学和罗伯特·诺齐克教授一起讲授一门题为“资本主义与社会主义”的课程，课程采取辩论形式，辩论的一半内容可见于诺齐克教授的《无政府、国家与乌托邦》(*Anarchy, State, and Utopia*, New York, 1974)，而本书是辩论的另一半内容。我并没有试图详尽地回应诺齐克的观点，而只是简单地阐述了我自己的立场，但是，我对我们之间的讨论与异议之谢意却言之不尽。

本书中的几章曾在伦理学和法哲学学会的会议上以及普林斯

1　关于犹太人生活、处世、经商、教育的口传律法集，为犹太教仅次于《圣经》的主要经典。——译注顿高等研究院的社会科学学院主办的研讨会上宣读和讨论过。我对在1980—1981、1981—1982学年期间学会的全体成员和研究院的同事们表示感谢。我要特别感谢乔纳森·本尼特、马歇尔·库恩、简·爱尔施坦、查尔斯·弗里德、克利福德·格尔茨、菲力浦·格林、艾米·古特曼、阿尔贝特·赫施曼、迈克尔·麦克弗森、约翰·施莱克尔、马克·斯蒂尔和查尔斯·泰勒的忠告和批评。朱迪思·雅韦斯·汤姆森阅读了全部手稿并指出了所有那些我尽管已经说明但如果进行论证将会更好的地方，我已经试着做了论证，尽管并没有全部达到她（和我）所期望的深度。

罗伯特·阿姆杜尔、唐·赫尔佐克、艾尔冯·豪尔、詹姆斯·T.约翰逊、马文·科尔、朱迪斯·利维特、丹尼斯·汤普森和约翰·沃梅克分别阅读了本书的其中一章并提出了有益的意见。我的妻子朱迪思·沃尔泽阅读了本书的大部分内容，与我讨论了本书的全部章节并支持我对亲属关系和爱进行粗略探讨所做的努力。

当今对正义进行著述的人，谁也不能不承认和尊重约翰·罗尔斯的成就。在本书正文中，我通常并不同意《正义论》(1971)的观 xvii
点，我的事业与罗尔斯的很不相同，并且侧重于不同的学术领域（我侧重于历史学和人类学领域而非经济学和心理学领域）。但是如果没有他的著作，我的作品将不会像现在这样成形——甚至可能根本不会成形。另外两位当代哲学家比罗尔斯更接近我自己关于正义的看法，在《正义与人类善》(1980)一书中，威廉·M.盖尔斯通(William M. Galston)和我一样主张，社会物品“被分成不同的范畴”，并且“每一个范畴都表达着某些特殊主张的集合”。在《分配的正义》(1966)一书中，尼古拉斯·雷舍尔(Nicholas Rescher)和我一样为一种“多元主义的和各种各样的”正义的解释进行争论。但是，在我看来，盖尔斯通的亚里士多德主义和雷舍尔的功利主义削弱了多元主义的价值，因而我的论证并没有求助于这些基础性理论。

“成员资格”一章在其早期版本中第一次出现在罗曼与利特尔费尔德公司（Rowman and Littlefield Totowa, N.J., 1981）出版的彼得·G.布朗（Peter G. Brown）和亨利·舒（Henry Shue）主编的《边界：民族自治及其限度》（*Boundaries: National Autonomy and Its Limits*）一书中。我在此感谢编者的评论和批评，感谢出版商同意我在本书中重印这篇论文。第十二章的一节首次出现在《新共和》（1981年1月3日和10日）上。其中的一些论文收入我的《激进诸原则》（*Radical Principles*, New York, 1980）一书中，而在《异议》（*Dissent*）杂志上刊登的是本书中所提出的理论的早期的尝试性陈述，在布莱恩·巴里（Brian Barry）发表于《伦理学》（*Ethics*, 1982年1月）上的对《激进诸原则》的批评性评论的帮助下，我对这一理论进行了再加工。摘自W.H.奥登《在战争期间》中的两行诗选自爱德华·门德尔松主编的《英国人的奥登：诗歌、散文与戏剧作品集（1927—1939）》（*The English Auden: Poems, Essays, and Dramatic Writings, 1927—1939*），其著作权（1977）归爱德华·门德尔松、威廉·梅瑞迪斯和孟罗·K.斯皮尔斯所有，他们是奥登的财产执行人，出版商兰德公司的许可也令我感激。

玛丽·奥利弗是我在高等研究院时的秘书，她打印了我的初稿并不厌其烦地以其一贯的准确和不倦的耐心一遍又一遍地打印手稿，在此谨表谢意。

最后，基础书籍出版公司（Basic Books Inc.）的马丁·凯斯勒和冯比·豪斯为我提供了在一个完全正义的社会中，所有作者所能
xviii 得到的好心的鼓励和编辑意见，在此亦深表谢意。

第一章
复合平等

多元主义

分配正义是一种丰富的思想，它在哲学反思所及范围内绘制了善的整个世界。任何东西都不能被忽略，我们日常生活的每一个特点都不能逃脱仔细的审查。人类社会是一个分配的共同体。这并不是它的全部内涵，但重要的一点是：我们聚到一起是为了分享、分割和交换。我们聚到一起还是为了制造我们用来分享、分割和交换的东西，但这种制造——工作本身——又是以劳动分工形式在我们中间分配的。我在经济中的地位，我在政治序列中的级别，我在伙伴中的声誉，我拥有的物质财产，所有这些给我的东西都是从其他男人和女人那里得来的。可以这样说，我拥有的东西是我该有的或不该有的、正义的或不正义的，但是，只要涉及分配的范围和参与分配者的数量，这种判断就不容易做出了。

分配正义的观念与占有有关，也与是（being）和做（doing）有关；与消费有关，也与生产有关；与土地、资本以及个人财产有关，也与身份和地位有关。不同的分配需要不同的政治安排来实施，不同的意识形态来保证。分配的内容包括成员资格、权力、荣誉、宗教权威、神恩、亲属关系与爱、知识、财富、人身安全、工作与休闲、奖励与惩罚以及一些更狭义和更实际的东西——食物、住所、衣服、交通、医疗、各种商品，还有人们收集的所有稀奇古怪的东西（名画、珍本书、盖有印戳的邮票等）。并且，物品的这种多样性与多样化的分
3 配程序、机构和标准相匹配。不可否认，也有简单的分配系统——奴隶船、寺院、精神病院、幼儿园（尽管仔细看的话，这其中的每一个都可能表现出意想不到的复杂性），但从来没有一个成熟的人类社会能够避开这种多样性。我们必须对这种多样性进行全面研究，即研究诸多不同时间、不同地点的物品及其分配。

但是，进入这个分配性的制度安排和意识形态世界并非只有一种途径。从来不曾有过一个普遍适用的交换媒介。易货经济衰落以来，金钱成了最为常见的交换媒介。但有一句古老格言说得好，有一些东西是钱买不来的，这句古老格言不仅在规范上为真，而且在现实生活中也为真。什么东西应该、什么东西不应该拿来出售，这是男人们和女人们常常需要决定并且用各种不同的方式决定的事。纵观历史，市场是分配社会物品的最为重要的机制之一，但它从来不是，今天在任何地方也不是，一个完善的分配系统。

类似地，也从来不存在单一的一种控制所有分配的决策点或一套做出决策的机构。没有一个国家政权曾拥有如此强大的渗透力，以至于能够规制社会得以形成的所有分享、分割和交换模式。事物总是从国家控制的缝隙中溜出来，产生出新的模式——家族网络、黑市、官僚同盟、秘密的政治和宗教组织。国家官员能够收税、征兵、配给、管制、任命、奖赏、惩罚，但他们却不能虏获全部的物品，也不能自己去代替其他任何一个分配代理人。其他任何人也做不到这一点：现实中确实有市场“政变”和垄断，但从来不曾有过一个完全成功的分配阴谋。

最后，从来不存在一个适用于所有分配的单一标准或一套相互联系的标准。功绩、资格、出身和血统、友谊、需求、自由交换、政治

忠诚、民主决策等等，每一个都有它的位置，都与许多别的标准不那么和谐地共存，并被竞争集团所利用，彼此混淆在一起。

至于分配正义，历史向我们展示了大量不同的制度安排和意识形态。但哲学家的最初冲动是抵制历史的展示和表象世界，并寻找某种内在一致性：一个基本善的简短列表，由此迅速抽象出唯一的善；一个唯一的分配标准或一套相互联系的分配标准；而哲学家自己则至少象征性地站在唯一的决策点上。我应当指出的是，寻求一致性误解了分配正义的主题。不过，在某种意义上，哲学上的冲动是不可避免的。即便我们选择了多元主义，正如我应该做的，这个 4
选择也仍然要求逻辑自洽的辩护。必须有证明该选择合理的原则并为该选择设限，因为多元主义并不要求我们支持每一个提议的分配标准或接受每一个所谓的代理人。可以想见，的确存在一种唯一的多元主义原则和唯一一种正当的多元主义。但这仍然是一种包含着广阔范围的分配的多元主义。相较而言，绝大多数就正义著书立说的哲学家，从柏拉图开始，就有着这样一个最深层的假设：哲学能够正确地成就一种，并且是唯一一种分配系统。

今天，这个系统通常被描述为：处于理想状态中的理性的男人们和女人们，如果他们被迫公正地进行选择，而又对他们自己的地位状况一无所知，并且被禁止发表一切排他性权利主张，那么面对一组抽象的善，他们将选择这种系统。[1]如果对知识和权利主张的限制设计恰当，且这些善是恰当限定的，那么，能够得出一个唯一的结论就有可能为真。理性的男人们和女人们，被不同形式限制着，将会选择一种，并且是唯一一种分配系统。但这个唯一的结论的力量却是不容易测量的。值得怀疑的是：同样是这些男人们和女人们，

1　见 John Rawls, *A Theory of Justice*（Cambridge, Mass., 1971）; Jürgen Habermas, *Legitimation Crisis*, trans. Thomas McCarthy（Boston, 1975）, esp. p. 113; Bruce Ackman, *Social Justice in the Liberal State*（New Haven, 1980）。

如果他们变成了普通人，有着对自己身份的牢固观念，手里有自己的物品，陷入日常的烦心事中，那么，他们是否还会反复重申他们的假设选择，或甚至声称这一选择是他们自己做出的。最重要的是，问题并不在于利益的排他性，而哲学家们通常假定他们能够安全地——也就是不容置疑地——将其置之不理。而普通人，比如说，为了公共利益也能做到这一点。更大的问题在于历史、文化和成员资格的排他性。即便他们心存公正，一个政治共同体中的成员脑海里最可能浮现的问题，不是在如此这般普遍化了的条件下理性的个人将选择什么，毋宁说是像我们这样的个人将选择什么，谁和我们所处的境地相同，谁和我们分享一种文化并注定继续分享这一文化。并且，这个问题可以毫不困难地转换成这样的问题：我们在日常生活过程中已经做出了什么选择？我们所（真正）分享的是什么理念？

正义是一种人为建构和解释的东西，就此而言，说正义只能从唯一的途径达成是令人怀疑的。无论如何，我将从对这个标准哲学假设的质疑开始，并且不仅仅是质疑。分配正义理论所提出的问题
5 有许多种答案，并且，在答案范围内，还为文化多样性和政治选择留有空间。这不仅仅是在不同历史背景下实施某个唯一的原则或一组原则的问题。没有人能够否认还存在着一些道德上许可的实施措施。我所要争论的不止这些：正义原则本身在形式上就是多元的；社会不同的善应当基于不同的理由、依据不同的程序、通过不同的机构来分配；并且，所有这些不同都来自对社会诸善本身的不同理解——历史和文化特殊主义的必然产物。

物品的理论

分配正义的各种理论的焦点都集中在通常被描述为一种仿佛采用这种形式的社会过程：

人们向(别的)人们分配物品

在这里,“分配”的意思是给予、配给、交换等,而焦点既不集中在制造者的行为上,也不集中在消费者的行为上,而是集中在分配代理人和物品的领受者身上。我们像那些既给予又取得的人一样通常只关注我们自己的利益,但在这种情况下,只关注特殊的、受限制的意义上的“我们”的利益。我们的天性是什么?我们的权利是什么?我们需要、想要、应得的是什么?我们对什么拥有权利?我们在理想状态下将会接受什么?这些问题的答案就转化成被假定为控制着物品的运动的分配原则。物品,就抽象定义而言,是可以向任何方向运动的。

但这只是对现实中发生的事情的一种过于简单的理解,并且它使我们过快地对人的本质和道德的能动作用做出夸大的武断结论——决不可能博得普遍同意的断言。我想要做的是对核心过程做一个更为严谨、复杂的描述:

人们构思和创造出物品,然后在他们自己当中进行分配。

在这里,构思和创造优先于并控制分配。物品并非只是出现在分配
代理人手中,让他们随心所欲地处置或按某个一般原则来分发。[1]相 6
反,物品及其意义——正是因为它们的意义——是社会关系中的决定性中介;它们在处于人们手中之前就已经进入人们的脑海中了;分配是依据人们所共享的关于物品是什么和它们的用途何在的观念摹制出来的。分配代理人受他们所掌握的物品制约;几乎可以这

1　罗伯特·诺齐克在《无政府、国家与乌托邦》(*Anarchy, State, and Utopia*, pp. 149—150, New York, 1974)一书中提出了类似观点,但却得出了激进个人主义的结论,这在我看来,失去了生产的社会特征。

样说：物品在人们中间自行分配。

东西坐在马鞍上
驾驭着人类。[1]

但这些总是特殊的东西和特殊的男人、女人群体。而且，当然，我们制造出东西——甚至马鞍。我并不想否认人类能动性的重要性，我只是想把我们的注意力从分配本身转移到构想和创造上：为物品命名，赋予其意义以及集体制造它们。我们需要一种物品理论，来对分配可能性的多元论进行解释与限制。出于我们眼前的目的，这一理论可以总结为六个论点：

一、分配的正义所关注的所有物品都是社会物品。它们不是也不能作为个人癖好来估价。我不能确定是否存在其他种类的物品；我的意思是将这个问题开放化。有些家用物品之所以备受珍爱，是出于个人的和情感的原因。但只有在文化中，情感才常常依恋于此类物品。一个美丽的黄昏，刚刈过的干草堆的味道，一幅城市街景带来的兴奋：这些可能都是个人珍视的物品，尽管它们同样是且更明显是文化评估的目标。甚至新发明所受到的重视与它的发明者的想法也并不一致；它们受制于一个更为宽广的构想和创造过程。上帝之物固然是免于这个规则支配的——如《创世记》的第一章所说："上帝看着所创造的一切都甚好。"（1：31）这一评价并不要求人类（他们可能会产生疑问）的同意，也不需要男人和女人中的大多数或在理想状态中相聚的任何男人和女人群体（尽管身处伊甸园中的亚当和夏娃有可能认可它）的同意。除此之外，我想不出还有什么别的东西可免于这个规则的支配。世上的物品有着人们共享的

1 Ralph Waldo Emerson, "Ode", in *The Complete Essays and Other Writings*, ed. Brooks Atkinson (New York, 1940), p. 770.

含义，因为构想和创造都是社会过程。出于同样的原因，物品在不同的社会里有着不同的含义。同样的“东西”因不同的原因而被重视，或者在此地被珍爱而在别处则一文不值。约翰·斯图亚特·密尔曾抱怨说“人们喜欢聚群”，但我不知道还有没有别的方法去喜欢或不喜欢社会物品。[1]一个离群索居的人几乎不能够理解物品的含义并想出物品可爱或令人厌恶的原因。一旦人们聚群而居，个人旨 7
在得到别的价值——包括比如说扬名和怪癖等价值——而带着潜伏或颠覆性企图离开群体就是可能的。一种温和的怪癖有时一直是贵族的特权之一：它和别的东西一样是一种社会物品。

二、男人们和女人们因他们构想和创造的方式不同而呈现出具体的特征，然后他们占有并使用社会物品。“什么是我和什么是我的之间的界线，”威廉·詹姆斯写道，“是很难划分的。”[2]分配不能被理解为脑海中或手中尚没有特定物品的男人们和女人们的行为。事实上，人们已经在与一组物品的关系中了；他们不仅在相互之间，而且在他们所生活的精神和物质世界之间有着交易史。如果没有这样一个出生即开始的历史，他们在任何可辨识的意义上都不会是男人和女人，而他们也不会有关于如何进行物品的给予、配给和交换的最初观念。

三、不存在可想象的跨越全部精神和物质世界的唯一一组首要的或基本的物品。或者说，这样一组物品已被构想得如此抽象以至于它们对于思考特定的分配作用甚微。即便是必需品，如果我们既考虑精神必需品，也考虑物质必需品，其范围是非常广的，其分级排序也是非常不同的。唯一一种且通常是必需的物品——比如说，食物——在不同的地方就承载着不同的含义。面包就是生命的

1　John Stuart Mill, “On Liberty”, in *The Philosophy of John Stuart Mill*, ed. Marshall Cohen (New York, 1961), p. 255. 至于人类学对喜欢或不喜欢社会物品的行为的解释，见 Mary Douglas and Baron Isherwood, *The World of Goods* (New York, 1979)。

2　William James, quoted in C. R. Snyder and Howard Fromkin, *Uniqueness: The Human Pursuit of Difference* (New York, 1980), p. 108.

全部、基督的身体、安息日的象征、待客的方法等。可以想象，只能在一个有限的意义上说这些含义中的第一个是首要的含义，因此，如果世界上有二十个人和刚好足够的面包来满足二十个人的需要，那么，“面包即生命的全部”的首要性就会产生一个充分的分配原则。但那是该原则能够发挥作用的唯一环境；而且即便在那里，我们也不能确定该原则是否有效发挥作用。如果面包的宗教用途与作为食物的用途相冲突——如果诸神要求将面包烘烤并烤焦而非吃掉——那么，哪一种用途是首要的就毫不清晰了。但是，面包何以被列入世界通用之物呢？这个问题甚至更难回答，传统的答案更缺乏合理性，因为我们已从必需品转向了机会、权力、名誉等等。这些东西当且仅当从每种特定含义中抽象出来时才能被列入通用之物——因此，为所有实用之目的，这些就变得毫无意义。

四、但正是物品的含义决定了物品的运动。分配的标准和制
8 度安排不是善本身固有的，而是社会善内在所需的。如果我们理解一个物品是什么，它对那些将它看作一种善的人意味着什么，那么，我们就能理解它应当怎样、由谁、为何原因来分配了。所有分配公平与否是与利益攸关的物品的社会意义相关的。从各方面看，这显然是一个合法化原则，但它同样是一个决定性原则。[1]比如说，中世纪的基督教徒谴责买卖圣职的罪恶时，他们是在主张教会职务这种特定的社会物品的意义，排除了其出售和购买的可能。基督教徒对

1　社会意义不正如马克思所说，只不过是“统治阶级的思想”，“占统治地位的物质力量，同时也是社会上占统治地位的精神力量”吗？见 Karl Marx, *The German Ideology*, ed. R. Pascal（New York, 1947）, p. 89。我不认为它们永远只是这个含义或完全是这个含义，尽管统治阶级的成员和他们所支持的知识分子会为了他们自己的利益而利用并扭曲社会意义。但是，当他们那样做时，他们可能会遇到（在知识上）来自同样的含义的抵抗。一个民族的文化通常是一个连接点，即便它不是一个完全合作的产物，但它往往是一个复杂的产物。人们通常所理解的特定物品与原则、程序、代理观念相联系，如果统治者立刻选择的话，那么，他们将不做选择——由此产生了社会批判这个词。反对有权势的男人们和女人们的篡位而诉诸我所说的“内部”原则，是批判说教的普通形式。

职务的理解既定，那么，随之而来的——我倾向于说，必然随之而来的——就是职务占有人应当根据其知识和虔诚而非财富来选拔。可能有许多东西是钱可以买到的，但这个东西不行。类似地，**卖淫、贿赂**和**买卖圣职**这些词，描述的是那样一类物品的买卖，在对这些词的含义有确定共识的条件下，这些物品是绝不应该出售或购买的。

五、社会意义具有历史性；同理，分配以及公正的和不公正的分配是随着时间的推移而变化的。确切地说，某些关键性的物品有我们所认为的特有的规范结构，并穿越时空界限（但并非所有界限）而反复重申。正因为这一重申，英国哲学家伯纳德·威廉斯（Bernard Williams）能够论证说物品应当始终按“相关的理由”来分配——而相关性似与本质而非社会意义相联系。[1]例如，职务应当给予合格的候选人，这个观念——尽管不是人们关于职务的唯一观点——明显存在于不同的社会，而在这些社会，不同名目的买卖圣职和任人唯亲基本上都被认为是罪孽深重的或不公正的。（但关于哪种职位和位置被恰当地叫作“职务”，人们有着相当大的分歧。）又如，惩罚被广泛理解为一种消极的善，应当基于法律判决而非政治决定施加于罪有应得者。（但什么构成一个判决？谁来做出判决？简言之，如何对被控的男人和女人行使正义？关于这些问题，人们有着重大争议。）这些例子需要引入经验调查。不存在纯粹的 9
直观或推测性程序来获得相关理由。

六、意义清楚明白后，分配必须是自主的。可以说，每一种社会善或每一组物品都构成一个分配领域，在其中只有某些特定标准和安排是合适的。金钱在教会职务领域是不恰当的；它是来自另一个领域的入侵。而虔诚在市场领域毫无优势，就人们对市场的一般理

1　Bernard Williams, *Problems of the Self: Philosophical Papers*, 1956—1972 (Cambridge, England, 1973), pp. 230—249 (“The Idea of Equality”). 这篇论文是我自己思考分配正义的起始点之一。也请参见 Amy Gutmann, *Liberal Equality* (Cambridge, England, 1980)，该书第四章中对威廉斯的观点的批判（和我自己的一篇早期论文）。

解而言。能够正当出售的任何东西都应该是既能卖给虔诚的男人和女人，也能卖给渎神的、信奉异教的有罪的男人们和女人们的（否则，没有人会做那么多生意了）。市场对所有人都是开放的；而教堂则不是。当然，社会意义在任何社会都不是完全清楚明确的。一个分配领域中发生的事情会影响别的分配领域的事情，我们至多只能寻求相对的自主。但相对自主，如同社会意义一样，是一个决定性原则——正如我在本书中自始至终所要论证的，确实是一个根本原则。尽管它并非一个检验所有分配的唯一标准，但它仍然是根本的。并不存在唯一标准，但对于每个特定社会的每个分配领域的每个社会物品来说，都有许多标准（即便这些标准是相冲突的，它们也都是大概可知的），并且这些标准常常被有权势的男人们和女人们违背，物品被篡夺，领域被侵犯。

支配与垄断

事实上，违背却是成系统的。自主事关社会意义和共享的价值，但它更易于导致不时的改革和反抗而非日常的实施。就其分配安排的复杂性而言，我们可以把大多数社会看作是在金本位原则上组织起来的：一种善或一组物品在所有分配领域都具有支配和决定性作用。而这种善或这组物品通常都是被垄断的，它的价值被它的拥有者们的力量和凝聚力所维护。如果拥有一种善的个人因为拥有这种善就能够支配大量别的物品的话，那么，我将称这种善是支配性的。当一个男人或女人，或世界上一个重要的君主——或一群男人和女人、寡头——随时都能成功地用一种善来对抗所有敌手，那么这种善就是垄断性的。支配一词描述了一种社会物品的使用
10 方式，这种方式并不局限于物品的固有含义，或者说，用自己的形象塑造着这些物品的含义。而垄断一词描述了拥有或控制社会物品的方式，其目的是利用社会物品的支配性。当物品稀缺而需求广泛

时，如同沙漠中的水，垄断本身就会使该物品占据支配地位。但是通常地，支配是一个更为精巧的社会创造，是混合了现实与象征并经由许多工序制成的杰作。体力、家庭名誉、宗教或政治职务、不动产财富、资本、技术知识，这当中的每一种在不同的历史阶段都曾是支配性的；并且，它们当中的每一种都曾被某个群体垄断过。然后所有好的东西就都到了那些拥有最好的东西的人手中。拥有了那个东西，别的东西就源源不断地到手了。或者，让我们换一种隐喻的说法，一种支配性的善经过通常看起来是一个自然过程而实际上是不可思议的一种社会炼金术而转换成另一种善，转换成许多别的善。

从来没有一种社会善能够自始至终地支配所有领域的物品；从来没有一种垄断是完美无缺的。我只想描述趋势，那种决定性的趋势。因为我们能够根据在这些趋势中被确立的转换模式，来描绘全部社会的特征。某些特征是简单明了的，在资本主义社会，资本是支配性的，并容易转化成特权和权力；在专家治国社会，技术知识扮演着同样的角色。但去想象或者发现更为复杂的社会安排并不困难。事实上，资本主义和专家治国比它们的名称所包含的意义复杂得多，即便这些名称确实传达了最重要的分享、分割和交换的真实信息。对一种支配性的善的垄断性控制造就了一个统治阶级，其成员高踞分配体系之巅——正如声称拥有自己所热爱的智慧的哲学家们可能喜欢做的那样。但是，因为支配总是不完全的，垄断总是不完美的，所以，每个统治阶级的统治都是不稳定的，他们总是不断遇到打着别的替代性转换模式旗号的群体的挑战。

分配是所有社会冲突产生的根源。马克思关于生产过程的着重强调不应当隐蔽我们对这一简单真理的认识：为控制生产方式而斗争就是为分配而斗争。土地和资本是至关重要的，并且，它们是可以被分享、分割、交换和无穷转换的商品。但土地和资本并非唯一的支配性物品；通过别的物品而获取它们是可能的（历史证明了

这点）——军事或政治权力、宗教职务和个人的特殊魅力等等。历史表明没有唯一的支配性的善，没有天然支配性的善，而只有不同
11 种类的魔术和相互对抗竞争的魔术师班子。

垄断一种支配性的善的要求——为了公共目的——构成了一种意识形态。它的标准形式是通过一个哲学原则作为中介将合法占有与某些个人品质结合起来。因此，贵族政治，或最优秀者的统治是那些坚持血统和智力为原则的人的标准：他们通常是不动产财富和家族名誉的垄断者。神权至上是那些声称懂得上帝之语的人的原则：他们是神恩和宗教职务的垄断者。精英统治，或职业向有才能的人开放，是那些自诩为天才的人的原则：通常他们绝大多数是教育的垄断者。自由交换是那些愿意或明确表示愿意拿自己的钱去冒险的人的原则：他们是流动资产的垄断者。这些群体——还有别的群体，也类似地以他们的原则和占有物划出自己的范围——相互竞争，争夺最高权力。一个群体获胜了，不久另一个群体又获胜了；或者达成联盟，最高权力就被不稳定地分享了。没有最终的胜利，也不应该有最终的胜利。但这并不是说不同群体的要求都必然是错的，或者说他们所诉诸的原则作为分配标准是毫无价值的；原则常常在一个特定领域的范围内是确切公正的。意识形态都容易被腐蚀，但其腐败并不是有关它们最有趣的事情。

正是在研究这些斗争的过程中，我找到了自己论述的主线。我认为，这些斗争有一种范式。某个男人和女人的群体——阶级、种姓、阶层、身份、联盟或社会形态——最终享受对某种支配性的善的垄断或近乎垄断；或者，若干群体间的联盟享受这种垄断，等等。这种支配性的善或多或少有规律地转化成所有其他种类的东西——机会、权力和名誉。因此，财富被强者占有，荣誉被出身名门的人占有，职务被教养良好的人占有。也许为这种占有辩护的意识形态被广泛信奉为真理，但愤恨和抵抗（几乎）如同信仰一样遍布整个社会。总有一些人，经过一段时间后就有许许多多的人，认为这种占

有不是正义的，而是侵占。统治集团并不拥有，或并不唯一拥有它所宣称的品质；转换过程破坏了人们对关键物品的共识，社会冲突断断续续，或限于局部；在某些时刻，相反的主张提了出来。尽管冲突有许多不同种类，但三个一般性种类特别重要： 12

1. 主张支配性的善不管是什么，都应当重新分配，以便人们能够平等地或至少更广泛地分享它：这等于说垄断是不公正的。

2. 主张所有社会物品的自主分配方式应当是开放的：这等于说支配是不公正的。

3. 主张某些新群体垄断的新的善应当替代当前占据支配地位的善，这等于说现有的支配和垄断模式是不公正的。

第三种主张，在马克思看来，是每一种革命性意识形态的典范——可能，除了无产阶级的或最后的意识形态之外。因此，在马克思主义理论中，法国大革命就是贵族出身与贵族血统的统治和封建土地所有制终结了，资产阶级财富取而代之。原初状态以不同的主体和客体（这从不重要）再现出来，于是阶级斗争立刻重新开始。在此我的意图不是支持或批判马克思的观点。事实上，我怀疑每个革命性意识形态都或多或少包含着这三种主张，但这不是我在此想要捍卫的立场。无论其社会学的价值如何，第三种主张在哲学上都不是令人感兴趣的——除非相信确有一种天然的支配性的善，以便其占有者能够合法地要求统治我们其余的人。在某种意义上，马克思确实相信会这样。生产方式是纵贯历史的支配性的善，而马克思主义就是历史主义学说——它主张无论是谁，一旦掌握了占主导地位的生产方式，就意味着其统治具有合法性。[1]共产主义革命之后，

1 见 Alan W. Wood, “The Marxian Critique of Justice”, *Philosophy and Public Affairs* 1 (1972), pp. 244—282。

我们都将掌握生产方式：在这一点上，第三种主张蜕变成第一种主张。与此同时，马克思的模式是一个不断进行分配斗争的计划。当然，谁在这一时刻或那一时刻获胜将是重要的，但如果我们只是注意到接连不断的关于支配和垄断的论断，那么我们就不会明白为什么它是重要的，以及它是如何那么重要的。

简单平等

我应该先探讨前两种主张，最后再单独探讨第二种主张，因为第二种主张对我来说，似乎最充分地抓住了分配体系的社会意义的多重性和真正复杂性。但第一种主张在哲学家中显得更为常见；它
13 与他们自己对一致性和唯一性的追求是相符的；而我需要花些篇幅详细地解释它的困难之处。

提出第一种主张的男女们挑战的是垄断，但不是一种特定的社会善的支配地位。也就是对垄断提出一般性挑战。因为，比如说，如果财富占据支配地位并被广泛分享，那么，其他的善就不可能被垄断。设想一个社会，其中每样东西都是准备出售的，而每个公民都与别人一样有同样数量的钱。我将称之为“简单平等政体”。平等在转换过程中是不断增加的，直到它扩大到足够大的社会物品范围。简单平等政体不会持续多长时间，因为转换的进一步发展和市场的自由交换必然会将不平等带入它的运行轨道。如果有人想花很长时间来维持简单平等，那他将需要一部“金融法”，就像古时候的土地法或希伯来安息日法那样，来支持这个阶段回到原初状态。只有一个中央集权的激进主义国家才能够强大到足以促成这样一种回归，并且如果金钱是支配性的善的话，还不清楚该国官员是否真正有能力或愿意这样做。总之，原初状态在别的方式中是不稳定的，不仅垄断将会重现，而且支配将会消失。

在现实中，打破金钱垄断将使金钱的支配性无效。别的善就会

加入游戏，而不平等就呈现出新的形式。我们再来考虑一下简单平等政体。每样东西都是准备出售的，每个人都有同样数量的钱。因此，可以说，每个人都有同样的能力为他的孩子们买得教育。有些人那样做了，而别的人没有那么做。结果教育被证明为一项好的投资：别的社会物品都是不断地向拥有教育证书的人出售。很快每个人就都投资于教育；或更可能的，这项购买通过税收体制普及了。但是到那时，学校就变成了一个竞争的世界，其中，金钱再也不是支配性的了，相反，生来的天才、家庭教养或写作测验中的技巧就成为支配性的了，而教育上的成功和证书就被某些新的群体垄断了。让我们称他们（即他们自己称呼自己）为"天才群体"。最终，这一群体的成员们就主张他们所控制的善应当在学校外面也成为支配性的：职务、头衔、特权，也包括财富，都应当由他们掌握。这就是职业向有才能的人开放，机会平等，等等。这就是公平所需要的；天才将会出现，并且无论如何，天才的男和女都将扩充每个人都能得到的资源。因此迈克尔·扬（Michael Young）所说的任人唯贤政治诞生了，同时伴随着其所有参加者的不平等。[1]

现在我们应当做什么？我们有可能为新的转换模式设置边界， 14
承认但限制天才的垄断权力。我认为这就是约翰·罗尔斯差别原则的目的，根据这一原则，不平等只有在被设计来将最大可能的利益带给，并确实带给最少受惠者的社会阶级时才是正当的。[2]更明确地说，一旦财富的垄断被打破，差别原则就是一个强加于天才男女身上的限制。它是这样运作的：想象一个外科医生，他基于他所学的技术与在大学和医学院里经过艰苦的竞争、奋斗所赢得的证书而要求获得比他的同辈人更多的财富。当且仅当这个要求在规定的

1 Michael Young, *The Rise of the Meritocracy, 1870—2033* (Hammondsworth, England, 1961) ——一部天才的社会科学小说。

2 Rawls, *Theory of Justice*, pp. 75ff.

办法下是有益的时候，我们才会承认它。同时，我们将采取行动限制并规制外科手术的价格——也就是说，控制外科手术的技能直接转化为财富。

这种规制必将是国家要做的工作，正如金融法和土地法是国家所为一样。简单平等将要求国家用连续不断的干涉来打破或限制早期的垄断并抑制支配的新形式，但那时，国家的权力自身将成为竞相争夺的中心目标。不同群体将试图去垄断国家权力，将国家用于巩固他们对别的社会物品的控制。或者，国家将由于寡头铁律被它自己的代理人垄断。政治总是支配的最直接方式，而政治权力（而非生产方式）可能是人类历史上最重要的，但无疑也是最危险的善。[1]因此，需要对做出限制的代理人们进行制约，需要建立宪法的制衡。这是强加于政治垄断之上的限制，并且，一旦各种社会的和经济的垄断被打破，它们就显得更为重要。

限制政治权力的一种方法是将其广泛分配。鉴于被详细讨论过的多数人暴政的危险，这个方法可能不会奏效；但这些危险与人们通常列出的危险相比，可能小得多。民主政府的更大危险是它将
15 会虚弱得难于应付整个社会重新出现的各种垄断，难于应付财阀、官僚、技术型官员、实力政治家等社会力量。从理论上讲，政治权力在民主国家是支配性的善，并且，它能够向公民们所选择的任何

1　我在此应当特别指出：随着我的论述的深入，政治权力是一种特殊的善这个观点将变得更清晰。它有两重性。首先，它和别的东西一样，是由男人们和女人们制造、估价、交换和分享的：有时占支配地位，有时则不；有时被广泛持有，有时则被极少数人占有。其次，它又与所有别的东西不同，因为不管它是如何取得的，也不管谁拥有了它，政治权力通常都是社会物品的监管代理人。它被用来保卫所有分配领域，包括它自己的边界，并强化人们关于善是什么，以及它们的用途是什么的普遍共识。（但显然，它也能被用来侵入不同的领域，并推翻那些共识。）在第二种意义上，我们事实上可以说，政治权力总是占据支配地位的——但只是在边界上，而不是在边界内。政治生活的中心问题是维持"在边界上"和"在边界内"的关键区别。但在简单平等规定下，这个问题不可能得到解决。

方向变换。但回到实践中，打破对权力的垄断又抵消了权力的支配性。政治权力如果不受公民们已经拥有和希望拥有的所有别的物品的牵制，那就不可能被广泛分享。因此，正如马克思所指出的，民主在本质上是一个反思体系，反映着起主导作用的以及正在出现的社会物品的分配。[1]民主决策将受决定或支持新垄断的文化观念的影响，为了战胜这些垄断，权力将必须集中，可能它自己就是被垄断的。再一次地，如果想要实现由差别原则或别的类似的干涉主义规则给它定下的目标，国家就必须是非常强有力的。

但简单平等政体还是可以运转的。可以想见，一种或多或少的紧张关系存在于新的垄断与政治限制之间；存在于天才们提出的特权要求与差别原则的执行之间；还存在于执行代理人与民主宪法之间。但我怀疑困难会再现，在许多方面对私有特权唯一的及时救治将是国家主义，而逃脱国家主义的唯一方法将是私有特权。我们将动员权力来制约垄断，然后再寻找制约我们所动员起来的权力的方法。但不向占据战略地位的男人们和女人们开放占有和利用重要社会物品的机会是不可能的。

这些困难都源自将垄断而非支配当作分配正义的中心问题。当然，理解哲学家们（和政治活动家们）为何将注意力集中于垄断并不困难。现代的分配斗争肇始于反抗贵族政治即贵族独自掌握土地、职务和荣誉的斗争。它似乎是一种特别恶劣的垄断，因为它建立在个人无法选择出身和血统之上，而不是建立在财产、权力和教

1　见马克思在《哥达纲领批判》中的评论，即民主共和国是阶级斗争将在其中进行最后决战的“国家形式”：这一阶级斗争直接地、毫不变形地在政治生活中反映出来。见 Marx and Engels, *Selected Works*（Moscow, 1951）, vol. II, p. 31。（《哥达纲领批判》原文中的相关表述为：“庸俗民主派把民主共和国看作千年王国，他们完全没有想到，正是在资产阶级社会的这个最后的国家形式里阶级斗争要进行最后的决战——就连这样的庸俗民主派也比这种局限于为警察所容许而为逻辑所不容许的范围内的民主主义高明得多。”参见《马克思恩格斯选集》，第 3 卷，第 374—375 页，人民出版社，2012 年。——译注）

育，这些——至少在原则上——人们能够争取到的东西之上。可以说，当男人或女人都成为出身和血统领域的小持有者时，他（她）实际上已赢得了一项重大胜利。与生俱来的特权再也不是一种支配性的善，从此以后，它的购买力就微乎其微，而财产、权力和教育则走上前台。但是，就这些后来的社会物品而言，简单平等却根本不能靠它们得到维持，或者说，只有随着我刚才所描述的世事变迁，它
16 才能够持久。在它们各自的领域内，其意义正如人们通常所理解的那样，这三种物品易于产生天然的垄断，而只有国家权力自身就是支配性的，并且被醉心于压制的官员所垄断时，这种天然垄断才能被抑制住。但我认为，会有另外一条道路通往另外一种平等。

专制与复合平等

我想要表明的是，我们应该将注意力集中到减少支配上，而不是，或者不主要集中在打破或限制垄断上。我们应当思考的是，缩小特定物品在其中可能转换的范围和证明分配诸领域的自主，究竟意味着什么。但这一论证方法，尽管在历史上并非少见，却从未在哲学著作中充分地展现出来。哲学家们一直倾向于批判（或证明）现行的或正在出现的财富、权力和教育的垄断。或者批判（或证明）特定的转换——财富转变成教育或职务转变成财富——的合理性。而且，所有这一切总是以某种极端简化的分配体系名义而进行的。与之相反，对支配的批评将提供一个重塑并接受分配的现实复杂性的方式。

现在设想这样一个社会，其中不同的社会物品被垄断性地持有——正如这些物品实际并且总会阻挠国家的不断干预一样——但其中，没有特定物品能够普遍转换。在我的论述中，我将试图界定转换的明确界限，但目前，这种一般描述就足够了。这是一个复合平等的社会。尽管会存在许多小的不平等，但不平等不会通过转

换过程而增加，也不会在不同的物品之间累加。因为分配的自主性倾向于产生各种由不同群体掌握的地方性垄断。我并不是要宣称复合平等必然比简单平等更稳定，但我倾向于认为复合平等将会为更为分散、具体的社会冲突形式开路，并且，对物品的可转换性的抵制将会继续，但更大程度地是由普通的男人和女人在他们自己的能力和控制范围内来进行的，而不再有大规模的国家行为。

我认为，这是一幅诱人画面，但我还没有解释为什么它如此诱
人。对复合平等的证明始于我们对各种社会物品的理解——我的意 17
思是，我们现实中具体的有事实根据的特定的共识。然后，这一证明就开始解释我们彼此间通过这些物品相互联系的方式。简单平等是一种简单分配状态，因此，如果我有14顶帽子，你也有14顶帽子，那么我们就是平等的。并且如果帽子占据支配地位，那么皆大欢喜，因为这样一来，我们的平等就延伸到了社会生活的所有领域。但是，我在此所持的观点是，我们只是拥有相同数量的帽子，而帽子不可能永远是支配性的。平等是人与人之间的一种复杂关系，由我们在我们自己中间制造、分享和分割的物品来调节；它并不是财产的等价物。因此，这就要求有反映社会物品多样性的各种分配标准。

关于复合平等，帕斯卡尔（Pascal）在其《思想录》中的一篇里做了精彩论述。

> 专制的本质是渴望得到统治整个世界、超越自己领域的权力。
>
> 它有着不同的伙伴——强壮的、英俊的、睿智的、虔诚的——每个人统治着他自己的王国，而非别处。但有时，他们会相遇，而强壮者和英俊者都为统治权而争斗——多么愚蠢啊，因为他们的统治权是不同种类的。他们彼此误会，都认为对方旨在夺取世界主权。什么都不能赢得世界主权，即使力量也无可奈何，因为在智慧的王国里，力量是无能的。……
>
> **专制**。因此，下述的声明是错误的、暴虐的："因为我英

> 俊，所以我应当得到尊重。”“我是强壮的，因此人们应当爱戴我……”“我是……等等。”
>
> 专制是希望用此种手段获取只有用他种手段才能获得的东西。我们对不同的品质负有不同的义务：爱是对魅力的恰当反应，恐惧是对力量的反应，而相信是对学问的反应。[1]

马克思在其早期手稿中做了类似的论述，可能《思想录》这本书在他脑海中留有痕迹：

> 我们现在假定人就是人，而人对世界的关系是一种人的关系，那么你就只能用爱来交换爱，只能用信任来交换信任，等等。如果你想得到艺术的享受，那你就必须是一个有艺术修养的人。如果你想感化别人，那你就必须是一个实际上能鼓舞和推动别人前进的人。你对人和对自然界的一切关系，都必须是你的现实的个人生活的、与你的意志的对象相符合的特定表现。如果你在恋爱，但没有引起对方的爱，也就是说，如果你的爱作为爱没有使对方产生相应的爱，如果你作为恋爱者通过你的生命表现没有使你成为被爱的人，那么你的爱就是无力的，就是不幸。[2]

这些都不是易懂的论述，而我这本书的绝大部分只是对它们的含义

---

1 Blaise Pascal, *The Pensées*, trans. J. M. Cohen (Hammondsworth, England, 1961), p. 96 (no. 244).

2 见 Karl Marx, *Economic and Philosophical Manuscripts*, in *Early Writings*, ed. T. B. Bottomore (London, 1963), pp. 193—194。有趣的是，帕斯卡尔的观点在亚当·斯密那里有更早的回应；见 Adam Smith, *Theory of Moral Sentiments* (Edinburgh, 1813), vol. I, pp. 378—379。但斯密似乎相信，在他自己的社会里，分配实际上与这种恰当性是相一致的——这个错误，帕斯卡尔和马克思都没有犯。（引文的翻译与中译本一致。参见马克思：《1844 年经济学哲学手稿》，人民出版社，2018 年，第 297—298 页。——译注）

的说明，但在此，我将尝试用更简单概括的方法将这些论述翻译成 18
我常用的措辞。

帕斯卡尔和马克思的第一个主张是：个人品质和社会物品各有自己运作的领域，它们在各自的领域中自由地、自发地、合法地发挥着作用。由于特定物品的社会意义，就相应出现了合理的或自然的转换，并且使人们在直觉上认为转换是合理的。这一主张合乎我们通常的理解，但同时，又有悖于我们通常所默认的非法转换模式。或者说，这是一个我们从默认到不满的主张。帕斯卡尔提出，力量转换为信仰是错的。用政治术语讲，帕斯卡尔的意思是，没有一个统治者能够仅仅因为他所掌握的权力就能正当地控制我们的观念。马克思补充道，这个统治者也没有影响我们行为的正当的权利：如果一个统治者想要那么做，他必须是令人信服的、有助益的、鼓舞人心的，等等。这些观点的力量依赖于对知识、影响力和权力的某种共识。社会物品有社会意义：我们通过解释它们找到了分配的正义。我们寻找每个分配领域的内在原则。

第二个主张是：忽视这些原则就是专制。将一种善转换成另一种善，而二者之间又没有内在联系时，就侵犯了另一些群体正当统治的领域。垄断在各领域内并不是不适当的。比如说，令人信服的、有助益的男性和女性（政治家）基于政治权力而进行的控制就没什么错。但运用政治权力作为获得别的物品的手段便是专制地滥用权力。因此，一种对专制的古老描述精辟地概括了这一点。在中世纪的著者看来，当国君攫取臣民的财产或侵入臣民的家庭时，他们就变成了暴君。[1]在政治生活中——但又远不止在政治生活中——对物品的控制导致对人民的控制。

复合平等的政权是专制的对立面，它建立一套关系以使控制成

1　总结性解释见 Jean Bodin, *Six Books of a Commonweale*, ed. Kenneth Douglas MaRae（Cambridge, Mass., 1962）, pp. 210—218。

为不可能。用正式术语讲，复合平等意味着任何处于某个领域或掌握某种善的公民都不能被削弱或剥夺在其他领域的地位或其他的善。因此，可能是公民X而不是公民Y当选政治职务，于是，这两个人在政治领域就是不平等的。但只要X的职务没有在任何领域给他带来超越Y的利益——优越的医疗照顾、将自己的子女送到更好的学校、享有更好的事业机会等等，那么，一般而言他们并不是不平
19 等的。只要官职不是一种支配性的善，不是可以广泛转换的，职位持有人就会处于或至少能够与他们所治理的男人们和女人们处于平等的关系中。

但如果支配消失了，各领域的自治建立了—— 同一群人们在一个又一个领域取得成功，在每一个结合中都成功了，物品堆积如山，再也不需要非法转换了，那么情况又会怎样呢？这必定导致一个不平等的社会，但这也以最有力的方式说明一个人人平等的社会不可能是一个生机勃勃的社会。我怀疑没有任何平均主义的（egalitarian）论述能够驳倒这个事实。我们自由选出了一个人（没有考虑他的家庭关系和个人财富）做我们的政治代表，他同样是一个勇敢的、有创造力的企业家。当他年少时，他学习了科学，在每次考试中都名列前茅，并有重大发现。在战争中，他异常勇敢，赢得了最高荣誉。他自己是富有同情心的、引人注目的，并为所有认识他的人所爱戴。有这样的人吗？可能有，但我还是有所怀疑。我们总是讲像我刚才所讲的那种故事，但故事是虚构的，是将权力、金钱或学术才能变成了传奇式的声誉。无论如何，那种人在数量上不足以组成统治阶级来统治我们其余的人。他们也不可能在每个分配领域都取得成功，因为有一些领域是与成功的想法毫不相干的。在复合平等条件下，他们的孩子们也不可能继承他们的成功。总的来说，最有成就的政治家、企业家、科学家、士兵和情侣将是不同的人；并且，只要他们所拥有的物品并不给他们带来一连串别的物品，那么，我们就没有理由害怕他们的成就。

对支配和控制的批判指明一个开放性分配原则。**任何一种社会的善X都不能这样分配：拥有社会善Y的人不能仅仅因为他拥有Y而不顾X的社会意义占有X。**对曾经占据支配地位的每一个Y来说，这个原则可能时不时地被重申。但这个原则很少被概括性地陈述。帕斯卡尔和马克思已建议应用这个原则反对Y占有所有的可能，而我将尝试完成这一应用。那么，我要关注的不是帕斯卡尔所说的团体中的成员——不管是强壮还是弱小，不管英俊还是相貌平平——而是他们分享和分割的物品。提出这个原则的目的是集中我们的注意力；它并不决定物品的分享和分割。这个原则引导我们去研究社会物品的意义，从内部去考察不同的分配领域。 20

三个分配原则

这里所导出的理论不可能是完美的。对一种社会物品意义的任何解释，或者对该物品合法运作领域的边界的任何解释，都存在着争议。也不存在任何生成或检验不同解释的完美程序。这些论述构建再精细也会略显粗糙，反映了社会生活多样化和充满冲突的特征，而这又是我们同时都想理解和调控的——但直到我们理解了，我们才能去调控。因此，我应该置任何追求唯一分配标准的主张于不顾，因为没有一种标准可能与多样化的社会物品相称。但是，有三个标准似乎符合这个开放性原则的要求并经常被论证为分配正义的起源和目的，因此，我必须对每一个标准稍做论述。它们是自由交换、应得和需要。所有这三个标准都有真正的力量，但没有一个有跨越所有分配领域的力量，它们都只是故事的一部分，而非全部。

自由交换

自由交换显然是无穷尽的；它不保证有特定的分配结果。在任何可以被合理地称为“自由”的交换中，无论如何都不可能预测将在稍后某个时刻达成的社会物品的特定分割。[1]（但是，预测这种分割的一般结构也许是可能的。）至少在理论上，自由交换创造出一个市场，其中所有物品都通过货币这个中介转换成所有别的物品。没有占据支配地位的物品，没有垄断。因此达成的连续性分割将直接反映被分割的物品的社会意义。因为每一宗交易、贸易、销售和购买将是那些知道物品的社会意义的人——事实上也是意义的制造者们自愿达成的。每一个交换都表现了社会意义。因此，在定义上，X就不会仅仅因为某人拥有Y且无视X对社会其他成员的意义而落入Y拥有者的手中。市场在其运作和结果上基本是多元化的，对人们赋予物品的各种意义非常敏感。那么，以多元主义名义强加到自由交换上的可能限制是什么呢？

但市场中的日常生活，即自由交换的现实经验，与理论陈述是
21 截然不同的，货币，据称是中性媒介，在实践中是一种支配性的善，并且它被那些拥有讨价还价和特殊买卖才能的人——资产阶级社会中的能人——所垄断。于是，别的人要求对货币重新分配，建立简单平等政体，并开始寻找某些方法来支撑该政体。但即便我们将注意力集中在简单平等开始的平静阶段——建立于平等份额之上的自由交换——我们将仍然需要对什么能够交换什么设置限定条件。因为自由交换将分配彻底地放到了个人手中，社会意义并不服从于或并不总是服从于作为个人的男人们和女人们的解释性决定。

让我们考虑一下政治权力这个简单例子。我们可以将政治权力理解为一组由不同价值、选票、影响力、职务等构成的物品的集合。其中的任何一个都能在市场上交易，并且，有的人会将其积聚起来而自愿牺牲别的物品。但是，即便牺牲是真实的，结果仍然是

1 见Nozick关于“模式”的讨论，*Anarchy, State, and Utopia*, pp. 155ff。

一种专制形式——在简单平等条件下，是小型专制。因为我情愿不要我的帽子，所以我将投两次票；而如果你认为自己的选票没有我的帽子价值大，那你就根本不用去投票。我怀疑即便只有我们这两个人自愿达成这种协议，其结果也是专制的。而对于必须屈服于我的不成比例的权力的所有其他公民来说，这毫无疑问是专制的。这并不是说选票不能交易，一种解释说，这正是民主政治的全部内涵，而人们当然早就知道民主政治家通过许诺给特定选民群体好处的公共支出来收买选票或试图收买选票。但这是获得公众认可并用公共基金公开进行的。私下买卖则因政治，或民主政治的本质——也就是说，因为我们组成政治共同体后的所为和我们仍然对我们曾做过的一切的思考——而被禁止。

自由交换不是一个一般性标准，但只有通过对特定社会物品进行仔细分析，我们才能明确它能在其中发挥作用的领域的边界。在做完这一分析之后，我们最多只能提出一组哲学上具有权威性的边界，而肯定不是一组应当在政治上具有权威性的边界。因为金钱渗透所有的边界——这是非法移民的首要形式；而应当使它停于何处，既是一个权宜之计问题，也是个原则问题。不能在某个合理的点上使它停住将在所有分配领域产生影响。但论述这些是后面一 22
章的事。

应　得

像自由交换一样，应得似乎也是永无定论和多样化的。可以想象唯一一个可实施奖惩并对各种形式个人应得一直保持敏感的中立机构。虽然分配过程将肯定集中起来，但结果仍然将是无法预料的、多变的。不存在支配性的善。若不考虑其社会意义，任何X都永远不能被分配，因为，如果不关注X是什么，那么，说X是应得的在概念上就是不可能的。所有不同的男人和女人结合都将得到他们恰当的回报。但是，这在实践中将怎样发挥作用却是不容易理解的。比如，说一个可爱的年轻人值得去爱可能是有道理的，但说他值得这个(或任何一个)特定的女子去爱则是毫无道理可言的。如果他爱她，而她仍然对他的(真实)魅力无动于衷，那只能是他的不幸，我怀疑我们会想用某种外界因素来矫正这种局面。就我们所理解的而言，特定男女之间的爱情，只能由他们自己来分配，而他们在这些事情上也很少用考虑是否应得来左右自我。

影响力也同样如此。比如说，这儿有一位被公认为富有魅力、鼓舞人心的女性，可能她有资格成为我们共同体中一位有影响力的成员，但我受她的影响或者接受她的领导并不是她应得的。同样，我们也不希望我的追随者身份被任何有权分派任务的机构指派给她。她可以尽全力来鼓舞我，使我振奋起来，并做出所有被公认为令人振奋、令人鼓舞的事情。但如果我执意拒绝鼓舞和振奋，我也不是否定她所应得的任何东西。同样的论点可用于政治家和普通公民。公民们不能用自己的选票去买帽子，他们不能私自决定逾越政治领域与市场领域的边界。但在政治领域内，他们的确可以做出个人决定，并且，他们的行动也几乎不受考虑是否应得的左右。职务能否是应得的还不清楚——这是我必须稍后论述的又一个问题；但即使它们能够成为应得的，如果职务只是由某种中央机构简单地分配给应得的男人和女人的话，就破坏了我们对民主政治的共识。

类似地，无论我们怎样划定自由交换在其中起作用的领域的边
23 界，应得在那些边界内也将毫不起作用。比如说，我在讨价还价和买卖方面很有技巧，因此积累了大量精美的油画，如果我们假设，正如画家们通常所做的，油画在市场中是正当买卖的，那么我拥有这些油画便无可厚非。我的所有权是合法的。但如果仅因为我擅于讨价还价和买卖就说这些油画是我应得的，那可就太奇怪了。应得似乎要求特定物品与特定个人之间有一种非常紧密的联系，而正义只在有的时候才要求那样一种联系。但是，我们也可以坚持，只有有艺术修养的人，即有资格拥有油画的人，才能事实上拥有它

们。想象这样一种分配机制是毫不困难的，国家能够买下所有用来出售的油画（但艺术家必须有执照，于是就不会有数不清的画），对它们进行估价，然后将它们分配给有艺术修养的男人们和女人们，将更好的画分配给更有艺术修养的人。有时候，国家确实做这样的事，但是分配的是人们需要的东西——例如医疗服务——而不是人们应得的东西。这里存在着实践上的困难，但我怀疑这种差别有一个更深层次的理由。应得并没有需求的紧迫性，而且，它同样也不涉及持有（拥有和消费）。因此，我们愿意容许油画的所有者与有艺术修养的人分离，或者说，我们不愿意要求干预市场以结束这种分离。当然，公共设施和服务可能通常与市场共存，因此我们可以争论说有艺术修养的人应得的并非油画，而是博物馆。可能他们应得的确实是博物馆，但他们并不值得我们其余的人捐钱或划拨公共资金来买油画和建博物馆。他们将不得不劝服我们说，艺术就值那么多钱；他们将不得不激发和鼓舞我们自己的艺术修养。而如果他们做不到这一点，那么，他们自己对艺术的热爱就会被证明是“无力的和不幸的”。

即便我们将爱、影响力、职务、艺术作品等的分配指定给某些全能的应得公断人，那么我们又怎样来选出这些公断人呢？又有哪个人应得这样一个职位呢？只有知道暗藏于人们心中的秘密的上帝才能实行这种必要的分配。如果人类必须做这项工作，那么，分配机制不久就会被某群贵族（这正是他们自称的）用预先安排好的一套关于什么是最好的最有价值的东西的固定观念所攫取，而他们对
公民同伴们各种各样的长处将无动于衷。这样，应得就再也不是一 24
种多元标准；我们将发现自己面对着一群新（当然是某种古老类型）的暴君。当然，我们确实选出了作为应得公断人的人——比如说，来充当陪审团，或颁发奖品；稍后来考虑一个陪审团成员的哪些特权是有意义的，但在此着重强调的是他只能在一个受限制的范围内发挥作用。应得是一个强有力的主张，但需要艰难的判断；而只有

在非常特殊的条件下，它才能产生具体明确的分配。

需 要

最后，我来谈谈需要这个标准。“按需分配”通常被认为是马克思的著名格言中关于分配的那半部分：我们要分配共同体的财富以满足其成员的需要。[1]这是一个似乎合理的建议，但却是一个极其不完整的建议。事实上，格言的前半部分也是一个分配建议，而且，它与格言的后一半并不相适合。“各尽所能”意味着工作应当以个人的资格条件为基础来分配（或者男人们和女人们应当被征召到工作中来）。但是，个人并非在任何明显意义上都需要他们有资格做的那些工作。也许那些工作是稀缺的，并且有许多能胜任的候选人：哪一个候选人最需要这些工作呢？如果他们的物质需要已经得到满足，可能他们就根本不需要工作了。或者，如果在某种非物质意义上，他们都需要工作，那么，就不需要对他们进行区分，至少在表面上不用区分。要求一个调查委员基于院长候选人的需要而不是基于医院的员工和病人的需要去寻找一个医院院长，无论如何都是很奇怪的。但后一组需要，即便不是政治争论的主题，也不会产生单一的分配决定。

需要也不会对许多别的物品起作用。马克思的格言对于政治权力、荣誉和名声、游艇、珍贵书籍、各种漂亮东西的分配来说，根本就不起作用。严格地讲，这些不是人人都需要的东西，即便我们像孩子们那样宽泛地把动词“需要”（to need）定义为最强烈的动词“要”（to want）。我们仍然没有一个适当的分配标准。我所列的那些东西并不能平等地分配给那些有着同样需要的人，因为这些东西中有些是一般的，有些是必需的、紧缺的，而有些根本就不能被占
25 有，除非别的人出于自己的理由而同意由谁来占有它们。

---

1 Marx, “Gotha Program”, p. 23.

需要产生了一个特殊的分配领域，其中需要本身就是正当的分配原则。在一个贫困的社会里，相当大部分社会财富将被划入这个领域。但考虑到任何普通生活所产生的大量不同物品，即便是生活在一个极低的物质水平，别的分配标准也会始终与需要并行并发挥作用，而且，担心将它们划分开来的边界总是必要的。在需要领域中，无疑需要满足了关于X和Y的一般分配原则。所需的物品根据人们的所需情况而分配给他们，显然并不由别的什么物品来支配。这里重要的并不是持有Y，而只是缺乏X。但我认为，我们现在可以看到，有点影响力的每一个标准都在它自己的领域内而非别处，满足这个一般原则。这便是该原则的作用：不同的物品因不同的理由、依据不同程序分配给不同的男人或女人的结合，为使所有这些都公正或大致公正，我们需要详细勾画整个社会领域。

等级制和种姓制社会

或者毋宁说，要勾画的是一个特定的社会领域。因为我接下来提出的分析基本上是即时的和现象学的。分析的结果并不是一幅理想图画或总体规划，而是为合适的人们所描画的，反映着他们日常生活的图画或设计。当然，分析的目标是一种特殊的反映，这种反映体现了并不必然在支配和垄断的日常实践中反映出来的对社会物品的更深领悟。但如果没有这种领悟的话，情况将如何呢？我一直抱着这样的假定：社会意义需要诸分配领域的自主，或者相对自主；因此，它们大部分时间都是如此。但是，设想这样一个社会并不是不可能的：其中支配和垄断不是对意义的违背而是对其进行设定，社会物品根据等级来理解。比如说，在封建时代的欧洲，衣着不是一种商品（在今天恰是一种商品）而是社会等级的标记。等级支配着装束。衣服的意义是与封建等级形象相符的。没有资格的人穿上华丽的服装就是一种欺骗，它对该人身份做了虚假的表达。当 26

一个国王或者首相为了了解臣民的思想观点而扮作常人便是一种政治欺骗。另一方面，实施着装法令(禁奢令)的困难意味着穿着的意义始终有不止一种内涵。至少在有些时候，人们开始看到完全不同的情况，一个清晰领域的界线，在其中，人们着装的理由或者是承受能力，或者是花钱的愿望，或者是打扮的需要。禁奢令仍然可能实施，但现在每个人都能——事实上，普通的男人们和女人们的确——用平等主义的论点反驳它们。

我们能够设想一个其中所有物品都按等级设计的社会吗？也许古印度的种姓制度就是这种形式(尽管这是一个影响深远的主张，但需要谨慎地怀疑它的真实性：因为在某个方面，政治权力似乎总是能逃避种姓法令的约束)，我们把各种姓当作严格隔离的群体，把种姓制度当作一个“复数社会”(plural society)，当作一个有许多边界的社会。[1]但这个制度是由各种意义的超常整合所构成的，特权、财富、知识、职务、职业、食物、衣着，甚至对话都是社会善：所有这些都从属于知识阶层，同样也都从属于僧侣阶层的自然律条，而僧侣制本身是由仪式纯洁这一唯一价值决定的。一种确定的集体流动是可能的，因为各级种姓或次种姓能够培养纯洁的外在标记并(在严格界限内)在社会阶层内提升他们的地位。而作为整体，这一体系的基础是一个宗教教义，这个教义许诺机会平等——并非今生，而是灵魂生活。今世的个人地位是“其最后化身行为的结果……如果这种结果不令人满意，则能够通过以此生积攒的功德来提高他在来世的地位获得补偿”。[2]我们不能假定男人们和女人们

1 J. H. Hutton, *Caste in India: Its Nature, Function, and Origins* (4th ed., Bombay, 1963), pp. 127—128. 我还运用了 Célestin Bouglé, *Essays on the Caste System*, tran. D. F. Pocock (Cambridge, England, 1971) 中的材料，特别是 Part III, chaps. 3 and 4; and Louis Dumont, *Homo Hierarchus: The Caste System and Its Implications* (revised English ed., Chicago, 1980)。

2 Hutton, *Caste in India*, p. 125.

永远完全满意于根本的不平等。不过，此时的分配是一个基本无异议的单一体系的一部分，其中，纯洁支配着其他物品——而出身和血统又支配着纯洁。社会意义既重叠又连贯。

一致性越完美，甚至连考虑复合平等都越不可能。在一个世袭君主国里，所有物品都像王冠、御座一样，根本没有自主分配的空间和标准。但事实上，即便世袭君主制的构造也几乎不是那么简单的。对王权的社会认识通常包括某些关于神恩、(神秘的)天资或悟性观念；而这些标准对于担任职务来说潜在地独立于出身和血统。因此，它是适用于绝大多数社会物品的：它们只是不那么完善地结合在一个更大的系统内；至少在有些时候，它们是以自己的方式被 27
理解的。诸善理论解释这种理解(在其存在的地方)，而复合平等理论则利用了它们。例如，我们说对于一个没有神恩、天资或悟性而执掌王权的人来说，这就是专制的。并且，这只是第一种且最明显的专制。我们还能找到许多别的专制模式。

专制通常是明确的：穿越特定的边界，对社会意义的特定破坏。复合平等要求保卫这些边界，它通过区分物品而起作用，正如等级制靠区分人群而起作用一样。但当有许多边界需要保卫而其准确数目又不明确时(也不会有精确数目)，我们只能谈论一下复合平等政体。简单平等更容易实现：一种支配性的善的广泛分配造就了一种人人平等的社会。而复合平等则很难：在物品所调节的关系能够成为平等的男人们和女人们之间的关系之前，有多少物品在意义上必须是自主的呢？没有确定的答案，因此也没有理想的政体模式。但只要我们开始辨别不同的社会含义并划出不同的分配领域，那么，我们就开始了一项追求人人平等的伟大事业。

立论的背景

政治共同体是这项事业的合适背景。确切地说，它不是一个自足的分配领域，只有世界才是一个自足的分配领域，而当代的科幻小说引诱我们去臆断某个根本不可能出现的时刻。社会物品是跨越政治边界而被分享、分割和交换的。垄断和支配在边界外的运用和在边界内的运用几乎一样容易。物品以及人们自己在边界内外来来往往。不过，政治共同体可能是最接近我们理解的有共同意义的世界。语言、历史和文化结合起来（在这里比在任何别的地方结合得更紧密）产生一种集体意识。作为一个固定而永久的精神情结的民族特性显然就是一个神话。但一个历史共同体成员有共同的
28 感情和直觉却是一个生活事实。政治共同体和历史共同体有时并不重合，当今世界，感情和直觉并不容易分享的国家正在增多，而分享在更小的单元里发生。因此，我们可能应该寻找某种方法以把分配决定调整得符合那些单元的要求。但这一调整必须是通过政治方式达成的，并且其根本特征将建立在公民们对文化多样性、地方自治等价值的共识基础上。我们——我们所有的人，而不仅仅是哲学家在进行争论时，必须诉诸这些共识，因为就道德而言，争论就是诉诸共同意义。

而且，政治建立了它自己的共性纽带。在一个由独立国家组成的世界上，政治权力是一种地方性垄断。我们可以说，这些男人们和女人们在任何限制下，都塑造着他们自己的命运。或者说他们尽自己的可能把握着自己的命运。如果他们的命运只是部分地掌握在自己手中，那么，斗争更是完全如此。他们正是那些做出决定的人，他们决定强化或放松分配的标准，使程序集中化或分散化，干涉或拒绝干涉这个或那个分配领域。可能是某些领导人做出实际决定，但公民们应当有认他们作为领导的能力。如果领导人像通常那样残忍、愚蠢或极端腐败，那么公民们或某些公民就将为政治权力的分配而战并试图取代他们。而斗争将由共同体的制度结构决定——也就是说，被前一次斗争的结果决定。现在的政治是过去政治的产物，它为思考分配正义设立了一个不能避免的背景。

把政治共同体当作背景还有最后一个原因，这个原因将在下一章里详细论述。共同体本身——大概是最重要的善——就是一个待分配的物品。但它是一种将人民包括在内才能分配的物品，而后一措辞的所有意义都是重要的：他们必须是被实际上承认并在政治上被接受的。因此，成员资格不能被某种外部机构分派，它的价值依靠于一种内部决定。如果没有一个共同体有能力做出那样的决策，那么，在这种情况下，就没有什么物品值得分配。

政治共同体的唯一合理替代物是人类本身、民族构成的社会和整个地球。但如果把整个地球作为我们的背景，那么，我们就不得不想象尚不存在的东西：一个包括每个地方的所有男人和女人在内的共同体。我们就不得不为这些人发明一套通用的意义，以避免 29
（如果我们能的话）把我们自己的价值强加给他们。并且，我们还不得不请这个假说中的共同体的成员（或他们的假定代表）对什么是公正的分配安排和转换模式达成一致意见。在特定共同体中，理想的契约主义或不失真的交流代表着达到正义的方法——不是我自己的，对整个世界来说，也可能是唯一的方法。[1]但不管这个假说性的协定是什么，如果不打破世界层面上现有国家的政治垄断和权力集中，这个协定就不能付诸实施。因此，这个协定（或协定实施）将导致的不是复合平等而是简单平等——如果权力是支配性的并被广泛分享——或只是导致专制——如果正如可能出现的情况，权力被一群国际官僚攫取的话。在第一种情况下，世界人民将不得不忍受我已经描述过的困难：不断重现的地方特权，不断重申的全球国家主义。在第二种情况下，他们将不得不忍受更加糟糕的困难。我在后面将会对这些困难稍费笔墨。而现在，我把它们作为充足的理由来限定自己的研究范围，即长期以来不断地塑造着自己的内部生

1　见 Charles Beitz, *Political Theory and International Relations* (Princeton, 1979), part III。他为把罗尔斯式的理想契约主义应用到国际社会做了努力。

活的城市、乡村和国家。

但是，至于成员资格，在这些共同体之间和共同体内部产生了重要问题，而我将试图关注它们并解释普通公民关注它们时的所有场合。复合平等理论通过有限的方式能够从特定共同体延伸到由国家组成的社会中，并且这一延伸有这样一个优势：它将不会践踏地方性共识和决策。正因如此，它同样也不会产生一种全球范围的统一分配制度，并且，它将开始解决全球许多地方的贫弱大众所面临的困难。我不认为这一开端是无足轻重的；无论如何，我不能越过这一点。那样做，将要求一种不同的理论，即不是把公民的普通生活当作主题，而将更为遥远的国家间的关系当作主题——那将是
30 另一个时期，另一种理论，另一本书所要解决的问题。

第二章

成员资格

成员与陌生人

分配正义的思想假定了一个有边界的分配世界：一群人致力于分割、交换和分享社会物品，当然首先是在他们自己中间进行的。正如我已经论证过的，这个世界是政治共同体，其成员互相分配权力，并且如果可能的话，避免与别的人一起分享权力。当我们思考分配正义时，我们所考虑的是能够公正地或不公正地安排他们自己的分割和交换模式的、独立的城市或国家。我们假定了一个确定群体和固定的人数，我们便遗漏了第一个也是最重要的分配问题：那个群体是如何构成的？

我的意思并不是问：**过去**那个群体是怎样构成的？我在此所关注的不是不同群体的历史起源，而是他们在当下为他们的现在和将来的子孙所做的决策。在人类某些共同体里，我们互相分配的首要善（primary good）是成员资格。而我们在成员资格方面所做的一切，建构着我们所有其他的分配选择：它决定了我们与谁一起做那些选择，我们要求谁的服从并从他们身上征税，以及我们给谁分配物品和服务。

在任何地方，没有成员资格的男人和女人都是无国籍的人。这一状况并不排除所有分配关系：比如说，市场通常对所有来者都开放。但不具有成员资格的人在市场中是脆弱的和不受保护的。尽
31 管他们自由地参与物品的交换，但那些共享的物品没他们的份。他们被排除在共同体的安全和福利供应之外。即便是那些集体性分配的安全和福利，如公共卫生，对于没有成员资格的人也没有保证：因为他们在集体中没有有保障的位置，且总是易于被驱逐。没有国籍是一种无穷无尽的危险状态。

但是，成员资格和非成员资格并不是唯一的——或为了我们的目标，它不是最重要的——一组可能性。成为一个穷国或富国的成员，住在一个人口稠密的国家或地域空旷的国家，成为一个独裁政权下的臣民或民主国家的公民，都是有可能的。因为人类的流动性很强，所以，大量男女总是定期试图改变他们的居住地和成员资格，从不喜欢的环境搬到喜欢的环境中去。富裕而自由的国家正像英才大学一样，总是被申请者包围着。它们不得不决定它们自己的规模和特征。更准确地说，作为这样一个国家的公民，我们不得不决定：我们应该接纳谁？我们应该放开准入吗？我们能在申请者中选择吗？分配公民资格的合适标准有哪些？

我在问这些问题时用的复数形式暗示了这些问题的常见答案：作为成员，我们确实做着选择，这与我们自己对成员资格在我们共同体内的含义和我们想要何种共同体的认识和理解是一致的。作为一种社会善，成员资格是由我们的理解决定的：它的价值是由我们的工作和谈话决定的，因此，我们掌握着（还有别的谁能掌握呢？）它的分配。但我们并不在我们中间分配它；它早已是我们的了。我们将它授予陌生人。因此，这一选择也是由我们与陌生人之间的关系——不仅是由我们对那种关系的理解，而且还由已建立的实际的联系、关系、联盟和我们对边界外的影响所决定的。但我首先还是应该集中论述字面意义上的陌生人，即所谓我们首次遇到的男人们

和女人们。我们不知道他们是谁，也不知道他们在想什么，但我们知道他们是男人和女人，他们像我们但又不是我们：当我们就成员资格做决定时，我们就不得不同时考虑我们和他们。

我在此并不想重述西方关于陌生人观念的历史。在许多古代语言中，其中包括拉丁语，陌生人和敌人是一个词。我们只是经过漫长的试错过程，才将二者区分开来，并承认，在特定环境中，陌生 32
人（但不是敌人）可能有资格接受我们的殷勤招待、帮助和良好祝愿。这种承认可以表述为互助原则，正如罗尔斯写的，这个原则说明我们所承担的义务"并不是对明确的个人，即在某种社会安排中合作的那些人，而是对一般的人的"。[1]互助扩展到政治（同样还有文化、宗教、语言）边界之外，这一原则的哲学基础是难以明确的（它的历史为其提供了实践基础）。罗尔争论说只要想象"如果这个义务被拒绝，社会将会是什么样子"[2]，就能建立这个原则。我怀疑他这样说是否是对的，因为拒绝在任何特定社会内都不是一个问题；只有在并不分享或并不知道他们自己所要分享的共同生活的人们当中，这个问题才会出现。而确实分享到一种共同生活的人有着更强的义务感。

正是某种合作性安排的缺乏设定了互助的场景：两个陌生人在海边或沙漠中相遇，或者如乐善好施的撒马利亚人故事所述，在路边相遇，他们毫不清楚对彼此负有什么义务，但我们通常说，在这种情况下，如果（1）其中一方需要或迫切需要帮助；（2）对另一方来说，给予帮助的风险和成本相对较低；那么需要积极的援助。在这些条件下，我就应该停下来帮助受伤的陌生人，而不论我在何处遇到他，也不论他的成员资格或我自己的成员资格是什么。这是我们的道德；大概也是他的道德。而且，它也是一种能在集体层面用

1 John Rawls, *A Theory of Justice* (Cambridge, Mass., 1971), p. 115. 把互助当作一种可能的权利进行有益讨论的，请参见 Theodore M. Benditt, *Rights* (Totowa, N. J., 1982), chap. 5。

2 Rawls, *A Theory of Justice*, p. 339.

大概相同的形式表达出来的义务。人类群体应当帮助他们当中或在路上发现的急需帮助的陌生人。在这些例子中，对风险和成本的限定是显而易见的。我不必把受伤的陌生人带回我的家，除非暂时地，并且，我当然不必照顾他，或甚至在我日后的生命里陪伴他。我的生活不能被这样不期而遇的机会改变或决定。约翰·温思罗普总督反对向新的马萨诸塞清教徒联盟自由移民，他坚持说，这个拒绝权同样适用于集体性互助，“至于好客，这一原则只能约束某种当下情况，而不能变成继续居留”。[1]温思罗普的观点能否站得住脚是一个我将逐步涉及的问题。在此，我只想指出，互助作为一个分配成员资格的（可能的）外部原则，并不依赖于一个特定社会内关于成员资格的普遍看法。这个原则的力量是不确定的，部分原因是它自
33 身的模糊性，部分是因为它有时会与社会意义的内部力量相抵触，而这些意义在政治共同体的决策过程中是能够明确的，而且也是明确的。

我们也许能选择一个没有特定意义、没有政治共同体的世界，在那里，没有一个人是成员，或者说，每个人都“属于”唯一的一个全球国家。对于成员资格来说，这就是简单平等的两种形式。如果所有的人都是陌生人，如果我们的相逢都如同海边、路边或沙漠中的相逢，那么，将不会有成员资格分配，准入政策将永远不成为问题。我们在哪里生活、怎样生活、与谁一起生活，将依赖于我们的个人愿望、我们的伙伴关系以及社交活动。正义将不过是非强制、信善和行善——完全是外部原则问题。相反，如果所有人都是全球国家的成员，那么，成员资格就已经被平等地分配给了每个人；对于成员资格，也就没有别的什么事可做了。这些安排中的第一种提出一种全球极端自由主义，第二种提出一种全球社会主义。它们便是永

1 John Winthrop, in *Puritan Political Ideas: 1558—1794*, ed. Edmund S. Morgan (Indianapolis, 1965), p. 146.

远不会出现成员资格的分配的两种情况，在每种情况下，都不会存在可用来分配的那种身份，或者，那种身份（对每个人来说）是与生俱来的。但这两种安排在可预知的将来都是不可能实现的，况且还有反对这两种安排的令人印象深刻的论点。我稍后就会提到。无论如何，只要成员和陌生人，正如当下一般，是两个明显不同的群体，那么，就必须做出或者接纳或者拒绝男人们和女人们的准入决定。在互助条件不明确情况下，这些决定是不会被任何广为接受的标准制约的。这正是各国的移民政策鲜遭批评的原因，除非唯一相关的标准是慈善性的而非正义的。无疑，一种更深刻的批判可能导致人们否认成员/陌生人的区别。但我将试图为这一区别辩护，然后，描述决定成员资格分配的内部原则和外部原则。

这个论述需要对移民政策和归化政策做仔细的回顾。简要地说，首先值得强调是政治空间中的陌生人（移民）与政治时间中的后代（孩子们）之间有某种相似之处。人们进入一个国家的方式或者是在该国出生或者（更常见的）是移民。这两种过程都是可控的。
但在第一种情况下，除非我们采用选择性的杀婴政策，否则我们将涉 34
及尚未出生并因此未知的个人。对大家庭的补助和生育控制计划只能决定着人口的规模，并不决定其居民的特征。当然，我们可以将不同的生育权分配给不同群体的父母，建立民族配额（如移民政策中的出生地配额）或阶级配额、智力配额，或允许生育许可证在市场上买卖。这都是调整谁拥有孩子和塑造未来人口特性的方法。但是，即使在民族性方面，它们也是间接的、效率低下的方法，除非国家也管制着跨族通婚和同化。纵然这些条件都具备，这个政策也需要非常高水平的强制，且必定是不可接受的：政治权力要控制亲属关系和爱。因此，主要的公共政策问题只是人口的规模——它的增长、稳定或下降。我们向多少人分配成员资格？更大的和哲学上更让人感兴趣的问题——向哪种人分配？向哪一特定人群分配——是我们讨论与接纳或排斥陌生人有关问题时碰到的最明显的问题。

类比：居民区、俱乐部和家庭

决定准入政策的理由有多种，如东道国的经济、政治条件；东道国的特性和“命运”以及国家（政治共同体）的一般特征等。其中，最后一点是最重要的，至少在理论上是最重要的，因为我们对国家的一般性理解将决定特定国家是否有它们通常主张的权利：出于（它们自己的）特定理由而分配成员资格。但对于国家是什么或成为一个成员意味着什么，我们当中很少有人有过直接体验。我们通常对我们的国家有强烈的感情，但对之只有朦胧的认识。作为一个政治共同体（而非一个地域），它毕竟是看不见的；我们事实上看到的只是它的象征、职位和代表。我怀疑当我们拿它与其他我们更易掌握其特征的更小社团相比时，我们是否能将它理解得最好。我们都是许多不同种类的正式和非正式群体的成员，所以对它们的运作更了解。而所有这些群体都有，且必然有准入政策。即便我们从未
35 当过国家官员，即使我们从未从一个国家移居到另一个国家，我们也都有接受或拒绝陌生人的经历，都有被接受或被拒绝的经历。我想借用这种经验来说明问题。我的论证将通过一系列粗略的比较进行。我认为，在这个过程中，政治成员资格的特殊意义就会日益明显。

现在考虑一下政治共同体的三种可能类似物：我们可以把国家比作居民区、俱乐部或家庭。这个单子显然不是彻底无遗的，但它将有助于阐明接纳和排斥的某些关键特征。学校、官僚机构、公司，尽管它们有俱乐部的某些特征，既分配社会和经济地位也分配成员资格；我也将把它们分开处理。许多国内的社团因其成员资格而是寄生性的，依赖于其他社团的程序：比如工会依赖于公司的雇佣政策；家长—教师组织依赖于居民区的开放性或依赖于私立学校的选择性。政党通常像是俱乐部；宗教集会通常被设计得像家庭集会。

而国家应该是什么样呢?

居民区是一种非常复杂的人类社团(association),但我们对它是什么样子有着确定的理解——至少当代美国法律部分反映出(尽管也不断受到挑战)这种理解。它是一个没有有组织的或法律上可执行的准入政策的社团。陌生人既可以是受欢迎的也可以是不受欢迎的;但他们不能被接纳或排斥。当然,受欢迎或不受欢迎有时确实与被接纳或被排斥是一回事,但二者之区别在理论上是重要的。从理论上讲,个人和家庭搬入一个居民区是有他们自己的理由的;是他们做出选择,而不是被选择。或者毋宁说,在没有法律控制的情况下,市场控制着他们的活动。他们搬迁与否不仅是由他们自己的选择决定的,而且也是由他们找到一份工作和一个在地方生活的能力决定的(或者,在一个迥异于我们自己社会的社会里,找到一个乐于接纳他们的工厂或合作公寓)。理想状态下,市场是独立于现有的居住区布局而独立运作的。国家通过拒绝实施约束性契约或采取行动阻止雇工中的歧视或使之最小化来支持这种独立。不存在能够维持"种族纯洁"的制度安排——尽管区划法有时仍维持着阶级隔离。[1]
就任何形式标准而言,居民区是一种随机性社团。"不是一种选择, 36
毋宁说是一个整体的生活样本。……由于空间的无足轻重,"正如伯纳德·鲍桑葵所写的,"我们易受所有可能因素的直接影响。"[2]

古典政治经济学中的一个普遍观点是,国家领土应当和地方空间一样"无足轻重"。这些在19世纪为自由贸易辩论的作者同样支持不受限制的移民。他们主张不受任何政治约束的契约自由。他

1　区划法,见 Robert H. Nelson, *Zoning and Property Rights: An Analysis of the American System of Land Use Regulation* (Cambridge, Mass., 1977), pp. 120—121。　区划法的作用是禁止某类人——那些不生活在传统家庭中的人——进入居民区(自治市镇、村庄、城镇),这是我们的政治史的一个新特征,在此我将不对之加以评论。见 U. S. Supreme Court's Decision in *Village of Belle Terre v. Boraas* (1973)。

2　Bernard Bosanquet, *The Philosophical Theory of the State* (London, 1958), p. 286.

们认为，国际社会应当是一个由居民区组成的世界，个人自由迁移，寻找各自的发达机会。在他们看来，正如享利 · 西季维克（Henry Sidgwick）在1890年代所报道的，政府官员唯一的事情就是“把秩序维持在（一个）特定地方……但决不是决定谁居住在这个地方，或将任何特定部分的人种限制在享受该地的自然禀赋之外”。[1]自然禀赋（就像市场）在私人产权范围内对所有初来者开放，而且，如果自然禀赋耗尽或因过量而贬值，那么，人们就会继续迁移，进入一班新官员的辖区。

西季维克认为这可能是“未来的理想”，但他提出了三个反对当下居民区世界的论点。第一，这样一个世界将不允许爱国情感的存在，因此，个人的自由迁移可能造成的“偶然聚集”将“缺乏内聚力”。邻居间彼此将视同陌路。第二，自由迁移可能妨碍一个特定国家“在较贫穷阶级中提高生活水平”的努力，因为这种努力不可能用同样的能量来进行尝试，同样也不可能在世界的每个地方都获得成功。第三，道德文化、智力文化的提升和政治制度的有效运作可能被各色人等持续不断的创造所“击败”[2]。西季维克提出这三个论点构成了反对劳动力流动和契约自由的功利主义观点。但在我看来，它们似乎有着一个非常不同的特征。后两个论据的力量来自第一个，但只是在第一个论点是用非功利主义术语构想出来的情况下才如此。只有爱国情感有某种道德基础，社区内聚力导致职责和
37 共享的意义，且既有成员又有陌生人，国家官员才会有理由来特别担忧他们自己的人民（且是他们自己的全部人民）的福利和他们自己的文化和政治成就。因为至少全世界较贫穷阶级的平均生活水平在完善的劳动力流动性条件下会恶化是值得怀疑的。同样，也没有有力的证据来证明文化在世界主义环境中不能繁荣，也不能说治

1 Henry Sidwich, *Element of Politics* (London, 1881), pp. 195—196.

2 Ibid., p. 296.

理偶然聚集起来的人们是不可能的。至于最后一点，政治理论家们很久以前就发现，某种政权——独裁政权——在缺乏内聚力的情况下仍然繁荣。使完全流动倾向于独裁主义可能是一种反对流动性的功利主义观点；但这样一个观点只有自由往来的单个的男人和女人表达出想要某种别的形式的治理的愿望时才起作用。而且，他们也许还可能不那么做。

但是，劳动力的完全流动可能是海市蜃楼，因为在地方层面，它几乎肯定将遭到抵制。正如我说过的，人类频繁迁移并不是因为他们喜欢迁移。除非他们的生活在当地异常艰难，他们中的大多数还是愿意居留原地的。他们体验着对一个地方的热爱和这个特定地方的不舒适之间的紧张。当他们中的一些人离开家乡，成为新土地上的外来者时，居留在原地的其他人则对来到他们自己土地上的外来者产生憎恶。因此，如果国家成为大型的居民区，那么居民区也有可能成为小型国家。他们的成员将组织起来保卫地方政治和文化不被陌生人侵入。历史上，每逢国家是开放的时候，居民区就变成了封闭的或观念狭隘的共同体(更不用提法律强制的例子了)。例如，在多民族帝国的世界性城市中，国家官员并不鼓励任何特别的认同，而是允许不同的群体构建它们自己的制度结构(如在古亚历山大港)，或者在大规模移民的接收中心(如20世纪初的纽约)，国家是一个开放的世界，但同时也是一个异邦——或者也可称为一个满是外侨的世界。在国家根本不存在或国家不起作用的地方，情况也类似。当福利享有人增多，并在当地消费，例如在17世纪英国的教区，当地的人们便会试图排斥有可能成为福利领受者的新来者。只有福利的国有化(或文化和政治的国有化)才使居民区共同体向任何选择进入的人开放。

只有在国家至少有可能封闭的情况下，居民区才能开放。只有在国家从待选的潜在成员中做出选择并保证它选出的个人的忠诚、 38
安全和福利的条件下，地方共同体才能作为“无足轻重”的社团存在且只取决于个人偏好和市场能力。既然个人选择最依赖于地方的流动性，这似乎就是一个和我们自己的社会相似的社会中人们所偏好的安排。一个现代民主制的政治和文化可能要求国家提供这种宽大胸怀和这种边界。我并不是要否认区域文化和少数民族共同体的价值，我的意思只是说，在缺乏包容性和缺乏保护性的国家的情况下，区域文化与民族共同体有可能变得僵化。拆除国家的围墙，正如西季维克所忧虑的那样，并不会创造一个没有围墙的世界，反而会创造出一千个小堡垒。

堡垒也可能被拆除：所必需的是一个足够强有力的、能压倒地方共同体的全球国家。然后，其结果将是政治经济学家们设想的世界，如西季维克所描述的——一个男人们和女人们完全背井离乡的世界。居民区也许可以维持一代或两代人在自愿基础之上的某种有凝聚力的文化，但会有人迁入迁出；很快，凝聚力就消失了。文化和群体的独特性依靠封闭，并且，没有封闭，文化和群体的独特性就不能被当作人类生活的一个稳定特征。如果这个独特性是一种价值，如大多数人（尽管他们中有些人是全球多元论者，而另一些只是地方的效忠者）表面相信的，那么在某些地方就必须允许封闭。在政治组织的某个层面，像主权国家这种东西必须形成并有制定它自己的准入政策的权威，来控制，有时候是阻止入境移民潮。

但控制入境移民的权利并不包括或产生控制出境移民的权利。政治共同体能够用这一方式而非别的方式来控制它的人口：这是一个在对成员资格的解释中被不断申明的特征。限制入境有利于保护一个群体的自由和福利、政治和文化，使群体成员相互信任，信守共同的生活。但对出境的限制是用强制替代了承诺，就被强制的成员而言，就再也没有一个值得保卫的共同体了。也许，一个国家能够放逐个别的公民或驱逐生活在它境内的外国侨民（如果有愿意接收他们的地方的话）。除了在国家处于紧急关头时，即每个人都负有为共同体的生存而发挥作用时，每个国家都不能阻止这些人起身离去。但是，个人能正当地离开他们自己的国家这一事实并不产生进入另一个（任何一个）国家的权利。入境移民和出境移民在道 39
德上是不对称的。[1]此处的恰当类比便是俱乐部，因为民主社会俱乐部的一个特征——如我刚才所提出的，也是国际社会中国家的特征——是他们能够管制进入却不能禁止退出。

像俱乐部一样，国家也有准入委员会。在美国，国会起着这样一个委员会的作用，尽管它几乎不对个人进行选择。相反，它确立一般资格条件、接受和排斥的种类以及配额数（限制）。然后根据不同的条件对个人进行选择，主要是基于"先来后到"原则（first-come, first-served）。这个程序似乎是无懈可击的，尽管那并不意味着任何特定一组资格条件和种类应当被捍卫。说国家有权在某些地区行动并不等于说它们在那些领域中所做的任何事情都是正确的。例如，可以通过诉诸东道国的条件和特色以及诉诸那些早已是其成员的共识来支持特定的准入标准。这些论点必须经由道德的、政治的和事实的判断。美国限制入境移民的拥护者们（如在1920年）虽然声称他们正在捍卫一个同质的白人和清教徒国家，但他们的主张却可以被合理地称为不公正的、不准确的，因为这似乎表明大量非白人和非清教徒公民是看不见的男人和女人，不能被计入国家的人口调查统计数字。[2]更早期的美国人，为了寻求经济和地理上的扩张，创造了一个多元主义社会，而那个社会的道德观念应该指导了1920年代的立法者。然而，如果我们按照俱乐部的类比逻辑，我们就不得不说，更早期的决定可能是另一番情景。美利坚合众国可能已经成了一个同质共同体，一个盎格鲁-撒克逊民族国家（想一想已发生过的所有事情：实际上灭绝的印第安人，无疑很正确地理解入侵的危险，尽他们的最大力量把外国人赶出他们的家园）。这

1 比较 Maurice Cranston 对迁移权的普遍共识的论述，见其 *What Are Human Rights?*（New York, 1973），p. 32。

2 见 John Higham 对这些争论的解释，*Strangers in the Land*（New York, 1968）。

种决定是受约束的，但约束是什么，我还说不准。重要的是，首先要坚持的是，美国社会中，以及现有的国家中，成员资格的分配是一种政治决定。劳动力市场可以放任，正如美国数十年来所做的，但那并不是因一项自然法令或上帝之法而发生的；它取决于最终政治性的选择。公民们想要创造何种共同体？他们想同哪些其他的男女
40 们分享和交换社会物品呢？

这些问题恰恰是俱乐部成员在决定成员资格时需要回答的，尽管通常面对的是一个不那么广阔的共同体和更为有限的社会物品。在俱乐部中，只有创立者是自我选择的（或互相选择的）；所有其他成员都是由那些在他们之前成为成员的人来选择的。个人也许能给出他们为何应当被选择的好理由，但外面的任何人都没有权利进入里面。成员们自由决定他们未来的伙伴，并且，他们做出的决策是权威的和最终的。只有当俱乐部分裂为派系，并为所有权而争斗时，国家才能进行干涉，自行做出谁是成员的决定。但是，当国家分裂时，任何合法上诉都是不可能的；不存在上一级实体。因此，我们可以把国家想象为完美的俱乐部，对它们自己的选择过程享有主权。[1]

但即使这一描述在法律上是准确的，它对当代政治共同体的道德生活来说，也不是一个准确解释。显然，公民们常常相信他们自己在道德上负有将他们国门敞开的义务——也许不是对任何想进来的人，而是对被当作民族或种族的“亲戚”的一个特定外部群体。在这个意义上，国家更像家庭，而非俱乐部，因为家庭的一个特征便是，家庭成员与他们无法选择并居住在家庭之外的人有道德上的联系。在遇到困难时，家庭也是一个避难所。有时，在国家的保护下，我们接纳与我们毫无关系的同胞公民，如英国农村家庭在闪电战期

---

1 温思罗普清晰地表达了这一点：“如果我们在这里是一个建立在自由同意之上的团体，如果我们居住的场所是我们自己的，那么，就没有人有权在……不经我们同意的情况下进入我们当中。”见 Winthrop, *Puritan Political Ideas*, p. 145。我稍后将回到“场所”问题。

间接纳伦敦儿童，但我们更为自发的善行却直接指向我们自己的亲友。当国家把入境移民优先权给予公民的亲属时，国家承认的是我们所说的“亲属原则”。这正是美国当前的政策，而且它似乎特别适合一个主要由接纳入境移民而构成的政治共同体。它是一种承认劳动力流动性有社会价值的途径：既然劳动者是有家庭的男女们，我们不能只看中他们的劳动利益，而不接受某种如对他们年迈的双亲或他们生病的兄弟姐妹的义务。

在不同形态的共同体中，国家在很大程度上能够恰当地代表一个民族。在民族原则的决定下，另一种义务普遍形成了。在遇到困难时，国家对于民族成员来说，就是一个避难所，而不论他们是不是 41
居民或公民。可能政治共同体的边界多年以前就划定了，因此他们的村庄或城镇被错误地留在了另一边；也许他们是迁出者的孩子或孙子。他们没有合法的成员权利，但如果他们在所居住的地方受到迫害，他们就会将眼睛转向祖国，不仅满怀希望，而且满怀期待。我认为那种期待是合法的。在20世纪早期的战争和革命之后，被土耳其驱逐的希腊人以及被希腊驱逐的土耳其人都必须被他们各自的拥有集体名称的国家所接纳，这类国家还有什么别的目的吗？它们并不只是管辖着一块领土和一群偶然聚积起来的居民，它们还是一种共同生活和（通常）永远不会完全局限于它们合法边界内的民族“大家庭”的政治表达形式。第二次世界大战后，被波兰和捷克斯洛伐克驱逐的成百万德国人被两个德国接收并照顾。即使两德对驱逐没有任何责任，它们对这些难民也仍然有一种特殊的义务。大多数国家在实践中承认这种义务，有些则在法律上予以承认。

领　土

因此，我们可以把国家看作是民族俱乐部或家庭。但国家也是有领土的国家。尽管俱乐部和家庭拥有财产，它们却既不要求也不

（除了封建制度中）拥有领土管辖权。除了孩子以外，他们并不控制成员的自然位置。而国家的确控制自然位置——只要为了俱乐部，家庭以及组成它们的单个的男人和女人的利益就可以控制，而且与这种控制相伴出现了特定义务。如果我们再考虑一下入境移民与出境移民的不对称，我们就能充分地认识这些义务。

民族原则有一个重要的限制，如果并不总是在实践中被接受的话，通常在理论上也是被广泛接受的。尽管承认民族血亲关系是允许移民入境的一个理由，但驱逐的理由并不是不承认这种关系。这在现代世界是一个主要问题。因为许多新独立的国家发现它们所
42 控制的领土中有在旧帝制政权支持下接受的异族群体。有时，这些人被迫离去，成了新政府不能抑制的大众仇视的受害者。更常见的是，政府自己滋长了这种仇视，并采取积极的行动把“异族分子”驱逐出去。当它这么做时，它类似某种版本的俱乐部或家庭。但是，这两种类比在此都不起作用：因为尽管没有一个“外族人”有权成为一俱乐部或家庭的成员，但我认为，描述一种在领土上或居住位置上的权利是可能的。

霍布斯以古典形式做了论证。他列出了社会契约签订时人们所放弃的那些权利和仍保留的那些权利。被保留的权利包括自卫以及“使用火、水、自由空气和**居住场所**，以及……所有生活必需的东西”[1]（黑体部分是我所强调的）。事实上，这项权利并非针对一个特定场所，但它是在国家的背景下实施的，而国家的存在恰是保护它。国家所主张的领土管辖权从根本上来源于个人对场所的权利。因此，这项权利既有集体形式，也有个人形式，而这两种形式又可能彼此冲突。但并不能说第一种形式总是或必然凌驾于第二种形式之上。因为第一种形式是为第二种形式而存在的。国家只是

1 Thomas Hobbes, *The Elements of Law*, ed. Ferdinard Tonnies (2nd ed., New York, 1969), p. 88 (part I, chap. 17, para. 2).

对它的居民负有某种义务，而并不考虑他们的集体或民族身份。并且，居民们有权居住的最初场所无疑是他们和他们的家庭曾居住并谋生的地方。他们对这片土地所形成的依恋和期望反驳了强迫迁往别的国家的论点。如果他们不能拥有这片特定的土地（或房屋、公寓），那么必须为他们找到具有起码相同条件的其他“场所”。至少，一开始就给予成员资格空间：决定成员资格含义和制定共同体准入政策的男女们只是那些早已居住在共同体地域内的男女们。新国家和新政府必须与它们统治的土地上的老居民们缔结和平，可能国家所采取的形式多半是由特定民族（俱乐部或家庭）统治下的封闭领土；但它总是包括一种或另一种异族人——而这些异族人若被驱逐，便是不公正的。

这种普遍安排产生了一个重要的可能：一个特定国家内的许多居民因他们的民族而得不到完整的成员资格（公民身份）。我在论述归化的具体问题时将考虑这个可能并提出理由驳斥它。但至少在国家层面，是可以通过选择一种根本不同的安排来完全避免这些问题的。再考虑一下居民区类比：可能我们应该拒绝承认民族国家对领土管辖权的集体权力，正如我们否认教会和政党对领土管辖的 43
集体权力一样。也许我们应该坚持开放国门并且只在非领土群体中允许封闭。开放的居民区与封闭的俱乐部、家庭结合在一起：这就是民主社会的结构。为何不能、为何不应该将它们扩展到全球社会呢？

奥地利社会主义作家奥托·鲍尔（Otto Bauer）事实上曾针对中东欧的多民族帝国提出过这种扩展。鲍尔设想，把民族组织成自治的团体（corporations），允许为教育和文化目的向其成员征税，但他否认任何领土主权。个人可以带着他们的民族成员资格在政治空间，即在帝国内自由迁徙。这非常像在今天的自由世俗国家中，个人带着他们的宗教成员资格和党派关系自由迁徙一样。像教会和政党一样，这些团体可以按照其老成员认为适当的任何标准来接纳或拒绝新成员。[1]

这里的主要问题是，鲍尔想要保护的所有民族共同体都已经形成，并在地理共存的基础上维持了数世纪。任何对本民族历史的误解都不能引导着刚刚摆脱帝国统治的民族去寻求一个牢固的领土地位。民族寻求国家（countries）是因为在某种更深层意义上，它们已经有了国家：人民和土地之间的联系是民族认同的一个关键特征。而且，他们的领袖知道，因为诸多关键性问题（包括分配正义问题，如福利、教育等等）在地理单元内能得到最好的解决，所以政治生活的焦点决不能建立在别处。“自治”团体将总是领土国家的附属物，且可能是寄生性附属物，而放弃国家就是放弃任何有效的自决。这便是一旦帝国统治消失，民族开始“解放”，边界以及个人和群体跨越边界的活动便陷入喋喋不休的争吵境地的原因。并且，扭转这个过程或抑制其影响将再一次需要在全球范围实行高压统治。就目前我们对国家的了解，还没有简单可行的办法来避免国家（以及国家的增加）。因此，正义理论必须考虑到领土国家，明确其居民的权利，承认准入和拒绝的集体权利。

但是，争论还不能就此停住，因为领土控制使国家成为一种必需品。领土在双重意义上是一种社会善。它是生活空间、土地和
44 水、矿产资源和潜在财富，是饥馑贫困者的资源。并且它是一个受保护的生活空间，有边界和警察，是受迫害者和无国籍者的资源。这两种资源是不同的，我们可以根据在各自基础上提出的各种要求得出不同的结论。但这个利益攸关的问题首先应当用一般措辞表达出来。一个政治共同体仅仅因为对象是外国人就能够拒绝饥馑贫困者、受迫害者和无国籍者，即所有需要救助的男男女女吗？公民

---

1 鲍尔的观点见 *Die Nationalitätenfrage und die Sozialdemokratie*（1907）；部分内容摘录于 *Austo-Marxism*, ed. Tom Bottomore and Patrick Goode（Oxford, England, 1978），pp. 102—125。

们有义务接纳陌生人吗？让我们设想公民们没有正式的义务；他们只不过受互助原则的严格约束。但是，这个原则必须贯彻，不是直接对个人，而是对作为一个群体的公民，因为入境移民是一种政治决定问题。如果是在民主国家的话，个人参与决策，但他们不是为自己决策，而是为整个共同体决策。而这个事实有道德意义。它用距离代替了直接；用非个人的官僚成本代替了个人的时间和精力花费。不管约翰·温思罗普如何主张，互助对政治共同体比对个人更有强迫性，因为种类众多的慈善行动是向一个共同体开放，而且共同体现有的成员——这些成员作为一个实体，或甚至还有可能的例外——不管是每个人，每个家庭或每个俱乐部受这些行动的影响都是边际性的。（但善意可能影响目前成员的孩子、孙子甚至曾孙辈——其方式不易度量甚至不易了解。我不能确定，这种考虑在何种程度上能被用来限制所需行动的范围。）这些行动可能包括接纳陌生人，因为准许进入一个国家并不必然要求俱乐部和家庭中那种难以避免的亲密关系。那么，至少对**这些**陌生人，即没有别的地方可去的人来说，准许进入难道不具有道德必要性？

此类论点将互助变成了一个对共同体的而不是对个人的严格义务，可能是排斥权依赖于特定国家领土规模和人口密度这样一般性主张的基础。因此，西季维克写道，他“不能容许给予一个拥有大量空闲土地的国家一项拒绝异国分子的绝对权利”。[1]可能在他看来，公民们可以在贫困的陌生人中做出某种选择，但只要他们的国家有（大量）可利用的空间，他们就不能完全拒绝接纳陌生人。可以这么说，如果我们不把贫困的陌生人当作善行的客体，而是当作有能力为自己的利益而采取行动的绝望的男女，那么就可以从另一 45

1　Sidgwick, *Elements of Politics*, p. 295. 对照密尔就中国人移民美国写给 Henry George 的信，引自 Alexander Saxton, *The Indispensable Enemy: Labor and the Anti-Chinese Movement in California* (Berkeley, 1971), p. 103。

个角度得到一个更强大的论点。在《利维坦》中，霍布斯争论道，这些人，如果他们不能在自己的国家里谋得生路，那么，他们有权迁往“居民不足的国家去；然而，到那里之后，他们不应消灭当地所见到的人，而只能让他们紧靠在一起居住，不让他们占过宽的地方和见到什么就拿走什么”。[1]这里，“乐善好施的人”自己并不是主动，相反，他们是被动的，并（如我们立即就会看到的）且毫无抵抗。

“白人的澳大利亚”与必需品的要求

霍布斯哲学的论点显然是对欧洲开拓殖民地活动的辩护，并且同样是后来对土著猎人和采集者予以“限制”的辩护。但它应用广泛。西季维克在其1891年的著作中所想到的可能是殖民者所创造的国家：美国。在美国，煽动拒绝外来移民至少在整个19世纪的政治生活中并不多见；而那时的澳大利亚，刚刚开始对移民政策展开大辩论，最终发展出了“白人的澳大利亚”政策。几年后，一位负责入境移民的澳大利亚部长用现在我们所熟悉的措辞捍卫了这一政策：“我们谋求创建一个同质的国家。有哪个人能合理地反对这个目的呢？决定国家的构成难道不是每个政府的基本权利吗？这种特权正和家长所行使的、决定谁生活在他自己家里的特权一样。”[2]但澳大利亚“家庭”持有它当时仅仅占有（而我可以不用更多的事实材料就可认定，它目前仍然仅仅占有）广袤领土的一小部分。澳大利亚白人对这片次大陆大量空余土地持有权利的基础仅仅是他们先于别人标界并将其强加于土著人而已。那似乎并不是人们在面临贫困的男女吵闹着要求进入的时候所乐意捍卫的权利。如果被人口密集的东南亚地区的饥荒所驱赶的成千上万的人不得不打开

1 Thomas Hobbes, *Leviathan*, part II, chap. 30。（相关译文引自《利维坦》，黎思复、黎廷弼译，商务印书馆，1996年。——译注）

2 引自 H. I. London, *Non-White Immigration and the "White Australia" Policy*（New York, 1970）, p. 98。

一条向他们关闭的澳大利亚之路，我怀疑我们会控诉这些侵入者的行为是侵略。霍布斯的指控可能更有意义："我们既然看到每一个人不仅根据权利，而且根据自然的必要，都应当尽一切可能力求获得自我保全所必需的一切；所以为了获取多余的东西而违反这一点的人便应当对因此而导致的战争负责。"[1] 46

但霍布斯的"多余的东西"的概念是非常宽泛的。他的意思是，对生命本身，即维持肉体生存的必需品之外的东西，便是多余的。我认为，如果我们采用一种更为狭义的概念，依特定历史共同体的需要而变化，那么，这个论点就会更为合理。我们必须考虑"生活方式"，正如对个人而言，我们必须考虑"生活计划"一样。现在让我们假定绝大部分澳大利亚人能够维持他们目前的生活方式。在我刚才想象的那种成功入侵既定的条件下，他们的生活只会有边际变动。某些个人可能会受到更为强烈的影响，因为他们已开始为他们所选择的生活"需要"几百甚至几千英里的空地。但这种需要不能被给予这些人相对于有迫切需要的陌生人的道德优先权。那么大的空间是一种奢侈，正如那么多的时间在更为传统的乐善好施者（好撒马利亚人）的观点里是一种奢侈一样；并且它易于成为一种道德侵权。因此，假定事实上确实有多余的土地，对必需品的要求将迫使一个像白人澳大利亚那样的政治共同体面临一种极端选择。它的成员可能为求同质而放弃土地，或者他们可能为了土地而放弃同质（赞成创建一个多种族社会）。而这些将成为他们唯一的选择。白人的澳大利亚将只能作为小澳大利亚生存下去。

我用这些强烈的措辞提出论据，目的是要说明，互助的集体版本可能要求成员资格和/或领土进行一种有限的、复杂的再分配。我们不能走得比这更远。不注意"多余的东西"的具体含义，我们就无法描述小澳大利亚的偏狭。例如，主张生活空间应当向全球的

1　Hobbes, *Leviathan*, part I, chap. 15.

每个居民平均分配就等于允许个人对这个世界的一个地方的权利主张凌驾于集体的权利主张。事实上，它将否认国家俱乐部和家庭能够在任何时候都获得对特定一片领土的牢固所有权。毗邻土地上的高出生率不久就会使这种所有权归于无效并要求领土的再分配。

同样的困难也出现在财富和资源方面。这些也可能成为多余的，远远超过一个特定国家的居民们过体面生活（即使是他们自己定义一种体面生活的含义）之必需。只要多余的资源存在，那些居民在道德上就有义务接纳来自更贫穷国家的入境移民吗？或者他们承担义务的时间甚至更长，并超出互助的限度，直到一项开放准入政策不再吸引和有益于世界上最穷的人吗？西季维克似乎选择
47 了这些可能中的第一种；他提出的原则是一个罗尔斯差别原则的狭义而原始的版本：入境移民能够被限制，如果限制不了就会“实质性地妨碍……政府在共同体成员间——特别是较穷阶级——维持足够高的一般生活标准”。[1]但共同体如果愿意出口它的（一些）多余财富，那么共同体也可以甚至在这种局面出现以前就做出决定中断入境移民。它的成员就将面临一种类似于澳大利亚人的选择：他们可以与处于他们国家之外或之内的贫困陌生人分享他们的财富。但是他们必须拿出多少财富来共享呢？再一次地，必须有某种限度，如果缺乏（可能相当缺乏）简单平等，共同财富就可能最终枯竭。如果所有资源和所有产品是全世界共有的，那么，“共同财富”这个短语就失去它的意义。或者，毋宁说，将只存在一个共同体，一个世界国家，其再分配过程将在很长时间里倾向于使国家俱乐部和家庭的历史特殊性归于无效。

如果我们不缺乏简单平等，那么许多共同体将继续存在，它们有着不同的历史、生活方式、气候、政治结构和经济。世界上的一些地方对有着特定爱好和抱负的单个男女，或对更一般的人而言，将

1 Sidgwick, *Elements of Politics*, pp. 296—297.

仍然比别的地方更令人向往。一些地方至少对一部分居民而言将仍然是不舒适的。因此，入境移民甚至在分配正义的要求已经在世界范围内得到满足后，也仍会是一个问题——还是假定全球社会是且应当是形式上多元主义的，且权利要求是由某种形式的集体互助决定的。不同的共同体将仍然不得不做出准入决策；且将仍然有权做出这种决策。如果我们不能保证一个群体可以充分利用领土或物质基础建立自己的共同生活，那么我们仍然可以说，至少共同生活是他们自己的，他们的同志和伙伴是由他们来确认和选择的。

难　民

然而，还存在一个需要帮助的外部人群体，他们的权利要求不能通过放弃领土或出口财富而得到满足，只能通过把他们接纳进来而得到满足。这个群体便是难民群体，他们的需要便是成员资格本
身，一种不能出口的物品。使某些国家成为那些其政治或宗教为他 48
们生活之处所不容的男女的可能家乡这一自由也是不能出口的：至少我们还没找到出口它的办法。这些物品只能在一个特定国家所保护的空间内部得到分享。同时，接纳难民并不必然减少该地成员所享有的自由的总量。因此，政治或宗教迫害的受害者对准入的要求最强烈。他们说，如果你们不接纳我，我就会被自己国家的统治者杀死、迫害、残忍地压迫。对此，我们又该如何回答呢？

对于某些难民，我们也许负有像对同胞国民一样的义务。这种情况在那些我们曾促使其成为难民的人中最为明显。我们对他们的伤害产生了我们与他们之间的密切关系：因此，越南难民在一种道德意义上，甚至在他们尚未到岸就实际上被接纳为美国人了。但我们同样也可以有义务帮助那些被别人迫害或压迫的男女——如果他们因与我们一样而遭到迫害或压迫的话。意识形态上和民族上的亲和能够产生跨越政治界限的结合，特别是在（例如）我们主张我们的公共生活所体现的某些原则并鼓励别处的男女捍卫那些原

则时。在一个自由国家，后一种亲密关系可能被高度弱化但仍然有道德强制力。19世纪流亡英国的政治难民通常不是英式自由主义者，他们是各种异教徒和被压迫者，与中东欧的独裁政府不和。主要因为他们的敌人，英国人才把他们当作一种亲戚。或者，考虑一下1956年革命失败后，成千上万逃离匈牙利的男女。考虑到冷战结构、西方宣传特征和对东欧“自由斗士”早已表达出来的同情，很难拒绝对他们有类似的承认。这些难民可能必须被英国和美国这样的国家接纳。政治同志所受的镇压，如同教友所受的迫害，似乎产生了一种帮助的义务，至少要为身处最危险境地的人提供一个避难所。可能每个独裁政权和偏见的受害者都是一个自由公民道德上的同志，这便是我想要提出的论点。但它会把亲密关系压缩得太过狭义，而这在任何情况下都是不必要的。只要受害者人数少，互助就会产生类似的实际结果；当受害人数量增加时，我们就被迫在受害者中进行选择。我们会当然地寻找与我们自己的生活方式联
49 系更为直接的人。另一方面，如果我们与特定的受害者根本没有联系，有的只是厌恶而非亲密关系，那么，就不需要把他们从其他人中间挑选出来。[1]例如，如果1956年匈牙利革命胜利的话，英国和美国将很难被要求为逃离匈牙利的斯大林主义者提供避难。这再一次说明，共同体必须有边界，然而这些都是由领土和资源决定的，它们依赖于有亲密关系和相互依存意义上的人口。难民们必须诉诸那种意义，我们希望他们成功，但在特定情况下，涉及一个特定国家，他们也可能没有获得成功的权利。

---

1 可比较布鲁斯·阿克曼的主张：“限制入境移民的唯一理由是保护自由谈话过程本身的继续。”见 Bruce Ackerman, *Social Justice in the Liberal State*（New Haven, 1980），p. 95。公开致力于破坏“自由谈话”的人可以正当地被排除在外——或可能阿克曼会说，只有当他们的人数或他们行为的力量成为一种真正的威胁时，他们才能被排除在外。总之，以这种方式表述的原则只适用于自由国家。但无疑，其他种类的政治共同体也有权保护它们成员对他们所干事业的共享看法。

既然意识形态的(远比民族的更甚)亲近是一种相互承认,那么政治选择就有很大空间——并为排斥和接纳留有很大空间。所以,可以说我的论证并未触及难民的绝望问题,也没有提出任何处理20世纪政治造成的大量难民的办法。一方面,每个人都必须有地方住,并且,在这个地方有合理地安全生活的可能。另一方面,这种权利又不能对特定的东道国行使。(在一个国际权威有能力实施这种权利之前,这种权利在实践中是不可能行使的,并且如果有这样一个权威,那么它无疑就会做得更好,去干涉那些用野蛮政策将自己的公民予以流放的国家并使这些公民全都能回到家乡。)这种两难困境的残酷在某种程度上被政治避难权原则缓解了。任何事实上已逃跑的难民,如果他不是在寻找而是已找到至少是一个暂时的避难所,他就可以要求避难——这是一项今天已被承认的权利,如在英国法律中即明确予以承认;并且对他来说,只要他被送去的国家可能“是一个对他来说,有充足的理由害怕因种族、宗教、民族……或政治观点被迫害而不愿意去的国家”[1],那么他就不得被驱逐出境。尽管他是一个陌生人,而且是新近才来的,反驱逐法规也适用于他,就仿佛他早已经在此地生活了一般:因为,他没有别的地方可去谋生。

但这一原则是为个人设计的,要逐个考虑,并且他们的人数非 50
常少,以致不可能对政治共同体的特征产生任何重大影响。那么,当这种人并不少时,情况又会怎样呢?可以考虑一下在二战期间被纳粹俘虏和奴役的成百万俄国人,他们在战争的最后攻势中又由于盟军的攻击而流散各地。所有这些人都被遣返回苏联,其中许多人是被强制遣返的,而回到苏联,他们就立即被枪毙或遣送到劳改集

1　E. C. S. Wade, and G. Godfrey Phillips, *Constitutional and Administrative Law*, 9th ed. Revised by A. W. Bradley(London, 1977), p. 424.

中营折磨至死。[1]而那些预见到自己命运的人向西方请求避难，但因为权宜之计的理由（与战争和外交有关，而与民族和同化问题无关），他们的避难请求被拒绝。无疑，他们不应被强制遣返——只要知道他们可能被谋杀，就不能这么做；而这就意味着西方盟国应当做好接纳他们的准备，我想应该通过与他们谈判，在其中选定合适的人数。没有别的选择，在极端情况下，避难要求事实上是不可拒绝的。我承认事实上我们的集体责任是有限的，但我不知道怎样明确说明这些界限。

最后一个例子说明，自由和人道的国家的道德行为可能被独裁、残忍的国家的不道德行为决定。但如果这是真的，那又为什么拒绝避难申请呢？为什么只关注实际上已在我们的领土上请求居留下去的男女，而不关注在他们自己国家受压迫而请求进入我们国家的男女呢？为什么把那些以某种方式设法跨越了我们边界的幸运的人或有进取心的人从所有其他人中划出去呢？再说一次，我对这些问题并没有一个充分的回答。我们似乎因两个原因有义务准许避难：一个原因是拒绝避难请求将要求我们对无助的绝望的人使用暴力，另一个原因是可能涉及的人数，除了异常情况，他们人数偏少且容易被吸纳（因此我们将为“多余的东西”而使用暴力）。但如果我们为世界上每一个合理地要求避难的人提供避难所，我们就可能被人流吞没。发出“给我……你们挤作一团渴望自由呼吸的大众”的呼声是慷慨而高贵的；实际上，接纳大量难民通常是道德上必需的，但限制其流量仍然是共同体自决的一个特征。互助原则只能稍稍修改而不能转变植根于一个特定共同体对自身的理解基础
51 上的准入政策。

1　这一整段丑恶历史，见 Nikolai Tolstoy, *The Secret Betrayal: 1944—1947*（New York, 1977）。

外国人身份与归化

政治共同体的成员们拥有一种决定居民人口的集体权利——这项权利通常受我所描述过的双重控制：当前成员们对成员资格含义的理解和互助原则。在这两种情况下，特定国家在特定时期可能接纳在不同方面是异国人的男女成为其居民。这些人可能转而成了少数民族或贱民群体，或者可能是刚到的难民或入境移民。让我们假定他们在他们所在的地方是正当居住的，那么，他们能够在他们现在生活的共同体中要求公民资格和政治权利吗？公民资格必然与住处相联系吗？事实是，存在着第二种准入程序，称作“归化”，而适合于这第二种程序的标准也仍然必须制定出来。我应当强调的是，此处利益攸关的是公民资格而不是（除了在该词的法律意义之外）国籍，国家俱乐部或家庭是不同于国家的共同体，其原因我早已做了概述。因此，比如说，一个阿尔及利亚人移民法国，不需变成法国人，就成为法国公民（一个法国“国民”）是不可能的。但如果他不是一个法国人，而只是法国的一个居住者，那么，他有权利拥有法国公民资格吗？

有人可能坚持归化和入境移民应适用同样的标准，这也是我最后将坚持的主场。即每个移民和每个居民都是公民——或至少是一个潜在的公民。这便是领土准入为何是一个如此严肃的问题的原因所在。成员们必须做好准备把他们准入的男女接纳为共同的义务世界的平等的人；移民也必须做好准备分担这些义务。但事情也可能被安排得完全不同。通常，国家对归化严格控制，而对移民的控制较为松散。移民，除非有特许，就只不过是居住在本地的侨民而已。他们因何被接纳？原因是要把公民们从艰苦而令人厌烦的工作上中解脱出来。这样，国家就像一个有寄宿仆人的家庭。

但这并不是一个诱人的景象，因为有寄宿仆人的家庭是——我认为无疑是——一个专制小社会。在家庭中起作用的原则是亲属关系和爱。这些原则建立了基本的相互依存以及职责权威与服从模式。仆人在这种模式中没有适当位置，但他又不得不被同化到该
52 模式中。因此，在前现代文学作品对家庭生活的描述中，仆人通常被描述为一种特殊的孩子：说他们是孩子是因为他们得服从命令，说他们是特殊的孩子是因为他们不允许长大。家长的权威在家庭之外，对不是且永远不可能是家庭完整成员的成年男女生效。当这一主张不再可能时，当仆人开始被当作雇工时，大家庭就开始逐渐衰落。仆人寄宿雇主家的模式逐渐被扭转过来，从前的仆人开始寻求建立他们自己的家庭。

雅典外侨

在政治共同体层面不可能追溯一种类似的历史。寄宿仆人还没有从现代世界消失。作为“客籍工人”(guest workers)，他们在现代世界最先进的经济中发挥着重要作用。在考虑客籍工人的地位之前，我要转向一个更为古老的例子并思考一下古雅典居留侨民(metics)的地位。雅典城邦几乎完全是一个有寄宿仆人的大家庭。公民资格作为一项遗产父子相传(而且只有父母都是公民时才能传承：公元前450年后，雅典生活在双重同族通婚法律之下)。因此，大量的城市工作就由那些不可能奢望成为公民的居民来完成。其中，一些人是奴隶；但我并不想集中讨论他们，因为如今人们至少已不公开争论奴隶制的不公正问题。而侨民的情况则更难处理，也更令人感兴趣。

“我们向全世界开放我们的城邦，”伯里克利在阵亡将士国葬典礼上的演说中说，“并且决不向外国人关闭任何机会。”因此，侨民被经济机会，可能还有城邦的“自由空气”所吸引，欣然前往雅典。他们中的绝大多数人的社会地位从未超过苦力或“手艺人”，但有一些人却成功了：在公元前4世纪的雅典，侨民出现在最富有的商人中

间，但是，对于雅典的自由，他们只分享到它的否定形式。尽管他们被要求参加保卫城邦，但他们根本没有政治权利；他们的后代亦复如此。并且，他们不享有最基本的福利权利："外国人不得享有谷物分配。"[1]照例，这些排除法令既反映又强化了侨民在雅典社会中的底层地位。在残存的文学作品中，侨民常常受到蔑视——尽管阿里斯托芬剧本中少数一些令人喜爱的情节暗示了另一种观点的存在。[2]

亚里士多德，尽管自己是一个侨民，却为这种排斥提供了经典 53
辩护，这种辩护显然是对那些认为共同居住于一处和分享劳动是政治成员资格的一个充分基础的批评者做出的反应。"一个正式的公民应该不是，"他写道，"仅仅由于他的住处所在，就成为当地的公民。"劳动，即使是必需的劳动，作为一个标准也好不到哪里去："我们决不能把维持城邦生存的所有人们全都列入公民名籍。"[3]公民资格要求一种并非每个人都可拥有的特定的"杰出之处"。我怀疑亚里士多德是否真的相信这种"杰出之处"可以通过出身来遗传。对他来说，成员和非成员以世袭等级存在可能是一种便利措施，一些人只能做城市中的粗活，并且，如果工人们被清楚地划分出来而且被教导其出身决定其社会地位的话，那就是最好不过的。劳动本身，即经济生活的日常必需，使公民资格的"杰出之处"成为远非他们力所能及的品性。理想地讲，这帮公民是一种有闲暇的人组成的贵族群体（事实上，它包括"手艺人"，正如侨民包括有闲暇的人一样）；并且，其成员之所以是贵族，是因为他们有闲暇，而不是因为出

1　Victor Ehrenberg, *The People of Aristophanes*（New York, 1962）, p. 135. 我利用了该书中对 5 世纪雅典的外国人的讨论 , pp. 147—164。

2　David Whitehead, *The Ideology of the Athenian Metic*, Cambridge Philological Society supplementary volume no. 4（1977）, p. 41.

3　Aristotle, *The Politics*, 1275a, 1278a; 我用了 Eric Havelock 的翻译，见 *The Liberal Temper in Greek Politics*（New Haven, 1957）, pp. 367—369。（参见《政治学》，吴寿彭译，商务印书馆，1996 年。——译注）

身、血统或任何内在天资。政治占去他们的大部分时间，尽管亚里士多德并不会说他们统治着奴隶和外邦居留民，相反，他们轮番自我统治。其他的人只不过是他们的消极臣民，是他们的"杰出才德"的"物质条件"，跟他们没有任何政治关系。

在亚里士多德看来，奴隶和外邦居留民生活在必然王国，他们的命运是由经济生活条件决定的。相反，公民生活在选择王国，他们的命运是在政治竞技场由他们自己的集体决策决定的。但这一区分是错误的。事实上，公民们做出的决定对于他们当中的奴隶和外邦居留民都是有权威性的——这些决定与战争、公共支出、增进贸易、谷物分配等有关。经济条件受政治控制制约，尽管政治控制的程度通常是相当有限的。因此，奴隶和外邦居留民的确是被统治者，他们的生活既受政治影响也受经济影响。他们也置身于政治竞技场内，只不过是因为他们是受城邦保护的居民；但他们在竞技场中没有发言权。他们不能担任公职，或参加会议、入选陪审团；他们没有自己的官员或政治组织，并且从来没有被咨询以亟待做出的决定。如果我们撇开亚里士多德的看法，而将他们当作有能力进行理性慎思的男女，那么我们就不得不承认他们是一帮公民一暴君的臣民，不经同意就被统治。实际上，这似乎至少是其他希腊作家
54 们的暗含观点。因此，伊索克拉底对寡头政治批判道：当一些公民垄断政治权力时，他们就成了"暴君"，而把他们的同胞变成了"外侨"[1]，如果这个批判为真，那么，实际生活中的外侨肯定一直与暴政相伴。

但伊索克拉底可能不会得出这最后一个论点，而我们也没有任何提出这个论点的外侨的记录。奴隶制在古雅典是一个颇有争议的问题，但"没有任何关于外侨的争论留下痕迹"。[2]一些诡辩家可

---

1 伊索克拉底，引自 Whitehead, *Athenian Metics*, pp. 51—52。

2 Ibid., p. 174.

能存有疑问，但将外侨与公民相区分的意识形态似乎在外侨和在公民中一样被广为接受。出身和血统高于政治成员资格而占据支配地位也是那个时代的共识的一部分。雅典外侨自己也是他们母国的世袭公民；并且，尽管这一身份没有为他们提供实际保护，但它可能也有助于平衡他们在生活和工作的城市中的底层地位。他们，如果是希腊人的话，也有公民血统；并且他们与雅典人的关系似乎可以用契约性术语合理地描述［正如另一个外侨利西亚斯（Lycias）描述的，他比亚里士多德更愿意承认他的身份］：善行换得善待。[1]

但是，这个观点很难适用于第一代外侨的孩子。没有任何契约论的论点能够证明外邦居留民等级的产生是合理的。关于外侨的唯一正当理由在于雅典人对公民资格所持的观念，在这种观念里，他们把公民资格当作完全不能分配的东西。他们能为外邦居留民提供的一切便是公平对待，而这也正是外邦居留民能向他们要求的一切。这种观点有相当多的支持论据，但也有反对证据。某个外侨偶尔也被授予公民资格，尽管可能是通过贿赂。在经历了三十僭主统治后的公元前403年，外侨在恢复民主斗争中起了一定作用，并且尽管遭到强烈反对，他们最终还是得到了公民资格作为报答。[2]亚里士多德反对大型城邦的理由之一便是“居住于城邦中的外邦人乐于在政治权利的行使中分一杯羹”，这暗示着扩展公民资格不存在概念上的障碍。[3]总之，在当代民主共同体中当然不存在这种障碍，现在是考察我们自己的外邦居留民的时候了。显然没有给希腊人带来麻烦的问题如今在实践和理论上都让人劳神。国家能够在将寄宿仆人、客籍工人排除在公民团体之外的同时发展经济吗？ 55

1　Whitehead, *Athenian Metics*, pp. 57—58.

2　Ibid., pp. 154ff.

3　Aristotle, *The Politics*, 1326b, trans. Ernest Barker（Oxford, 1948）, p. 343.

客籍工人

我不会花精力对当代客籍工人的经验做充分描述。从一个欧洲国家到另一个欧洲国家，法律和实践是不同的，而且是经常变化的；形势也是复杂而不稳定的。在此有必要做一个纲要式概述（主要建立在1970年代早期的法律形势上）来说明那些在道德和政治上有争议的经验所表现出来的特点。[1]

那么，让我们考虑一个像瑞士、瑞典或西德这样的国家，一个有着强大工会和人口相当充足的资本主义民主福利国家。经济经营者发现吸引工人们去干那些危险的、低下的工作变得日益困难，但那些工作又是社会运转必需的。必须找到干这些工作的人。在国内，只有两种可选方案，但每一种都不令人满意。要么，工会和福利国家强加到劳动力市场上的限制可以打破，当地工人阶级中最脆弱的那部分人就被迫接受至今仍被认为令人不快的工作。但这将需要一场艰难而危险的政治运动。要么，可以显著提高令人不快的工作的薪金和改善工作条件以便吸引地方市场约束下的工人。但这将增加整个经济领域的成本并且（可能更重要的是）挑战现行的社会等级制度。这两种极端措施都没有被采纳，经济经营者们在政府的帮助下，将工作从国内劳动力市场转移到国际劳动力市场，使较穷国家那些认为这些工作没那么令人讨厌的工人去干。政府在一些经济落后国家开设招募办公室，制定管理客籍工人准入的规则。

关键是被接纳的工人应当是“客人”，而不是寻求新家和新公民资格的移民。因为如果工人是作为未来的公民而来的，他们就会

---

1 在我对客工的阐述中，主要借鉴了 Stephen Castles and Godula Kosack, *Migrant Workers and Class Structure in Western Europe*（Oxford, England, 1973）；也借鉴了 Cheryl Bernard, “Migrant Workers and European Democracy”, *Political Science Quarterly 92*（Summer 1979）, 277—299；以及 John Berger, *A Seventh Man*（New York, 1975）。

加入国内的劳工力量，虽然暂时占据较低的地位，但他们也能从工会和福利计划中受益，并适时再度产生最初的困境。而且，随着他们地位的提升，他们就会直接与当地工人竞争，他们中的一些人将战胜当地工人。因此，管理他们入境的法规被制定出来，禁止他们获得公民资格保护。他们基于与特定雇主的合同，被批准在境内工作一定时期，如果他们丢掉了工作，他们就必须走人。只要他们的 56
签证期满，他们无论如何都必须离境。他们或者被禁止或者不被鼓励携带家眷。并且，他们与异性隔离，住在他们工作地城市市郊的棚屋里。他们通常是二三十岁的年轻男女，刚完成教育，身体健壮，他们对于当地福利服务来说只是一项次要开支（他们得不到失业保险，因为他们在所到的国家中不允许失业）。他们既非公民，亦非潜在公民，因而不享有政治权利。演讲、集会、结社等公民自由——在其国内得到强有力的保护——通常不给予他们，而这有时是由政府官员明确声明的，有时是通过威胁解雇和驱逐出境来暗示的。

渐渐地，随着外国工人是本地经济的长期需要这一点越来越明显，这些限制条件就有些松懈了。对于某些工作来说，工人的签证期更长了，也允许带来家眷，并且，他们也被允许享有福利国家的许多好处。但他们的地位仍然是岌岌可危的。他们的居住时间与雇佣关系的存在相联系。当局规定：任何客籍工人，在没有得到国家福利支持的情况下，只要无法养活他自己和他的家庭，就可能被驱逐出境。在经济萧条时期，许多客籍工人都被迫离境，但在年景好的时候，选择入境并设法留下来的客籍工人的人数就很多。很快，大约10%到15%的工业劳动大军就由外国人组成。由于害怕这种劳动力涌入，许多城市和城镇为客籍工人规定了居留限额（在开放国家状态下保卫他们的居住区）。受工作的限制，客籍工人们在任何时候都被严格限制选择生活场所。

他们的生存是艰难的，他们的薪金以欧洲标准衡量是低的，以他们自己的标准衡量也是低的。而最困难的是他们无家可归：他们在外国长期艰苦地工作，而该国又不鼓励他们定居，因此他们在该国总是陌生人。对那些孑然一身来到欧洲的人来说，生活在欧洲大都市中就像是自愿服刑。他们在一段固定时间内不能享受正常的社会、性和文化生活（也不能参加政治活动，如果在他们母国参加政治活动是可能的话）。在这段时间内，他们勉强过活，把钱攒下来寄回家。钱是东道国对其客人的唯一回报；尽管这其中的许多钱被汇回家乡而非在当地消费了，但养这些工人的成本仍然是非常便宜
57 的。在他们的工作地生活并受教育的成本以及付给国内劳动力市场所要求的薪金的成本，远比他们汇回母国的钱高得多。因此，客籍工人和东道国间的关系似乎是一个彻头彻尾的交易，因为辛苦工作的岁月是短暂的。从东道国寄回家的作用非凡的钱在欧洲城市是微不足道的。

但我们把东道国当作政治共同体又有何用呢？客籍工人体制的辩护者声称国家现在是一个经济上的居民区，但在政治上仍然是一个俱乐部或家庭。作为一个生活空间，它对能够找到工作的任何人开放，而作为一个论坛或集会，一个国家或民族，除了对那些符合由目前的成员设定的要求的人以外，它是封闭的。这个体制是对劳动力流动性和具有爱国心的团结一致的完美综合。但这种解释由于某种原因忽略了实际上发生的事情。作为居民区的国家——一个只受市场法则指导的“中性”社团，与有权威关系和警察机关的作为俱乐部或家庭的国家，二者之间的关系并不像历史时间和抽象时间的两个截然不同的时刻那样是完全共存的。对客籍工人开放的市场虽然不受国内劳动力市场的特定政治约束，却并非不受所有政治约束。国家权力在法律的创制和执行中起着决定性作用。没有对客籍工人政治权利和公民自由的否认以及对他们始终存在的驱逐出境威胁，这个体制就不能运作。因此，客籍工人不能仅仅根据他们的流动性，即像自由来去的男女那样来描述。他们既是客人，也是臣民。他们就像雅典外侨一样是被一帮公民—暴君统治的。

但难道他们不是同意被统治吗？对这些事实上依据契约而入境并只待几个月或几年的男女来说，难道契约观点没有效力吗？无疑，他们来的时候对自己期望遇到的情况有大概的了解，清楚知道了可能遇到的情况后，他们仍然常常返回东道国。但这种同意，即便只是某个时刻的同意，虽然足以使市场交易合法化，但对民主政治却是不充分的。政治权力，准确地说，是制定跨越时段决策、变更法规、应付紧急情况的能力；不经其对象不间断的同意，这种权力就不能以民主方式行使。而其对象包括所有在领土范围内受决策影响的男女。但是，称客籍工人为“客人”的关键在于暗示他们并不（真正）住在他们工作的地方。尽管他们被当作契约仆役对待，但他们实际上不受契约约束。他们能够辞去工作，买上火车票或飞机票，返回家乡；他们在别的地方是公民。如果他们是自愿来工作而 58
非定居的，而且如果他们想走随时就可以走的话，为什么应该在他们居留期间赋予他们政治权利呢？可以说，持续的同意，只是永久性居民所要求的，除了他们的合同明确规定的条款外，客籍工人不比游客享有更多的权利。

但是，在通常意义上，客籍工人这个词不是指“客人”，他们也当然不是游客。他们首先是工人，他们之所以来（且通常只能被允许居留一段时间）是因为他们需要工作，而不是因为他们希望观光。他们不是来度假的；他们不能自己随心所欲地支配他们的时间。无论是指路，还是执行交通法规和货币法律，国家官员对他们都显得粗鲁而且没有帮助。这些客人的经历使他们认为东道国是一种影响他们生活并管制他们每一个行动的无所不在的令人恐怖的权力——它从不过问他们的观点。离开是唯一的正式选择，驱逐出境却是一种持续的实际威胁。作为一个群体，他们构成了一个被褫夺了公民资格的阶级。他们通常也是一个被剥削或被压迫阶级，而他们被剥削或被压迫至少部分是因为他们被褫夺了公民资格，他们无力组织起来有效地自卫。除非改变他们的政治地位，否则，他们的物质条件不可能改善。事实上，规定他们的地位的目的恰恰就是阻止他们改善条件，因为如果他们能够那么做的话，他们将很快就和国内工人一样不愿意承担艰苦卑下的工作和接受低工资了。

而将他们排除在外的公民团体也并非一个同族团体。与雅典相比，每个欧洲国家基本上都是异质的，并且他们都经历了归化程序。因此，客籍工人们被包括像他们一样的其他人在内的男人和女人团体排除在外。他们被锁定在一种较低的地位，同时也是一种反常的地位；他们在没有等级规范的社会中是被抛弃的人，外侨在所生活的社会中没有可理解的、受保护的和有尊严的地位。这便是客籍工人政府极像专制政府的原因：它在域外对那些在每个方面都和东道国的公民一样重要的男女行使权力，但这些人却被禁止享有公民资格。

此处的相关原则不是互助，而是政治正义。客人不需要公民资格——至少不是在他们可能被认为需要工作的同一个意义上。他
59 们没有受伤，并非无能、穷困，相反，他们强壮而且能赚钱。他们也不是形象性地站在路边的讨乞者，而是生活在公民当中。他们干着社会必需的工作，并深深卷入他们所到国家的法律体系中。作为经济和法律的参与者，他们同样应该把自己看作该国政治的潜在的或未来的参与者。他们必须拥有那些基本公民自由，为参加投票和担任公职做充分的准备。他们必须被置于通往公民资格之路，他们可以选择不成为公民，返回家乡或作为外国居民留下。许多人——可能大部分——将选择返回家乡，因为他们对母国家庭和土地有着感情依恋。但除非他们做出这种选择，其他选择都不能被当作他们对工作地国家的经济和法律予以默认的标志。并且，如果他们确实做出了这种选择，那么当地的经济和法律看起来就很可能不一样：一旦客籍工人被看作潜在公民，对他们的公民自由的更牢固的确认和他们集体讨价还价机会的增加将难以避免。

我还应补充说明，某些同类事情还可能通过另一种方式获得。东道国可能着手与母国正式谈判，以官方形式设定一组“客工权

利”——大概像工人作为工会成员和政治积极分子可能为自己赢得的权利一样。条约可以包括一个附带条款，规定该条约定期重审，以便使这组权利能够适应不断变化的社会和经济条件。因此，即使客工们不在家乡生活，他们的原始公民资格也将对他们起作用（而原始公民资格从未对雅典外侨起作用）；并且，在某种意义上，他们可以选出代表参与当地的决策制定。无论通过何种方式，他们应当能够享受作为公民或潜在公民所受到的保护。

如果不考虑这种国际性安排，政治正义原则就是这样的：一个民主国家用以设计其国内生活的自决过程必须开放，并且平等地向所有生活在其领土内、在当地经济中工作和服从当地法律的男女开放。[1]因此，第二种准入（归化）依赖于第一种准入（移民）并只受时间和资格的特定限制，而绝不受关闭国门的根本限制。当第二种准入关闭时，政治共同体就崩溃了，变成一个由不存在政治分界的成 60
员和陌生人组成的世界，其中，陌生人是成员们的臣民。可能成员内部彼此是平等的，但是决定国家特征的并不是他们的平等，而是他们的专制。政治正义是对永久外国人身份的一种禁止——对特定个人和一个由个人组成的不断变化的阶级都如此。至少，这在民主国家中是真实情况。在一个寡头政体中，如伊索克拉底所描述的，甚至连公民实际上都类似外邦居留民，因此，政治权利问题就不会以同一种方式产生。但只要事实上一些居民是公民，那么所有人都必须是公民。没有一个民主国家能够容忍在公民和外国人之间建立一种固定的地位（尽管从其中一种政治身份向另一种政治身份转变需要经历几个阶段）。男女们或者服从于国家权威，或者不服从国家权威；如果他们服从国家权威，在这种权威的行使方面，他们

1　有人向我提出，这个论点不能合理地适用于有特权的客人：技术顾问、访问学者，等等。我承认这一点，尽管我不确定如何恰当地描述“客籍工人”这个范畴，以便将这些其他人排除在外。但其他人并不十分重要，并且正是他们的特权地位的性质使他们能够在需要时吁请母国的保护，他们享有一种涉外法权。

就必须被授予发言权，最终是一种平等的发言权。因此，民主国家的公民可以做出选择：如果他们想引进新的工人，那么，他们必须做好准备扩大他们自己的成员；如果他们不愿意接纳新成员，那么，他们必须在国内劳动力市场的限定范围内找到完成社会必需工作的方法。这是他们唯一可做的选择。他们抉择的权利来自这一特定领土内一个公民共同体的存在，并且，这一权利与该共同体的毁灭或向另一种地方专制的转变是不相容的。

成员资格与正义

成员资格的分配并不完全受正义的限制。综观已做出的大量决策，国家只是自由地接纳（或不接纳）陌生人——撇开贫困者的要求，正如他们自由地与外国朋友分享他们的财富，向外国艺术家、学者、科学家致敬，选择他们的贸易伙伴，进入与外国合作的集体安全安排一样。但选择一种准入政策的权利比这其中的任何一种权利都更为根本，因为这项政策并不仅仅是一种在世界上行使主权、追求国家利益的举动。此处利益攸关的是共同体在世界上行使主权、
61 采取行动等的外部表现。接纳与排斥是团体独立的核心。它们暗示着自决的最深层含义。没有它们，就不存在彼此间有某种特定义务的男女组成的**各有特色**的、历史稳定且继续存在的**诸多共同体**和他们的公共生活的特殊意义。[1]

但自决在成员资格领域不是绝对的。大多数情况下，它通常是由国家俱乐部或家庭行使的权利，但原则上它是领土国家所持有的。因此，它既服从于成员自己做出的内部决策（所有成员，包括那些仅仅因居住地而持有成员资格的人），又服从于外部的互助原则。

1　我从奥托·鲍尔那里拿来了“各有特色的共同体”一词（参见 *Austro-Marxism*, p. 107）。

所以，移民既是一种政治选择，又是一种道德约束。相反，归化则完全是受约束的：国家必须向每一个新移民，所接纳的每一个难民，每一个居民和工人提供成为公民的机会。如果一个共同体彻底分裂，以至于单一公民资格成为不可能，那么，在接纳权和排除权得以行使之前，该共同体的领土也必须被分割。因为这些权利只能由作为一个整体的共同体来行使（即使在实践中，某个占据优势的民族主宰着决策）；而且仅针对外国人，而非由一些成员对另一些成员行使。没有一个共同体能够由一半外侨、一半公民组成，并以此声称它的准入政策是自决行为或它的政治是民主政治。

一帮排外的公民对侨民和客人做出决定（或主人为奴隶做决定，男人为女人做决定，白人为黑人决策，征服者为被征服者决策）不是共同体的自由，而是压迫。当然，公民们可以自由建立俱乐部，随心所欲地把成员资格设定为排外的，并写进章程、相互治理。但他们不能对与他们共享领土的人要求领土管辖权并统治他们。这样做就等于越界越权行为，是一种专制形式。事实上，公民统治非公民、成员统治陌生人，可能是人类历史上最常见的专制形式。我对非公民和陌生人这种特殊问题的讨论将仅止于此：从此以后，不论我谈论安全与福利的分配，还是谈论艰苦的工作或权力本身，我都假定所有合格的男女持有单一的政治地位。这一假设在更进一步的论述中不排除其他种类的不平等，但它确实排除了作为分裂社会的特征的不平等的累积。拒绝授予成员资格常常是一系列滥用权力的开始，并且，没有打破这一系列滥用权力的办法。因此，我们必须否认拒绝授予成员资格的合法性。所以，分配正义理论从对 62
成员资格权利的解释开始。它必须在某一时期且在同一时期维护（有限的）封闭权利，没有封闭权利，将根本不存在共同体和现有共同体的政治包容性。因为只有作为某个地方的成员，男人们和女人们才有希望分享所有其他社会物品——安全、福利、荣誉、职务和权力——而这些物品都是公共生活可能提供的。 63

第三章

安全与福利

成员资格与需要

成员资格之所以重要，是因为一个政治共同体的成员对彼此而非别人，或者说在同一程度上不对别的任何人，承担义务。他们彼此承担的第一种义务便是安全与福利的共同供给。这种要求也可以反过来：共同供给是重要的，因为它使我们认识到成员资格的价值。如果我们不为彼此提供安全和福利，如果我们不承认成员和陌生人之间的区别，我们就没有理由构建和维系政治共同体，“如果国家仅仅意味着彼此都是陌生人，且他们所享有的权利仅仅是不能拒绝任何人，”卢梭问道，“又怎能让人们热爱他们的国家呢？”[1]卢梭认为公民们应当热爱他们的国家，因此他们的国家也应当给他们热爱它的特定缘由。成员资格（就像亲属关系一样）是一种特殊的关系。仅如爱德蒙·柏克（Edmund Burke）所言：“要使我们热爱我们的国

1 Jean-Jacques Rousseau, “A Discourse on Political Economy”, in *The Social Contract and Discourses*, trans. G. D. H. Cole (New York, 1950), pp. 302—303.

家，我们的国家就应当是可爱的”[1]是不够的，关键是国家对我们来说是可爱的——尽管我们总是希望它对别人来说也是可爱的（我们也热爱从他人那里反映出的它的可爱之处）。

政治共同体旨在提供供给，而供给则服务于共同体：这个过程是相互的，而这可能就是它的关键特征。哲学家和政治理论家们已太过迅速地将它变成了一种简单计算。事实上，我们是日常生活的理性主义者，我们相聚在一起，签订社会契约或反复申明我们签了社会契约，其目的便是满足我们的需求。我们珍视这份契约，就在于那些需要能够得到满足。但我们的需要之一恰是共同体自身：文 64
化、宗教和政治。只有在这三大支柱的庇护下，我们所需要的所有其他东西才成为被**社会承认的需要**，并呈现出历史的、确定的模式。社会契约是这样一个安排，它就什么物品对我们的共同生活是必需的达成决议，并据此为彼此提供那些物品。签约人对彼此所负的义务多于互助义务，因为他们对任何人并且能够对任何人承担互助义务。由于他们脱离了作为一个整体的人类并团结起来形成了一个特定的共同体，他们由此就要相互供给所有那些东西。社会之爱（Amour social）便是其中的一种；但尽管它是一种分配的善——通常是不均匀分配的——它也仅在别的分配过程（和别的分配所要求的政治选择过程中）出现。相互供给产生相互依存性。因此，共同生活同时既是供给的前提条件，也是供给的产物。

男人们和女人们走到一起是因为他们实在不能分开生活。但他们可以以许多不同的方式共同生活。他们的生存和以后的幸福需要一种共同努力：对抗诸神的愤怒、其他人的敌意、大自然的冷漠与恶意（饥荒、洪水、大火和疾病）、人生的短暂易变。如大卫·休谟所说，不仅仅军营，而且庙宇、商店、灌溉作业、墓地都是城市的真正

1　Edmund Burke, *Reflections on the French Revolution* (London, 1910), p. 75.

母亲。[1]这说明，起源不是单一的。城市彼此不同，部分是因为它们建造时的自然环境和建造者遇到的直接危险，部分是因为建造者所持有的社会善的观念。他们确立且创造了彼此的需要，并因而产生了我称为“安全与福利领域”的特定形式。这个领域本身与最古老的人类共同体一样古老。事实上，可以说，原始共同体是一个安全与福利领域，一个共同供给的系统，但它无疑被力量的极端不平等和狡诈歪曲了。但无论如何，这个系统没有天生的形态。不同的经验和不同的观念导致不同的供给模式。尽管有一些物品是绝对需要的，但没有一种善是我们一看见，就知道它与所有其他物品相比有多大分量，并知道我们对彼此承担着这种善的多少义务。一种需要的本质并不是不证自明的。

公共供给既一般又特殊。每当公共资金的花费使全体或绝大多数成员受益而同时又没有面向个人做任何分配时，公共供给便
65 是一般的；每当物品实际上交给了全部或任何成员[2]时，公共供给就是特殊的。例如，水是一种“文明生活的最低要求”，而建造水库就是一种一般供给。[3]但将水输送给一个居民区（如较富有公民居住的地方）而非另一个居民区就是特殊的。保证食品供应是一般的，对寡妇和孤儿分配食品则是特殊的。公共服务通常是一般

1 Cf. David Hume, *A Treatise of Human Nature*, bk. III, part II, chap. 8.（相关内容见《人性论》，关文运译，商务印书馆，1994 年。——译注）

2 我在此并不是要重申经济学家们对公共物品和私人物品所做的技术区分。一般供给常常是公共的，至少在这一术语不那么严格的定义上如此（即仅明确公共物品是那些不能向共同体的一部分人提供而向另一部分人提供的物品）。这对特殊供给的大部分形式也适用，因为即便向个人提供的物品对整个共同体来说也产生非排他性好处。例如，向孤儿颁发的奖学金对孤儿来说是私人的，但对于孤儿将来一起工作和投票的公民共同体而言，则是公共的。但这后一种公共物品，依赖于对特定人或群体的优先分配，在许多社会都是有争议的；我已设计了自己的范畴，以便能够使我对这些公共物品进行密切的考察。

3 引言来自希腊地理学家保萨尼阿斯，见 George Rosen, *A History of Public Health*（New York, 1958），p. 41。

的，对病人的照料却通常是特殊的。有时，一般供给和特殊供给的标准是截然不同的。建造庙宇和组织宗教服务便是一个用来满足共同体整体需要的一般供给的例子，但与诸神沟通则可能只允许特定的有建树的成员去做（或在秘密教派或不墨守成规的教派中个人可以私下里寻求与诸神沟通）。正义系统是一种一般的善，满足共同需要，但奖惩的实际分配却服务于一个统治阶级的特殊需要，或者，它可以被组织起来，如我们通常认为的那样，给予那些个别应得的个人。西蒙尼·威尔（Simone Weil）曾争论说，就正义而言，由于罪犯需要惩罚，所以需要正义在一般层面和特殊层面都起作用。[1]但这是**需要**一词的特殊用法，对罪犯的惩罚更可能仅是我们其余的人所需要的。但对其他物品来说，需要的确在一般层面和特殊层面都起作用：医疗服务便是我稍后将详细考查的一个明显例子。

抛开需要一词固有的说服力，需要是令人难以捉摸的。人们并不仅仅有需要，他们有关于他们的需要的想法；他们有优先考虑的事情，他们有程度不同的需要；而这些优先考虑的事情和不同程度的需要不仅与他们的人性有关，而且与他们的历史和文化有关。既然资源常常是稀缺的，人们就不得不做出艰难的选择。我怀疑这些选择不只是政治选择，它们受一种确定的哲学解释支配，但需要的理念和致力于公共供给本身并不产生任何有关优先考虑之事和需要的不同程度的清晰决定。显然，我们不能也不必在同一程度上满足每一种需要或在最终程度上满足任何需要。例如，古雅典为公民们提供公共浴场和体育馆，但从未提供像失业保险或社会安全之类 66
的东西。他们对如何花费公共资金做出了选择，这个选择也许是受他们关于公共生活要求什么的共识影响的。争辩说他们犯了错误将是困难的。我料想有些需要观念将会产生这样一个结论，但这些

1 Simone Weil, *The Need for Roots*, trans. Arthur Wills (Boston, 1955), p. 21.

观念雅典人自己也不可能接受——雅典人甚至不能理解。

程度问题暗示了政治选择更为明晰的重要性和任何纯粹哲学规定的不相关性。需要不仅是令人难以捉摸的，而且是扩张性的。用当代哲学家查尔斯·弗里德（Charles Fried）的话说，需要是贪吃的；它们吃光了资源。[1]但由此断言需要不能作为一个分配原则将是错误的。毋宁说，它是一个受制于政治制约的原则，并且制约（在限制范围内）可能是专断的，由某些利益或大多数选民的临时联盟决定。我们可以考察一个现代美国城市中的人身安全情况。如果我们在城市中每十码就设一个交通灯，每三十码就驻一个警察的话，我们可以提供绝对的安全，消灭除了家庭暴力以外的每种暴力根源；但这将是非常昂贵的，因此我们确定成本较少的措施，而成本能减多少只能由政治决定。[2]可以想象在辩论中将出现的这类事情。我认为，首先应当对什么构成"足够的"安全或什么程度的不安全是绝对不能容忍的达成一种确切的共识——这个共识或多或少是广泛分享的，只在边缘部分有争议。决定也受别的因素的影响：可替代的需要、经济状况、警察工会的煽动等。但无论最终达成的决定是什么，无论出于何种原因，国家提供安全都是因为公民们需要安全。并且，在某种程度上，因为所有公民都需要安全，需要就仍然是一个决定性的标准（正如我们将看到的），尽管它不能决定优先考
67 虑的事物及其程度。

1 Charles Fried, *Right and Wrong* (Cambridge, Mass., 1978), p. 122.

2 而且应当由政治决定：这便是民主政治安排的目的所在。任何详细规定个人权利或个人应得权利的哲学努力将从根本上限制民主决策的范围。我已在别处对此做了论述。见 Michael Walzer, "Philosophy and Democracy", *Political Theory* 9 (1981), 379—399。也请参见 Amy Gutman, *Liberal Equality* (Cambridge, England, 1980) 中富有见地的讨论，特别是第 197—202 页。

公共供给

从来没有一个政治共同体不提供，或不试图提供，或不主张提供其成员已达成共识的需要，也从来没有一个政治共同体不将其集体力量——其指导、管制、施压和强制的能力——投入这项事业。组织的形成、税收的标准、征兵的时间与范围，这些常常成为政治争论的焦点。但政治权力的运用直到最近还没有成为有争议的问题。要塞、大坝和灌溉设施的建造；军队的动员、食品的供应和一般贸易的安全——所有这些都要求强制。国家就是一个没有铁就无法铸成的工具。而强制又转而需要代理人。公共供给通常由一群官员（牧师、士兵和官僚）调解，他们把特有的曲解带进调解过程，为他们自己的目的或将供给作为一种控制形式来抽取金钱和劳务。但这些曲解并不是我此时此地要关注的。相反，我想要强调的是每个政治共同体在原则上都是一个"福利国家"的意义。每群官员都至少被假定负有供给安全和福利的义务；每群成员都假定有义务承担必要的责任（并且事实上确实承担着这些责任）。第一种义务与职务的职责有关；第二种则与成员资格的当然权益有关。没有某种对职责和当然权益的共享意义，就根本不存在政治共同体，不存在安全与福利——而人类的生活将充满"孤独、贫穷、污秽、野蛮和浅薄"。

但人们需要多少安全与福利？需要什么样的安全与福利？如何予以分配？如何予以支付？这些都是重大问题，可以通过许多不同的方式来解决。由于每一种解决办法对一个特定的共同体来说都可能是恰当的，也可能是不恰当的，我们最好还是现在就求助于一些具体的例子。我已经从不同历史时期的非常不同的一般和特殊分配承诺中选取了两个，这两个例子代表了我们自己文化传统中的两股主流：古希腊文化和希伯来文化，但我没有寻找可能范围内像极点之类的东西。相反，我选择了和我们自己的共同体一样相对

民主和普遍尊重私人财产的两个共同体。就我所知，这两个共同体
68 在福利国家历史上并不突出，但这两个共同体的公民都非常理解公共供给的意义。

公元前5世纪和前4世纪的雅典

“古希腊的城邦对可以称之为一般福利的东西高度敏感，也就是说，他们非常愿意采取措施谋求公民整体的利益；而对于社会福利……特别是所谓穷人的福利，他们则基本上漠不关心。”[1]当代古典学者路易斯·科恩-哈夫特的这一评注是在他对古希腊的“公共医生”的研究过程中提出的，“公共医生”虽然是一项次要制度，但对我自己的论述而言却是一个有用的出发点。在公元前5世纪的雅典（和稍后希腊化时期的许多希腊城市中），就像选择将军一样，一小部分医生被选举出来担任公职，并从公共资金中领取薪俸。由于残存的证据支离破碎，因此，他们的职责是什么，我们并不清楚。但他们显然像其他医生一样收取服务费用，尽管看起来可能“作为整个公民团体的受俸者，（他们）可能在相当的社会压力下不能拒绝为付不起费用的病人看病”。选举医生的目的和薪俸似乎是确保城邦中合格医生的存在——如在瘟疫时期。这项供给是一般的，而不是特殊的；并且城邦显然对医疗卫生的进一步分配没有多少兴趣。城邦确实向那些“无怨无悔地把自己的服务给予所有声称需要他们的人”的公共医生授予荣誉，但这说明他们的服务不是职务的要求，医生因别的缘由而得到薪俸。[2]

这是雅典的普遍模式，但一般供给的范围是很广的，它始于防御：舰队、军队、通往比里亚斯港的堤墙，都是公民们在他们的执政

1 Louis Cohn-Haft, *The Public Physicians of Ancient Greece* (Smith College Studies in History, vol. 42, Northampton, Mass., 1956), p. 40.

2 Ibid., p. 49.

官和将军们的指导下自己完成的成果。或者，它可能始于食品：公民大会应公民们的要求，在固定的休会期间，来考虑有着固定形式的议程——“谷物和国家的防御”。谷物的实际分配鲜有发生，但给人印象深刻的官员群体严密监视着进口贸易，管制着国内市场：十个贸易专员、十个市场监督员、十个度量衡监察员、三十五个执行公平价格的“谷物监管员”，以及——在危机时刻——一群“能在任何可能的地方找到供应商、为必要的资金筹集公众捐款、提出减 69
价和配给议案”的谷物采购员。[1]所有这些官员都是从公民中抽签选出的。或者，它可能始于宗教：雅典的主要公共建筑是用公共财富建造的庙宇，祭司是代表城邦提供祭品的公共官员。或者，如洛克关于国家起源的论述所言，它始于正义：雅典是由一帮国家奴隶（一千八百名塞西亚弓箭手）来维持治安的；城邦的法庭组织精巧，终日忙碌。除了所有这些以外，城邦还提供大量其他物品。五名专员监督公路的修建，一个十人委员会执行一套较合理的最低公共卫生措施：“他们确保收集粪肥的人不把粪便堆放在堤墙的十斯塔德之内。”[2]正如我已指出的，城邦提供公共浴场和体育馆可能更多地是由于社会原因而非卫生原因。发现躺在街道上的尸体就埋葬是一项公共义务，参加在战场上战死者的葬礼亦复同理，正如伯里克利在公元前431年发表演说的那次葬礼。最后，大型的戏剧狂欢节是由富有的公民们通过一种特殊的税收公开组织并付酬金的。这最后一项是为安全和福利而做的支出吗？我们可以把它当作雅典人民的宗教和政治教育的一个核心特征。相反，雅典并没有为任何层次的学校和教师列出公共开支：没有对读、写和哲学教育的津贴。

与所有这些并行的是，由雅典公民大会批准的特殊分配——只

1　Aristotle, *The Constitution of Athens*, in *Aristotle and Xenophon on Democracy and Oligarchy*, trans. J. M. Moore（Berkeley, 1975）, pp. 190—192（secs. 49—52）; M. I. Finley, *The Ancient Economy*（Berkeley, 1973）, p. 167.

2　Aristotle, *Constitution*, p. 191（50.2）.

有一个核心例外——为数甚少。“有这样一个法律，”亚里士多德写道，“它规定任何人，若他拥有的财产少于三迈纳，并有使他不能从事任何职业的身体残疾，他的情况就必须提交议事会讨论，如果他的要求被批准，他就可以从公共资金中获得每天两个欧波以维持生计。”[1]每个公民都可以对这笔（非常少的）津贴提出质疑，因此，领取津贴的人就不得不在一个陪审团面前为自己辩护。“所有的运气，不管是好是坏，”利西亚斯（Lycias）让领取津贴的人告诉陪审团，“都应当由共同体整体共同分享。”[2]这几乎不能说是对城邦实践的准确描述，但公民们确实承认他们对孤儿和战死士兵的寡妇负有义务。除此之外，特殊供给被留给需要特殊照顾的家庭。城邦虽然对一些问题有兴趣，但是保持一定的距离，如梭伦的一项法令要求父亲教会儿子一种行业，儿子供养年老的双亲。

当然，核心的例外是将公共资金分配给那些拥有公职、在议事
70 会尽责、参与公民大会和作为陪审团成员的公民。这里，一种特殊分配服务于一个一般目标：维系一种充满活力的民主。所支付的钱用来补偿工匠和农民们一天的工作。公共精神还是需要的，因为薪俸微薄，甚至比一个不熟练劳工的日收入还要少。但每年的总额是可观的，接近公元前5世纪时城邦内部岁入的一半，并比公元前4世纪的许多时候都多。[3]由于城邦的岁入并不从土地税或收入税中征得（但从进口税、法庭罚款、租金、银矿的收入等中征得），所以并不能说这些支付款额是再分配性的。但他们的确分配公共资金以在某种程度上平衡雅典社会的不平等。这尤其表现在向那些再也不能工作的年老公民拨出的款项上。芬利教授倾向于把这种分配结

1 Aristotle, *Constitution*, p. 190（49.4）.

2 Kathleen Freeman, *The Murder of Herodes, and Other Trials from the Athenian Law Courts*（New York, 1963）, p. 167.

3 A. H. M. Jones, *Athenian Democracy*（Oxford, England, 1957）, p. 6.

果归因于整个雅典民主历史中国内纷争或阶级斗争的实际缺乏。[1]可能这是一个预定的结果，但似乎更可能的是，这种支付的背后是某种公民资格观念。为使每一个公民都参与政治生活成为可能，作为一个实体的公民们已做好准备支付大笔金钱。显然，这项拨款使最穷的公民们最为受益，但对于贫穷本身，城邦却没有予以直接的注意。

中世纪的犹太人共同体

我在此所指的并非任何特定的犹太人共同体，而是试图描述一个处于欧洲中世纪基督教高潮时期的典型犹太人共同体。我主要关注的是列出一个一般或特别供给的物品的清单；并且这个清单从一个地方到另一个地方的变化并不大。伊斯兰教统治下的犹太人共同体，特别是正如高登教授在他那些引人注目的书中重构的那样，尽管在略微不同的环境中基本上还是呈现出相同的供给类型。[2]与雅典相较而言，所有这些共同体都是自治共同体，而非主权共同体。在欧洲，他们拥有完整的征税权，尽管他们征收的这笔钱中的大部分不得不转交给世俗的——基督教的——国王、亲王或庄园主，或作为赋税，或用作贿金、津贴、“贷款”等。这可以被看作保护费。在高登研究的埃及城市中，公共资金的最大部分是通过慈善吁请筹集的，但这些赠品的标准形式说明社会压力的运作非常像政治权力。没有捐助，就很难在犹太人共同体中生活；而除了转向基督 71
教，一个犹太人就没有别的选择，也没有别的地方可去。

从原则上说，这些都是民主共同体，由一个男性成员组成的大会在犹太教堂通过会议来治理。外部的压力使其倾向于产生寡头政治，或更准确地说，财阀政治——最富有家族的首领统治，他们最擅于对付贪得无厌的国王。但富豪的统治总是不断受到这个宗教

1　M. I. Finley, *Ancient Economy*, p. 173.

2　S. D. Goitein, *A Mediterranean Society*, vol. II: The Community（Berkeley, 1971）.

共同体的较普通的成员挑战，并被犹太教法庭的权力制衡。犹太拉比们在分派税收这个不间断的且常常陷入喋喋不休争论的问题上起着决定性作用。富人们更喜欢一种按人头计算的税，尽管在危机时期他们几乎不可避免地要捐献出对他们自己的生存，同样也是对共同体的生存必要的财物。而犹太拉比们则似乎一般都喜欢比例税制（其中一些拉比甚至还提出累进税的可能性）。[1]

正如我们所预料的，在成员地位并不稳固的共同体中，由于易于陷入间歇性的迫害和无休止的困扰中，公共资金的很高比例就被分配给了处于苦难中的个人。尽管这种分配开始是建立在这一基础上，即共同体自己的穷人与"外来的"犹太人相比享有优先权；但是一个受迫害民族的较为团结一致的局面最终还是在非常强烈的"俘虏赎金"义务中表现出来——这是其成员提出诉求时任何共同体都应承担的绝对义务，也是公共资金的一个重要流向。"赎回俘虏，"迈蒙尼德[2]写道，"优先于向穷人提供衣食。"[3]这种优先权来自俘虏自己所面临的直接肉体危险，但也可能与他的危险既是肉体的也是宗教的这一事实有关。被迫改信一个非犹太教主人的宗教或成为非犹太教主人的奴隶，对有组织的犹太共同体来说，是特别敏感的威胁；因为这些共同体首先是宗教共同体，经过几个世纪的宗教讨论，他们的公共生活观念和关于单个男人和女人的需要的观念都被塑造得十分相似。

一般供给的主要形式——除了保护费——在本质上是宗教性

1 Salo Wittmayer Baron, *The Jewish Community* (Philadelphia, 1942), pp. 248—256; H. H. Ben-Sasson, "The Middle Ages" , in Ben-Sasson, ed., *A History of the Jewish People* (Cambridge, Mass., 1976), p. 551.

2 迈蒙尼德，犹太教法学家、哲学家、科学家，出生于西班牙，定居埃及，著有阿拉伯语《密西拿评注》、希伯来语《犹太律法辅导》及融合宗教、哲学和科学的《迷途指津》等。——译注

3 Baron, *Jewish Community*, p. 333.

的，尽管这其中包括我们现在认为是世俗的服务。犹太教堂及其职员，法庭及其官员，都是从公共资金中支薪的。法庭执行犹太教法典，他们的权限很宽（尽管不涉及死罪）。经济交往，特别是与非犹太人的经济交往被严密管制，因为这些交往可能会连累整个共同体。普遍性的禁奢令也是将非犹太人考虑在内而设计的，以便不激起忌妒和愤恨。共同体提供公共浴场，更多地出于宗教原因而非卫 72
生原因；共同体还监督屠宰工作。按犹太教规制成的肉要纳税（在埃及人共同体中也同样如此），因此，这既是一种供给形式，又是一种税收来源。他们还做出了若干努力来清除垃圾，保持犹太人居民区的街道清洁和避免拥挤。在中世纪快结束时，许多共同体建立了医院，并向社区助产士和医生支付薪金。

特殊分配通常采取救济形式：每周或隔周定期分发食品；不定期地分发衣物；向病人、无依靠的旅行者、寡妇和孤儿等提供特殊分配——就共同体的大小和资源而言，所有这些分配的规模相当引人注目。迈蒙尼德写道，慈善的最高形式是能使领受者自立的赠品、贷款或合作。这些话语常被引用，但正如高登所指出的那样，它们并没有影响犹太人共同体中社会服务的结构。可能穷人太多，共同体自身的形势太不稳定，人们所需要的远远不只是救助。高登曾计算过，在古开罗的犹太人中，"每四位慈善捐助者就有一个救助对象"。[1]财物的捐献者通常也捐出了他们的时间和精力，从他们的等级中产生了一大群低级官员，他们不断募集捐款和进行分配。因此，作为一种宗教义务，救济是一个巨大的不间断的负担，在救世主降临之前，它没有可见的尽头。这是带有犹太讽语特征的神圣正义："你必须给予穷人与其需要相称的帮助，但你没有义务使他们致富。"[2]

1 Goitein, *Mediterranean Society*, p. 142.
2 Ibid.

除了救济，特殊供给还有别的形式。最重要的是教育。在15世纪的西班牙，人们曾做了显著的努力去建立像公立的普遍义务教育之类的制度。1432年，巴来多利教会会议对肉类、酒类、婚礼、割礼和葬礼征收特别税，并命令：

> 每个拥有十五户（或更多）家庭的社区负有义务供给一名合格的小学教师以向他们的孩子教授《圣经》。……父母有义务将自己的孩子送到老师那里，并根据自己的财富情况向老师
> 73 付钱，如果这一收入被证实不够，社区有义务予以补足。

每个拥有四十或更多户家庭的社区被要求建立更高级的学校，卡斯蒂利（Castile）的首席犹太拉比被授权将富有社区的钱转移一部分到贫困社区以资助挣扎中的学校。[1]这个计划与更早尝试的任何计划相比都显得更为雄心勃勃。但在所有犹太人共同体中，人们对教育予以极大的重视：穷苦孩子们的学费由公众承担；有或多或少的公共补助金，还有对宗教学校和专科院校的额外慈善资助。犹太人上学就像希腊人去剧院或公民大会一样——如果这些机构完全由私人企业办的话，这两种群体就都可能一事无成。

同时，犹太人和希腊人不仅提出了公共活动的范围，而且，更重要的是，他们提出了这些活动得以建构于其中的集体价值和政治选择。在成员可以对他们的政府进言的任何政治共同体中，都将达成诸如此类的模式：用来维持和增进一种公共文化的一套一般的和特殊的供给制度。如果没有那些最小国家或纯粹自由主义国家的当代倡导者——他们认为所有此类事务（除了防御）都应由个人自愿努力去做，这个结论几乎不可能得出。[2]但如果这是一种实践可能

1 Baron, *Jewish Community*, p. 172; Ben-Sasson, "The Middle Ages", pp. 608—611.

2 对这个观点的最强有力的哲学辩护是诺齐克的《无政府、国家与乌托邦》。

性的话，任由自己行事的个人将必然为了集体供给而找出别的人去做这些事情。他们彼此之间的需要太多了——不仅有可以由自由交换系统提供的物质物品，而且还有可称之为含有道德或文化形态的物质物品。无疑，我们能够找到这样例子——这种国家很多——它们既不能提供物质物品，也不能提供道德（或者提供得非常差），却干了不少别的事情，以致普通的男女不求别的，而只求从他们的重负中解脱出来。但是，在获得解脱之后，这同一批男女并不只是试图维系现状，而是继续煞费苦心地设计一种符合他们自己需要（他们对需要有自己的看法）的供给模式。为最小国家所做的论证从来没有将自己定位为人类的任何重要部分。事实上，民众斗争史中最普遍的不是要求救赎，而是要求履行诺言：即国家实际上服务于它声称要尽责服务的目的，并且国家为它所有成员而这么做。政治共同体因先前曾被排除在外的群体——平民、奴隶、妇女、各种少数派群体——一个接一个地进入并要求他们的安全与福利份额而扩大。 74

公平的份额

他们的合法份额是什么？事实上，这里有两个不同的问题。第一个问题涉及应当被分享的物品的范围，安全与福利领域的边界：这是下一节的主题。第二个问题涉及在这个领域中合适的分配原则，而这正是我现在试图从希腊人和犹太人两个例子中梳理出来的。

我们最好从犹太法典中的箴言出发，该箴言说穷人必须（这个祈使动词是重要的）得到与他们的需要相称的帮助。我认为这是一种常识，但它带有一种重要的消极强迫：不是与任何个人品质相称——譬如身体的吸引力或宗教正统信仰。犹太人共同体组织的一个坚持不懈但又从未完全成功的努力是消灭乞丐现象。乞丐获得报酬是因为他讲故事的技能、他的病态，而且通常还因为——在犹太传说中——他的厚颜无耻。并且，他获得报酬是与他的施主的仁慈、自尊和位高而任重的责任感相联系的，而绝不是简单地与他的需要相称的。但如果我们强化需要和供给之间的相互关系，那么，我们就能使分配过程摆脱所有这些外来因素。当我们分发食品时，我们将直指给予的目的：救助饥饿的人。饥饿的男女不必因此而需要在舞台上汇演，或通过考试，或赢得选举。

这是内在逻辑，是供给的社会道德逻辑。一旦共同体开始提供某种人们需要的物品，它就必须向所有需要该物品的人提供与他们的需要相称的份额。实际的分配要受制于可获得的资源；但所有其他标准，除了需要本身，在实践中都是对分配过程的扭曲而非限制而共同体可获得的资源只是过去和现在的产物，即其成员们积累的财富——而不是那些财富的某种“剩余”。人们通常争论说福利国家“依赖于某种形式的经济剩余的可获得性”。[1]但这意味着什么呢？我们不能从社会总产品中减去人和机器的维修成本、社会生存的代价，然后从剩余产品中为福利国家提供资金，因为我们早已从我们所减去的产品中为国家提供了资金。无疑，社会生存代价包括如国家对军事安全、公共卫生和教育的开支。社会产品首先必须满足社会承认的需要，在这些需要被满足之前不存在真正的剩余。剩
75 余所资助的是需要领域以外的生产和商品交换。在这些需要还没有得到满足时，那些像暴君一样为自己私占大量金钱的男女，就已经控制和歪曲了安全与福利的分配。

我应该再强调一下，需要不仅仅表现在生理方面。甚至连对食物的需要，在不同的文化环境中也表现为不同的形式。因此，在犹太人共同体中，在宗教节日前对食物的一般分配是为了仪式的而非

---

1 Morris Janowitz, *Social Control of the Welfare State*（Chicago, 1977）, p. 10.

生理的需要。重要的不仅是穷人应当吃，而且还表现在他们应当吃正确类别的食品，因为如果不这样的话，他们就会被摒弃在共同体之外——但他们之所以首先被帮助仅仅是因为他们是共同体的成员。类似地，如果残疾是提供津贴的一个理由，那么，每个有残疾的公民就都有权获得这种津贴。在雅典，这个问题可以通过诉讼有效解决。在人们对残疾的最初认定既定的情况下，我们可以随便想象别的替代手段，但却不能想象别的替代理由。事实上，利西亚斯的津贴领取者感到有义务向陪审团陈述他的确是一个好人：我的意思不是说供给的内在逻辑总是或立即能被理解。但对津贴领取者的关键指控是他的残疾并不严重，而他的关键抗辩便是他的确属于人们早已达成共识的残疾公民的范畴。

教育产生了文化定义更难回答的问题，并因此可能使我们对安全与福利领域内的可能性和分配正义的限制条件的理解复杂化。无知显然是一个比饥饿和残疾更为模糊的概念，因为它总是与某种社会珍视的知识相联系的。儿童所需要的教育与我们期望或要求他们过的生活相联系。儿童因某种原因被教育，并且他们是被特殊而非一般地教育的（"普通教育"是一个用来满足我们自己社会的特定要求的现代观念）。在中世纪的犹太人共同体中，教育的目的是使成年人能够积极参与宗教服务和讨论宗教教义。因为妇女在宗教上是消极的，所以共同体对她们的教育不承担义务。在其他特殊供给领域——食品、衣物、医疗——妇女所得到的帮助与男人所得到的帮助一样，都是与她们的需要相称的。但妇女不需要教育， 76
因为她们事实上是（宗教）共同体的不完全成员。她们的重要场所不是教堂，而是家庭。男性统治最直接地表现在教堂服务上（正如雅典男子在公民大会中辩论一样）并由此转变为对受资助的学校教育的具体创设。

这种男性统治偶尔也受到一些作家的挑战，他们指出家庭中宗教仪式的重要性，或生儿育女的宗教意义，或（较少见的）妇女可能对宗教学识做出的贡献。[1]争论必然集中在宗教上，并且，其成功依靠在宗教生活中对妇女角色的某种伦理或智识上的提升。因为在犹太传统中存在着张力，存在着可争论的东西。但这种提升至多是一种人们旨在达到的边缘性提升（marginal enhancement），而且，就我所知，教堂从未事实上被描述成一种男性的暴政。平等教育权服务于替代性共同体的发展，其中妇女可以更容易地主张成为成员：因此，正如我应当做的，当代为平等而做的论证应当诉诸一种包容性的公民资格思想。

但是，犹太人共同体确实旨在包括所有男性，并因此面临着打破阶级界限组织一个教育系统的问题。这可以通过许多方式做到，共同体可以为穷人组织慈善学校，就像古代开罗为孤儿设立的特殊学校一样。或者共同体可以为穷人儿童付学费，使他们能进入已设立的主要由经济条件好的家庭付费的学校：这正是中世纪犹太人中最常见的做法。或者共同体可以通过税收系统为每个人提供教育，并禁止向包括其父母在纳税后仍能负担得起学费的儿童在内的所有儿童收任何其他费用。我认为，从第一种安排转向第二种安排，然后再转向第三种安排的某种版本存在着一些压力。因为作为“慈善事例”，任何为穷人所做的社会设计都可能在学校当中产生歧视性对待。或者，也许儿童（或其父母）的经历使他们深感耻辱以致这种耻辱感呈现在他们对学校活动的参与中（或他们对这些活动的支持中）。这些结果可能在所有文化中并非普遍现象，但这种结果显然是广泛存在的。在中世纪的犹太人中，人们都不情愿接受公共慈善救济，而总有某种耻辱与那些接受救济的人相联系。事实上，可能给穷人贴上耻辱标签并使他们认识到自己在共同体中——但又不唯一在共同体中——的适当地位是公共供给的一个目的。除了
77 某些等级森严的社会以外，这决不会成为共同体正式或公开宣称的

1 Baron, *Jewish Community*, pp. 177—179.

目标，并且，这也绝不会成为共同体的唯一目标。而如果公开宣称的目标是，譬如说，教育（男性）儿童阅读并讨论圣经，那么，普遍提供的普通教育似乎将是最佳安排。

高登在其研究的共同体中注意到沿着这种方向的一种运动，但他认为其原因主要是经济上的。[1]可能西班牙的拉比们已掌握了普通学校的价值：因此他们在计划中设计了强制因素。总之，无论何时，只要公共供给的目的是为公共参与开路，那么，建议一种对所有成员一视同仁的供给形式就是明智的。我们还可以说，在民主政体中，所有的供给都含有这个目的。雅典人关于对每个参加公民大会的公民支付同样（少量的）钱的决定可能就来自对这一事实的某种认可。设计一种财富测验并不难，但公民们所得到的报酬与他们作为个人的财富或需要并不相称，因为他们得到报酬并不是作为个人而是作为公民，而作为公民，他们是彼此平等的。另一方面，雅典人禁止那些领取残疾津贴的公民担任公职，[2]这可能反映了一种对残疾的奇特看法，但在公共供给采取了公共慈善救济形式后，它也可能用来作为有时（尽管并不总是）随之而来的耻辱效果的标志。

供给的程度

福利与安全领域中的分配正义有双重含义：第一，它指对需要的承认；第二，它指对成员资格的承认。物品必须提供给需要它的成员，因为他们需要它们；但这些物品必须以一种能维持他们的成员资格的方式提供。然而，这并不是说成员们有权对任何特定一组物品提出要求。只有在一个共同体采用某种相互供给计划时，福利权才是确定的。在此应当做出强有力的论证来说明，在既定历史条

1　Goitein, *Community*, p. 186.

2　Freeman, *Murder of Herodes*, p. 169.

件下，如此这般的计划应予采纳。但这些并非关涉个人权利的论
78 证，而是关于一个特定政治共同体的特征的论证。因为雅典人并没有拨出公共资金用于儿童教育，所以任何人的权利都没有被践踏。也许他们相信——可能他们是对的——城邦的公共生活就是足够的教育。

成员们能够合法要求的权利是一种更为一般的权利。它无疑包括霍布斯式的生命权的某种翻版，包括某种基于公共资源而要求的基本生计。当有足够食物时，没有一个共同体会坐视其成员饿死；没有一个政府能够在这种时期消极地袖手旁观——如果它自称是一个共同体所有、所治和所享的政府，它就更不会那么做。1840年代爱尔兰土豆饥荒时期大不列颠统治者的冷漠是一个无可置疑的明证，说明爱尔兰是一个殖民地，一块被征服的土地，而不是大不列颠的真正组成部分。[1]这并不是要证明冷漠的合理性——宗主国对殖民地和被征服的民族负有义务——而只是说明爱尔兰人如果有一个他们自己的政府——事实上，任何类型的政府都行，他们就会得到较好的照应。可能柏克最贴切地描述了此时处于危险中的基本权利，他写道："政府是人类智慧的发明，用于满足人类的需求。人们有权要求由这一智慧提供满足他们需求的物品。"[2]在此只需说明，此处所讨论的智慧并非如柏克似乎认为的那样是统治阶级的智慧，而是整个共同体的智慧。只有共同体的文化、特色、普遍共识才能界定应该满足的"需要"。但文化、特色和普遍共识并不是既定的事物，它们并不是自发起作用的，在任何特定时刻，公民们都必须就相互供给的程度展开辩论。

他们争论社会契约的意义、安全和福利领域的最初和被反复重

1 对这场饥荒和英国的反应，见 C. B. Woodham-Smith, *The Great Hunger: Ireland 1845—1849* (London, 1962)。

2 Burke, *French Revolution*, p. 57.

申的观念。这并不是如约翰·罗尔斯所描述的一种假想的或理想的契约。如罗尔斯所说，原初状态中理性的男人们和女人们，对他们的社会地位和文化知识没有任何特殊了解，可能会就他们被告知需要的任何物品选择一种平等的分配。[1]但是一旦知道自己是谁，身处何地，这个公式在决定人们将做出什么选择或他们应当做出什么选择这个问题上就不会有很大帮助。在一个有着特定文化、竞争性的善观念、资源稀缺、需要难以捉摸且繁多的社会，不可能有一个普适的唯一公式。不可能有一个唯一的普遍认可的路径，可以把我们从一个像"公平份额"之类的概念的认知通约到这一概念适用的一组综合性物品。那么，我们享有什么样的公平份额呢？

正义、安宁、自卫、福利和自由：这是美国宪法提供的一张清单。你可以解释说这是一份无遗漏的清单，但这些措辞是模糊的；它们 79
至多为公共辩论提供了一个起点。在这场辩论中，适用的标准是一个更大的理念：柏克意义上的一般权利，它只有在一定的条件下才能起到一定的作用，并且，在不同的时间和不同的地点要求不同种类的供给。这个理念仅仅是：我们走到一起，形成一个共同体，目的是为了应付我们独自无法应付的困难和危险。因此，无论何时，只要我们发现自己正面对那样的困难和危险，我们就寻求共同体的帮助。随着个人能力与集体能力之间平衡的变化，人们所寻求的帮助的种类也在变化。

西方的公共卫生史可以很有说服力地用这些措辞来表达。如希腊人和犹太人的例子所说明的，某些最低供给是非常古老的，所采取的措施是共同体的一项功能，反映着共同体对危险的辨别力和医学知识的程度。随着时间的推移，大规模的生存安排孕育出新的危险，而科技进步也产生了对危险的新的辨别力和对合作克服困难的可能性的新的认识。于是，各公民群体竭力要求一个范围更广的

1　John Rawls, *A Theory of Justice*（Cambridge, Mass., 1971）, part I, chaps. 2 and 3.

公共供给计划来运用新科技，减少都市生活的风险。他们可以正当地说，这才是共同体之目的所在。类似的论点还可以从社会安全领域得出。公共卫生领域一般供给的全面成功大大延长了人的正常寿命，并因此延长了男人们和女人们不能养活自己的岁月，在这段时间，他们不仅在身体上，而且最主要地在社会上、政治上和道德上失去了行为能力。于是，供养丧失行为能力的人再度成为最古老、最常见的一种特殊供给形式。但现在它所要求的规模比以前任何时候都大得多。家庭被老龄成本压垮，因而向政治共同体寻求帮助。应当采取什么措施恰恰成为争论的问题。像**健康、危险、科技，**甚至连**老年**这些词，在不同的文化中都有着非常不同的意义；对其做外在的客观规定是不可能的。但这并不是说对那些卷入其中的人来说，这些词的意义还太过模糊，不足以使共同体应当做些什么事情——某些特定的事情。

也许这些例子太简单了。疾病是一个普遍威胁，老年是一个普遍的前景。可能超出许多生活小康的人们视野之外的失业和贫困却不是普遍性的。穷人可以总是被孤立、封闭在贫民窟里，因自
80 己的不幸而受到诅咒和惩罚。就这一点看，可以说，再也不能通过诉诸像社会契约的“意义”之类的东西来为供给辩护了。但让我们更密切地关注这些简单的事例吧。因为事实上，它们包括了困难情况中的所有困难。公共卫生和社会安全使我们认为政治共同体是，用马歇尔的话说，一个“互惠俱乐部”。[1]所有的供给都是互惠的；成员们轮流提供或接受，非常像亚里士多德所说的公民们的轮番而治。这是一幅幸福图画，在契约主义术语中很容易理解。不仅理性代理人在对自己的特定形势一无所知情况下将同意这两种供给；而且现实中的代理人，每个现代民主国家的普通公民都事实上同意

1 T. H. Marshall, *Class, Citizenship, and Social Development* (Garden City, New York, 1965), p. 298.

了这两种供给；这两种供给看起来同样符合假想的与实际的人的利益。强制只有在现实中才必要，因为某些现实中的少数群体不理解，或不能一贯理解他们的真正利益所在。只有那些不顾后果的人和不节俭的人，才需要强迫他们捐献——而且通常可以说，他们参加社会契约的目的，恰恰是保护他们自己免受他们自己的鲁莽与奢侈的威胁。然而，事实上，实施强制的原因远比这种解释深刻；政治共同体远比互惠俱乐部的含义丰富；公共供给的程度在任何既定情况下——它是什么和它应是什么——都是由远比迄今为止所讨论的所有论点都更有争议的需要观念所决定的。

让我们再以公共卫生为例。如果只有个别成员受益而共同体更大数量的成员受损的那些范围广泛的行为得不到控制，那么，任何公共供给都是不可能的。甚至连非常简单的事情，如向拥有大量人口的都市提供消毒牛奶，都要求全面的公共控制；而控制是一项政治成就，（在美国）是各个城市经过多年的艰苦斗争取得的结果。[1] 当农民或乳品业的经纪人捍卫自由企业时，他们无疑是为自己的利益而采取理性行动的。同理，其他业主也是这样为保护自己而反对检查、管制和强制执行的。这类公共活动对某些人来说，可能具有最高价值，但它们并不是对所有的人都具有最高价值；尽管我已经把公共卫生当作一个一般供给的例子，公共卫生也只是在共同体的某些成员负担其费用的情况下才提供的。而且，它使其他人中最脆弱的人最受益：因此，建筑法令对那些住拥挤的经济公寓的人来说具有特殊重要性，而反污染法对那些生活在工厂烟囱和排水沟邻近地区的人来说具有特殊重要性。社会安全也使最脆弱的成员受益，即便因为我早已陈述过的理由，实际上每个人支付的费用都一样。 81
因为生活富裕的人能够，或许多生活富裕的人认为他们即使在困难

1　见 Judith Walzer Leavitt, *The Healthiest City: Milwaukee and the Politics of Health Reform*（Princeton, 1982）, chap. 5。

时期也能够自助，而较不喜欢被迫去帮助别人。事实是就公共供给所做的每一重大努力（只要共同体的收入来源于其成员的财富）在特征上都是再分配性的。[1]共同体所提供的好处，严格地讲，不是互助性的。

再一次地，对自己的社会地位一无所知的理性代理人会同意这样一种再分配。但他们同意得太草率，而且他们的同意无助于我们理解所需求的是何种再分配：分配多少？为何目的？在实践中，再分配是一个政治问题，并且，它所涉及的强制是由涉及分配的特点和范围的冲突所决定的。每一种特殊措施的通过都是由某些特殊利益的联盟推动的。但这些冲突中的最终诉求却不是特殊利益，甚至也不是作为各种特殊利益的综合的公共利益，而是集体价值观念、有关成员资格、健康、食物和住处、工作和休闲的共享观念。这些冲突本身，至少公开地，常常集中在事实问题上；但共识是先在的。因此，乳品业主尽其所能地否认受污染的牛奶与结核病之间的联系。而一旦这种联系被确认，他们就难以否认牛奶应当被检查：在这种情况下，**买主自行小心**不是一个合理的原则。类似地，在大不列颠就养老金展开的辩论中，政客们绝大多数都认同英国传统的自助价值，但对于自助在已确立的工人阶级友好相处的社会中是否仍然可能却存在着严重分歧。这些都是在严格自愿基础上组织起来的真正的互惠俱乐部，但它们似乎都快要被不断增长的老龄人口压垮了。日益明显的是，成员们在年老时，只是没有保护他们自己和他人免于贫困的资源。而几乎没有一个英国政治家有充分的胆量说老人应当听其自然，不受保护。[2]

因此，这里有一个对社会契约的更准确的解释：它是一个对成

1　细致的讨论见Harold L. Wilensky, *The Welfare State and Equality*（Berkeley, 1975）, pp. 87—96。

2　P. H. J. H. Gosden, *Self-Help: Voluntary Associations in the Nineteenth Century*（London, 1973）, chap. 9.

员的资源进行再分配的协议，它依据的是成员们对其需要的共识，随具体的政治决定而变化。这个契约是一种道德约束，它将强者与弱者、幸运的与不幸运的人、富人与穷人联系起来，创造出一个超越 82
所有利益差别的联盟，从历史、文化、宗教和语言等等中汲取力量。关于公共供给的论述在最深层次上，是对这一联盟的阐释。联盟越紧密、越包容，对需要的确认范围就越广，划入安全和福利领域的社会物品的数量就越大。[1]我不怀疑许多政治共同体基于非常不同的原则对资源进行再分配，根据的不是成员的一般要求，而是出身高贵者或富有者的权力。但正如卢梭在他的《论不平等》中所说的，这是对社会契约的欺诈。[2]在任何共同体中，只要资源从穷人那里剥夺过来并转而给予富人，穷人的权利就被践踏了。共同体的智慧不是用来提供他们所需求的东西的。关于这些需求的本质的政治辩论将被压制，否则，这种欺诈行为就很快会曝光。当所有的成员都认同对社会契约的解释时，结果都将是一个或多或少全面的公共供给系统。如果所有的国家原则上都是福利国家的话，民主国家最有可能在实践中成为福利国家。甚至连对民主国家的模仿都培育福利主义，如在“人民民主”国家中，除了那些国家自己强加到人民身上的灾难以外，国家保护人民免于每种灾难。

因此，民主国家的公民们在自己中间进行辩论，并选择许多不同种类的安全与福利，远远超过了我所举的“简单的”公共卫生和养老金例子。社会认可的需要的范畴是无止境的，因为人民对他们需要什么的感受不仅包括生活本身，而且包括美好生活，而这二者之间的适当平衡本身又是一个有争议的问题。雅典人的戏剧和犹太人的学院所获得的资助都是可以花到如住房或医药上的。但戏

1　例如，见 Harry Eckstein 对挪威共同体概念和福利政策的讨论，*Division and Cohesion in Democracy: A Study of Norway*（Princeton, 1966），pp. 85—87。

2　Rousseau, *Social Contract*, pp. 250—252.

剧和教育在希腊人和犹太人看来，不只是对公共生活的提升，而且是公共福利必不可少的方面。我想要再次强调的是：这些并不是可
83 以被轻易称为不正确的判断。

美国人的福利国家

在一个像我们自己的社会这样的社会中，何种公共供给是适当的？在此，我的目的不是期待民主辩论的结果或详细规定供给的程度和形式。但我认为，可以这样说：现代工业民主国家中的公民彼此之间负有大量义务。这一论述将提供一个有用的机会来检测直到现在我还为之辩护的原则的决定性力量：每个政治共同体都必须根据其成员集体理解的需要来致力于满足其成员的需要；所分配的物品必须分配得与需要相称；并且，这种分配必须承认和支持作为成员资格基础的平等。这些都是非常一般的原则，应该适用于大量的共同体——事实上，适用于任何其成员彼此平等（在上帝面前或法律面前）的共同体，或适用于这样的共同体：不管其成员事实上所受的待遇如何，似乎可以说，他们应当是彼此平等的。这些原则可能不适用于按等级组织起来的共同体，如传统的印度，在那里，收获的果实不是按需要而是按种姓等级分配的——或毋宁说，如路易斯·达蒙特（Louis Dumont）所写的，在那里，"每个人的需要被认为是不同的，依赖于（他们）种姓等级"。每个人都保证有一份，因此，达蒙特的印度村庄仍然是一个福利国家，"一种合作群体，其主要目标是根据每个人的社会职责来确保其生活的维持"，但一个福利国家或合作群体的原则都不是我们轻易能够理解的。[1]（但达蒙特并没有告诉我们在短缺时期，食物是怎样分配的。如果生活

1 Louis Dumont, *Homo Hierarchus: The Caste System and Its Implications* (revised English ed., Chicago, 1980), p. 105.

标准对每个人来说都是相同的，那么我们就又回到了一个更熟悉的社会。）

显然，这三个原则适用于美国的公民，他们因共同体的富裕和对个人需要的广泛共识而在此拥有相当大的力量。另一方面，美国当前仍然保持着西方世界最破旧的公共供给系统之一。之所以如此，有各种各样的原因：公民共同体组织松散，各种民族团体和宗教团体实施他们自己的福利计划；自力更生和创业机会的意识形态被广为接受；左翼运动，特别是工人运动相对弱小。[1]民主决策反映了这些现实，而在理论上这也没什么错。但是，已确立的供给模式并 84
没有赶上安全与福利领域的内在要求，而公民们的共识指向一个更为复杂的模式。有人还可能争辩说美国公民应该努力去建立一个更为强大、更加老练的政治共同体。但这个论点，尽管它会有分配的结果，准确地说，却不是一个有关分配正义的论点。问题是，在公民们实际上居住的共同体既定的情况下，公民们彼此之间负有什么义务？

考虑一下刑事司法的例子。惩罚的现实分配是一个我在稍后一章要谈的问题，但惩罚的自主权，人们因正当理由（不管是什么）而被惩罚的确定性，依赖于法律系统内资源的分配。如果被控告的男人们和女人们要得到他们恰当的正义份额，他们必须首先拥有法律援助的一个恰当的份额。因此，就有了公设辩护人制度和指定法律顾问制度：正如饥饿者必须得到食物一样，被控者必须得到辩护，并且他们必须得到与其需要相称的辩护。但没有一个当今美国司法制度的公正观察者会怀疑符合这个标准的必需资源是不可获得的。[2]富人和穷人在美国法院所受的待遇是不同的，尽管法院的公共职责是平等对待他们。赞成一种更为宽大的供给的理由便来源于

1 Wilensky, *Welfare State*, chaps. 2 and 3.

2 Whitney North Seymour, *Why Justice Fails*（New York, 1973）, especially chap. 4.

这一职责。如果正义确实是要提供的物品，那么，它就必须向所有被指控的公民平等地提供，而不去考虑他们的财富（或他们的种族、宗教、政治帮派等等）。我并不是要低估这里的实践困难，但这无疑又是供给的内在逻辑，并且，它带来了一个复合平等的富于启发性的例子。因为奖惩的内在逻辑不同，要求分配与应得相称，而不是与需要相称，这我稍后将加以论述。惩罚是一种否定性的物品，应当由那些行为恶劣的人——和被发现犯下行为恶劣罪行的人（经过足智多谋的辩护之后）——接受。

法律援助不产生理论上的困难，因为提供法律援助的制度结构早已存在，利益攸关的只是共同体要准备就绪，遵守它自己的制度逻辑。我现在要转向这样一个领域，在这个领域中，美国的制度相对落后，公共职责很成问题，一直是政治辩论中的主题：医疗卫生领域。但此处对更为广泛的供给的论证必须慢慢来。仅仅呼唤“待遇
85 权”（right to treatment）是不够的，我不得不详细叙述作为一种社会善的医疗服务的历史。

医疗服务实例

直到最近，行医还主要被看作一种企业经营自由。医生们做出诊断结论，给出意见，不管治愈没治愈病人，都收取费用。也许经济关系的私有特征是与职业关系的私人特征相联系的。我认为，它很可能与医学本身的相对边缘性有关。事实上，医生能为他们的病人做的少之又少，面对疾病（如同面对贫困）的一般态度是一种斯多葛主义的宿命论。或者，民间发展出的药方与那些有执业资格的医生开出的药方相比，效果并不差，有时甚至更有效。民间医药有时在地方层面产生一种公共供给，但它也同样可能产生出收取费用的新的执业者。信仰疗法也遵循类似的模式。

撇开这两种情况不谈，我们可以说，医疗服务的分配在历史上都掌握在医学职业者手中，医师同业公会至少可以上溯到公元前5

世纪希波克拉底[1]时代。同业公会的作用是排除不依惯例的执业者，并规定任何既有共同体中医生的数量。同业公会从来不是一个符合其成员利益的真正的自由市场，但它符合成员们向各个病人出售服务的利益，因此，总的说来，家境富裕的人被照顾得好（根据当时人对好的照顾的理解），而穷人则几乎根本得不到照顾。在一些城市共同体中——如在中世纪的犹太人共同体中——能享有医疗服务的人则要多得多。但对绝大多数时期的绝大多数人来说，他们根本不知道医疗服务为何物。医生是富人的仆人，常常与华丽的房屋和庄严的宫廷相联系。然而，就这种实践的结果来看，这个职业总是有着一种集体性的坏良心。因为医疗实践的分配逻辑似乎是这样的：医疗服务应当与疾病相称，而不是与财富相称。因此，总有一些医生，就像那些在古希腊受到尊重的医生一样，为穷人治病，即便在某种程度上他们得从付费的病人那里讨得生活。大多数医生在面临紧急情况时，仍然觉得有义务帮助受害者而不计较他们的世俗地位。这是一种职业性的乐善好施，如果确实有医生的话，那么“屋里有医生吗？”这种呼唤就不应得到沉默的回应。然而，在一般情况 86
下，很少有呼叫医疗帮助的，主要是因为人们很少信任它的实际助益。因此，这一职业的坏良心没有得到任何用公共供给替代自由职业的政治要求。

在中世纪的欧洲，灵魂的救治是公共的，肉体的救治则是个人的。今天，在多数的欧洲国家，情况颠倒过来了。这一颠倒最好地解释了人们对灵魂和肉体的共识的一种重大转变：我们对灵魂的救治失去了信心，但我们日渐相信、甚至着迷于肉体的救治。笛卡尔“保持健康是诸善中的首善”的名言可以被看作这一转变的标

1　希波克拉底，古希腊医师，被称为“医学之父”，生平不详，现存《希波克拉底文集》，内容涉及解剖、临床、妇儿疾病、预后等，但经研究，该文集并非一人一时之作。——译注

志——或是预告这一转变的标志，因为就民众态度的发展史看，笛卡尔的《方法谈》出现得非常早。[1]因此，永生在大众意识中出现的同时，长寿走到了大众意识的前台。在中世纪的基督徒中，永生是一种社会认可的需要；所有的努力都是使永生得到广泛的平等的分配，即每个基督徒都有平等的机会获得救赎和永生：因此，每个教区都设有一个教堂，有日常服务、为年轻人做的教理问答、必须做的圣餐仪式等。在现代公民中，长寿是一种社会认可的需要；而且，人们的每一种努力都日益关注它的广泛而平等的分配，即每个公民都有平等的机会获得长寿健康的生活：因此就需要有医生和医院来进行每一次严格的例行体检，对青年人进行的健康教育，强制接种疫苗，等等。

与态度的转变同时进行并自然紧随其后的是制度的转变：从教堂转向诊所和医院。但这一转变是逐步的：对医疗服务的公共利益的缓慢发展，对宗教看护利益的逐渐侵蚀。医疗供给的第一个主要形式出现在预防领域而非治疗领域，可能是因为前者不牵涉医生同业公会特权的干预。但治疗领域的供给大概与19世纪末伟大的公共卫生运动同时开始，而这二者无疑反映了人们对肉体生存问题的敏感性。颁发医生行医执照、建立国立医学学校和城市诊所，将税金滤出一部分投入大型公益性医院：这些措施可能只涉及对该职业的边缘干预——事实上，其中的一些措施强化了该职业类似同业公
87 会的特征；但这些措施也代表着一项重要的公共职责。[2]事实上，它们代表着只有将医生，或相当数量的医生变成公共医生（如一小部分医生曾经摇身变成宫廷御医一样）并废除或限制医疗服务市场才

1 René Descartes, *Discourse on Method*, trans. Arthur Wollaston (Hammondsworth, England, 1960), p. 85.

2 对这些发展的简要解释，见 Odin W. Anderson, *The Uneasy Equilibrium: Private and Public Financing of Health Services in the United States, 1875—1965* (New Haven, 1968)。

能根本履行的职责。但在我为这一转变辩护之前，我要强调紧随其后的职责的不可避免性。

现代世界中所发生的只是疾病本身，甚至只是地方性而非流行性疾病，但这已经被看作一种瘟疫。既然瘟疫能够处理，瘟疫就**必须**处理。人们将不会忍受他们认为自己再也不必忍受的疾病。然而，治疗肺结核、癌症或心脏病要求一种共同努力。医学研究是昂贵的，治疗许多特殊疾病的费用远超过普通公民所拥有的资源。因此，共同体必须介入，任何民主共同体都将实际介入其中。其有力的程度，有效的程度依赖于特定政治斗争的结果。因此，美国政府的作用（或各个政府，因为许多行动是在国家和地方层次都要采取的）就是：资助研究、培训医生、提供医院和设备、制定自愿保险计划、负担老年人的医疗费用。所有这些都代表着“人类智慧的发明是为了满足人类的需求”。而将其变为道德上必需的要求就是将一种“需求”发展得足够广泛，足够深入，以使人们感到能够理直气壮地说，这种需求不是这个人或那个人的，而是共同体的一般要求——尽管受文化影响和强调，但它仍然是一种“人类需求”。[1]

但是，一旦公共供给启动，它就容易受到更进一步的道德约束：它必须对共同体的所有成员平等地提供他们“需求”的东西；并且，

1 我的这个论述反驳了伯纳德·威廉斯的观点，他认为，医疗服务分配的唯一适当标准是医疗需要。见 Bernard Williams, “The Idea of Equality”, in *Problems of the Self* (Cambridge, England, 1973), p. 240。罗伯特·诺齐克追问为何顺理得出“理发服务的分配的唯一适当标准是理发需要？”见 Robert Nozick, *Anarchy, State, and Utopia* (New York, 1974), pp. 233—235。如果一个人只注意一般意义上的某种活动的“内在目标”的话，事情可能的确应如此。但如果一个人关注活动的社会意义，那么，在一个特定人群的生活中分配物品的场所，就得不出这是个必然结果的结论。可以构想一个社会，其中理发能够具有核心文化意义，因此，公共供给成为道德上要求的，但比这个有趣事实更有趣的是，从来不存在这样一个社会。我在思考这些问题时，受益于托马斯·斯堪隆（Thomas Scanlon）的一篇文章，我在此采纳了他的“约定主义”解决办法。见 Thomas Scanlon, “Preference and Urgency”, *Journal of Philosophy* 57 (1975), 655—670。

它必须以尊重他们成员资格的方式提供。现在，即便是美国的医疗供给模式，尽管它停留在全国卫生服务严重短缺的水平，也倾向于向所有需要医疗供给的人提供最低限度的、体面的照顾。一旦公共资金拨出，公务官员就几乎不能用这笔钱来筹划别的事情。然而同
88 时，还没有任何直接挑战医疗服务领域自由企业制度的政治决定。只要这种制度存在，财富就会在（这部分）安全和福利领域中占据支配性地位；个人就会得到与他们支付能力相称的照顾，而不是与他们的需要相称的照顾。事实上，形势比这个惯例更为复杂，因为公共供给早已侵蚀了自由市场，病重的人和年老的人有时确实得到了他们应当得到的治疗。但很显然，贫穷仍然是获得充足连贯治疗的一个重要障碍。有关当代美国医疗最具说服力的统计可能是到医生那里或医院就诊与社会阶级地位的相关性，而不是与病情程度和发病率的相关性。中上层等级的美国人都更可能拥有私人医生并经常去就诊，当然也就比他们那些较穷的同胞公民们更少得重病。[1]如果医疗服务是个奢侈品，那么，这些差异也就不那么重要了；但只要医疗服务成为一种社会认可的需要，并且只要共同体向这项供给投资，那么，这些差异就非常重要。因为此时，丧失这项供给就是一种双重损失——一个人的健康和社会地位同时受损。医生和医院已成为当代生活异常重要的特征，被切断共同体提供的帮助不仅是危险的，也是耻辱的。

但任何发展完善的医疗供给系统都将要求限制医生同业公会。事实上，一般更为真实的是：安全与福利的供给要求限制那些先前控制有争议的物品并在市场上出售这些物品（假定无论如何总是为真的是，市场先于公共供给存在）的男女们。因为当我们宣称这种

1 Monroe Lerner, "Social Differences in Physical Health", John B. McKinley, "The Help-Seeking Behavior of the Poor"; Julius Roth, "The Treatment of the Sick", in *Poverty and Health: A Sociological Analysis*, ed. John Kosa and Irving Kenneth Zola (Cambridge, Mass., 1969), summary statements at pp. 103, 265, and 280—281.

或那种物品是一种人们需要的物品时，我们的行为就是阻止或限制其自由交换。我们还阻止其他不关注需要的分配程序，例如大选，择优录用的竞争、个人或家庭的偏好等等。但是，市场，至少在当今的美国，是安全与福利领域的主要对手，而且，被福利国家替代的最重要的是市场。人们所需要的物品不能留给某些强有力的所有者群体或执业者，任由他们随心所欲或仅为自己利益考虑而进行分配。

最常见的是，所有权被废除，执业者被有效地征召到公共服务行业中，或至少在公共服务行业中"备案"。他们为社会需要的利益服务，而不只是为他们自己的利益服务：因此，牧师为永生服务，士兵为国防服务，公立学校的教师为学生的教育服务。牧师如果出售救 89
赎就是非法行为；士兵如果唯利是图就是非法行为；教师如果为钱财而迎合儿童就是非法行为。有时征召只是兼职的，如同律师被要求担任法庭官员时，他们在为客户和自己服务的同时服务于司法事业。有时征召是临时的，如律师被要求充当无力付钱的被告人的"指定律师"。在这些情况下，人们就做出一种特别努力，来尊重律师—客户关系中的个人特征。我将在任何发展完善的全国卫生服务系统中寻找一种类似的努力成果。但我看不出有什么理由来尊重医生的市场自由。人们所需的物品不是商品，或者更准确地说，只有在民主决策确定的无论怎样一个水平的供给之上，这些物品能够得到时，它们才可以买卖（并且这种买卖不得歪曲这个水平之下的分配）。

然而，还可争论说，到现在为止，拒绝拨款建立一个全国卫生服务系统构成了美国人民关于公共健康水平（和对其他物品的相对重要性）的政治决策：一个适用于每个人的最低标准，即城市诊所的标准，而自由企业则不受这个最低标准的限制。这在我看来似乎是一个不充分的标准，但它并不必然是一个不公正的决定。然而，它不是一个美国人民做出的决策。对医疗保健重要性的普遍重视已经使他们享受到超越最低标准的服务。事实上，联邦政府、州政府和地方政府现在为不同阶层的公民们补助着不同水平的医疗服务。

如果分级与医疗服务的目的相联系，这也仍然不错——例如，如果在战争期间，士兵和国防工人享有特殊待遇的话。但穷人、中产阶级和富人构成了站不住脚的分类。只要公共资金像现在这样花费在资助研究、建立医院和向开私人诊所的医生付费上，那么这些开支所承担的服务就必须平等地被所有公民获得。

因此，这是一个扩张美国福利国家的理由，它从我开始论述的三个原则中推导出来，这些原则的趋势是使安全和福利摆脱流行的支配模式。尽管各种制度安排都是可能的，这三个原则似乎偏爱同样方法的供给；它们提出一个重要理由来反对当前以分配金钱取代分配教育、法律援助或医疗保健的计划。例如，负收入所得税是一
90 个增加穷人购买力的计划——一种简单平等的修订版本。[1]然而，这个计划却没能消灭需要领域里财富的支配地位。由于缺乏一种根本的平均，有较大购买力的男女们仍将这样，也必将这样竞相抬高所需服务的价格。因此，尽管现在只是间接地，共同体仍将投资于个人福利而不再使供给符合需要状况。即便人们有均等的收入，通过市场提供的医疗服务也不会反映需要。而市场也不会为医学研究提供充足的资金，但是，这并不是一个反对负收入所得税的理由，因为也可能在市场经济中，金钱本身就是人们需要的东西，并且它因此应当按同样方法供给。

我要再次强调的是，关于什么样的需要应当被认可，不可能存在任何一种先验的规定；也没有任何一种决定供给的适当水平的先验方法。我们对医疗服务的态度有一个发展的历史，这些态度是不同的，并且在未来，态度也会不同。公共供给的形式在过去一直在变化，并且仍将继续变化，但它们并不随着态度的变化而自动变化。旧秩序有它的客户；制度如同个人一样，存在着惰性，而且，民众的

1　也可以设想一个较便宜的福利形式，请参见 Colin Clark, *Poverty before Politics: A Proposal for a Reverse Income Tax*（Hobart Paper 73, London, 1977）。

态度一般很少像在医疗服务中表现得那么清楚。因此，变化总是一种政治的辩论、组织和斗争。哲学家所能做的是描述这些辩论的基本结构和辩论所需要的限制。因此，这三个原则可以总结为马克思那句话名言的一个修正版：各尽所能（或资源），按其获得社会承认的需要进行分配。我认为，这是社会契约最深刻的含义。它只剩下细节问题需要解决，但在日常生活中，细节就是一切。

对慈善与依赖性的一个注释

公共供给的长期作用是不仅限制买卖的范围，而且限制慈善品的范围。这至少在信奉犹太教和基督教共有教义的共同体中是真实的，在那里，慈善传统上被看作税收和什一税外的主要补充和救助穷人的一个主要来源。在今天的西方，似乎有一个普遍惯例：福 91
利国家越发达，慈善赠予的空间就越小，动机就越少。[1]这并不是一个未料到的或甚至是一个不受欢迎的结果。反对慈善的理由与反对乞讨的理由非常相似，因为乞讨是慈善的人从穷人中推断出来的一种表演，一种不体面的表演——一个金钱在其领域外掌握大权的特别令人讨厌的例子。“慈善伤害了慈善的接受者，”马塞尔·毛斯在他经典的人类学论文《礼物》中写道，“我们的全部道德努力指向抑制富有的救济品分发员们无意识但有害的施惠行为。”[2]慈善也可以成为购买影响力和尊敬的方法，尽管它通过宗教、教育或文化基金会行事比仅仅通过普通的救助穷人更可能成功。这种行为也可能是易遭反对的，因为可以有理由争辩说牧师与信徒、教师与学生，以及所有公民——而不是富有的男人们和女人们——应该在宗教、教育和文化领域里做出关键性决策。但我在此只想把注意力集中

1　参见 *The New York Times,* 2 July 1978, p. 1, col.5。

2　Marcel Mauss, *The Gift*, trans. Ian Cunnison（New York, 1967）, p. 63。

在直接运用财富去帮助那些需要帮助的人：犹太教和基督教慈善的经典含义。

私人的慈善产生了依赖性，进而导致了人们熟悉的依赖恶习：一方面是顺从、被动和谦卑，另一方面是傲慢。如果公共供给尊重成员资格，它必须以消灭这些恶习为目标。但仅仅用公共救济取代私人慈善并不产生这种效果。虽然如此，但它仍然可能是必要的，因为共同体还可能维持一种稳定的、一贯的和客观的救助计划，以便提供对穷人与其需要相称的帮助。然而，救助自身并不产生独立性：旧模式继续存在，穷人就仍然恭顺、被动、卑微，而公务官员则继承了他们的私人前任的傲慢。因此，像迈蒙尼德建议的那些计划的重要性旨在帮助穷人自己创业：再就业、再培训、资助小买卖等等。工作本身就是男女们需要的东西之一，无论何时，只要他们无法为自己和彼此提供工作，共同体就必须帮助提供工作。

但这也需要中央集权的计划和管理，并产生了计划者和管理者的干涉。任何公共供给计划都要给各种形式的地方自助和自愿性社团留下空间，这也是同样重要的，其目标是公共活动的参与和成
92 员资格的具体实现。但并不是说：个人先战胜贫困，在取得胜利后，从前的穷人就加入共同体其余成员的政治和文化生活中；相反，反抗贫穷的斗争（以及反抗每种其他贫困的斗争）是许多公民（无论是贫困的、富裕的）都应该参与的那些活动中的一种。而这就意味着即使在一个旨在实现成员的（复合）平等的共同体中，也为理查德·提特摩斯所说的“赠予关系”[1]留有一席之地。

血液和金钱的例子

提特摩斯研究了许多国家用于医院需要的采集血液的方法，并

1 Richard Titmuss, *The Gift Relationship: From Human Blood to Social Policy* (New York, 1971).

主要集中在两种不同的方法上——购买和自愿捐献。他的书是为捐献做辩护的，不仅因为捐献更有效率(它可以提供更好的血液)，还因为它阐述并升华了一种共有的利他主义精神。这个论点含义丰富并富有价值，但如果提特摩斯进行另一种比较的话，论点会更丰富、更有价值——因为他无论如何也不能找到任何实际例子。还可以想象另一种供给形式，即对血液征税，要求每个人每年贡献多少品脱血；这将大大提高供应量，因为它将使捐献者数量增加，使医疗当局能在捐献者中进行选择，只从最健康的公民身上采集血液，就像我们只征召强壮的人服兵役一样。我想，提特摩斯可能仍然要说赠予关系更好，而且不仅仅是因为对血液征税将代表着——至少在我们的文化范围内——对身体完整性的一个太大攻击。因为他的目的是主张在私人赠予中存在一种正直的品性，而他有正当理由怀疑这种品性能否通过公共征收来复制，即便这种征收是由一个民主决策批准的。

但是，这个论点同样适用于金钱，至少当金额小而且捐献能力范围广的时候是如此。血液赠予并不代表着那些有赠予能力的男人们和女人们对权力的行使，它也并不在那些需要供给的人中产生顺从和依赖。捐献者出于帮助的想法而行动，并且他们的确帮助了别人，因此，他们无疑对自己的帮助行为感到一些骄傲。但所有这些都不产生任何特殊的自尊自大，因为帮助是可以从广大范围内得到的。因此，平等弥补了慈善的不足。现在，如果绝大部分公民平等地或者或多或少平等地拥有为他们最贫困的同胞捐钱的能力(如“共同体金库”)，那情况又当如何呢？无疑，征税仍将是必要的，不仅对像国防、国内安全、公共卫生等一般供给领域的服务是必要的， 93
而且对许多特殊供给形式也是重要的。但在此还需要论证私人捐赠应予鼓励，就像提特摩斯对血液的论证一样。捐赠行为本身是好的，它构建一种团结一致的观念和公共能力。而现在，与之相联系的组织筹资运动和决定如何花费这些资金的活动将把工作中的普通公民卷入其中，与官员们的工作平行并起到补充作用，共同增进参与水平。

如果这个论点适用于金钱，那么它同样，甚至更重要地，适用于时间和精力。这二者是公民们能够互相赠予的最珍贵的礼物。“社会工作”的职业化倾向于取代在古希腊和犹太人共同体中掌管公共供给的业余官员，而如今人们迫切需要的是某些现代代理人。因此，一项对福利国家中社会工作的最新研究指出：“如果要向那些最迫切需要帮助的人提供真正的帮助的话，调动利他主义能力就是根本。”——“真正的帮助”指共同体团结为整体既提供供给，也提供救助。[1]就当前政治共同体的规模和必要服务的范围来看，官僚体制是不可避免的。但职业管理者和无能的保护措施的双重僵化会给民主政府带来根本危险，除非由志愿者、组织者、穷人和老年人的代表、地方友人和邻居们来予以调节。可以把赠予关系看作一种政治：像投票、请愿、示威一样，赠予是赋予公民同盟具体含义的一种方式。正如福利通常旨在克服金钱在需要领域的支配作用一样，公民们积极参与福利（和安全）事业的目的便是确保金钱的支配作用
94 不是简单地被政治权力的支配作用所取代。

1 引语来自 *Social Work, Welfare, and The State*, ed. Noel Parry, Michael Rustin, and Carole Satramurti（London, 1979）, p. 168；类似的论点见 Janowitz, *Social Control*, pp. 132—133。

第四章

货币与商品

普遍诱惑

有两个问题与货币有关：它能买到什么？它是如何分配的？我们必须以这样的顺序来着手研究这两个问题，因为只有在描述了货币运作的领域和货币起作用的范围之后，我们才能清楚地说明它的分配。我们必须指出货币事实上有多重要。

我们最好还是从一个幼稚的观点，也是一个常见的观点出发，这个观点就是：钱是至关重要的，是万恶之根和诸善之源。“金钱解万事”，《传道书》如是说。依照马克思的观点，它是普遍诱惑，它在人与物之间设下诽谤性的结合，并打破每一个天然的屏障、每一个道德的屏障。马克思也许是通过环顾19世纪的欧洲发现这一点的，但事实上他是在一本书，即莎士比亚的《雅典的泰门》中发现的。泰门在挖掘埋在地下的金子时，是这样诘难他的目标的：

> 金子！黄黄的、发光的、宝贵的金子！
> 不，天神啊，
> 我不是一个游手好闲的信徒：

我只要你们给我一些树根！
这东西，只这一点点，
就可以使黑的变成白的，丑的变成美的，
错的变成对的，卑贱变成尊贵，
老人变成少年，
懦夫变成勇士
……
嘿！你们这些天神们！
为什么要给我这东西呢？
95 嘿，这东西会把你们的祭司和仆人从你们的身边拉走；
把壮士头颅底下的枕垫抽去；
这黄色的奴隶可以使异教联盟，同宗分裂；
它可以使受诅咒的人得福；
使害着灰白色的癞病的人为众人所敬爱；
它可以使窃贼得到高爵显位，和元老们分庭抗礼；
它可以使鸡皮黄脸的寡妇重做新娘，
即使她的尊容会使身染恶疮的人见了呕吐，
有了这东西也会恢复三春娇艳。
来，该死的土块，你这人尽可夫的娼妇，
你惯会在乱七八糟的列国之间挑起纷争，
我倒要让你去施展一下你的神通。[1]

泰门已陷入一种虚无主义的绝望状态中，但这不过是道德批判的常见语言。我们不愿意看到祭司被腐蚀、壮士被夺去安逸、宗教被破

1 William Shakespeare, *Timon of Athens*, IV: 3, as quoted in Karl Marx's *Econocmic and Philosophical Manuscripts*, in *Early Writings*, trans. and ed., T.B.Bottomore（London, 1963）, p. 190.（相关译文参见《1844 年经济学哲学手稿》，人民出版社，2018 年，第 137—138 页。——译注）

坏以及窃贼被授予高爵显位。但为什么我们又允许“鸡皮黄脸的寡妇”用金钱再次恢复三春娇艳呢？出于审美的顾忌而非道德的顾忌，泰门才被搬到了这里。但是，要点是一样的：寡妇是被她的钱改变的。我们所有的人都如此，只要我们足够富有。“我是什么和我能够做什么，”马克思写道，“并不是由我的个人特征决定的。我是丑的，但我能给自己买到最美的女人。可见，我并不丑……我是没有头脑的，但货币是万物的实际头脑，货币占有者又怎么会没有头脑呢？”[1]

这便是金钱的“正确本性”——在资本主义社会可能更是如此，但也更为普遍。毕竟，马克思是在引用莎士比亚，而莎士比亚则将他的话放到了一位雅典绅士的口中。不论钱用于何处，它都在性质相反的事物中间拉皮条，它侵入社会生活的“自立实体”，颠倒个性，“它迫使对立的事物相互拥抱”。但这当然是金钱的目的所在，也正是我们使用它的原因。用更为中性的语言来说，它是交换的一般中介——也是一个大方便，因为交换是我们与其他男人和女人分享生活的中心。莎士比亚的平民叛逆者杰克·凯德（Jack Cade）的简单平等主义：

> ……我要取消货币！[2]

在当代的激进和社会主义思想中仍有回音，但我难以想象它所要建议的是何种社会。当代的激进分子当然不会想重建实物交易的经济并向工人支付实物。可能他们是想按劳动/时间向工人支付只能在国家商店兑换的欠条。但这些字据不久就能够更为广泛地用于交换了，如果必要的话，还有警察在后面撑腰。而泰门将再现， 96

1　Marx, *Early Writings*, p. 191.

2　William Shakespeare, *Henry VI*, part II, IV: 2.

这次挖掘的不是金子，而是埋藏在地下的欠条。

莎士比亚和马克思所反对的是货币这个中介的一般性，而不是中介本身。泰门认为一般性是货币的本性，可能他是对的。抽象地考虑，货币只是价值的代表。因此，认为每一个有价值的物品，每一种社会物品都能用货币术语来代表是不合情理的。可以说，为了从这一有价值物品转变成那一现金价值，一系列转换是必要的。但没有理由认为不能做这些转换；事实上，这些转换每天都在进行。生命本身就有价值，并因此最终有价格（对不同的生命来说，有令人信服的不同价格）——不然，我们怎么能够考虑保险和赔偿呢？同时，我们也有着不知何故将货币的一般性看作某种耻辱的体验。我们来看一下奥斯卡·王尔德（Oscar Wilde）为犬儒主义者下的定义："一个知道一切事物的价格但不知道它们的价值的人。"这个定义太绝对了；认为价格和价值有时会一致并不是犬儒主义的。但足够的钱常常没有能力代表价值；转换做出了，但正如好的诗歌一样，在翻译过程中，有些东西失去了。因此，只有忽略真正的价值，我们才能普遍地买和卖；而如果我们注重价值，那么，就会有不能买进和卖出的东西。对于特定的东西，我们不能轻易定价或不想定价，那么货币的抽象普遍性就受到了削弱和限制。尽管这些价值总是遭到争论，但我们能够调查清楚它们是什么。这是一个经验性问题。什么样的货币交易被阻碍、禁止、憎恶或被传统所谴责呢？

金钱不能买到什么

我们已经提到了买卖圣职罪，它可以被看作是一个交换受到阻碍的范例。神职是不能出售的——至少，只要上帝是被人们以特定方式构想的，圣职就不能出售。而在一个不同于中世纪基督教社会的文化中，这样的障碍就可能打破：如果诸神能够用牺牲来安抚，那么，又为何不能用闪闪发光的金子来贿赂呢？但是，在教会，这种贿贿被排除了。不是因为它没有发生，而是因为每个人都知道它不应该发生。它是一种秘密交易，买者和卖者一样，都将对他们所干的事撒谎。不诚实总是道德标准存在的有用向导。当人们鬼鬼祟祟地越过金钱领域的边界时，他们也为边界的存在做了广告。正是在那里，大约在那个点上，他们开始掩藏和掩饰。但有时，需要经过斗争才能划出明确的界限，而直到此时，交易才或多或少公开了。在被证明有罪之前，金钱是清白的。 97

1863年的征兵

1863年的征召入伍法案确立了美国历史上第一个军事法规。从殖民时代起，服兵役就是强制性的，但那是一种地方性的睦邻义务，而且，人们一般认为，没有人有义务远离家乡去作战。例如，墨西哥战争完全是由志愿者进行的。但内战则是一场不同规模的斗争，庞大的军队被集结起来投入战斗；火力比以前任何一次都猛烈；伤亡很重；随着战争的拖延，对男子的需求大增。陆军部认为——林肯总统也认为——一个全国征兵法案是赢得战争的唯一途径。[1]由于美国政治的地方主义传统和深厚的反中央集权的自由主义思想（以及反战情绪的扩展和加深），该法案必然是不受欢迎的。并且，实际上，法案的执行是艰难的，常常遭到猛烈的反对。但该法案开了先例。从那时开始，强制兵役制明确从地方层面提高到了国家层面；而在联邦军队而非地方民兵中服役，作为一项公民义务被确立下来。然而，1863年法案中的一条规定却只开始了一个消极先例——对于任何一个被列入征兵名册的男子，只要他愿意并有能力提供三百美元给替身，他就可以免除服兵役的义务。

义务的免除可以用三百美元买到，这种做法并不新鲜。地方民

1　就战争的规模和所要求投入的人力而论，参见 Walter Mills, *Arms and Men: A Study of American Military History*（New York,1958）, pp. 102—104。

兵对那些在征召时不露面的人处以罚款，而那些家境富裕的公民们总是有点愤恨地把这种罚款当作服兵役场所的一种税（而穷困的公民常常被欠债入狱所威胁）[1]。但现在，战争和战争的血腥使这种愤恨变得尖锐起来。“难道（林肯）认为穷人就得放弃生命吗？”一个纽约人问道，“而富人付三百美元就可以待在家里。”[2]我们不清楚，
98 在1863年7月第一轮抽签后，这种观点在震动曼哈顿的反对征兵法案暴乱中起了什么作用。无论如何，这种观点在全国范围内不断重申，即穷人不应该被迫放弃他们的生命。尽管这个法律实施了，但像这样的法律从未再次颁布过。当仅仅涉及几个小时的演练和行军时，还能说民兵组织中的交易是清白的吗？无疑，卢梭主义的政治理论家将说不，并且他将再次强烈诉诸普通美国人的共和主义信念。但服兵役在内战前的几年里基本上不受人们重视，对不服兵役的卢梭式惩罚——放逐或逐出共同体——在大多数美国人看来似乎是多余的，罚款可能抓住了服役的意义。但是，当生命本身处于危险之中时，情况就不同了。

并不是因为三百美元是太过便宜的一个价格，也不是因为危险工作在劳动力市场上不能卖到比这更多或更少的价钱。相反，国家不能在把一项危险工作强加到一部分公民身上的同时，使另一部分公民出价免除这种义务。这个主张证明了作为国家的公民——或说得更好一些，作为这个国家，1863年的美国的公民——的深层含义。我认为，我们甚至能够创造出反对大多数公民的好主张，因为他们也可能误解了他们自己的制度的逻辑，或者他们未能将他们表示要坚持的原则一以贯之。但在1863年，正是公民大众的抵制和愤恨在什么能够出售和什么不能出售之间划下了界线。陆军部的行

---

1 Marcus Cunliffe, *Soldier and Civilians: The Martial Spirit in America, 1775—1865* (New York, 1973), pp. 205—206.

2 James McCague, *The Second Rebellion: The Story of the New York City Draft Riots of 1863* (New York, 1968), p. 54.

动是临时性的，国会几乎对这项立法没有注意。后来的人们说，他们的意思只是为征募提供一种“激励”[1]。事实上，他们指望的是一种双重激励：死亡的威胁对某些人来说，是向别的人支付三百美元的激励，对另一些人来说，三百美元是接受死亡威胁的激励。这在一个共和国中是一件糟糕的事，因为它似乎要废除公共事业，并将服兵役（甚至在共和国自身处于危险之中时）变成一项私人交易。

这项法律从未再次颁布过并不意味着类似的影响没有被寻求过。只是方法更间接，结果的获得更没有效率，如对于大学生实行缓役或对于那些再度参军的人发征募奖金，但我们现在承认平等对待原则——因为1863年的政治斗争；并且我们大致知道这场政治斗争所划出的边界在哪里。因此，我们甚至能够通过立法机关关于什么不能公开再行颁布的托词来反对拐弯抹角的秘密阻挠和法律的重新颁布。豁免义务的出售只是一个受到阻止的交换；至少在理论上，还有许多类似的受到阻止的其他销售。 99

受阻的交易

我来试着提出当今美国所有被阻止的交易。我将部分地依靠阿瑟·奥肯的《平等与效率》中的第一章。在这一章中，奥肯在金钱领域和他所指称的“权利领域”之间划了界限。[2]权利当然是反对买卖的证据，并且，奥肯富有启迪意义地将权利法案重铸为一系列受阻的交易。但不是只有权利才处于现金纽带之外。无论何时，只要我们禁止使用金钱，我们就确实需要设立一项权利——也就是说，这种特定物品通过别的某种途径来予以分配。但在我们能够对物品的公正分配更有发言权之前，我们必须先议论一下物品的意

1 James McCague, *The Second Rebellion*, p. 18.

2 Arthur Okun, *Equity and Efficiency: The Big Tradeoff*（Washington, D.C., 1975）, pp. 6ff.

义。我现在要推迟大部分议论，并简单地列出一个不能用金钱买到的物品的清单。这个清单在此先期提出，并将在别的章里重现，因为与别的所有领域毗邻是货币领域的一个特点；这也正是确定它的边界如此重要的原因。被阻止的交易对财富的支配性设定了界限。

1. 人口不能买卖。奴隶的销售，即便将自己当作奴隶来出售，也是被禁止的。这正是一个奥肯称之为“禁止出于绝望而进行的交易”。[1]还有许多这样的禁止，但别的禁止只约束着劳动力市场，我将分别列出它们。这一条确立了什么是适于销售的，什么是不适于销售的：人和人的自由是不可销售的，可以销售的只是他们的劳动力和他们所做的东西。（动物之所以可以销售是因为我们认为它们没有人性，尽管自由对它们中的一些来说无疑是一种价值。）然而，个人自由不是反对征召和关押的证据；它只是反对买卖的证据。

2. 政治权力和影响力不能买卖。公民们不能出售他们的选票，官员们不能出售他们的决定。贿赂是一种非法交易。但也并不总是如此，在诸多文化中，委托人和当事人的礼物是职位持有人报酬的一个正常部分。但在此，只有在应用于一套或多或少一致的意义时，即仅当“职位”并未完全作为一种自治物品出现，并且，公私之间的界限模糊不清时，送礼关系才能起作用。在一个共和国中，公私界限分明，这种关系就不会起作用：例如，雅典专门设计了一套压制贿赂的特别规则；公民们分享的职位越多，规则就变得越精细。[2]

3. 刑事司法是不能出售的。这不仅因为法官和陪审团是不可
100 贿赂的，而且，辩护律师的服务也是一项公共供给——抗辩制度下一种必要的福利形式。

4. 言论、新闻、宗教、集会自由：所有这些都不需要金钱支付；

1 Arthur Okun, *Equity and Efficiency*, p. 20.

2 Douglas M. MacDowell, *The Law in Classical Athens* (Ithaca, N.Y., 1978), pp. 171—173.

所有这些都不能在拍卖行得到；它们只是简单地保证给予每一个公民；人们常说行使这些自由也花费金钱，但严格地讲，这并不完全符合事实：谈论和崇拜是便宜的；公民们的集会也是便宜的；出版就其许多形式而言，也是便宜的；迅速召集大量听众是昂贵的，但那不是自由本身，而是影响力和权力方面的事。

5. 婚姻和生育权是不可出售的。每个公民只能有一个配偶，而且不能购得多配偶许可证。而如果对我们拥有子女的数量还设有限制的话，我想，这不会采用我在第二章所设想的形式：生育许可证可以在市场上交易。

6. 离开政治共同体的权利不可出售。确切地说，现代国家对每一个公民都有投资，并且国家可以合法地要求投资的某些部分得到偿还，公民在被允许迁出国境之前，可以通过工作或货币形式来偿还。苏联就采取了这样一种政策，主要是作为一个禁止举家迁居出境的机制。虽然使用的方式不同，并且因此对成功的和不成功的公民产生的影响不同，但是这项政策看起来也似乎够公平的了。但公民们反过来也能够从自己的立场出发宣称他们从来没有寻求他们收到的医疗服务和教育（如，当他们是孩童时），因此没有什么亏欠国家的。这种看法低估了公民资格的益处，但准确地抓住了公民资格的同意特征（consensual character）。因此，最好是对他们听之任之，一旦他们履行了那些以实物形式体现的义务（服兵役）——这种义务无论如何都是要由那些还没有成为完全达到承诺年龄的公民的年轻男女履行的——他们就会明白：没有人能够出钱为自己买下一条脱离这些义务的道路。

7. 因此，再次重申：免除服兵役、免于陪审团职责、免除其他任何形式的公共工作的义务既不能由政府出售，也不能由公民购买——其原因我已经给出来了。

8. 政治职位不能购买。购买它们将像一种买卖圣职罪，因为政治共同体在这种意义上就像教会一样，它的服务对其成员来说，意义重大，而且财富并不是提供那些服务的能力的足够标志。专业地位也是不能购买的，只要这是共同体所规定的，因为医生和律师是我们的世俗牧师，我们需要确保他们的资格。

101 9. 基本的福利服务如警察保护或初级、中级学校教育只在边际情况下才可购买。对于每一个公民来说，都有一个最低保证且不需要个人为之支付费用。如果警察向店主催讨保护费，那他们的行为就像土匪而不是警察了。但为了得到比政治共同体愿意支付的水平更高的保护，店主们可以雇用保安和守夜人。类似地，家长可以为自己的孩子请家庭教师或送孩子上私立学校。提供服务的市场只有在扭曲共同供给的特征或降低共同供给的价值时，才受到限制。（我还应该指出，有些物品是部分供给的，因此部分地不受市场的控制；这里的机制不是受阻的交换而是受资助的交换——如学院和大学教育、许多文化活动、一般旅游，等等。）

10. 绝望交易（Desperate exchange），“最后手段的交易”是禁止的，尽管绝望的意义总是受到争论。八小时工作制、最低工资法、健康和安全规章：所有这些都设立了底线，确立了基本标准，工人们不得低于这个标准来彼此竞争工作职位。工作可以拍卖，但只能在这些限制范围内。这是为了某种公共的个人自由观念而对市场自由做的限制，是在一个更低的损失水平上对禁止奴隶制的重申。

11. 多种奖品和荣誉，不论是公共的还是私人设立的，都不是可以买到的。国会荣誉奖章不能购得，普利策奖和最有价值球员奖，甚至地方商会授予的“年度商人奖”都不能购买。名声当然可以出卖，尽管价格可能很高，但一个好名誉却不可出卖。威望、尊重和地位处于这两者之间。金钱在它们的分配中是有影响的，但即便在我们自己的社会中，它也只是在有的时候才是决定性的。

12. 神的恩宠是买不到的——这不仅是因为上帝不需要钱。虽然他的仆人和代表确实常常需要钱，但是，如果没有宗教改革的话，那么人们依然认为赦免状的出售需要改良。

13. 爱和友谊不能用钱买到，就我们通常对这二者的理解而言如此。当然，你可以买各种东西——服装、汽车、美食等等——来使自己成为爱和友谊的更佳候选人，或者在追求爱人和友情时更为自信。广告商通常玩这种可能性游戏，并且他们做得像真的一样。 102

因为金钱操纵爱情比
命运之星更有力量。[1]

但直接的购买是不允许的，不是在法律层面，而是在更深的、我们共享的道德和敏感性方面。男人和女人为了金钱而结婚，但这不是一种“真正的心灵的结合”。性行为是可售的，但这种出售并不导向“一种有意义的关系”。相信性交在道德上与爱和婚姻相联系的人可能赞成禁止卖淫——正如在别的文化中，相信性交是一项神圣仪式的人们将强烈谴责试图从兼职中赚点小钱的女祭司的行为。只有从快乐方面而不是从婚姻爱情和宗教崇拜的专有方面理解，性行为才是可以出卖的。

14. 最后，许多犯罪性出售是被禁止的。杀手公司不能出售它的服务；勒索是非法的；海洛因不能卖，偷得的物品不能卖，欺诈得来的物品不能卖，掺假的牛奶不能卖，被认为对国家安全至关重要的消息不能卖。而关于不安全的汽车、枪支、易燃衬衫、副作用不确定的药品等的争论仍在继续。所有这些都是货币和商品领域不断重新界定的有用例证。

我认为这是一个无遗漏的清单，尽管我可能漏掉了某个关键范畴。无论如何，这个清单已经长得足以表明：如果金钱解万事，那么对于许多事物，抛开它们的社会意义，它的确做到了，就像过去一样。这些种类的物品可以自由交易的市场是黑市，频繁光顾这种市

1 Samuel Butler, *Hudibras*, part III, chap. 3,1.1279.

场的男人和女人可能鬼鬼祟祟地交易并对他们正在干的事情撒谎。

金钱能够买到什么

金钱的适当领域是什么？什么社会物品是可以正当销售的？显而易见的答案也就是正确的答案；它为我们指出了一个可销售物品的可能范围，不管是所有公共供给之外的物品、商品、产品、服务，还是个别男女认为有用或合意的东西、普通仓储集市、商业中心和
103 商栈。它包括，并且可能常常包括奢侈品和原材料、漂亮的物品和功能耐用的物品。商品，即便它们只是初级的、简单的，首先是方便有用的；它们是舒适、温暖和安全的源泉。事物是我们在世界上的支柱。[1]虽然我们需要在世界上扎根，但我们并不需要同样的支柱。我们有不同的归属，有不同的品味和愿望；我们用各种东西保护自己，打扮自己，装饰自己的家。并且，我们用各种各样的方式来使用、享受和展示我们所拥有的东西。客观关系具有多形态特征。人们有时候说这种多形态性是一种现代反常变态，但我倒以为它是人类生活的常态。考古发掘不断发现丰富的物品（或物品的断片、日用品的碎片）：有装饰的罐子和花瓶；篮子；珠宝；镜子；剪裁好的、刺绣的、饰有珠子和羽毛的衣服；挂毯；画卷——还有钱币，数不清的钱币；一旦实物交易被货币交易取代，所有这些别的东西就都是用来获得货币或通过货币交易获得的。无疑，每一种文化都有自己一套与商品有关的特点，这由它的生产方式、社会组织和贸易范围决定。但每一套商品的数量常常都是很大的，而挑选它们的标准方式是市场交换。

---

1 关于“东西”重要性的论述，见 Mary Douglas and Baron Isherwood, *The World of Goods*（New York, 1979）, esp. Chap. 3; Mikaly Csikszentmikalyi and Eugene Rochberg-Halton, *The Meaning of Things: Domestic Symbols and the Self*（Cambridge, England, 1981）。

市场交换不是唯一的方式：礼物赠送是一个重要的替代性选择，我稍后将转而论述它。但市场是标准的，即使什么算得上是一种商品并不是标准的。市场关系反映着一种适用于所有那些被认为可以销售的社会物品（而不适用于那些不可销售的物品）的特定道德共识。有时，这个共识是含蓄的；在我们自己的社会中，自从市场从封建束缚中被解放出来后，这个共识就得到了明确表达，它的精巧是我们文化生活的一个核心特征。除了公共供给的所有物品之外，没有一种物品被赋予这种或那种有用的或符合心意的目的。商品并不与适当的名称相联系，就像从一个商店买回来的大包小包一样。拥有这些物品的正确方法是制造、种植或以某种方式提供或用等价的别的东西来换取。货币既是等价物的测量标准，又是交换的工具；这些都是货币的特有功能和（理想中的）唯一功能。正是在市场中，货币发挥着作用，而市场对所有来者都是开放的。

这种关于货币和商品的观点部分地依赖于这一观念，即没有其他的、有效率的分配过程，没有其他更好的办法将单个的男女聚到一起，使他们选取自己认为有用和合意的特定物品。但在一个更深层次上，市场道德（比方说，洛克式的）是对需求、制造、占有和交换商品的赞美。商品实际上是被广泛需求的，并且如果它们被占有的 104
话，它们就必须被制造出来。即便洛克所说的橡子——他的简单原始商品的例子——也并不长在树上；这个比喻并不适用于这里，因为它们不是能够轻易、普遍得到的。物品只有通过努力才能获得；这种努力似乎支持所有权，或至少支持原初所有权；而一旦所有权有了归属，它们也就能够交换了。[1]因此，需求、制造、占有和交换是连在一起的；可以说，它们是商品存在的方式；尽管如此，不用宣告，我们也能够认出这些样式。它们是在货币和商品领域边界内，而非别处，恰当地结合在一起的。洛克式的赞美已经倾向于溢出边

1 John Locke, *Second Treatise of Government*, chap. 5, paras. 25—31.

界，把市场权力变成一种暴政，扭曲其他领域的分配。这是一种普遍看法，我将不时地诉诸它。但商品可能以另一种方式逾越它的适当场所，这需要给予更直接的注意。

再问一次：金钱能够买到什么？社会学家李・瑞沃特研究了“收入的社会意义”后，给出了一个激进的令人担忧的回答：“金钱在工业社会能购买成员资格。”瑞沃特并不是要告诉我们入境移民和归化局官员们可以贿赂，他的论点更加深刻。使个人能够把自己看作，并使别人把他们看作完全成员和社会人的正常活动正日益成为消费活动；这些活动需要金钱。

> 因此，金钱并不是只能买到食物、衣服、住房和电器、汽车……和假期。购买所有这些商品反过来又承认至少以一个“普通美国人”的身份所取得的成就和日常生活。……当人们不能通过某些地方文化小群体提供保护来避免货币经济的无情动力，那么，他们就不可能不会用根据他们用金钱买到东西的途径来从最基本的角度定义他们自己。[1]

个人并不只是用他们在货币和商品领域所做的选择来区分彼此，或用他们在那个领域的成败来区分彼此。当然，市场是一个竞争场所，因此，它分配特定种类（而非全部）的尊重和轻视。但瑞沃特想说的不止这些。除非我们能够超越生存所要求的水平来花钱和配置物品，除非我们拥有一些用钱能买到的空闲时间和便利，否则，我们就要忍受一种比贫困本身更严重的损失，一种地位饥饿，一种社会学上的关系断绝。我们在自己的家乡——而且常常在我们自己
105 的家里成为异乡人。我们再也不能扮演父母、朋友、邻居、同事、同

1 Lee Rainwater, *What Money Buys: Inequality and the Social Meaning of Income* (New York, 1974), p. xi.

志或公民的角色。这并不是在每个地方都是真实的；但在当今的美国和每一个市场成功的社会，商品都调节着成员资格。除非我们拥有特定的社会需要的物品，否则，我们就不能成为被社会承认并发挥作用的人。

瑞沃特提供了一种对商品拜物教的社会学解释，他描述了一个广告商的梦，因为这是现代广告的中心广告词：商品所承载的意义远远超过它们的明显用途，我们为了地位和身份而需要它们。你可以常常说广告商夸大了如这辆汽车或那种苏格兰胶带的重要性，甚至对你撒谎。但如果在他特定的谎言后面还有更大成分的真实性，那你又会怎样呢？商品是归属的象征；地位和身份是通过市场来分配的，以即刻付现的方式出售（但对能建立信用的投机者来说，也是可以得到的）。另一方面，在一个民主社会中，最基本的定义和自我界定却不能以这种方式拿出来出售。因为公民资格赋予我们可称之为“归属”的东西——不只是这种感觉，而且是实际的现实，使我们能够在（这部分）社会领域中舒适自在，无拘无束。这是一个可以放弃但决不可以交易的社会条件；它在市场环境中是不可转让的。经济失败，不管伴随着怎么样的斯文扫地，在法律意义上和在社会意义上都决不应该有使公民资格贬值的效果，如果它确实有这样的效果，那么，我们就必须寻求救济措施。

显而易见的救济措施是在物品和服务的公共供给之外，对货币本身进行再分配（例如，通过负收入所得税方式）：正如我们提供医疗服务是为了健康和长寿，我们也可以为成员资格而提供货币。或者，我们可以保证就业和最低收入，但前提是在我们的文化中，如果挣到的话，货币和商品就更可能导致一种强烈的身份认同感。但我们不能直接对商品进行再分配，如果我们允许单个的男人和女人为自己选择他们认为有用和合意的东西并超越和凌驾于他们所共享的成员资格之上来表现自己、塑造和标志他们的身份的话，我们就不能这么做。并且，我们不能企图锁定离开它们成员资格就贬值或丧失的那些特定事物，也不能将它们定为公共供给的对象，因为市场将很快找到新的物品。如果它不是这个东西，那就是另一个东西，而广告商将告诉我们：**这个**是我们现在需要的，如果我们想趾高
106 气扬的话。但货币或就业和收入的再分配中和了市场。因此，商品只有它们的使用价值——或者说，象征性价值已经从根本上个人化了，且不再扮演重要的公共角色。

然而，只有再分配使每个人有同样数量的金钱，那么，这些安排就将是完全有效的，而基于我已经给出的原因，这并不是一种稳定条件。市场产生并再生出不平等；人们最终所拥有的是或多或少的、不同数目、不同种类的财产。没有办法确保每个人所拥有的无论什么东西都贴着“美国人的平均水平”的标签，因为任何这样的努力都将简单地提高这个平均水平。这里有一个追求快乐的伤心版本：公共供给无休止地追赶消费者的需求。可能有某个点是商品拜物教所不能控制的；更恰当地说，可能在某个较低的点上，个人是不受任何根本地位丧失的影响的。这最后的可能性说明了货币领域中偏袒性再分配的价值，即便其结果是相当缺乏简单平等的。但它也同样说明，我们必须把目光投向该领域之外并加强其他方面的自主分配。毕竟，还有比占有和使用商品更接近成员资格的核心意义的活动。

我们的目的是驯服“货币经济的无情动力”，使金钱变得无害——或者，至少确保人们在金钱领域所受的伤害不是致命的，既不损害生命也不损害社会地位。但市场仍然是一个竞争领域；在市场中，风险是寻常之事，准备就绪去冒险是一种美德，人们在其中胜负不定。市场也是一个令人兴奋的场所：因为即便金钱所购买的只是它应当买到的，拥有它也仍然是一件好事。它解决的一些事情是别的东西无法解决的。而一旦我们堵住了每一个不正当交易并控制了货币本身的纯粹分量，我们就没有理由担心市场提供的答案了。单个的男人和女人仍然有理由担心，因此他们将试图把他们

的风险最小化，或共同承担风险，或将风险分散出去，或为自己买保险。在复合平等政体中，特定种类的风险将被均匀分担，因为把风险强加到别人身上的权力、在工厂和公司中做出权威性决策的权力不是可出售的物品。这只是又一个被阻止交易的例子；我稍后将继续详细论述。设定正确的障碍，就不会出现消费物品的分配不公之类的事情。从复合平等立场看，你有一艘游艇而我没有；或者她的高保真音响比他的好得多；或者我们从西尔斯・罗拔公司买小毯子 107
而他们从东方公司买，等等，这些都不重要。人们也许注重这些事，或者那些事：这是一个文化问题，而不是分配正义的问题。只要游艇、高保真音响和小毯子只有使用价值和个人化的象征性价值，那么，它们的不平等分配就不重要。[1]

市　场

有一种更强的关于货币领域的论点，即资本主义的捍卫者们的共同论点：市场结果非常重要，因为，市场如果是自由的，它给予每个人的，恰恰是他应得的。市场给我们的回报与我们为彼此的安康所做的贡献是一致的。[2]我们提供的物品和服务被潜在的消费者以这样那样的方式所重视，而这些价值被市场夸大了，而这决定着我们所接受的价格。这个价格就是我们应得的，因为它表达了我们的物品和服务所值的唯一价值，表达了它们对其他人的实际价值。但

1　当然，完全个人化的评估和物品的私人术语是不可能的，再请参见 Douglas and Isherwood, *World of Goods*, chaps. 3 and 4。

2　见 Louis O. Kelso and J. Adler, *The Capitalist Manifesto*（New York, 1958）, pp. 67—77 中一种使基于贡献分配财富与基于功绩分配职位相类似的观点。像密尔顿・弗里德曼那样的经济学家们对此较为谨慎，但这无疑是资本主义的通行意识形态：成功是因"智力、决心、努力工作和自愿冒险"而应得的报酬。见 George Gilder, *Wealth and Poverty*（New York, 1981）, p. 101。

这就误解了应得(desert)的意义。除非有独立于人们在这一时刻或那一时刻恰好产生的需要(并有想买的意愿)的价值标准，不然就根本不会有应得之说。在看到一个人已经得到的东西之前，我们不会知道他的应得是什么。而这也不可能是正确的。

设想一个小说家，他希望自己所写的将是一部畅销书。他研究自己的潜在读者，设计小说以迎合流行风尚。可能他不得不违背他的艺术原则来这么做，也可能违背艺术原则对他来说是痛苦的，但他自甘堕落忍受这种痛苦。他现在还应得他战胜痛苦所获得的成果吗？比如说，他的小说出现在一个没有人能买得起书的萧条时期，书的销量也寥寥无几，他的酬劳就很少。他的所得就比他应得的少吗？（他的同辈作家们嘲笑他的失意，也许这才是他应得的。）几年之后，年景好转，这本书再次发行并销量很好，它的作者的应得就变得更多了吗？无疑，应得不能依靠经济状况而定。这里涉及得太多的是运气；谈应得毫无意义。如果我们简单地说作者有权利获得他的版税，只是或多或少的问题，那会更好一些。[1]他像别的企业
108 家一样，得在市场上下注。这是一种冒险生意，但他知道自己何时下注。他对自己获得的东西享有权利——在他支付了公共供给的费用之后(他不仅生活在市场中，而且生活在城市中)。但他不能声称他所得到的比他应得的少，而且，如果我们其余的人认为他得到的比他应得的多的话，也是不重要的。市场并不承认应得。首创精神、进取心、创新、努力工作、无情交易、不计后果的赌博、天才的堕落：所有这些有时都会得到回报，有时却不会。

但当市场提供回报的时候，回报是与各种各样的努力相适应的。男人们和女人们造出一个更好的捕鼠器、开一家饭馆出售美味薄饼卷或兼职做点教学工作，都是在指望挣钱。为什么不呢？没有

---

1 见诺齐克对权利和应得的区分，*Anarchy, State, and Utopia*（New York, 1974），pp. 155—160。

人会只为得到感激而日复一日地为陌生人提供薄饼卷。在这个小资产阶级社会里，似乎只有这样才是正确的：一个有能力及时提供物品和服务的企业家应该在他工作时获得他想要的回报。

事实上，这是共同体可能保证恰当地包含和抑制的一种“公正性”。集市的道德植根于集市。市场是城市的一个区域，而不是整个城市。但是，我认为，那些担心市场暴政的人试图彻底废除市场的做法是一个非常大的错误。扫干净商人的神庙是一回事，而清除街道是另一回事。后一行动将要求我们对物质事物的用途、我们与它们是如何相联系的以及我们如何通过它们与其他人相联系的理解有根本的转变。但这个转变不是通过废除市场来达成的。如果废除市场，商品交换只不过被赶到了地下，或者发生在国营商店，就像在当今东欧的一部分地区一样单调和无效率。

开放市场的活力反映了我们对大量可欲事物的感觉；而只要这是我们的感觉，我们就没有理由不喜爱这种活力。沃尔特·惠特曼在《民主远景》一书中的论点在我看来，似乎是相当正确的：

> 为了避免错误，我最好还是如这些远景模型和标准所乐意包含的那样，清楚地明确一个实际的、活跃的、世俗的、孜孜求利的甚至唯利是图的人物。不可否认，对于农场、商店、职位、干货、煤炭和杂货店、机械、现金账目、商船、收入、市场等，全都应该予以热切关注并积极追求，就好像它们是真实的永恒的存在一样。[1]

关于买和卖，没什么可羞耻的——想要占有那件衬衫（并穿上它，让别人看到你穿着它），或者想要拥有这本书（并阅读它，在它上面做 109

1　Walt Whitman, *Complete Poetry and Selected Prose*, ed. James E. Miller, Jr. (Boston, 1959), p. 471n.

记号）并不羞耻，并且，用一定的价钱来获得这些东西也没什么丢脸的，即便因为价格高，我不能同时把衬衫和书都买了。但这二者我都想要！这又是分配正义理论不关心的另一种不幸。

商人迎合我们的欲望，但只要他不出售人口、选票或政治影响力，只要他不在干旱时期囤积小麦，只要他的汽车不是死亡陷阱，他的衬衫不会燃烧，那么，这种迎合就是无害的。当然，他会试图把我们事实上不需要的东西卖给我们；他会给我们展示他的商品好的一面而将不好的一面隐藏起来。我们将不得不反对欺诈来保护自己（正如他们将反对偷盗一样）。但交换在理论上是一种互惠关系；商人赚的钱和不同消费者积累的东西都不构成对复合平等的威胁——如果货币和商品领域的范围是适当的话。

但这个观点只适合小资产阶级社会，适合集市和街道领域，适合街角杂货店、书店、流行服饰店、饭馆（但不包括连锁饭馆）。我们会对把自己变成拥有巨大财富和权力的成功企业家有什么看法呢？应当强调的是，这种成功并不是每一个店主的目标，在传统集市中，即长期增长——一个"由穷人到富翁的线形发展"——在经济文化中不会出现的地方，甚至在我们自己的社会中，即长期增长确实存在的地方，这种成功都并不是每一个店主的目标。[1]与熟悉的男人们和女人们和睦相处并凑凑合合地做点小生意是有回报的。企业获得胜利只是诸多商业目标中的一种，但它是一个人们热切追求的目标；虽然失败没什么问题可言（失败的企业主仍然是有着良好地位的公民），但成功却是有问题的。这些问题有两种：第一，从市场中提取的不只是财富，还有声望和影响力；第二，其中权力的配置。我将依次来谈这些问题，首先看一下一个企业的历史，然后再看一下某些商品的策略。

1　关于集市经济，见 Clifford Geertz, *Peddler and Princes: Social Development and Economic Change in Two Indonesian Towns* (Chicago, 1963), pp. 35—36。

世界最大的百货商店

那么，我们来看看罗兰·梅西（Rowland Macy）、施特劳斯兄弟
（Strauss brother）和他们著名的商店。梅西是一个北方佬商人，一
个小资产阶级的典型代表，拥有并经营一系列干货店，但是每一个
店都失败了——一直到1858年，他在曼哈顿的第六大街和第十四大
街的交叉处开了一个店。[1]在他的失败过程中，梅西先后采用了新广 110
告技术和零售政策：现金即付、固定价格、不以低于市价抛售商品的
承诺。其他的商人也采用了同样的措施，或多或少取得了成功；但
梅西的新商店，出于意想不到的原因，取得了超乎寻常的成功。并
且，随着商店的成长，梅西将他的货物库存多样化，渐渐产生了一种
全新的企业。我们所认为的百货商店的发明大约同时在一些城市
出现了——巴黎、伦敦、费城和纽约；并且，这个发明可能真的（以
某种方式）是由一般社会和经济环境所决定的。[2]但罗兰·梅西用
相当的技巧和伟大的胆识领导了潮流，1877年他去世的时候，已经
富甲一方了。梅西唯一的儿子是一个酒鬼，继承了父亲的金钱却没
有继承父亲的事业。商店在短短一段时间后就转到了曾在地下室
租地摊卖陶瓷器数年的内森·施特劳斯和伊斯多·施特劳斯兄弟
手中。

迄今为止，还没有什么困难。梅西的成功无疑使紧随其后的商人们苦苦挣扎、被削弱，甚至破产。但我们不能保护他们，使他们免于市场风险（只要还存在市场）；我们只能使他们免于进一步的贫困和人格耻辱的风险。事实上，日本政府所做的不止于此："它为新百

1　见 Ralph M. Hower, *History of Macy's of New York, 1858—1919: Chapters in the Evolution of the Department Store*（cambridge, Mass., 1943）, chaps. 2—5。该书讲述了梅西的失败和最终的成功。

2　Ibid., pp. 141—157; Michael B. Miller, *The Bon Marché: Bourgeois Culture and the Department Store*（Princeton, 1981）.

货商店、贴现公司、购物中心的建立规定了限制条件，由此减缓了它们对小零售商店的影响。"[1]这项政策的目的在于维护居民区的稳定，也可能是一项明智的政策；如果把居民区理解为一种特定的分配的善，把城市理解为一个有差别的地域组合，那么，这甚至是一项道德上必要的政策。无论如何，它只为那些被更激烈的竞争淘汰的商人提供保护。对于梅西的对手们来说，除了在一定范围内的自助外，他们没有别的帮助。并且，只要像罗兰·梅西那样的成功被限制在货币领域内，我们其余的人就只能像对畅销书作者那样满怀崇敬（或忌妒）地在一旁观看。

我猜想，人们可能带着一种含糊的感觉认为成功的企业主是财富的垄断者：作为一个阶级，他们独享财富的特权；财富所能购买的物品唯他们之命是从，仿佛不是别的任何人的。简单平等将使这种事情成为不可能，但如果没有消灭买卖（和其他每一种交换关系）的话，简单平等是不能维持的。再一次地，只要货币控制的是商品
111 而不是别的，我们又何必担心它的积累呢？目标都是唯美的——如泰门和"鸡皮黄脸的寡妇"都是如此——而非道德的。它们更多的与卖弄而非支配有关。

但施特劳斯家族的成功并不属于这种方式。伊斯多和内森以及他们的弟弟奥斯卡很轻易地就走进了一个远超罗兰·梅西所知的更为广阔的世界。伊斯多是克里夫兰总统的朋友和顾问，积极参与了各种有关关税改革的活动，并在1894年成功地赢得了国会选举。内森在纽约政治中很活跃，作为坦慕尼协会（Tammany Society）[2]的成员，他成功地使自己成为卫生委员会的委员和主席。奥斯卡是西奥多·罗斯福总统时期的商业和劳工部部长，后来又接受了许多国

---

1 Ezra Vogel, *Japan as Number One: Lessons for America* (New York, 1980), p. 123; 许多欧洲国家有着类似的法律。

2 成立于1789年，是纽约市一民主党实力派组织，由原先的慈善团体发展而成，因其在19世纪以高压、贿赂等手段犯下的种种劣迹而成为腐败政治的同义词。——译注

家大使任命。这三兄弟树立了有益的典范，因为他们既不是强盗式资本家，也不是破坏工会者（梅西的雪茄工人成功地在1895年为获得更高工资举行了罢工，而商店的印刷所在1890年代也一度组织了几次罢工）。[1]根据各种流传的说法，他们都是体面而能干的公仆。而几乎无可置疑的是，他们在政治上的成功要归功于他们的财富和持续的商业成功。也许可以说，他们的影响力毕竟不是用金钱购买的，毋宁说是因为他们在市场中赢得的尊重而取得的——他们的聪明才智所赢得的尊重和他们的钱财所赢得的尊重一样多。而且，伊斯多·施特劳斯在他能够在国会供职之前确实必须竞选，但他在关税改革之战中败北了。所有这些都是真事，而其他有着类似才智的人并没有在他们国家的政治中起到这样的作用。困难是艰巨的，因为金钱以一种微妙而间接的方式说话，而有时，它为之说话的无疑又是令人敬佩的人；市场中的成功并不只青睐无情而自私的企业主。尽管如此，在民主国家中，金钱的说话方式仍然是一种阴险的说话方式，这要求我们去寻找某些方法以限制金钱的积累（同时也必须限制它的分量）。像梅西的商店那样的企业之所以增长，是因为男人们和女人们发现它是有益的；可以想见的是，同样的男人们和女人们也会认为由这种企业的主人来治理是有益的。但这必须是两个完全分开的不同决定。

洗衣机、电视机、鞋子和汽车

从理论上讲，像梅西的商店那样为人们提供他们所需要的东西，就会成功；否则，就会失败。他们或者是有益的，或者是无益的。在企业主成为公仆之前的很久一段时间里，他们是对至高无上的消费者的需求做出反应的私仆。这就是市场的神话。但提出一 112
种对市场关系的替代性解释并不困难。根据法国社会理论家安德

1　Hower, *History of Macy's*, pp. 198, 306.

鲁·高兹的说法，市场“是这样一个场所，其中巨型的生产和销售寡头居于垄断地位……面对的是因处于分散状态而完全无力的零散的多样化的买主”。因此，消费者不是，也绝不可能是至高无上的。“他只能在一大堆产品中进行选择，但他没有权力决定更符合他需要的其他款式商品的生产，来取代那些向他提供的商品。”[1]关键的决策是由公司的业主和经理或由大规模零售商做出的：他们决定我们其余的人在其中做出选择的商品的范围，因此，我们其余的人就不必然得到我们(真正)想要的东西。高兹的结论是：这些决策应当是集体化的。限制市场是不够的，它必须有效地被民主政治取代。

现在，让我们看一看高兹的一些例子。他争论说，为个人设计的用具与为集体用途设计的用具是不相容的。“例如，个人拥有的洗衣机的运转与公共洗衣店的设备就不同。”必须做出鼓励哪一种发展的决策。“重点应当放在改善集体服务设施上，还是应当放在提供个人器材上？……应该在每一个公寓里都安装一个电视接收器，还是在每一幢公寓大楼里都专辟一间配有可能最高质量设备的电视房？”[2]高兹认为，这些问题只能通过“联合制造者”，同时也是消费者，来解决——也就是说，通过作为一个整体的民主政治来解决。但根据这种物品来确定决策权似乎是一种古怪的办法。如果在此需要做出集体决策，我认为，最好是在公寓大楼或城市街区层面做出。让居民们自己决定他们想为何种公共空间支付金钱，由此，很快就会产生迎合不同品位的不同种类的公寓大楼和不同种类的居民区。但这种决策就像个人决策一样，以同样的方法在市场上出现；只不过将有较大的分量。如果这个分量足够大，合适的机器就

1 André Gorz, *Socialism and Revolution*, trans. Norman Denny (Garden City, N.Y., 1973), p. 196.

2 Ibid., pp. 195—197.

会投入生产和销售。已经站住脚的制造商和零售商就会毫无准备，而且没有能力提供人们所需要的东西，但不久，新的制造商和零售商就会从发明者、工匠、机械修理厂和专卖店中产生。小资产阶级是企业主阶级的后备军，它的成员等待的不是“联合制造者”的决定，而是市场的召唤。垄断从严格意义上讲——生产手段或零售路 113
径的排他性控制——将使对这种召唤的回应成为不可能。但对于这种市场权力，国家应正当地予以阻止。国家是以自由交换而非政治民主的名义这样做的（也不是以简单平等的名义：再一次地，没有办法保证每一个企业都有平等的成功机会）。

如果像选择洗衣机和电视机这样的事情都得通过大会辩论来解决的话，那么，民主就不会得到较好的满足。辩论应当止于何处？高兹充满了疑问：“每个人每年都应当有四双使用寿命短的鞋子，还是应当有一双结实的、两双使用寿命短的鞋子？”[1]可以设想一个战时配给系统，其中，这样的决策是由集体做出的。类似地，还可以设想，水资源短缺会使政治共同体限制甚至禁止家用洗衣机的生产。但无疑，在所有事件的一般过程中，这是私人或地方决策，进而是市场反应的场所。而市场，正如我已经提出的，确实似乎既生产结实的鞋子，又生产以次充好的鞋子；既生产较大的洗衣机，又生产较小的洗衣机。

但在此还有一些更利益攸关的事情。高兹想要说明的是：私人物品的不断增加使穷人的生活越来越艰难。随着越来越多的消费者要求拥有自己的洗衣机，洗衣店就被迫倒闭（或者它们的价格被抬高，从而成为一项奢侈服务）。于是，每个人都需要一台洗衣机；类似地，随着公共形式的娱乐失去市场，随着街区影院的关闭，每个人都需要一台电视机。随着公共交通的衰落，每个人都需要一辆汽

1　Gorz, *Socialism and Revolution*, p. 196.

车；等等。随着花销的增加，穷人被驱赶到了社会的边缘。[1]瑞沃特也提出了同样的问题，这需要相应的再分配。也许，在某些情况下，补贴是可能的，如补贴公共汽车和地铁车票费用。但更经常的是，只有额外的收入才会用于社会成员资格和整合的目的。也许，将成员资格和私人消费如此紧密地联系起来是个错误，但如果将这二者联系起来，那么，成员就必须也是消费者。

然而，也许有人更强调成员资格的政治方面而非经济方面。我猜想，高兹实际上更喜欢洗衣店和电视房，因为他把它们看作资产阶级私有化的公共性替代选择——在这些场所，人们将彼此见面、聊天、策划分配，也许甚至就政治展开争论。每个房客，不管他是否使用这些场所，都将从这座公寓作为整体所产生的愉悦社交气氛
114 以及友好的氛围中获益。从这个意义上说，这些都是公共物品。但是，这类物品容易在市场的个人化变动中丢失。它们之所以不会丢失，是因为公司经理和百货店业主的权力，或者不仅仅因为这些，而更因为消费者的偏好，在某种程度上，他们只为自己考虑（更确切地说，是为他的家庭和家族考虑）逐个做出自己的选择。[2]如果消费者是作为一个团体的成员来投票的话，那么他们还会做出不同的选择吗？我不敢保证，但如果他们这么做的话，市场无疑会容纳他们的。那些像高兹一样喜欢集体消费胜过私人消费的人将不得不提出对自己有利的理由；当然，他们也许会赢，也许会输，或者在这个公寓大楼或居民区赢了，而在另一个地方却输了。在高兹的论证中，一个强有力的要点是主张建立一个可以提出理由的论坛。市场并不是这样一个论坛，但这么说并不是批评市场；只不过是坚持它必须

1 对“消费者社会”这些方面的批判，可参见 Charles Taylor, “Growth, Legitimacy, and the Modern Identity”, in *Praxis International* 1 (July 1981), 120。

2 见 Alfred E. Kahn, “The Tyranny of Small Decisions: Market Failures, Imperfections, and the Limits of Economics”,in *KYKLOS: International Review of Social Sciences* 19 (1966)。

与政治领域并行，而不是取代政治领域。

就汽车这种被认为是最重要的现代商品而言，这一点最为生动。站在当下社会批判的中心传统立场，高兹随时愿意放弃汽车："私人拥有的汽车颠覆了整个都市结构……妨碍了对公共交通的合理利用，对许多形式的群体和共同体休闲活动产生了不良影响（特别显著的是，把作为一个生活环境的居民区破坏了）。"[1]他可能是对的，但汽车也是个人自由的标志；我怀疑鲜活记忆中的任何民主公众会投票反对拥有私人汽车，即便人们预先知道大量生产和使用汽车的长期后果。在这种情况下，事实上，一个共同体范围内的决策是必要的，因为私人汽车要求以公路和车辆维修为形式的大量补贴；今天，我们可能被锁定在这些补贴里，没有大量的机动余地。但我们被锁定并不只是因为亨利·福特卖汽车所得的钱比他卖路面电车所得的钱多。这种解释忽略了大量的文化和政治、经济历史因素。当然，探讨私人汽车和公共交通的相对补贴规模仍然是必要的。恰当地说，这是一个政治决策而非经济决策；因此，做出决策的公民们必须彼此平等，而他们的各种利益——作为制造商和消费者、公寓住户和住宅所有者、市中心居民和郊区居民——都不得不在政治过程中得到表现和维护。 115

工资决定

因为选票不能买卖，而货币和物品、服务却能买卖，因此，公民之间的平等在市场中决不可能复制。人们带进市场的资源本身，至少在理论上，就是被市场决定的，男人们和女人们不得不去"赚"钱，而他们这么做是通过出卖他们的劳动力和习得的技能。他们所得到的价格依赖于劳动力的可获得性和对特定商品的需求（他们不

1　Gorz, *Socialism and Revolution*, p. 195.

能通过生产没人要的东西来赚钱）。我们可以用同样的方式废除劳动力市场和商品市场——通过某种政治或行政过程来分配工作、分配鞋子。反对这么做的理由在两种情况下都是一样的。抛开效率问题不谈，这个争论涉及个人如何与工作和商品相联系，这二者在个人生活中的意义是什么，它们是如何被寻求、使用和享受的。我并不想在这二者之间提出任何必要的相似性。对我们大多数人来说，我们的工作——尽管它是占有物品的工具——比任何其他占有都更为重要。但是这只意味着：分配工作比分配东西甚至更可能是一种我们不愿体验的暴政行为。

如果工作是按出身和血统来分配的话，情况就不同了——而对于物品的分配也就不同；因为在工作是世袭和分等级的社会里，消费也是世袭和分等级的。被允许只从事特定种类工作的男女通常也只被允许使用和展示特定种类的商品。但在当今的美国，个人身份的一个关键特征是：尽管一个人干这种工作，他也可以干那种工作；尽管一个人拥有这个东西，他也可以拥有那个东西。我们对我们的选择做着白日梦。随着我们年龄的增长，白日梦也渐渐破碎，特别是在穷人当中，他们渐渐认识到，他们所缺乏的不仅仅是时间，而且还有利用市场机会的资源。所以，正因为市场的存在，他们被告知：他们缺乏那些资源。他们的自由的价格也正是他们失败的原因。他们不是天生的穷人；他们只不过未能挣到钱罢了。

事实上，市场越完美，收入的不平等就越小，失败就越少。如果我们设想在流动、信息和培训机会上的大致平等，那么，情况就应该
116 是：最吸引人的工作将吸引最多的申请者，因此，这些工作的工资就会降低；而较无吸引力的工作将被人们避开，从而，这些工作的工资就会上涨。特殊技能和拥有数项技能仍将享有优厚的酬金；我并不是要否定天才（和高大）篮球运动员和影星的赚钱能力。但许多人将努力获得相关技能或将技能进行优化组合，而在经济生活的许多领域，成功率将会很高。因此，我们今天在我们周围看到的大量

不平等也将无法持续下去。这些不平等更主要地来源于地位的等级制、组织结构和权力关系，而不是自由市场。[1]（而且，它们是由遗传支撑的，我将在稍后就此进行论述。）现在，让我们试着想象这样一种情形：等级制、组织和权力没有消灭，但被平等所中和，因此，市场的特有不平等就凸显出来。那么，何种收入差别将会持续下去呢？持续导致差别的那些因素是不容易揭示的，其复杂性仍然被经济学家和社会学家们争论不休，而我也没有办法解决这种争论。[2]我只是想提出一个大致的推测性的概括——建立在一个最低限度的经验主义证据基础上，因为我所要描述的情形只在非常少的地方以不完全的形式展现出来。那么，设想一个在市场社会中民主地经营的农场或工厂，一个制造商的公社。所有的成员在地位上都一律平等；他们的企业的精确结构处于他们自己的掌握之中；权力是通过委员会、大会、辩论和选举集体行使的。那么，成员们彼此如何支付报酬？他们将为要求较多或较少技能的工作、为较难或较容易的工作、为脏活和干净活设立不同的薪水吗？或者他们将坚持薪水平等吗？

这些问题的答案可能与高兹的问题的答案是相似的：薪水因工厂和农场的不同而不同。这是工厂和农场政治的主题，正如公共和私人消费是公寓家政的主题一样。而民主决策将这样或那样做出，依赖于工人的主流意识形态、他们的企业的特性和辩论的过程。在民主决策的要求及其一般精神确定的情况下，我们就能预期：差别将不会太大。这已经是那些由工人拥有并经营的工厂的经验。例如，在南斯拉夫，“委员会制定的工资表的一般倾向是平等主义

1　Henry Phelps Brown 对这些不同因素做了有益的讨论，见 *The Inequality of Pay*（Berkeley, 1977）, pp. 322ff; p. 13。

2　对当下的争论的评论，见 Mark Granovetter, “Toward a Sociological Theory of Income Differences”, in *Sociological Perspectives on Labor Markets*, ed. Ivar Berg（New York, 1981）, pp. 11—47。

的”。[1]对美国经验的最近一项研究也具有类似的突出性：“在这里所报道的每一个例子中，如果工人所有的企业没有使工资做到完全相同的话，与资本家所有的公司，甚至与公共官僚机构相比，也至少
117 显著地使工资变得均衡。”[2]而且，这种新的分配原则似乎对生产力没有负面影响。

如果这些原则确实有负面影响，那么，它们大概就会被改变——至少，将有强有力的理由来改变它们。因为工人们仍然必须生活在市场的约束下。他们只能分配他们所挣来的东西，并且，他们还得根据需要招募新成员，通常是为要求特定技能的特定职位招募新成员。因此，不平等在一个特定的工厂中肯定会出现，如果招工或工作分配要求差别工资的话，但如果这个工厂不这么做，那么，在不同的工厂之间，不平等也会出现。一些工厂将比另一些工厂更成功，就像梅西的商店比别人的商店更成功一样，他们的成员将不得不决定是把利润投到扩张企业和更大的成功上，还是对其进行分配——而如果进行分配的话，又得决定是采取个人收入形式，还是采取公共服务的形式。其他的工厂就将苦苦挣扎而失败，可能因为它们都在市场上下赌注却赌输了，也可能因为内部的纠纷和管理不善。因此，我们其余的人将不得不决定是否补贴这些失败——比如，为了一个城镇的生存和繁荣——正如我们现在对待资本主义公司一样。

因此，收入是由政治和市场因素的结合决定的。我将在第十二章捍卫我刚刚给出的对政治因素的特定解释。在此，我想要主张的只是：这个解释，在大规模工业和农业条件下，繁殖出的正是小资产阶级经济的那些特征，而那些特征能够抵御其产生的风险和紧随风险之后的不平等。民主决策，像小资产阶级的小额财产一样，是一

1　Adolph Sturmthal, *Workers Councils: A Study of Workplace Organization on Both Sides of the Iron Curtain* (Cambridge, Mass., 1964), p. 106.

2　Martin Carnoy and Derek Shearer, *Economic Democracy: The Challenge of the 1980s* (White Plains, N.Y., 1980), p. 175.

种理解市场的方法，也是把市场的机会和危险与个人（和由个人组成的团体）的实际努力、进取心、运气联系在一起的一种方式；这是复合平等所要求的：不是废除市场，而是任何人都不能因出身低微或在政治上无权而被剥夺市场上的可能机会。

我在这后面的几页里所因循的是R.H.唐尼在第一次世界大战之前首先概略论述的一个观点。这个观点值得较详细地引用：

> 当大多数人是小土地所有者或小工匠时……他们就开始冒险。但同时，他们也得到利润和剩余。在当今时代，虽然工人冒险……却得不到期望中的额外收获、小小投机的机会和决定自己生活的权力，正是这种权力使得风险的承担值得。 118

唐尼并不怀疑承担风险是值得的。这并不是说男女大众必须总是生活在危险的边缘：为了反抗这种生活，共同体必须提供保护。但保护有其限度，超过这些限度，个人和由个人所组成的团体就得依靠自己，如果他们能做到的话，他们可以自由地寻找办法来摆脱危险或避免危险。如果他们不是自由的，那么，个人和团体就都不可能成为我们的文化（理想地）要求的那样，即积极的、充满活力的、富有创造性的、民主的，以此塑造他们自己的公共生活和私人生活。风险是“支柱”，唐尼接着写道：

> **如果风险是人们自愿承担的，**因为在那种情况下一个人会平衡可能的收益和损失并用他的智慧和品质来赌成功。但当大多数人是受雇佣人时，他们并不决定他们要承担何种风险，而是由他们的主人替他们决定。如果企业成功了，他们什么也得不到。他们既没有努力的责任，也没有获得成就的骄傲；他们有的只是失败后的痛苦。不足为奇，只要情况是这样，他们首先要求的就是安全。……在这种情况下，说人们应当被允许

> 去冒险就是一种借口……就是一个并非对现代靠挣工资生活的人的努力的打击，而是对整个工资系统的攻击。[1]

整个工资系统可能是一种夸张。尽管工人们在唐尼喜欢的分配原则下可能不会真正地出卖他们的劳动力和习得的技能，他们仍将在地方工厂的人事主管或人事委员会面前表达他们自己，展示他们的劳动力和所掌握的技能。他们所接受的合作条款和他们得到的收入仍然部分地由市场力量来决定——即便它们是通过一个民主政治过程共同决定的。唐尼并没有提议废除劳动力市场；和我所做的一样，他试图界定劳动力市场能够在其中适当地起作用的领域的界限。

再分配

可以把市场构想成一个没有边界的领域，一个不划分区域的城市——因为金钱是阴险的，而市场关系是扩张的。一个极端自由放
119 任的经济就像极权主义政权一样，侵犯其他每一个领域，支配其他每一个分配过程。它将把每一种社会物品都转变成商品，这就是市场帝国主义。我想，它要比国家帝国主义的危险性小，因为它更容易控制。许许多多控制阻碍着交换，不仅官员在执行，而且普通男女在捍卫他们的利益和坚持他们的权力时也在执行。但这些障碍物并不总是存在的；而当市场分配不再维持在适当的范围内时，我们就必须注意政治再分配的可能性。

现在，我不是在离开我们财政支持的福利国家来讨论再分配问题。这些再分配依靠的是一种集中起来的财富，也即“共同财富”，

1 *R.H. Tawney's Commonplace Book*, ed. J.M. Winter and D.M. Joslin (Cambridge, England, 1972), pp. 33—34.

由每个人按他自己所能得到的资源做出自己的一份贡献。我们从这笔公用款中拿出钱来支付人身安全、公共崇拜、公民自由、学校教育和医疗服务——我们认为属于成员资格的所有权利。私人财富稍后才出现。无论从历史上看,还是从社会学上看,集中并分享财富都是先于买卖出现的。[1]可以想见,公共供给稍后可能侵占市场。从1950年代法国的布热德主义到加拿大针对加利福尼亚的第13项提案[2]的倡议者,每一个反对税收的领导人都提出这样的主张:成员资格的负担太重,它们约束了正当的享受,不适当地限制了货币和商品领域的风险和激励。[3]这些批评也许是对的,至少有些时候是对的;但这里无疑也有真正的矛盾。以及艰难的实际选择:因为如果约束和限制太严,生产力就会下降,由此,给需要的社会承认留的空间就会更小。但在某个税收水平,如果不必然在主流水平的话,就不能说政治共同体侵犯了货币领域,它只不过是宣布了自己的领域罢了。

市场帝国主义要求另一种再分配,它并不像划出一条界线那样重划一遍。现在争论的是货币在其领域外的支配问题:富有的男女随心所欲地交易、购买国家职位、腐蚀法庭、滥用政治权力的能力。一般地,市场有它的占领区,而我们可以把再分配看作一种道德上的民族统一主义,看作一个修订边界的过程。不同的原则指导着不同的时空点上的过程。对于我的直接目的而言,最重要的原则采用

1 关于"集中"(pooling)的讨论见 Marshall Sahlins, *Stone Age Economics* (Chicago, 1972), chap. 5。我应当强调指出,集中并不必然导致平等的份额。参见 Walter C. Neale, "Reciprocity and Redistribution in an Indian Village: Sequel to some Notable discussions", in *Trade and Market in the Early Empires*, ed. Karl Polanyi, Conrad M. Arensberg, and Harry W. Pearson (Chicago, 1971), pp. 223—228。

2 布热德主义提倡保护小商人和手工业者利益,反对征收重税;第13项提案是加拿大对美国加利福尼亚州州宪法提出的一项修正案,内容涉及减少财产税和限制将来增加财产税。——译注

3 Robert Kuttner, *Revolt of the Haves: Tax Rebellions and Hard Times* (New York, 1980).

这样（大致的）形式：权力的行使属于政治领域，而市场中所发生的事情至少近似于平等主体之间的交换（自由交换）。这最后一句话并不意味着每件商品都将卖一个“公平的价格”，或者每一个工人都
120 会得到他的“公平报酬”，[1]这种正义对市场来说是陌生的。但每一个交换都必须是讨价还价的结果，而不是一个命令或最后通牒的结果。如果市场要平稳地运行，“出于绝望的交换”必须被禁止，因为正如本·富兰克林说的，迫不得已“绝不会产生好的交易”。[2]从某种意义上说，福利国家在确保男人们和女人们在没有谋生手段资源时不得被迫做交易的时候，就签署了货币领域的承诺。当国家采取行动为工会组织提供便利时，也是出于同一目的。孤立无援的工人在贫困、缺乏特定的可出售的技能或无力举家搬迁去接受某些地方雇主的最后通牒时，非常容易陷入这最后一招的交易。集体的谈判更可能是平等主体之间的交换，它并不保证一个比公共供给所能提供的更好的交易，但它帮助支撑市场的完整性。

但我现在关注的是如何支撑别的分配领域的完整性——例如，剥夺有影响力的企业家攫取政治权力或使公共官员屈从于他们意志的手段。当金钱所持有的不仅是对物的控制，而且还包括对人的控制时，它就不再是一种私有资源了。它就不再在市场上购买物品和服务，而是在别的地方购买别的东西了，即（就我们对政治的民主意义的理解而言）在买卖被禁止的地方进行买卖。如果我们不能阻止这种购买行为，那么，我们就不得不使金钱社会化，即承认金钱具

1 可能我们应当把公平价格看作另一种受阻交换：一个价格不是讨价还价达成的，而是由某种过程确定的，以别的价格来交换是不允许的。以这种方式控制的物品的范围在不同的文化和历史时期变化非常大，但食物是最常见的受控物品。例如 Henri Pirenne, *Economic and Social History of Medieval Europe*（New York, 1958），pp. 172—174。在我们当中，公平价格在通常由个人所有的公用事业中还存在，在那里，价格不是，或者被认为不是根据市场将要承受的范围而是根据某种对“公平”利润的一般理解制定的——而在此，服务的标准也受到类似的控制。

2 Benjamin Franklin, *Poor Richard's Almanac*, April 1735.

有了政治特征。这在哪一点上成为必要，现在还有待争论。这个点不是固定的，而是随着政治领域的相对力量和凝聚力而变化的。

但是，如果设想金钱只在对候选人和官员"说话"时，只在被谨慎地展示在或公开地招摇在权力走廊上时，才有政治影响力，那就错了。它在更贴近家庭时也有政治影响力，在市场上，它本身和在它的公司和企业中，也同样有政治影响力。这里，也需要进行边界修订。例如，当工会谈判者首次要求建立苦情申诉机构时，他们争论说，工厂纪律应当像国家的刑事司法一样，在司法或准司法基础上进行处理，而不能像买卖商品的决定那样建立在企业的判断（或 121
特定几个企业主的反复无常）之上。[1]关键是工作场所的治理，而治理不是一种市场问题——至少在民主社会中不是。当然，为申诉程序而进行的斗争不只是一个关于边界的争端；它同样是一种阶级斗争。工人们捍卫一个扩大的政治领域，因为他们在这个领域内可能做得更好；他们有兴趣以特定方式划出界线。但我们仍然能够说，正如我将要论证的那样，他们的主张是公正的。在这些事情上不仅承认斗争，而且承认争论。

论证可以更进一步。即便在雇主和工人的对抗关系中有着适当的工会和申诉程序，雇主仍可能行使一种非法权力。他们做出各种严重约束和影响雇员（也是他们的同胞公民）生活的决定。难道把由工厂、锅炉、机器和装配线所代表的大规模资本投资当作一种政治上的善不比当作一种经济上的善更好吗？这么说，并不意味着它不能以各种方式在个人中间分享，只不过是说它不应当代表传统所有权的权利。在特定规模之上，生产的手段不能恰当地称为商品，诸如古埃及的灌溉系统、罗马或因卡斯的大道、中世纪欧洲的大教堂、现代军队的武器都不能叫作商品，因为它们所产生的一种权力将它们提升出经济领域。我在详细讨论政治领域时将回到这些

1　Jack Barbash, *The Practice of Unionism*（New York, 1956）, p. 195.

问题。在此，我只想强调，这最后一种再分配仍将使市场——如果不是资本主义市场的话，就是市场本身——完整无损。

因此，有三种再分配：首先，是市场权力的再分配，如表现在阻止绝望的交易和发展工会上；其次，是通过税收系统直接表现出来的货币再分配；再次，是产权和所有权权利的再分配，如表现在建立申诉程序或对生产手段的合作控制上。所有这三种再分配都在政治和经济领域之间重新划定了界限，并且，它们是以强化政治领域的方法这样做的——也就是说，公民的手不必然把握着国家的权力。（在今天的东欧，一种类似的“道德民族同一主义”将强化经济领域并扩展市场关系的范围。）但无论他们的手多么有力，公民们也不能使他们中意的所有决定都做到公正。政治领域有它自己的边界；它紧邻别的领域并在那些毗邻领域中找到自己的界限。因此，
122 再分配决不可能产生简单平等，只要货币和商品仍然存在，就不可能产生，并且还有一些它们在其中能够交换——或者，为此而赠予的合法社会空间。

赠予与继承

在今天的美国，赠予是由商品决定的。如果我能够占有这个东西并用它交换别的东西（在货币与商品领域），那么，我无疑可以把它赠予我中意的任何人。如果我能够用我的财产来塑造我的身份，那么，我也能通过不占有达到同样的目的。并且，更确切地说，我不能拥有的，我就不能赠予。但更仔细地思考赠予将是有益的，因为在其历史上，我们能够学到大量关于我们自己的东西——并找到一些与众不同的有趣方法。我将从一种最著名的人类学解释入手。

西太平洋的礼物交换

布朗尼斯劳·马林诺夫斯基对特罗布里安岛岛民之间以及他

们与邻岛之间的交换关系的长期研究资料翔实，所以，我不能从说明这项研究的复杂性开始。[1]我只是试图对这项研究的关注对象做一简单回顾。库拉（Kula）是一种礼物交换系统，即红贝壳项链和白贝壳手镯在岛屿范围内不同地方的赠予伙伴之间进行反方向的交换。项链和手镯都是宗教物品，尽管在价值上各有不同，在形式上却是固定不变的；它们当中最好的当然也非常贵重，是岛民们所孜孜追求和倍为珍爱的最贵重的东西。这两种东西彼此交换，而且不能用于换取别的任何东西。但这并不是我们通常意义上的"交易"：项链和手镯"决不能用等价物在二者间经过讨价还价和计算而交换"。[2]这一交换采取一系列的赠予方式。我给我的库拉伙伴一条项链；过些时候，可能长达一年之后，他会给我一个手镯或一副手镯。这一系列赠予并不就此停止。我把手镯传给别的伙伴，并收到另一条项链，再依次送出去。这些物体只是临时性财产，每过几年，它们就在赠予圈内循环，形成库拉环，项链沿着顺时针方向，手 123
镯沿着逆时针方向。"一宗交易并不结束库拉关系，规则是'一旦进入库拉，就一辈子处于库拉之中'。"[3]

因此，每项赠予都是对先前赠予的回馈。等价留给了赠予者，尽管"他被期望回赠足够公平的价值"，但事实上，"库拉物品的每一次流动，这桩交易的每一个细节，都是……由一套传统规范和惯例来规定的"。[4]这为慷慨和憎恨留有空间，但基本结构是固定的。我们把它当作一个联盟系统比当作经济系统要好，尽管这一特征可能在特罗布里安岛岛民身上不为人知。库拉环在我们的社会环境中有相似物，朋友当中交换礼物和邀请是必要的传统化模式。这种交换不是交易，一个人不能买到摆脱它赋予的义务的途径，而回报也必须采取

1 Bronislaw Malinowski, *Argonauts of the Western Pacific*（New York, 1961）.

2 Ibid., p. 95.

3 Ibid., p. 81.

4 Ibid., pp. 96, 81.

同样的方式。并且，这种关系并不因回报而终结：礼物和邀请在朋友圈中循环往复。但是，库拉环在其参加者的生活中比社交圈在我们的生活中显得更大。正如马歇尔·萨林斯所争辩的，在社会契约之外的活动，以及所有别的关系和交易都在社会契约的影子下发生，或者更好地说，在社会契约所确立和保证的和平的保护下发生。[1]

在这当中，便是马林诺夫斯基所说的"纯粹的简单的贸易"，也是岛民们所说的gimwali。此处的贸易是商品之间的，而非宗教物品之间的；并且，讨价还价、竞价和寻求私人利益是完全合法的。交易是自由的，它可以在两个陌生人之间进行；一个成交买卖的确定就终结了交易。岛民们在这种买卖和礼物交换之间划出了清楚的界限。当批评库拉中的恶劣行为时，他们会说"这件事办得就像一个gimwali"。[2]同时，在纯粹的简单的贸易中获得成功也将提高一个人在库拉中的地位。因为项链和手镯的交换是伴随着其他种类的礼物赠予和精心宴请的，因此要求相当的资源。我想，这对于我们来说，也是千真万确的，即在买卖中的成功会改变一个人在社交中的地位。但我们更可能把钱花在我们自己而非别人身上。相反，在岛民当中，每一种形式的生产和积累都服从于库拉——"获得"(getting)的自由，也服从于一种高度习俗化的、具有道德强制力的"花销"(spending)形式。

因此，赠予不是由商品决定的，事实上，岛民们有一种所有权观
124 念，尽管它所允许的自由比我们自己的观念所允许的少，但仍然为个人选择和私人(或家庭)用途留有空间；但是，它并不延及库拉物品，这些物品属于库拉环，而非个人。它们不应该被持有太长时间(否则该人就会得到一种在库拉中"行动缓慢"的声誉)；它们也不能不给伙伴而给自己的孩子；它们不能以错误的路线在库拉环中传

1 Sahlins, *Stone Age Economics*, p. 169.

2 Malinowski, *Argonauts*, pp. 189—190.

递或用于换取其他种类的东西。它们沿特定方向和特定的时间表运动，与特定的宗教仪式和盛典相匹配。岛民们可以说，这个礼物是如此重要，以至于不能由赠予者的反复无常来决定。

《拿破仑法典》中的赠予

在特罗布里安岛岛民中间，赠予产生朋友、建立信任、形成同盟、确保和平。赠予者是一个有影响和有声望的人；他送出的越多，他的馈赠就越显得慷慨，他在同辈中就越显得伟大。但一种完全不同的赠予观在许多文化中都占据着支配地位，按这种观点，与其说赠予提高人的地位，倒不如说是对赠予者的财产的挥霍。财富、土地和金钱这些物品是有限的，每一次赠予都会使财产减少。但这份财产并不仅仅属于个人（更不属于他的一圈朋友）；只是在特定的情况下和为特定目的时，他才是财产的合法所有者。在别的情况下和为其他目的时，财产就属于他的家庭，或更准确地说，属于他的世系。因此，政治权威就介入其中来保护下一代的利益。

这种财产观念在部落法和封建法中都有渊源；它有一个我难以表述的悠久历史。在法国大革命时期，人们做出了一种努力，用保证同一等级的继承人获得同样的遗产份额来打破贵族地产制和所有高度集中的财富。这种保证在《拿破仑法典》中有一席之地，尽管它以一种修订形式出现；但它显然代表着对个人所有者遗嘱权力的严格限制。我认为，更重要的是，法典旨在用限制其如己所愿地将自己的金钱遗赠给自己中意的外人或直系后裔之外的亲属的方法来控制所有权人在自己活着的时候所享有的权利。立法者确立了一个不能赠予他人且必须通过无遗嘱继承传向后裔的储备金，即所有地产（个人所拥有的全部财产）的一个百分比。“储备金随着活着的继承人……的数目和类别而变化——如果没有子女的话，是地产的一半，如果有三个或少于三个子女的话，是四分之三，
如果有四个子女的话，则是五分之四，以次类推。”如果没有正当的 125

份额用于分配，遗嘱赠予就被取消，生前的赠予就“被还原”或“被归还”。[1]

在此，再一次地，赠予并不合乎商品规则。只要花在自己身上，个人所有者可以用自己的钱做自己喜欢做的任何事。他们可以吃美食厨师做的各种美食，到海滨避寒胜地去度假，把地产用于打二十一点或轮盘赌。法律限制他们对外人的慷慨，却没有限制他们的自我放纵。这种对比似乎很古怪，但并不是不可理解的。管制自我放纵要求一个严苛高压的政权，而控制赠予或控制大规模的赠予却要更容易一些（但事实证明其实很难）。但在此有一个更大的区别在起作用。获得与花费，在其一般意义上，属于货币与商品领域，并且，被那个领域的原则，即自由原则所支配。但家庭地产的分配属于由相互关系和义务原则支配的另一个领域——亲属领域。这里的边界一如别处的边界一样难以划分；在今天的美国，这些边界的划定比《拿破仑法典》狭窄得多。但我们自己关于扶养、赡养和子女抚养的观念说明存在着一片家庭财产，这非常像自由支出不被允许的公共财产一样。比如，人们也许会争论说，扶养是一个人结婚生子时自然产生的一项义务。但没有一种协议、契约和个人看法为这项义务设定形式。这是由集体，而非个人决定的；而这项决定反映了我们的集体观、家庭观。

但是，更一般地，从共和国的建立开始，美国人就已经非常自由地用他们的钱干自己喜欢的事。在这里，家庭的向心力比在欧洲程度更低，这可能是因为缺乏封建历史；而作为其结果，财富就更易于流向家庭控制之外。在1848年首次出版的《政治经济学原理》一书中，约翰·斯图亚特·密尔引用查尔斯·赖尔[2]《北美游记》中的一

---

1 John P. Dawson, *Gifts and Promises: Continental and American Law Compared* (New Haven, 1980), pp. 48—50.

2 查尔斯·赖尔爵士，英国地质学家，认为地球表面特征是在不断缓慢变化的自然过程中形成的，反对灾变论或求助于《圣经》。主要著作有《地质学原理》。——译注

段，赞扬了美国人生活的这种特征：

> 富有的资本家不但普遍地用遗嘱将他们的一部分财产捐赠给国家的社会事业机构，且不少人在生前也会为同样目的而大量捐款。在此（指美国），并没有像法国那样的规定在子女间均分财产的强制性法律，也没有像英国那样的限定继承权和长子继承制的习俗。因此，富人们就觉得自己有权在他们的亲属和公众之间分配他们的财富。[1] 126

但如果慈善事业不受控制，甚至被国家鼓励的话，其他种类的赠予与遗赠和留给亲属的遗产也仍然要受法律的规制——可以说，受管制的不是它们的流向，而是它们的规模。此刻，这种法律控制并不等于更多的控制，但这个原则被确定下来了，并且，试着理解其道德基础和尝试对其适当的实践范围做出总结是重要的。

密尔为对遗赠和继承的限制提供了一种功利主义的解释。如果我们评价一大笔财富的真正价值的话，他说道，那就是“知道能以此取得多少享受和好处”，于是，“他就知道拥有适当财产的人和财产五倍于前者的人在幸福和享受方面所差无几。他们有五分之四的收益被别人花掉了”。[2]但我非常怀疑这种关于财富的边际功利观念会说服任何潜在的大笔财富的持有人。在适当财产之外，还有那么多别的金钱能够买到的东西。密尔在总结他所倡议的政策的预期效果时，提出了一个更好的理由：这些政策是为了使“除去摆阔或显示不正当的权力，没有人会需要巨大的财富以用于个人目

---

1 John Stuart Mill, *Principles of Political Economy*, book I, chap. 2, sec.5, in *Collected Works of John Stuart Mill*, vol. II, ed. J.M. Robson（Toronto, 1965）p. 226n.（译文参见《政治经济学原理》，朱泱、赵荚潜、桑炳彦译，商务印书馆，1991 年。——译注）

2 Mill, *Principles*, p. 225.

的。拥有巨大财富的人将大大减少”。[1]摆阔当然不重要；它只是货币领域内的一种常见怪癖，由于缺乏严厉的、禁止奢侈的法律，它是不可能控制的。但如果要支持政治领域的完整性的话，不适当的权力就必须得到控制。理想的可能是，巨额财富在能够被转让之前就应该被分解。但也仍然有理由允许人们在唯一一次人生中有可观（尽管不是无限的）的积累：其重大政治影响常常直到下一代时才被感觉到，下一代的成员从小就养成了颐指气使的习惯。无论如何，限制遗赠和继承的主要目的，正如每一种其他形式的再分配一样，是保护不同领域的边界。一旦做到这一点，密尔的边际功利论点就将显得更合理一些，因为一个人用他的钱所能做的事不会有那么多。但是，对金钱的转让所做的限制仍然不是这样一个论点确定的。就边界的相对力量（以及其他种类的成功边界保护）而言，限制早已固定下来了。例如，如果我们在禁止将金钱转化为政治权力方面取得了绝对胜利，那么，我们就可能根本不禁止金钱的积累和转让了。在目前情况下，我们有强烈的理由来对这二者予以限制——这些理由与其说与金钱的边际效用有关，倒不如说与它的外部效力更有关联。

给予的权利和接受的权利来自货币与商品的社会意义；但只
127 有在这两种物品，且唯有这两种物品被给予和接受时，这些权利才能体现出来。如密尔所说：“如果所有者在去世时或生前不能如己所愿地随意将物品赠送他人，那么，这个物品的所有权就不能被看作完整的。”[2]能够被拥有的也就是能够被赠送的；单方面的赠予因其成形于我们自己的社会而成为货币和商品领域的一种独特现象。它并不会出现在库拉或其他礼物交换系统中。无论何时，只要所有权是属于家庭或世系的，那么，它就是被严格限制的，如果不是完全

1 Mill, *Principles*, p. 226.

2 Ibid., p. 223.

被禁止的话。这是我们文化的一个特殊特征，它为特殊类型的慷慨和公德心（以及特殊类型的心血来潮和吝啬）大开方便之门。但是，试图将政治职位——或任何凌驾于他人之上的地位——传给自己的朋友和亲属却不是慷慨和有公德心的。专业地位或公共荣誉也不能随意转让，因为那样的东西不存在于任何人的赠予中。简单平等将要求列出一个更进一步禁止之物的清单；事实上，它将要求完全禁止赠予。但无疑，赠予，如我们所了解的，是一种对所有权的出色表达。只要它们在它们的领域内行动，我们就有理由尊重把他们的钱赠给他们爱的人或他们所献身的事业的那些男人和女人，即便他们的行为造成了不可预知和不均衡的分配结果。爱与献身，就像企业一样有风险，（有时候）也有意想不到的收益，是一种不可否认或压制的分配正义的必要组成部分。 128

第五章
公 职

公职领域的简单平等

按词典的解释，公职是“根据法定权威行使的责任、权威或服务的职位……一个公务职位或职业”。我在此提出一个更广义的定义来涵盖现代世界中“合法当局”膨胀的范围：公职是作为整体的政治共同体用之获取利益的任何职位，政治共同体选出担任该职位的人或规定选出他的程序。控制公职的任命是至关重要的。公职的分配不是个人或小团体自行决定的事情。公职既不能被私人侵占，不能在家族中代代相传，也不能在市场上出售。这当然是一种约定性的定义，因为它所涵盖的社会、经济职位的种类在过去的确是通过所有这些方式分配的。在韦伯所指称的“世袭”社会中，甚至国家官僚机构中的每一个职位都作为财产由有权势的个人把持并父子相承。任何任命都是不必要的；儿子继承职位就像继承土地一样；尽管统治者可能主张承认权，却不能对职位的称号有任何质疑。今天，市场是公职系统的主要替代性系统，市场权力的持有者或他们授权的代表——人事部经理、工厂的工头，等等——是法定权威的主要替代者。但通过市场进行职位和地位的分配正日益受制于政治管理。

公职的观念非常古老。在西方，它在基督教会里的发展最为清晰，并在使教会从封建主义的私有化世界中脱离出来的长期斗争中 129
呈现出特别的优势。教会领袖提出了两个论点：第一，教会职位不能由世俗官位所有者和他们的领地赞助人所有，或分给亲戚朋友；第二，教会职位不能买卖或出售。任人唯亲和买卖圣职都是罪孽，而只要私人控制着宗教公职的分配，罪孽就可能产生。与之相反，公职应该由教会的法定权威按照上帝的意愿并为上帝尽职着想来分配。我们可以说，上帝是第一个领导精英，虔诚和神学知识是他对其官员所要求的条件（无疑，管理能力，处理钱财的技能，和政治上的随机应变之道也是所要求的条件）。自由裁量权并未被废弃，但被重新安排在官员等级中，并受到许多约束。[1]

公职观念就这样被公务系统的倡导者从教会接收过来并世俗化。这个过程也是一个长期的斗争过程：首先，是反对贵族和绅士们所主张的个人自行决定权；其次，是反对极端民主主义者所主张的党派自由裁量权。就像上帝的服务一样，政治共同体的服务也渐渐变成了合格个人的工作，超出有权势的家族或扬扬得意的党派的控制范围之外。我们也许可以设计出针对党派的民主防御措施，并称之为“政党分肥制”（spoils system），因为在此，雇用的斟酌决定权似乎是由公民的大多数控制的，稍后我将继续这一论述。但为政党分肥制而进行的斗争在其名字确立时就失败了。公职太重要了，以至于不能被当作凯旋的战利品。或者说，胜利太短暂了，多数派太不稳定了，以至于不能形成现代国家的公务员系统。相反，考试成为至关重要的分配机制——因此，今天，在例如像马萨诸塞这样的州，不通过考试就可获得的国家工作（除了州长和他的内阁以及

1　通过其关键时刻而对这一过程所做的解释，参见 G. Tellenbach, *Church, State, and Society at the Time of the Investiture Contest*（Oxford, England, 1940）。

一些咨询和监管委员会以外）实际上就是"（体力）劳动者"了，并且，即便是这种工作，其雇用程序也受到严密监督。[1]因此，没有剩下什么战利品好分赃。工作已经直接变成了公职，其目的是为了诚实和效率（"好政府"），也是为了正义和机会平等。

教会和国家中为公职观念而进行的斗争构成了一个故事的两个组成部分，而现在，这个故事已经有了第三个组成部分：公职观念向市民社会的逐步延伸。今天，在国家控制许可程序并参与职业实130 践标准执行的范围内，大多数职业的成员资格已经被"公务化"。事实上，既然国家也控制着学术机构的鉴定权并常常自己运营这些机构，那么，要求具有文凭的任何工作就都是一种公职。从理论上说，至少分数和学位是不可出售的。可能是市场的压力使雇主要求（日益高级的）学业证书；但在学术筛选训练和考试的过程中，所使用的标准并不只是市场标准，国家代理人在这些标准中有着积极利益。

这其中的利益与上帝无关，与作为整体的共同体也无关，但与依赖于公职持有人的能力的所有个人客户、病人、物品和服务的消费者有很大关系。我们并不希望无助的、需要帮助的人落在基于出身而选定的官员或由某些有权势的个人任命的官员手里。我们也不希望他们面对的是不经过或多或少精心设计的训练和测试过程而自我选任的官员。由于公职相对稀缺，这些过程对所有候选人都必须公平，而且必须被人们看作是公平的；同时，这种公平也要求程序的设计在私人决策者的控制之外。渐渐地，这种权威就被政治化了，也就是说，这种权威变成了一种在政府审察和监管下的公共辩论事物。这一过程开始于职业，但最近，它已经得到扩张，以至于把约束条件强加到许多不同种类的选拔程序上。事实上，确定"公平

1 见 State of Massachusetts, "Civil Service Announcements"（1979）, mimeo. Frederick C. Mosher, *Democracy and the Public Service*（New York, 1968）, chap. 3, 该通告提供了对美国人担任官职的观念演变的有益历史叙述。

就业准则”的法律和要求“平权行动”计划的司法判决都发挥着影响，使所有工作都变成了适用它们的类似于公职的东西。

在最后所举的这几个例子中，我主要关注的是比效率或诚实的能力更重要的正义，尽管这二者我也顾及了。我认为，说当前政治和政治哲学的努力方向是把每一项工作都作为公职来进行再定义——为了正义——是公正的。这无疑是罗尔斯第二个正义原则的后半部分（也是最不矛盾的部分）的应用：“社会和经济的不平等应当这样安排，以便于……在机会公平平等的条件下职位向所有人开放。”[1]在一个人的胜利构成一种超越他人的社会和经济优势的情况下，人们所竞争的任何职位，都必须按照公示的标准和公开透明的程序“公平”地分配。如果某个人出于他自己的理由或出于根本不为公众知晓和赞同的理由来简单地分发公职、职位，那么，这就是不公平的。公职必须经过公开竞争才可得到。其目标是完美精英主义的，是法国大革命的口号——职业向有才能的人开放—— 131
的（最终！）实现。1789年的革命者们认为，要想实现这个目标，没有什么比摧毁贵族垄断和废弃所有阻碍个人进步的法律障碍更必要的了。一个世纪后，涂尔干仍然持这个观点，他把良好社会描述成一个要求劳动的“有机”分工的社会，在那里，“没有任何性质的障碍可以阻止（个人）在社会框架中拥有……与他的能力相符的职位”。[2]但是，事实上，这种愉快的结果要求国家的积极工作：管理考试，建立培训和证书的标准，规定寻找和选拔程序。只有国家能够抵消个人自由裁量权、市场权力和公司特权的特殊化效应，并保证每一个公民拥有平等的机会去达到一般标准。

因此，旧的劳动分工模式就被一种普遍的公务员系统取代，一

1　John Rawls, *A Theory of Justice*（Cambridge, Mass., 1971）, p. 83.

2　Emile Durkheim, *The Division of Labor in Society*, trans. George Simpson（New York, 1964）, p. 377.（译文参见涂尔干:《社会分工论》,渠敬东译,生活·读书·新知三联书店,2000年。——译注）

种简单平等确立了。可获得的机会被有权利的公民所共享，每个人都拥有赢得一个职位的同等机会。这无论如何都是当代发展的趋势，尽管如果它想要达到其逻辑终点的话，还显然需要许多条件：需要建立一个整合每一项工作的体系，拥有每一项工作都可能构成可想见的一种社会或经济优势，而每一个公民对所有这些工作都有同样平等的机会。这幅图景并非没有吸引力，但是，它要求我们承认所有的工作事实上都是公职，因此，必须进行分配，如果不是出于同样的理由，那么，就是出于同一种理由。这些必将成为精英管理的理由，因为没有别的理由可以把职业和才能联系在一起。国家官员将不得不界定必需的资格并对之执行统一的标准。作为个人的公民将努力获得这些资格，并因此把这种获得转化为一种新的垄断。社会不平等，涂尔干写道，将“确切地表达出天然的不平等”。[1]不，社会不平等将表达的是与上学、参加考试、在面试中好好表现、过一种自律生活并服从命令相联系的一套特定的天然不平等和人为的不平等。一种普遍的公务员系统怎么能够成为一种只有智力和官僚制特征的某种混合占主导地位的庞大、复杂的等级制系统呢？

但是，另一种简单平等的目标却恰恰在于避免这种结果。从这一点看，将每一项工作都变成一种公职与将每一个公民都变成一个
132 公职持有人相比，显得并不重要，选拔的民主化与分配的随机化（如通过抽签或轮流）相比，也并不重要。这是古希腊对公务系统的看法，但在后古典时代，这种观点最通常地通过一种特定的平民论的激进主义体现出来，其根源在于对公职持有者——牧师、律师、医生和官僚的深刻憎恨。憎恨无疑能够培育一种复杂微妙的政治。然而，平民论的激进主义者自发的、未加思考的要求事实上却常常是简单的：处死所有公职持有者！

1 Durkheim, *The Division of Labor in Society*, p. 377.

把他拖出去！把他拖出去！他在掉文哩。[1]

平民论的激进主义是反教会、反职业、反智识的。它之所以采取这种形式，部分地是因为公职持有者常常是为出身名门的人的利益服务的出身卑贱的人——阶级叛徒。但敌意也与莎士比亚的哈姆雷特所说的“官吏的傲慢言行”相联系：公职持有者们通常所提出的这种特权要求，他们被授予公职，于是，他们也就被授予随职位而来的权威和地位，因为他们已经经过测试并被证明符合社会承认的标准。职位是他们的成就，并且把他们作为上位者与他们的同胞公民们区分开来。

还有更多的平民论的形式最初在新教中发挥了重要作用，后来，又在民主思想和社会主义思想中发挥重要作用。路德呼吁所有信徒都是神职人员，事实上与每一个人都可以担任公职有异曲同工之妙。于是，就有了不断的革命努力来简化法律语言以便每一个公民都能成为他自己的律师；有了卢梭建立公立学校体系使普通公民轮流当老师的论点；有了杰克逊式的轮换担任公职的思想；有了列宁想象的“每个识字的人”同时也是国家雇用的职员的社会。[2]所有核心例子中的关键论点都在于担任公职本身——而不仅仅是分配公职的权力——代表着一种不合理的垄断。如果无须处死，那么，至少驳斥公职持有者对资格和特权的要求是必要的。因此，除了拉丁语之外，还应该抛弃使担任公职变得神秘和困难的其他形式的神

1　莎士比亚《亨利六世中篇》第四幕第七场，直译作“把他拖出去！把他拖出去！他在说拉丁语呢！”（说拉丁语是古时贵族身份的象征，译文参见《莎士比亚全集》，朱生豪等译，译林出版社，2016 年。——译注）

2　关于卢梭，见 *The Government of Poland*, trans. Willmoore Kendall（Indiananpolis, 1972），p. 20。关于安德鲁·杰克逊，见 Mosher, *Democracy and Public Service*, p. 62。关于列宁，见 Lenin, *State and Revolution*（New York, 1932），pp. 38, 83—84。（译文参见《国家与革命》，人民出版社，2015 年。——译注）

秘知识。

现在，社会平等“确切地”表达出天然平等——每一个公民分享社会和政治活动每一方面的能力。然而，从字面意思看，这种分享只有在小型的、同质的、经济简单的社会里才是可能的：古代雅典
133 就是一个最好的例子。在较复杂的社会里，有一种典型的困难，这种困难在当代中国关于“专”和“红”的争论[1]中充分表现出来。如果一个人贬低知识的价值，那么，他就会退守到意识形态上；因为某种指导性原则，对工作进行调节和评估的某种参考标准，在现代经济管理中是必要的。如果才能和培训甚至在它们的恰当领域里都被否定了合法性的话，那么，意识形态的热情就可能在其领域外进行非法统治。当公职的持有普遍化后，它也就贬值了，于是，也就为政治顾问和政委的暴政大开方便之门。

轮流任职可以与一个职业选择系统并存。现代征兵制就是一个明显的例子，而且不难想象在社会生活的许多其他领域也存在着类似的安排。但是，正如这个例子所表明的，完全排除选择是困难的。古代雅典人选举他们的将军是因为他们认为，在这种情形中资格是必需的，抽签是不适合的。当拿破仑说不想当元帅的士兵不是好士兵时，他的意思并不是说每个士兵都能够成为元帅。要求长期训练或特殊领导素质的职位不能随时都被普遍化；稀缺的职位只能在有限数量的人中分享，并且，不断进出这个圈子的个人常常在私生活和经济活动方面都是高度分裂的。不是每个人都能成为医院院长，即便当代医院僵化的等级制度已被打破。更重要的是，不是每个人都能成为医生。不是每个人都能成为工厂中的首席工程师，即便工厂是民主管理的。再重复一次，更重要的是，并非每个人都

1　见 Ying-Mao Kau “The Urban Bureaucratic Elite in Communist China: A Case Study of Wuhan, 1949—1965”, in *Chinese Communist Politics in Action*, ed. A. Doak Barnett (Seattle, 1969), pp. 221—260。

能在最成功或最舒适的工厂中工作。

与这两种简单平等形式相反，我想要捍卫的是一套较为复杂的社会和经济安排。一种一般公务系统只是用国家权力的统治——以及有才能或受过教育或有担任公职必备的任何素质的国家官员的统治——取代私人权力的统治。此处的问题包括抑制职位的普遍化、更具体地关注实际工作及其社会意义、在那些政治共同体应当控制的选择过程和那些留给民间个人和团体去控制的选择过程之间划出界线（在不同文化中界线的划定应当有所不同）。再重复一次，轮流任职将只适用于某些职位，而不适用于所有职位；如果延伸到它的边界之外，就只会是欺诈，成为新型统治的一个面具。此处的问题不是要打破合格的人的垄断，而是对他们的特权予以限制。无论我们选择什么作为所要求的品质条件——拉丁语知识、通 134
过一种考试的能力、演讲、成本/收益计算——我们必须坚持的是，这些不能成为独裁者要求垄断权力和特权的基础。职位持有者应当被严格地限定在他们的职位的目标上。正如我们要求克制一样，我们也要求谦卑。如果这二者被适当地理解和执行，那么，职位的分配在平等主义思想中所表现得就可能不会像当前那样明显。

精英统治体制

但是比如说，作为个人的男人和女人被选入医学院学习的程序，或者进入某个工厂做工的程序，以及所有后来的任命和提拔的程序，总是重要的。这些程序需要仔细深入的讨论。我自己的目的是捍卫一种混合选择体系，但我将从集中论述可能适用于一个一般公务系统的标准和程序开始。也就是说，我要参与讨论精英统治体制。在人们认为公职不仅在教会和国家中，而且也在市民社会中由相应的人担任的任何政治共同体里，如美国，这是一个至关重要的论点。由此，我们来假设每一项工作都是一个职位，其分配最终掌握在作为整体的政治共同体手中，共同体的每一个成员都有权获得“公平平等的机会”。这些分配程序应该是什么样的呢？我应该一开始就强调，有一些职位和工作落入政治控制范围内是不适当的；而一旦我描述了职位分配的内在（社会的和道德的）逻辑，再来看这样的职位和工作有哪些就容易多了。

精英统治思想在大多数支持者头脑中的依据只是这个原则：公职应该由最有资格的人来担任，因为资格是应得的一种特殊情况。人们也许应得、也许不应得他们的品质，但他们应得那些与他们的品质相符的职位。抛弃私人自行决定权的整个目的是按照应得（才能、优点，等等）来分配职位。[1]实际上，事情要比这些简单描述所说明的复杂得多。对许多职位来说，只有最低资格要求；许多申请者都能把工作做得非常漂亮，额外的任何培训都不可能使他们将工作
135 干得更好。这里的公平似乎要求职位在合格的候选人中按照“先来后到”的原则（或通过抽签决定）进行分配；于是，**应得**无疑是描述公职持有者与他的职位之间的适合性的一个太过强烈的字眼。但别的职位，考虑到它们所要求的培训和技能，是开放性的，对于它们，尽管许多候选人是合格的，但最有资格的人才应得这个职位，这种说法可能是有意义的。应得似乎并不与资格有着同样的相关性，但德莱顿[2]的诗是这样写的：

他这个最应得的人，可以自行统治，[3]

---

1 关于这个目的的预期结果的虚构分析，见 Michael Young, *The Rise of the Meritocracy, 1870—2033*（Balitimore, 1961）；关于一种哲学辩护，见 Barry R. Gross, *Discrimination in Reverse: Is Turnabout Fair play?*（New York, 1978）。

2 德莱顿，英国桂冠诗人、剧作家、批评家，著有诗歌《奇异的年代》、剧作《奥伦-蔡比》、文学评论《论戏剧诗》等，共写过三十部悲剧、喜剧和歌剧，有的文学史家把他创作的时代称作“德莱顿时代”。——译注

3 John Dryden, trans. of Virgil's *Georgic*, IV.136, in *The Poetical Works of Dryden*, ed. George Noyes（Cambridge, Mass., 1950）, p. 478.

这说明，应得的个人可能在最终的分析中得不到任何特定的职位，就像合格的人们必须给最合格的人让路一样。

但这条论证线索忽视了应得和资格之间的重要差别。无疑，这两个词在各自的意义上都是模糊的，我们常常以交叠的方式使用它们。但我认为我能够通过集中关注特定选择过程和特定社会物品而在二者之间划出一条有用的界限。**应得**表示一种非常严格的权利，因此，所有权先于选择并决定选择；而**资格**是一个松散得多的概念。例如，一项奖金可以是应得的，因为它已经属于工作表现最好的人；它的存在只是确认那个人而已。奖金评定委员会就像陪审团一样，他们都通过回顾来做出一项客观决定。相较而言，职位不应该是应得的，因为它属于那些服务于它的人，而他们或他们的代理人（在我稍后将明确阐述的范围内）可以自由地做出他们喜欢做出的任何决策。调查委员会不像陪审团，因为他们的成员既向前看又向后看：他们对候选人未来的工作表现做出预测，并且，他们也表达出职位应当如何履责的偏好。

关于职位的思考就介于这二者之间，我下一部分将论证，所有公民，或者所有受过某种最低训练或具有某种技能的公民，在职位被分发时，有被考虑的权利。但对特定职位的竞争是一场没有特定的人应得（或有权）胜利的竞争。无论一个人的资格如何，如果他没有被选中，那么，对他来说，也没有什么不正义的。这不是说不正义不可能发生在他身上，而只是说不选择他这件事本身不是不公正的。如果某个人被选中与他的资格无关，而是因为他的贵族血统或是因为他已经贿赂了调查委员会的成员，我们就会说，事实上他根本不配得到这个职位。所有其他候选人都受到了不平等的对待。136
令人信服的是，我们会说，这是一个他的确应得的好选择。但是，在后一种情况下，也可能许多别的人也应得它，而他们当中没有一个人**真正**应得它。职位并不像判决书那样适用于个人。让我们假定一项诚实的调查，没有人能够抱怨他受到了不公正对待——即便如此，从职位本身和那些依赖它的人的立场出发，所选中的也是错误的候选人。这在选举职位情况下是最清楚的，但这个观点适用于除纯粹的荣誉性职位之外的所有职位，恰恰像奖金一样。（这可能是因为所有的职位部分地是荣誉性的，于是，应得的观念就潜入了我们关于不同的候选人的讨论。）

如果我们考虑两个假定的而非典型的例子的话，奖金和职位之间的对照、应得和资格之间的对照可能会更清晰。（1）X写了一部1980年被普遍认为最好的小说；但一群男女喜欢比X的小说更实验性的写作模式，并劝他们的专家评奖团伙伴将年度小说奖授予用他们所偏好的模式写了一部拙劣小说的Y。他们就这两本书的相对优点达成了共识，但做出鼓励实验性小说写作的行动。这可能是好事也可能不是好事，但他们使X受到了不公平对待。（2）X是医院院长的最合格候选人，因为就人们普遍认为该职位所要求的管理才能而言，他拥有比所有别的人程度高得多的才能。但一群希望医院向特定方向发展的男女劝说他们在选拔委员会的同事选择与他们有共同志愿的Y。就他们想为医院做的事情而言，他们可能是对的，也可能是错的，但他们并没有使X受到不公平的对待。

如果没有我所设定的“普遍同意”，这两种情况看起来就可能没有什么差别。如果我们使应得和资格这两种概念有争议，而它们也确实如此，那么，说奖金和职位应当归最符合最终标准的人所有就可能是合理的。虽然如此，专家评奖团的成员也应该避免把自己个人对文学的看法掺和到应得的定义中，而选拔委员会的成员在谈论资格时，也不应该受任何类似的自我否定的训令约束。因此，如果程序已经完全政治化——即便政治对象是“文学”，那么，就会有对授予一项文学奖的合法抱怨。但是，在类似的环境下，并不存在对选择一个职位持有者的合法抱怨（除非选择的做出是基于不相关的政治立
137 场，例如，就像邮政局长的当选是因为他们对本党的忠诚，而不是因为他们关于邮政局应当如何运营的看法）。专家评奖团，因其是向后

看的，必须反映在一种共享的文学批评传统中什么是最好的；选拔委员会则是一个正在进行中的政治或职业界定过程的一部分。

但是，我在所有那些我们基于考试分数而分配职位的事例中试图做出的区分似乎失败了。无疑，像"医生"这样的头衔属于所有那些在医学委员会赢得特定分数的人。实际的测验只是决定这些人是谁、有多少。因此，任何努力学习、分析完必需的材料并通过了考试的人都有资格做一个医生，这肯定是正确的。不向他授予头衔将是不公平的。但拒绝他在一个特定医院的实习医生资格或住院医生资格则并非不公平。医院选拔委员会不需要选择获得最高分数的申请者；委员会不仅向后看他的考试，而且还向前看他尚未完成的工作。如果男人们和女人们并不到他那儿看病，那也并不是不公平的。他的头衔只是使他有资格寻找一个职位和执业机会；但并不确保他能够得到两者中的一个。产生头衔的考试是重要的，但不是最重要的，而这只是因为考试本身就我们允许它所具有的重要性而言，不是最重要的。如果公职及其具有的所有权威和特权能够是应得的，我们就会受应得的支配。相反，我们就为自己留下了选择的空间。作为医院员工（对一个至少从推定上说是代表整个共同体的治理委员会负责），我们选择我们的同事；作为市场中的个人，我们选择我们的专业顾问。在这两个例子中，与判决书不可能属于陪审团成员相同的是，选择属于选择者。

即使"医生"头衔尽管在可以应得这方面类似于奖金，它也与奖金有所不同，因为它不能一劳永逸地属于某人。奖金的颁发是对工作的奖励，而且因为工作不可能是未完成的，所以奖金不能被剥夺。后来发现欺诈的话，可能导致获奖者名誉扫地；但只要工作表现还在，奖金也就存在，无论后来发生什么。相较而言，职业头衔要不断接受公共监督，并且，如果后来的表现达不到公共确立的标准，那么，援引提供原始资格的考试分数是无效的。确切地说，吊销资格包含一个司法或准司法程序，而我们将倾向于说只有"应得

138 的”个人才能被剥夺资格。再重复一次，免去特定职位是一件不同的事。程序可能，而且通常具有政治特征；应得不是一个必要条件。对某些职位来说，既有司法程序也有政治程序：例如，总统可以被弹劾或在竞选连任中失败。据推测，总统只有在应得时，才能受到弹劾；而总统在竞选连任中的失败则与应得无关。一般规则是头衔和具体的职位是受监督的——前者与应得问题有关，后者与什么样的问题使有兴趣的男女感兴趣有关。

如果我们要把所有职位都当作奖金，并把头衔和具体职位的分配（和再分配）建立在应得基础上，那么，产生的社会结构将是精英统治体制。在这种体制下的分配，我认为，基本倾向是只考虑合格的人，而不考虑把职位给应得的人。但假定一些人致力于建立一个严格的精英统治体制，那么，就值得暂停下来考虑这一种理念的哲学和实践价值。除了通过排他性地关注候选人的过去记录之外，没有办法建立精英统治体制。因此，精英统治体制与考试之间有密切关系，因为考试提供一个简单的客观性的记录。一个普遍性公务员系统要求相应的公务员考试。这种情况从来没有存在过，但有一个有用的例子足够接近这一点。

中国的考试制度

大约有十三个世纪之久，中国政府是通过复杂的考试制度来补充官员的。这个制度完全服务于帝国的需要。市民社会是一个自由放任的领域：没有针对商人、医生、工程师、天文学家、音乐家、草药医生、神秘预测学专家等人设置的考试。参加一个学者所说的“考试生涯”的唯一原因是确保得到一个国家官职。[1]但到目前为

1 见 Chung-Li Chang（张仲礼）, *TheChinese Gentry: Studies on Their Role in Nineteenth-Century Chinese Society*（Seattle, 1955）, pp. 165ff。我同样也参考了 Ping-Ti Ho（何炳棣）, *The Ladder of Success in Imperial China: Aspects of Social Mobility,* 1368—1911（New York, 1962）；以及 Ichisada Miyazaki, *China's Examination Hell: The Civil Service Examinations of Imperial China*, trans. Conrad Schirokauer（New Haven, 1981）。

止，公职仍然是后封建中国获得社会特权最重要的资源。尽管金钱的权力在十三个世纪的考试体制中也增长了，并且在那么长的时间里有可能买到公职，但是，高位还是压倒性地与高分相联系的。中国是被一个专业人员阶层统治的，这个阶层的每一个成员都拥有一张英才证书。 139

从皇帝的观点看，考试的目的，首先是打破贵族的世袭制，其次是为国家招揽人才。“天下英雄皆入我彀中矣！”唐太宗（627—649年）在检阅完新科进士后夸口道。[1]但除非对于皇帝的臣民们来说存在着机会平等或近似的保证，否则这个彀是不会起作用的。因此，除了考试之外，政府还努力（常常与不充足的资源做斗争）去创设一种地方公立学校和奖学金制度，采取各种各样的防范措施来排除作弊和偏袒。学校制度从未得到完善，防范措施也从未完全起作用，但农民的孩子，古老中国的赫拉提奥·阿尔杰们，确实逐步沿着“成功阶梯”打出了自己的天地。考试的判分是相当公正的，至少在19世纪该体制瓦解之前是这样的。在许多有名的例子中，试图偏袒自己亲属的考官被处死——这是一种对裙带关系的惩罚，而这种惩罚在西方从来没有过。其结果就是一种西方可能也从来没有过的，即便在现代也不曾有过的，一定程度的社会流动。位高权重的家族在哺育一两代无能的子孙后就不存在了。[2]

但中国古代的制度真的是精英主义的吗？公职真的是由“最应得”的人担任的吗？恐怕很难建构一套更可能产生精英统治的安排，而考试的历史只说明这个术语毫无意义。在最早的时候（唐朝），考试是补充性的，有时被一种更为古老的制度取代，这种古老的制度是“察举制”。官员们寻找贤能的人所依凭的是大约六十条详细的“优点”，“主要与道德品质、文字训练、管理能力和军事知识

1　Ho, *Ladder of Success*, p. 258.

2　Ibid., chap. 4.

有关”。[1]但无论这个单子列得多么详细，举荐也不可避免是主观性的；官员们太过经常地把自己的亲友推入上司的视线里。皇帝想要的雄心伟略的年轻人往往不是他已经得到的；穷人很少被举荐。渐渐地，经过一段时间，考试制度就变成了主要的，实际上是唯一的官吏选拔和晋升之路。考试更客观、更公平。但由此，六十条“优点”也就寿终正寝了。考试只能测试更受限制的范围内的才干和能力。

140 我不能在此详细地描述后来的考试演变。考试最初是用来测验候选人的儒教经典知识，更重要的是测验他们用“儒教”方式思考问题的能力。测验的条件常常是大众考试的特殊条件，气氛异常紧张。考生带着一篮子食物，被锁在狭小的隔间里，就经典内容写下精美的文章和诗句，同时，也对当下哲学的和治理的难题写出对策。[2]但由考生和考官的某种串通而产生的长期的惯例化，最终导致了对更为思辨性的问题的抑制。相反，考官日益重视默记、语言学和书法，而考生也就更注意过去的考试题，而对古书的意义却不那么注意了。所测验的能力渐渐地成了考试能力。不容怀疑的是，这种能力的确被精确地测验出来了，但还不清楚的是，我们应该把什么意义与成功相联系。讽刺小说家吴敬梓写道：“是通过准备考试获得的。如果孔夫子在世，他也会全力以赴准备考试。除此之外，又能怎样谋得一官半职呢？”[3]这就好像说霍布斯今天如果还活着，他可能会在哈佛大学得到教职任期一样。是的，但他还会写出《利维坦》吗？

一旦考试成为社会地位上升的主要手段，智识生活被“考试

---

1 Ho, *Ladder of Success*, p. 11.

2 Miyazaki, *Examination Hell*, pp. 43—49.

3 引自 Chang, *Gentry*, p. 172。（参见吴敬梓著《儒林外史》，第十三回，原文为：“……到本朝用文章取士，这是极好的法则。就是夫子在而今，也要念文章、做举业、断不讲那‘言寡尤，行寡悔’的话。何也？就日日讲究‘言寡尤，行寡悔’，那个给你官做？孔子的道也就不行了。”——译注）

生活”取代就可能不可避免。而一旦这种事发生了，皇帝的彀中是否还满是英才就不能确定了。“并不是考试制度能够发掘出杰出英才，”一个19世纪的批评者写道，“而是杰出的英才有时会通过考试制度显露出来。”[1]但我们甚至也可以在该制度发展的较早时期得出类似的论点。毕竟，人类能力所及的范围很广——比如说，许多能力是与地方管理有关的——这些能力是不能通过学习儒教经典测验出来的。甚至还有一种深刻的儒教直觉知识也是无法通过写出考试答卷测验的。所有这样的测验都具有传统性质，而只有从传统内部，我们才能说，成功的候选人应得他们的功名位，而拥有功名的人组成精英统治阶层来进行统治也就顺理成章了。

事实上，成功的候选人并不自动担任一个公职。考试产生了一批潜在的公职担任者，吏部（the Board of Civil Appointments）作为一个常设遴选委员会，从中做出选择，可能是从中找出某些符合六十“优点”的更具体的条件，或者争论哪一些“优点”在特定时期是最必需的。因此，不能说那些通过了考试的人就值得担任一个公 141
职；他们只是有权利被考虑担任一系列公职而已。任何其他的制度都会无可救药地僵化，除了应试能力之外，没有为评价其他能力留下任何空间，也没有为以后评价工作的履行留下任何空间。但所有这样的评价都是特殊主义的，具有政治特征；它们丝毫不具有考试分数的客观性，而在某种意义上有贤德的个人必然被忽略了——有时是故意的，有时不是。类似地，有贤德的个人有时也通不过考试。但是，我并不是想说这些人应得一个公职。那将会替代我自己对负责任的官员的标准的判断。而与他们相比，我也并没有什么更多的对优点的一般或普遍意义的特殊洞见。

在公职领域，委员会的工作是至关重要的。今天，工作越来越

1　Chang, *Gentry*, p. 182.（参见龙启瑞的《经德堂集》，原文为：“此非科目能致豪杰之士，而豪杰之士或有时而出于科目耳。”——译注）

受旨在确保公正和某种客观性的法律制约：给同样认真的候选人以同等的考虑。但很少有人提倡完全废除委员会，让每个候选人参加同样的考试（他们决不可能得到一样的面试），使职位自动地落到有某个分数的候选人手里。委员会是公允的，因为它具有代表性特征。毕竟，重要的不是某种抽象的职位，而是此时此刻，在这个组织或机构中的这个位子，机构中的这些人早就工作于这个组织或机构中，他们时刻都在争论这些问题。委员会反映了时间和地点的变化，代表这些人说话，并且，它本身也是一个持续争论的舞台。它所做出的选择，尽管受某种通行标准的制约，但在特征上首先是特殊主义的。候选人不仅要符合一般条件，而且还要符合他们想要填补的空缺职位的条件。后一点常常是一个评判问题，因此就要求有一群法官在内部进行争论。我们应当看到，某些在"适合"意义上的合格标准被剔除在外。但列出相关品质的清单却往往很长——就像六十"优点"一样，却没有一个候选人能够完全拥有这些品质。职位的特殊性是与候选人的特殊性共同存在的。他们是单个的男人和女人，有着相当不同的实力和弱点。即便相信能够从芸芸众生中选出一个应得的或有功的（或最应得的或最有功的）人，我们也没有
142 办法识别那个人。选拔委员会的成员们将不会同意在实力和弱点之间搞适当的平衡，并且，他们将不会同意在特定的个人身上搞事实上的平衡。在这里，他们也将以做出评判为始，以投出一票为终。

精英统治的倡导者们脑海里有一个简单而又深远的目标：每个人都有一个职位而且每个人都有恰当的位子。上帝一度被认为是与这个努力合作的；现在国家被要求这样做。

> 某些方面必须是伟大的。伟大的职位
> 要有伟大的才能。上帝赐给每个人
> 德行、性情、理智、品味，把他
> 推入生活，使他正好落在他注定

要填的坑里。[1]

但这是一个关于社会秩序的神话理解，完全没有抓住我们对人和职位的复杂理解。它提出，在理论上，在信息完备的条件下，所有的选择将是一致的，不仅为选拔委员会和成功的候选人所赞同，而且为不成功的候选人所同意——就像司法决定一样，即便被证明有罪的罪犯，也应该能够承认他们已经得到了他们应得的惩罚。在实践中，选择却不是那样的；而且，选择也不是令人信服地是那样的，除非我们想象一个世界，在其中，我们不仅能够预言，而且能够预见所有候选人未来的表现，将事实的与后来几年反事实的见闻相比较。即便那样，我也仍然怀疑选拔委员会的论点将会与陪审团的论点有所不同，但差别的准确特征却是更难弄清楚的。

资格的意义

严格地讲，并没有像精英统治这样的东西。特定的选择总是得在可能的“优点”或更准确地说，在人类品质的范围内以及具有相关品质的个人之间做出。没有什么办法来避免这些选择，因为没有一个人有权利占有这个职位或对该职位有什么优先权；也不存在任何唯一的品质或品质的客观排序与一个可能做出的非个人的选择相符合。把一个工作叫作“职位”，意思只是说那个有自由决定权的权威被政治化了，而不是说这个权威被废止了。尽管如此，也有必要对代表委员会的权威设定某种约束，从而把公职领域从政治中划分出来。对委员会的约束有两种办法：他们必须对每一个合格的候选人给予同等的考虑，并且，他们必须只考虑相关的品质。这两个约束是重叠的，因为相关性思想进入了我们对同等考虑的理解。但 143

1　William Cowper, *The Task*, book IV, l.788.

我将对二者分别进行论述。

公民资格是第一个公职，是至关重要的社会和政治“地位”，是所有其他职位的先决条件。政治共同体的边界也是政治化进程的边界。非公民不具有候选人权利；同等考虑的程序保护措施并不惠及他们。找工作没必要在外国杂志上刊登广告；招聘人员无须越过边界去冒险；最后期限也不必根据国际邮件所需日程来确定。把外国人从某些职位的考虑上排除在外可能是愚蠢的［最明显的是大学教授之职，我们可能同样感到有责任在“文坛共和国”（republic of letters）中确认成员资格］，但把他们排除在外并没有侵犯他们的权利。同等考虑的权利，就像对福利和安全的“公平分享”权利一样，只在一个共享政治生活的环境中才会出现。这是成员们彼此所负担的事务之一。

在公民中，同等考虑适用于选择的每一点，不仅适用于职位的候选人，而且适用于受培训的候选人，因此，它不仅是对这个特定选拔委员会的制约，而且是对每一个委员会和那些逐渐缩小合格候选人的范围的决定的制约。设想一个五岁儿童，他能够为自己制定一个长期目标，设计一个计划，例如决定成为一名医生。他应该有与其他儿童几近相同的机会——类似的抱负、类似的智力、对别人的需要的类似的敏感力——去得到必要的教育并赢得他想要的职位。我在此并不是试图说这种平等将要求什么教育上的安排；那是另一章的主题。但我想要强调的是，平等常常是大致的平等。宣称每个公民应当拥有对可获得的机会完全同样的份额并没有什么意义，不仅是因为特定学校和老师对特定学生不可预期的影响，而且也因为不同个人在不同申请人群体中不可避免的工作安置。简单平等只有在一个具体时间点内的地点一个群体中才能保证。但申请人群体随着时间而显著变化，职位的观念也在变化。因此，一个在去年
144 看起来非常适合一个特定职位的人在今年的求职大军中失败了，或者他的品质已经不再是选拔委员会心中所青睐的了，这都是很正常

的。同等考虑并不意味着竞争条件必须对所有人都长期有效。有意义的只是，不论条件是什么，每个人的品质都应当受到注意。

事实上，在此争论的不是简单的品质，而是资格。资格是突出的品质或与一个特定职位有关的品质。当然，相关性常常是不确定的，而可允许的异议范围是广泛的。但这个范围是有限制的，有一些事务是不应该进入选拔委员会的讨论范围的。如果没有限制，同等考虑的思想就会坍塌。因为当我们说所有候选人都应当被考虑的时候，我们的意思是，他们所有的人都应当有（大致）相同的机会来展示他们的各种证书，并为了自己的利益而尽力做最好的证明。他们试图证明的是他们能够做这项工作并能很好地完成工作。而为了证明这一点，他们就必须有能力构思什么是很好地完成工作的意义，它要求什么技能，什么态度和价值标准是适当的，等等。如果他们被接受或被拒绝的原因与所有这些都无关的话，那么，就不能说他们的资格受到了关注。如果我们没有能力对资格和品质进行区分，那么，我们将永远不会知道人们是否有机会去证明自己的资格。而且，对于每个人来说，就像我虚构的那个五岁小孩，根本不可能为自己定下目标并为获得成就而以某种理性方式去工作。

但至少在一般情况下，我们确实知道什么品质是相关的，因为相关的品质在实践中是固有的，是从持有职位的经验中抽象出来的。选拔委员会致力于寻找那些品质——也就是说，寻找合格的候选人，不仅是出于对候选人的公平，而且是出于对所有那些依赖合格官员的服务的人的关怀。他们的依赖性也应该被考虑，尽管这不必然是他们对品质或候选人的偏好。同等考虑的权利和别的权利一样发挥作用，限制大众偏好的影响。但在相关品质的范围内，或在对相关性的合法辩论的范围内，大众偏好应当被考虑；我们应当期望这些偏好在选拔委员会中得到体现。

要想最好地了解相关性的范围，就得考虑超越其上的是什么。
它们包括不能运用到工作中的能力，无法影响工作绩效的个人特 145

性，还有超越公民资格自身的政治从属关系和团体身份。我们并不要求职位的候选人像斯威夫特笔下的小人[1]那样跳过环圈。我们并不剔除长着红头发或对电影的鉴赏品味低下或对滑冰热情高涨的男女。扶轮社成员，基督复临安息日会教友，托洛茨基主义者，素食派对的长期成员，来自挪威、比萨拉比亚、南太平洋诸岛的移民，所有这些人都不会被排除在担任公职之外。但这些都是简单的例子。事实上，所有这三个范畴——能力、个人特性和团体身份——都是成问题的。例如，很显然的是，中国人的考试，特别是在其后来阶段，所测验的能力至多与虚位以待的公职只沾一点点边。同样的情况无疑在今天的公务员考试中也存在。这些只是缩减申请人团体规模的传统做法；如果候选人有平等的机会来准备，考试就不必然是客观的了。但只要考试的应用排除基于经验和表现而获得的官阶提升，那么，就应当抵制考试。因为我们想要的是在工作上可能有最好表现的人，而不是在考试中有最好表现的人。

更大的困难是由许多个人特性产生的；我将以年龄为例。对于绝大部分职位来说，候选人的年龄根本不能说明他能干何种工作。但它的确告诉我们他大概能干多长时间。这是一个相关考虑吗？无疑，人们应当有能力不仅改变他们的工作，而且还能改变他们的职业，对自己进行再培训，在中年时重新起步。连续不断地寻找工作并不总是一个令人敬仰的品质。但是，要求长期献身的组织中，在要求广泛的在职培训的工作中，年纪较大的候选人很可能处于不利境地。可能他们的成熟应当是一个平衡考虑——即使较年轻的候选人抱怨他们没有一个获得成熟的平等机会。试图平衡职位的服务年限和任职期限的想法有力地说明我们离对应得的评判还有多远，同时也说明我们对相关性的争论有多痴迷。

1　斯威夫特，英国作家，讽刺文学大师，曾任都柏林圣帕特里克大教堂主持牧师，主要作品有讽刺散文《一只澡盆的故事》、寓言小说《格列佛游记》等。在《格列佛游记》中，有一个虚构的小人国，其居民的身高仅为六英寸左右。——译注

最深刻和最具分裂性的争论集中在亲属关系、政治从属关系和成员资格的重要性上。正是就这些而论，公职思想，正如我已经描述的那样，初步成形了。第一个被宣布与担任公职无关的是做出任命的人的家庭亲属。裙带关系在公职领域并非不常见，它通常只被看作腐败的一种形式。说因为某某是我的亲戚，因此他应当有行使公职的特权，这是一个（相对微不足道的）专制例子。同时，不断反 146
对裙带关系的运动再次说明相关性思想是多么成问题，说明它应用起来有多难。

裙带关系有什么错？

裙带关系这个词最初是指某些教皇和主教把公职任命给他们的侄子、外甥（或非婚生儿子）的做法，就像封建公职持有者那样，他们企图拥有后嗣，而不仅仅是继任者。由于神职人员独身的目的之一是使教会摆脱封建体系并确保合格的人继任，因此，这种做法从很早就被确认为有罪的。[1]身份的确认如此严格（尽管它在封建时期很少执行），以至于它开始排除由神职官员和作为一般信徒的庇护人所做的对亲属的任何任命，即便这些人拥有相关的品质。许多年以后，同样的事情在政治生活中发生了；此处，这一论点通常是扩展的，尽管伴随着从亲戚到朋友的“罪恶”感的消失。有时候，禁止亲属担任公职被赋予了法律地位，例如，在挪威，同一家族的两名成员在同一内阁供职是违法的。在学术生活中，大学的院系也常常被禁止雇佣其成员的亲属（但不包括朋友）。根本理念是：客观标准不可能被用到这种决定中。这可能是真的，但是，尽管如此，一种绝对的禁止似乎是不公平的。我们所需要的是一个不考虑家庭成员资格的雇佣程序，而不是一个取消所有成员资格的雇佣程序。

---

1 但这种做法只在 1567 年教皇法案 *Admonet nos* 中正式受到谴责；见 *The New Catholic Encyclopedia*（1967）, s.v. “nepotism”。

然而，有时候，也不能漠视成员资格。例如，在某些政治职位上，我们希望官员选择他们能够信赖的男女，或者是他们的朋友，或者是某个党派、运动的合作者，作为同僚。既然如此，为什么他们的亲属，如果他们与他们的亲属关系密切的话，不能被选中呢？当人与人之间的关系基于血缘关系时，信任可能是最保险的，而可信赖性是获得职位的一个重要资格。那么，我们可以说，挪威法律的严格是超出同等考虑原则要求的。当约翰·F.肯尼迪总统任命他的兄弟为司法部长时，这无疑是一个裙带关系的例子，但却不是我们需要担心从而禁止的那种。罗伯特·肯尼迪是足以胜任的，而他与兄长的密切关系将可能有助于他所担负的工作。但是，这种宽容的
147 范围不能扩展得太远。如果我们考虑一下种族团体、少数民族团体和宗教团体宣称的应该由从成员中专门选出的公职人员服务的主张，那么，我们就能看到这种宽容的困难之处。这是一种集体性裙带关系，其影响将使候选人的权利范围变得极其狭窄。

对于某些职位（如，在一个城市的某些部分）来说，可能是另外一种情况：职位获得者需要与当地居民有共同的种族或民族身份，说当地居民的语言，对他们的风俗习惯相当熟悉，等等。可能这是一种常规效力或甚至是——与警察有关的——出于人身安全的考虑。因此，选拔委员会将合法地寻找必需的人。但我认为，我们限制团体成员资格作为一种资格的影响力的方式，就像我们限制血缘关系的影响力的方式一样，原因是相似的。信任的扩展或超越家庭的“友谊”和超越种族、民族和宗教的公民资格是一项重大成就；而它的主要目的之一恰恰是确保职业向有才能的人开放，即所有公民都有候选人权利。

我们可以只选择支持这项成就。但团体成员资格是否能够算作一种职位的资格这个问题被一个事实弄复杂了，这个事实就是，团体成员资格太过经常地被认为是一种不符合要求的资格。因为他们的成员资格，而非与他们的个人资格有关的任何原因，使这些

男女在职位的分配上被区别对待。因此，人们说，为了公平和救济的目的，我们应该现在就做出对他们有利的区别对待，甚至为他们留出一定数量的专有职位。这种主张对当代政治辩论如此重要，以至于我应该稍加详细地对它进行论述。再也没有其他方法可以如此尖锐地检验同等考虑的意义了。

公职的保留

至关重要的政治问题是公职配额或保留的正义，对此，某些团体的成员资格是一个必要的，尽管可能不是一个充分的资格条件。[1]理论上，正如我已经论证过的，所有职位都是保留给或潜在地保留给政治共同体的成员的。进一步的保留也应该是有争议的。我想把关于作为一种救济形式的职位保留的争议推迟一下，首先要问的 148
是，作为分配制度的一个永久特征，它自身是否可能是无可非议的。因为有时候，一个团体内公职持有的模式与别的团体内的公职持有模式的差异被当作一种确切的歧视标志。[2]可以说，某些公职被一个种族或被有着共同民族起源或宗教纽带的男女绝对占有着。如果正义需要或必然构成唯一的重复模式，那么，立法者和法官们将被召集来确定权利比例。无论公职的分配在最繁荣或最有势力的团体内怎样流行，这种分配模式也必须在每一个其他团体中得到重复。重复越完美，我们就越能确信特定的候选人不会因他们的成员

1 对这一问题的有益讨论，见 Alan H. Goldman, *Justice and Reverse Discrimination* (Princeton, 1979); Robert K. Fullinwinder, *The Reverse Discrimination Controversy: A Moral and Legal Analysis* (Totowa, N.J. 1980); Gross, *Discrimination in Reverse*。

2 这一论点的解释见 Goldman, *Reverse Discrimination*, pp. 188—194。任何有关团体权利的争论——例如 Owen Fiss, "Groups and the Equal Protection Clause", in *Philosophy and Public Affairs* 5 (1976), 107—177——似乎都会要求使用比例作为一个测量侵犯权利或无力做到平等保护的标准。

资格而不得不忍受歧视的痛苦。

这个意义上的正义包含相当程度的强制，这可能是小事一桩，如果强制在本质上是救济性的和临时性的，而且重复的模式被证明是同等考虑的自然产品的话。但是，只要构成我们这个多元社会的诸团体确实各不相同，那么所有这些条件恐怕就都不可能成立。因为公职持有的各种模式不仅由选拔委员会决策决定，而且由许多个人决策决定：接受培训或不接受培训，申请或不申请这个或那个工作。而这些个人决策反过来又受到家庭生活、社会化、邻里文化等影响。一个有着不同类型家庭和邻里关系的多元社会将很自然地产生多样化的模式。作为重复的正义将只能是一种人为的秩序。

但那还不是一个反对重复的论据，而只是对它的一个描述。在我们的社会生活的许多方面，我们都干预着自然，即非强制的和自发的——过程。把公职分配给亲属无疑是一个自然过程。但是，在每种干预情况中，我们都不得不仔细考虑什么是利益攸关的。而此处，利益攸关的第一件事就是对所有公民都予以同等考虑。当为某人保留一个职位的时候，除了本人以外，团体中的其他所有成员就成了“外国人”。他们的资格不被关注；他们没有候选人权利。这种事情在一个双民族国家里可能是可接受的，在那里，两个民族的成员事实上彼此之间就像是外国人一样。他们之间所要求的是相互和解，而不是任何积极意义上的正义；而在两个团体都有某种代表保证的联邦体制中，和解最能实现。[1]甚至一个更为松散的多元
149 社会也可能要求（为了相互认可的目的）如种族或民族的党票“平衡”，或要求内阁和法院包括所有主要团体的代表。我们并不是倾向于把这种事当作是违反同等考虑原则的：做一个“男性代表”或“女性代表”毕竟是一种政治上的资格。并且，只要这种安排是非

1　Arend Lijphart, *Democracy in Plural Societies: A Comparative Exploration*（New Haven, 1977）, pp. 38—41 and passim.

正式的，它们就总会因维护杰出的候选人的利益而被推翻。但作为重复的正义理论，将要求一般公务系统中的每一类公职持有者都在与其种族和民族构成相协调的同时与作为整体的美国人口相协调。而这反过来将要求对同等考虑的大规模否定。无论何时，只要从这个或那个团体来的申请人的比例与分配给该团体的代表数有出入，平等显然就会被否定。实际上，即便比例是非常对的，平等也可能被否定，因为每一个团体的申请人都将只与他们自己的“一类”相比较，这建立在一个假设之上：资格是按种类而均匀分配的，而这个假设对任何既定的申请人群体来说都无疑是错误的。

但美国可能应该是一个团体的联邦，而非一个公民的共同体。而且，可能每个团体都应该有它自己的一组本土公职人员。只有这样，才能说，作为一个整体的团体与所有其他团体是平等的。就这个观点看，利益攸关的不是对个人的同等考虑，而是种族和宗教的平等地位：共同体的完整，成员们作为成员的自尊。这种平等是国家解放运动的一般要求。因为帝国主义统治的一个特征是：国家和经济中的要害职位都被外来者占据了。一旦赢得独立，一场夺回这些职位的斗争就开始了。这种斗争常常是以野蛮的、不公平的方式发动的，但对于一个新获得解放的国家来说，试图用自己的国民来武装自己的官僚制度和职业本身并不是不公平的。在这些情况下，集体的裙带关系和公职保留也可以说是合法的。但正如这个例子说明的，只有在成员和外人之间的边界划定之后，保留才是可能的。在今天的美国社会，不存在这样那样的边界。人们自由地跨越模糊的、非正式地划定的民族或宗教身份与不同身份之间的边界；这个界线无法监督；流动情况甚至没有记录。当然，有改变所有这一切的可能性，但重要的是强调人们将要求一个什么程度的根本变化。只有在每个美国公民都有某种鲜明的种族、民族或宗教身份（或系列身份，因为我们所归属的团体可能有重叠的成员资格），而且只有 150
在这些认同是法定的并定期核查的条件下，为每个团体保留它自己的一组公职才是可能的。[1]

同等考虑的原则将因此只在结成联盟的团体内部适用。平等总是相对的，它要求我们比较这种个人所受到的对待和某些其他人所受到的对待，而不是和所有其他人所受到的对待相互比较。我们总是可以简单地通过重新划定边界来改变分配制度。不存在一组唯一的公平边界（尽管存在不公平的边界，即那些违背人们的意志而使他们与世隔绝的边界，如犹太人隔离区）。因此，一种联邦制安排，只要它是通过某种民主程序建立的，将不会是不公平的。我们将把成员与他们的同胞成员相比较，然后把团体与团体相比较，而我们对正义的判定将依赖于比较的结果。但我认为，这对今天的美国来说，将是一个不明智的安排，与我们的历史传统和共有的思想知识是不一致的——而且，与当代的生活模式之间也有着深深的不和谐和严重的分裂。我想假定，保留公职的倡导者们的脑海里没有这样的想法。他们的目光集中在更为直接的问题上，并且，无论他们有些时候说什么，他们的意思实际上也并不是说他们所提出的救济措施应该普遍化和永久化。

美国黑人的例子

在这一点上，重要的是尽可能予以具体说明。直接的典型问题是有关美国黑人的问题，而这些问题发生在一个令人痛苦的历史背景中。这是一部经济和教育歧视的历史，因此，就黑人候选人的资

---

1 这个事实在印度贱民那里可以痛苦地看到。政府为他们设计了一套精致的公职保留制度。理论上，印度已经废除了种姓制度，但贱民们只有在被承认的情况下才能得到帮助，而公职的比例只有在他们的人数能够被计算出来时才能确定。因此，"贱民"这个类别在 1961 年的人口普查中不得不再次使用，而对于那些试图谋求保留的公职的人来说，他们证明自己地位的相应程序也不得不建立起来。其结果，正如对保留往往充满同情的哈罗德·伊赛克斯所报告的，是对种姓界线的一种强化："按种姓团体给予救济的政策日益增加了……种姓之间的不流动。"见 Harold Isaacs, *India's Ex-Untouchables*（New York, 1974）, pp. 114ff。

格水平而言，担任公职的黑人男女的数量在美国社会中（至少直到最近）比应有的数量低。更重要的是，这是一部奴役、压制和堕落的历史，因此，黑人居民区的文化和公共制度并不会支持黑人获得资格的努力，而如果在自由和种族平等的条件下发展，他们就会拥有这种资格。（甚至在理想状态中，我们也可以这么说，而无须去主张所有文化和共同体都会提供同一种支持。）美国黑人的第一个问题 151
可以通过坚持同等考虑的实践细节来解决：公平的就业措施，开放的寻找和选拔程序，广泛的聘用，认真努力地去发现他们的才能，即便这种才能不是以传统方式表现出来的。等等。但第二个问题需要更根本和深谋远虑的对待。有一段时间，有人说，黑人必须被保证对公职有一个固定份额，因为只有一部分与当事人和选民们有互动影响的重要的公职才能创造出一个更为强大的文化。

我想要强调的是，我现在考虑的论点不是黑人共同体应该——而且只能合法地——由黑人政治家、邮递员、学校教师、医生等来服务，而类似地，所有其他共同体也应该由他们自己的成员来服务。论点的力量不依赖于它的归纳化能力。或者毋宁说，合适的归纳是这样的：任何处于相似不利地位的团体都应当以相似的方式得到帮助。这个观点是历史形成的，并且受历史条件的制约，与特定环境相适应，在本质上具有临时性。规则仍然是对各个公民的同等考虑，而且，一旦黑人从一个有着很长种族主义历史的社会中的地位卑贱（blackness，与黑人的肤色同音）陷阱中逃脱出来，这个规则就恢复了。

但这里提出的救济困难是，它将要求否定对既非种族主义实践的参与者，又非种族主义实践的直接受益者的白人候选人的同等考虑。一个重要的、在道德上合法的社会目的是通过侵犯候选人个人的权利实现的。[1]但可能那个描述太过强烈了。罗纳德·德沃金已

1　相关讨论见 Fullinwinder, *Controversy*, pp. 45ff.; 也参见 Judith Jarvis Thomason, “Preferential Hiring”, in *Philosophy and Public Affairs* 2（1973），364—384。

经论证过，这里所争论的权利不是在公职进行分配时的一种同等考虑权，而只是有关担任公职的政策制定出来时一种更为一般的同等考虑的权利。当我们在衡量保留公职的成本收益时，只要我们平等地计算每一个公民，我们就不会侵犯任何一个人的权利。[1]用这个主张来反对精英统治的主张是有用的。如果他们主张的是工作和做这项工作的相关品质之间过于密切的联系，那么，德沃金主张的则是二者之间过于松散的联系。他似乎否认任何对可能会算作资格的品质的重要的限制。然而，在我们的文化中，职业被认为是向有才能的人开放的；而被选中担任一个职位的人则想得到确认，以证明他们之所以被选中是因为与其他候选人相比，他们拥有选拔委员会认为该职位应当必备的更多的才能；其他候选人想要得到确认的
152 是，他们的才能被认真考虑过了；而我们其余的人则想知道这两方面所得到的确认都是真实的。这就是为什么公职的保留在今天的美国是一个不仅有争议而且有欺骗性的主题的原因。自尊和自重，相互间的信心和信任，和社会、经济地位一样是利益攸关的。

权利——不是自然权利或人权，而是从公职和职业的社会意义中派生出来并在长期的政治斗争过程中得以维护的权利——也是利益攸关的。正如我们不可能在不侵犯无辜人们的权利的情况下采用预防性拘留措施一样，即便我们对这个制度整体上进行了成本收益之间的公正衡量。因此，我们不可能采用不侵犯候选人权利的配额制度。德沃金的观点有一种在我看来完全适用于公共开支方面的形式。只要开支的一般计划是民主决定的，一项对某一萧条行业进行重点投资的决策，或一项对农业而非工业倾斜的决策，都不会产生道德问题，即使人们如他们将会成为的那样处于有利或不利

1 Ronald Dworkin, *Taking Rights Seriously* (Cambridge, Mass., 1977), p. 227; 也参见 Dworkin, "Why Bakke Has No Case", in *The New York Review of Books*, 10 November 1977, pp. 11—15。

地位。但公职意味着职业,刑期意味着生命,所有这些物品的分配都不能以金钱能够分配的方式进行;它们过于接近个性和个人诚信的核心了。一旦开始分配它们,共同体就必须密切关注它们的社会意义,而这要求对所有同样认真的候选人予以同等的考虑,并且(正如我将在第11章要论证的),惩罚只能为罪犯而设。

但如果权利在这些情况下受到威胁,那么,权利就可能被践踏。它们是某些种类的侵入性或伤害性对待出现的强大障碍,但它们决不是绝对的障碍。在必需的时候,在危机或面临巨大危险而我们认为我们没有别的选择时,我们就突破了它们。因此,任何倾向于保留职位的观点都必须包括对当前危机的描述和对不充分的替代性措施所做的详细解释。可以想见,这样一种论点可以在今天的美国得出,但我不认为它已经得出来了。无论把黑人的公共生活的图画描述得多么透彻,有一点仍然是清楚的,即能够改变这幅图画的有合理预期的计划和政策仍然没有试过。事实上,对职位的保留看起来更像是第一招而非最后一招——尽管在多年根本不作为之后它出现了。它之所以变成了第一招,是因为虽然它侵犯个人权利,但它对已确立的等级制或整个阶级结构没有威胁。至于保留职位的目的,正如我已经论证过的,是重复了等级制,而不是挑战或改变它。相较而言,替代性措施,尽管它们不会侵犯任何人的权利,却可能会要求对财富和资源(如,为了保证全国性充分就业的实现)的重 153
大再分配。但这可能是一个与影响福利国家的社会共识一致的再分配,并且,尽管所遇到的反对将是强烈的,财富的再分配也可能比保留职位更具有持久的效果。一般地,反对一个种族主义过往的斗争更可能赢得胜利,如果它斗争的方式建立在(而非挑战)包括黑人和白人在内的大多数美国人对社会领域的共识之上的话。

对职位的保留还有另一个特征可能有助于解释为什么它得到人们的钟爱(确切地说,在替代性措施中,没有一种得到当代政治精英的强大支持)。原则上,作为保留职位的结果,被拒绝职位的男女将只是较边缘的（白人）申请者，无论特定选拔委员会如何理解资格和边缘性。所有宗教、民族团体和社会阶级都会感受到该影响。但是，在实践中，其影响无疑扩散得较小，因此不会威胁到有权势的个人和家族。首先，它将被下一代处于最不利地位的团体，被那些男女感受到——他们的邻里文化和公共制度对他们的支持不可能比黑人候选人从自己的文化和制度中得到的更多。对职位的保留不可能实现《圣经》的预言，而按照这个预言，最后一个应该是第一个；它至多保证最后到的应该是倒数第二个。除了通过增加予以职位保留的团体的数量并将救济计划变得更加系统化和永久化这个方法之外，我并不认为有什么办法能避免这种结果。受到不平等考虑的受害者将来自最弱或次弱的群体。除非准备放弃资格这个理
154 念，否则，成本决不能进一步予以分配。[1]

职业化与公职的傲慢

使公职的分配如此重要的是公职（或某些公职）带来的许多其他东西：荣誉和地位、权力和特权、财富和舒适。公职是一种支配性

1 有意思的是，老兵在公务就业中享有优先权的政策似乎被广泛接受了，尽管有一些政治上的抗议和许多法律上的质疑。接受的范围可能与受益的范围有关：老兵来自所有社会阶级和种族群体。或者，可能人们普遍同意老兵事实上失去了上学或工作的机会，而与他们同龄的其他成员们却大踏步向前了，因此，一项优先权政策就在同一群体中重新确立了平等，来弥补由征兵在他们当中造成的不平等。但是，在实践中，老兵们得到的帮助常常是以下一代最弱的候选人为代价的，这些人在培训和经验方面没有任何优势。这甚至有时也理所当然地被当作对国家感激之情的合法表达。但无疑，职位是支付这种债务的错误的流通货币。教育要好一些，因为它们事实上是由国家——纳税公民的实体——支付的，而不是由一个任意选出的次级团体支付的。如果这是对的，那么，赔偿，而非保留职位，也许是补偿美国黑人受过往虐待影响的较好办法。见 Boris J. Bittker, *The Case for Black Reparations*（New York, 1973）; Robert Amdur, "Compensatory Justice: The Question of Costs", in *Political Theory* 7（1979）, 229—244。

的善，承载着其他随之而来的东西。它的支配性体现为“公职的傲慢”；如果我们能够找到控制傲慢的办法，担任公职就会表现出它该有的样子。因此，我们需要描述公职领域的内部特征——与担任一个公职合法联系在一起的活动、关系和报酬。随着资格和选拔而来的是什么呢？

一个公职既是一项社会功能，又是一种个人职业。它要求为了一个目的而运用才能和技能。公职持有人靠他的工作绩效谋生，但他的第一项报酬是履行工作本身，是他为之做了准备的实际工作，这是他假定想要做的工作，也是别的男女想要的工作。这个工作可能是折磨人的、复杂的、令人精疲力尽的，但它仍然是一个伟大的满足。与同事们讨论它，发展出一套行话，在外行面前保守秘密，这些都是令人满意的。与那些在商店工作的人相比，“行业术语”对在办公室里工作的人来说，更可能是一种乐趣。当然，关键的秘密是这种工作很容易得到再分配。许许多多男女都能把它做好，并且，他们喜欢工作本身，也喜欢当前所负的责任。

我的意思并不是否定专业知识的价值——或专家的存在。给我修车的技师知道我所不知道且对我来说很神秘的东西。为我们看病的医生、带领我们穿越法律迷宫的律师也一样。但是，从理论上讲，我能够学到他们知道的东西，其他人也有学过的，还有一些人学过一部分。甚至就我自己而言，我有足够的知识去质疑从我所咨询的专家那里得到的建议，而且，我能够通过与朋友交谈和阅读一些相关资料来增强我的理解。对社会有用的知识的分配不是一张无缝的网，但它也没有巨大的沟壑。或者，毋宁说，除非它们是人为维系的，否则，沟壑将被各种各样的人以各种各样的才能和技能以及各种各样的专门技术思想填满。

职业化是人为维系的一种方式。它同时又具有比这更多的意义。它是一种伦理法典，一种社会约束，一种相互规约和自律的模式。但无疑，职业组织的主要目的是使一种特定的知识被一个特定 155

男人(最近，也包括女人)群体专门占有。[1]这是公职持有者们为了自己的利益而做的努力。他们的动机部分地是物质的；他们的目的在于限制他们的数量以便自己能够获得高费用和薪水。这是担任公职的第二个报酬。但当公职群体要求职业地位时，还有比金钱更重要的东西。地位本身也至关重要：这就是第三个报酬。职业男女有兴趣明确他们自己的工作绩效的性质，摆脱在他们看来低于他们的培训和文凭水平的工作任务。他们在等级制中为自己寻找位子并把工作做到他们希望达到的高度。于是，就形成了新的职业来填充等级制，每个添加的群体都企图把某种工作情况或某一套工作情况分离出来，使能力在其中得到承认，并且，至少在某种程度上，使能力得到垄断。但这是这些较新职业的一个特征，正如马歇尔指出的，虽然有一个教育阶梯引导人们进入这些职业，但并“没有把人们引出职业的梯子”。临近的高地只有“通过一个始于教育制度的不同层面的不同道路”[2]才能到达。医生和护士就是一个有效的例子，二者虽然是紧密联系在一起的职业，却有着不可转换的证书。因此，职业化是一种划界的方法。

职业化也是一个确立权力关系的方法。职业人员通过工作等级向下行使权力，同时，也在与客户之间的关系中行使权力。准确地说，他们向下属下达命令，但对客户来说，只是具有假想的强制性。他们说，如果你想使情况变好，那你就得这么去做。但是，他们所能建立的距离越大，他们掌握的秘密就越多，他们的命令就显得越正确。由于蔑视我们的无知，他们只是告诉我们做什么。当然，也有一些男女抵制着把权威知识变成权威行动的诱惑，但诱惑和机会总是摆在面前：这是公职的第四个报酬。

---

1 Magali Sarfatti Larson, *The Rise of Professionalism: A Sociological Analysis* (Berkeley, 1977),特别是序言和第六章。

2 T.H. Mashall, *Class, Citizenship, and Social Development* (Garden City, N.Y., 1965), p. 177.

公职的扩张和职业化的崛起是齐头并进的；因为一旦我们开始保证任命合格的人，我们就引起专业化知识和专门技术的膨胀。对于容忍公职的扩张和否认公务的普遍性来说，这是一个绝好的理由，但它同时也是为官员（和职业）地位的优势和它那范围广泛的可转换性设定限制条件的一个理由。我们确实需要合格的人来担任官僚、医生、工程师、教师等，但我们不想让这些人统治我们。我 156
们能够找到办法使他们得到自己应得的报酬，而无须忍受他们的傲慢。

但什么是他们应得的呢？公职的四种报酬中的每一个都有其适当的和不适当的形式。在某种程度上，这些是由政治决定的——意识形态争论和普遍共识的产物；我们所能坚持的只能是：在位的公职人员，不同职业的成员，在决策过程中没有排他的专有权利。但提出一些一般准则应该是可能的，这些准则来自人们对公职本身的社会认知。第一个报酬是干工作的乐趣，毫无疑问，合格的公职人员有权享有他们能够从自己所干工作中得到的乐趣；但他们并没有权利调整自己的工作情况，以别人为代价提高自己的欢乐（或收入、地位或权力）程度。他们是为公共目标服务的，因此，他们的工作受到共同体公民们的控制。无论何时，只要我们明确特定职位的资格条件或胜任的、合乎职业道德的行为的标准，我们就行使这种控制权。因此，不存在什么先验原因去同意任何对专门技能和技术所做的特殊限制，因为常常可能的是，共同体通过要求公职人员在已有的专业化边界之间进退能得到更好的服务。例如，让我们来想象一个最近的提议：以“功能医疗队”（functional health teams）来取代一次一付费的医生：

> 队里的成员应该做好准备，使自己的技能适应消费者的需要，而不是以一种职业上的方便把消费者转到另一个医疗工作者那里。必要时，医生应该做好准备并随时愿意担当“护理”

> 工作，反过来，如果合适的话，护士也应该提供治疗。[1]

这也许是，也许不是一个好主意，但这个提议很有意义。传统的工作情况常常不能服务于职位目标；它们甚至可能是反对职位目标的阴谋。因此，职位的工作者必须干他应该干的活。

因此，他就必须得到适当的收入回报。但回报的规模应该有多大，我们并没有什么轻而易举的方法来确定。劳动力市场在此运作得并不好，主要是因为公职的支配性，但也同样是因为官员们所干工作的社会特征以及社会对文凭与执照的需要。特别是，居于高位的人已经有能力限制申请人群体的规模，而从这些申请人中将产生他们的同事和继任者，并由此抬高他们的集体收入。毫无疑问，甚
157 至在已经有一套现实的资格要求的情况下，某些公职的候选人群体也仍然有真正的限制条件。但显然并不是市场自己，或者说，并不是自由市场，在设定职位的工资上起作用。[2]有时候，公职持有者只是阻止我们。于是，我们就有权利去进行抵抗——并寻找针对职业权力的某种政治制衡。在重要工作处于利益攸关的关头时，如唐尼曾说过的，“没有一个体面的人会站出来讨要他的价钱。一个将军不会因他为胜利做出的贡献而与政府讨价还价，索要等值的金钱。一个给熟睡的军营发出警报的哨兵不会在第二天用一整天的时间来从他所救的人那里要钱。”[3]事实上，这太乐观了：将军和哨兵的国内同辈们在得到了他们的“价钱”后也常常根本不会去战斗或甚至连警报都不会拉响。但我们没有理由去同意他们的要求，也没有什么证据表明一个坚决的拒绝将导致职位空缺或不合格的职位持有人。在此，军事职位是一个有趣的例子，因为只要社会威望高，它们

---

1 Tom Levin, *American Health: Professional Privilege vs. Public Need* (New York, 1974), p. 41.

2 Henry Phelps Brown, *The Inequality of Pay* (Berkeley, 1977), pp. 322—328.

3 R.H. Tawney, *The Acquisitive Society* (New York, n.d.), p. 178.

似乎就会吸引合格的人，而不用考虑这些职位的薪水——往往低于这个人在市场中所能够获得的数额。但申请这些职位的人偏好的是——这也不是不合理的——另一种控制力。

有时候能得出这样的观点，即公职，特别是专业性公职，必须有很好的报酬，以便职位占有者能够“追求精神生活”。[1]但随着生命的延续，精神生活是相对便宜的，而且，无论如何，职位的工资很少花在精神生活需求上。一旦他们理解了选拔职位持有者的复杂过程，并认识到职位的内在报酬，我看不出有什么理由来反对抑制公职和其他种类工作之间的收入差距。并且，事实上，这就是民主决策的稳定趋势。经典的例子是1871年巴黎公社的决定，即“它对所有公职人员，不论职位高低，都只支付与其他工人相同的工资”。[2]但这个趋势在所有民主国家里都能看到，并且在国家官僚制中显然与公职有关。例如，1911年，大不列颠高级文官的收入是就业人口平均收入的17.8倍，1956年，只有8.9倍。美国的相应数字是7.8和4.1（1900年和1958年），挪威是5.3和2.1（1910年和1957年），[3]除了美国的医生外，这个趋势对所有公职和所有职业来说，都是一般性的，我们似乎要听一下萧伯纳的建议：“如果你想看医生，你最好有像医生那样富裕的家境。”[4]但一个国家卫生服务系统的建立也可能会缩小这里所说的差距。 158

1　Larson, *Professionalism*, p. 9（quoting Everett Hughes）. 可比较一下略有不同的观点，见 Adam Smith, *An Inquiry into the Nature and Causes of the Wealth of Nations*, ed. Edwin Cannan（New York, 1937）, p. 105。

2　Karl Marx, *The Civil War in France*, in Marx and Engels, *Selected Works*（Moscow, 1951）, vol. 1, p. 471.

3　Brown, *Inequality of Pay*, p. 84（table 3.4）. 关于赞同这种平等化的观点，见 Norman Daniels, “Merit and Meritocracy”, in *Philosophy and Public Affairs* 7（1978）, 206—223。

4　George Bernard Shaw, “The Socialist Criticism of the Medical Profession”, in *Transactions of the Medico-Legal Society* 6（London, 1908—1909）, 210.

“荣誉，”亚当·斯密写道，“是所有尊贵职业的一大部分报酬。就金钱收益而言，即便把所有的东西都考虑在内，也通常是低于报酬的。”[1]我怀疑这最后一点，但第一点无疑是真实的，并且，对所有职位持有者来说都是真实的，无论在哪一种等级制中，上上下下都如此。但荣誉作为一种报酬，应该以工作表现来衡量，而不能以地位来衡量；只有如此，我们才能恰如其分地说，它是人们应得的东西。而当它是应得的时候，它就是职位的最高报酬。把一项工作做好，并且使人们知道这项工作做得很好，这毫无疑问是男人们和女人们最想从工作中获得的。相较而言，坚持荣誉与工作表现无关是官员傲慢最常见的形式。“如果律师真能分配正义，医生拥有治愈病人的真本领，他们就不需要方形帽（他们的职位标志）了。”帕斯卡尔写道。他认为正义和治病超出了不信上帝的人的能力。[2]但至少我们可以要求律师和医生们尽力接近我们关于正义和治病的理念，而且，我们可以拒绝膜拜他们的身份。

公职持有者的权力更难约束（我在此将只对它予以简单考虑，在讨论政治领域时，我再对它做详细论述）。公职是行使权威的一个重要前提，但专业人员和官僚的统治，甚至合格专业人员和官僚的统治，都不够吸引人。只要有可能，他们就会用他们的职位来越过他们的资格保证书或他们的职能要求而扩张他们的权力。这就是为什么服从于公职持有者的权威的男女在决定职能的性质上有发言权的重要原因。部分地，这种决定是非正式的，是在公职持有者与客户的日常会面中做出的。它应该是教人们应对这些会面的公共教育的主要目的之一，使公民们的知识更丰富，使公职的神秘

1 Smith, *Wealth of Nations*, p. 100.（译文参见亚当·斯密：《国民财富的性质和原因的研究》，郭大力、王亚南译，商务印书馆，1972 年。——译注）

2 Blaise Pascal, *The Pensée*, trans. J.M. Cohen（Hammondsworth, England, 1961），p. 62（no.104）.（译文参见帕斯卡尔：《思想录》，何兆武译，商务印书馆，1985 年。——译注）

性更少。但用其他方式填补知识和权力分配的沟壑也是同样必要的：不鼓励专业和专家间的隔阂，采取较为合作的工作模式，用不同的公共监督（如审查委员会）来补充专业人员的自律。这最后一点是最重要的，特别在大众参与最现实的地方层面更是如此。此处关于福利官僚的观点可以普遍适用于所有公职人员：如果不是单干的话，他们就只能把自己的工作做好。事实上，他们无权单干，尽管他们的能力已经由被假定代表着客户和消费者实体的法定权威确认。
因为客户和消费者有一个更直接的利益，而且他们对公职持有者工 159
作表现的集体评判对正在进行当中的工作而言，是至关重要的。关键不是使"专"服从于"红"，而是使职位服从于公民。只有这样，每个人才都会清楚：公职是一种服务形式，而不是另一种暴政的理由。

对公职的遏制

公职的扩张有两个原因。第一个原因与对共同体的福祉至关重要的活动和就业的政治控制有关；第二个原因与"机会的公平平等"有关。这两个都是好理由，但它们各自看起来或整体看起来都不要求一种普遍的公务员体系。它们真正要求的是消灭或缩减私人（包括个人和群体）对特定种类工作的自行决定权。民主政治取代私人控制，其命令可以通过官僚或法官直接执行，或者通过公民委员会依公共确立的规则而行动来间接执行。但关键的参照系是整个政治共同体，有效的权力与国家并存。任何制度，甚至那些几乎接近于普遍的公务员系统的制度都肯定是一种集权化的运作。所有试图取得政治控制和机会平等的努力造成的不可避免的趋势，就是巩固和增强集中于中央的权力。和在社会生活的其他领域一样，打败暴政的努力所产生的是新暴政的幽灵。

但并不是所有的工作都得转换成公职。我已经说过，公职属于那些享受其服务的人们：选举性公职和国家行政公职属于全体人民；专业职位和公司职位属于那些只能通过国家机器在政治上被代表的客户和消费者。但显然有的工作并不适用这种描述或其适用的成本将远比人们想象的高得多；并且，有似乎属于更小群体的工作，与之相关的政治是群体的政治，而不是国家的政治。我认为，如果我们看一些例子，我们将很快发现：可以得出一个强有力的论点
160 来反对公职观念并有利于去中心化搜索与选拔程序。

小资产阶级的世界

我已经论证了企业活动的价值。小店铺、实业商店以及维修点一起构成了一个具有社会价值的工作和交换世界：它们偶尔是经济革新的源头；为街坊生活提供日用必需品。在美国，小资产阶级的大部分工作在平权行动和公平就业法律的管辖之外；有效的管制是不可能的。但消灭整个小资产阶级就业场是可能的（或至少把它赶到地下），而这在所谓的社会主义国家已经实施了——而这是打着平等的旗号的。因为，店铺、商场和维修服务点显然并不是“公平”分配的。心切的候选人也没有资格通过非人格化的程序拥有可获得的机会。小资产阶级经济是一个人格主义的世界，特殊照顾常常是互相的，工作常常分给亲戚朋友。裙带关系不只是被允许，而且似乎常常是道德上要求的。在这种道德范围内，自行决定权是最高统治原则：地主的自行决定权、家庭的自行决定权、紧密团结在一起的协会的自行决定权、地方政治党魁的自行决定权，等等。

不过，在我看来，法定权威的干预不仅是不受欢迎的，而且是非法的。部分地，这是一个程度问题。从总体上考虑，企业活动是非常重要的，但企业个体并不是非常重要的，共同体没有理由试图控制它们。（或者，共同体只能寻求最低限度的控制——例如，就像最低工资的确立一样。）但我们也必须注意小资产阶级的社会生活方式，在那里他们的工作是位于一种特定的社会网络之中的，封闭的

地区、日复一日的常规工作、地方联系、个人服务、家族合作。新来的移民群体的后继者有能力融入这个经济领域并获得成功并不稀奇，因为他们能够互相帮助，而一旦他们进入非人格化的公职领域，这种互相帮助的方式就不可能了。

工人的控制

现在想象美国经济的某个实质部分是由民主管理的公司和工厂组成的。我的意思是想在后面，即第十二章为工人的控制辩护。但我应该（再次）论证那个论点，以便追问何种雇佣程序在（如）工厂公社中是合适的。民主选举的人事经理或选拔委员会必须符合“机会的公平平等”标准吗？在这里说“雇佣程序”恐怕是不准确 161
的。一旦一个公社建立了，真正利益攸关的就是接纳新成员，而严格意义上的资格——干工作的能力或学习干工作的能力——似乎只是准入的第一个要求。现有的成员可以自由地——如果他们喜欢——设定他们感到与他们的共同生活有关的附加条件。但他们可以随意接纳他们的亲戚、朋友、不同民族团体的成员、具有特定政治信仰的男女吗？

在一个有着很长种族主义历史的社会里，剔除种族标准将是有意义的，因此，实施一套公平就业措施的最低限制也是有意义的。但超过这一点，准入过程就完全落在了成员手中。他们的公社想必位于某种联邦结构中，并且，他们在一个由规则构成的框架中运作，例如安全规则、质量标准等。但如果他们不能选择他们的同事，那么，就很难看出在什么意义上，他们可以说是“控制”着他们的工作场所。如果他们的确有控制力，那么，我们就可以假定有根据不同原则运营的不同种类的工作场所，包括那些在民族、宗教和政治上同质的群体。而且，也可能发生的是，在具体的时间和地点，最成功的工厂可能是主要由意大利人经营的，或是由摩门教徒经营的。只要成功不能在它的领域外转换成别的物品，我看不出这有什么不对。

政治委任

有许多并不要求任何特殊技能且通常以一种相当快的速度移交的政府工作，特别在地方层面上，这种工作更多。由于它们只能由法定权威分发，这些工作在定义上就是公职。持有任何一种最低资格的男女被召集起来，并用抽签法决定谁获得职位，这似乎很明显也是一个分配程序。例如，这是一种我们任命陪审团成员的方法；而它无疑也适用于地方议会、委员会、审查委员会、县政府的各种工作，等等。但考虑到美国选举原则的权威性，委任制度看起来似乎并不是非法的——也就是说，当选的官员，现在被看作获胜的政治领袖，向他们的伙伴和追随者分配职位。这事实上是把公职变
162 成“战利品”，但只要不是人们通过几个月或几年的培训准备才可得到的公职，只要有经验的公职持有者不会被任意撤换，那么，就没有人受到这种转换的不公平对待。而争论说对于特定种类的政府工作而言，政治活动本身就是一个重要资格，就不是不合理的。

事实上，成功的政治活动是获得最高职位的关键资格：我们对我们所说的“代表”这样工作的分配所依据的不是精英统治原则，或者至少不是我们能够通过考试制度评价的德才优点。这里的分配过程是完全政治化的，尽管理想的选民可能像一个选拔委员会的成员那样行为，选民的实际主体所受的约束和选拔委员会所受的约束并不一样。我们可以从陪审团到委员会再到选举团这个连续统一体中追踪到不断增加的选择自由。因此，相当合理的是，当选的官员被允许将某些追随他们的支持者安排到某些职位上，行使与他人选择自己时所行使的一样的自行决定权。

委任制度用于产生忠诚、责任和参与，并且也是任何真正地方主义的或分权民主的必要特征。普遍公务员系统与城镇民主的不相容可能和它与工厂民主的不相容一样。或者，地方政府，就像小型商业企业一样，在允许发展友谊和交换特殊照顾的地方，运转得

最好。再重复一次，这部分地是一个规模问题，部分地是利益攸关工作的特征问题。我的意思不是要否认一个非人格化的、政治上中立的官僚体制的重要性，而是说，那种重要性将随着公共活动的不同而或大或小。有一个活动范围，这对委任者的自由裁量权来说，如果不是完全合适的，也至少不是不合适的。我们甚至可以把它当作一种一般协议和期望，即特定的工作应该在政治活动家中“轮换”，当然，要依他们在选举日的成败而定。

这三个例子所说明的是，一个普遍公务员体系的建立将要求进行一场不仅反对多元主义和任何人类社会的复杂性的战争，而且要求一场明确反对民主多元主义和复杂性的战争。但这难道不是一场正义之战吗？难道不是一场要求“机会的公平平等”的运动吗？我所试图论证的是，机会的平等是某些工作的分配标准，但不是所有工作的分配标准。这在中央集权的职业化的官僚体系中是最适当的，其执行可能会产生这样的制度。在此，公共控制和个人资格是必要的，而关键的原则是“公平”。并且，在此，我们必须容忍多数的统治和由此而来的国家官员以及合格男女的权威统治。但是，显然在这些体系之外还有可取的工作，它们由私人或群体公平地（或不公平地）控制着，并且无须“公平”分配。这种工作的存在，为 163
不需要符合资格（实际上也不可能合格）的人获得某种成功开了方便之门，也由此限制了那些有资格的人的权威。当然，也有他们的命令不起作用的社会和经济生活领域。这些领域的精确边界常常是成问题的，但现实中却一点问题也没有。我们把它们与公共服务领域区分开来，因为这些领域中的人类关系模式要比对它们不加区分时的模式好一些——也就是说，在关于什么是好的人类关系这一点上，在某种特定的共识既定的条件下，要好一些。

因此，这是公职领域的复合平等。它要求职业向人才开放，但对有才能的人的特权设定了限制条件。如果男女个人想要规划他们的生活，为自己定制职业，那么，就没有办法回避竞争职位和接受竞争的胜利与失败。但我们可以通过降低赌注来减少竞争的狂热。利益攸关的是公职，仅此而已。一个候选人在中国的公务员考试中失败是个人悲剧。对他来说，一切都利益攸关：所有中国人都对成功的考生顶礼膜拜。但对我们来说，那可能是对公职的价值和公职人员的功绩的误解。致力于复合平等的男女将培养一种关于那些功绩是什么和它们如何在公职领域内运作得更为真实的理解。而他们将认识到其他领域的自主，在那里，其他形式的竞争和合作，其
164 他的形式的显达、荣誉和服务是合法地占据优势地位的。

第六章

艰苦的工作

平等与艰苦

这里所说的并不是一个费力的或艰辛的工作的问题。从这个词的那种意义上讲，我们几乎在任何职位上、在任何工作中都要努力工作。我要埋头苦干地写这本书，并且，有时候确实如此。一项对我们来说似乎值得为之努力的艰苦(hard)任务或事业显然是一件好事，尽管我们天生懒惰，我们也在寻找这种事业。但*hard*有另外的意思——如在“严冬”(hard winter)和“铁石心肠”(hard heart)中——指恶劣、令人不快、残酷、难以忍受。因此，就有了受压迫的古代以色列人出埃及的理由，“埃及人使他们因做苦工而觉得命苦”。[1]在这里，hard这个词描述的是如同监狱服刑一般的工作，是人们不想找和如果有哪怕是稍微有点吸引力的别的工作都不会选择的那种工作。这种工作是一种消极物品，并且，它通常附带着别的消极物品：贫穷、不安全、糟糕的健康条件、身体危险、耻辱和堕落。但是，它是社会必需的工作，需要有人去做，这就意味着必须找

1 《圣经·旧约》之《出埃及记》第一节。——译注

到人来做这种工作。

这一难题的传统解决办法有一种简单等式形式：消极物品等于这种工作被强塞到手中的那些人的卑贱地位。公民们可以豁免，这种工作是强加到奴隶、居留的外邦人、“客籍工人”——所有外人身上的，就像印度的贱民或获得解放的美国黑人。在许多社会中，
165 妇女是最重要的“内部”外人群体，她们干着男人们鄙弃的工作，使男人们得到自由，使他们不仅投身到更有回报的经济活动中，而且享有公民资格和参与政治。事实上，妇女们传统上承担的家庭工作——烧饭、清洁、照顾病人和老人——构成了当今经济中招聘外人（妇女在其中占明显比重）干的艰苦工作的一个重要部分。

这些情况中所秉承的是一种残忍的观念：地位低下的人承担消极物品。工作应当由其品质被认为适合它的男女来干。由于他们的种族或性别，或假定的智力或社会地位，他们应得做该工作的资格，或者他们不应得做该工作的资格，或者他们从某种角度适合干该工作。它不是公民们、自由的男性、白种男人等应该干的工作。但这是何种应得，何种资格呢？很难说这个社会或别的社会的苦工所干工作中的危险和耻辱是他们应得的；或者他们，并且只有他们是如何适合干这种工作的。我们对他们的道德本质的秘密又了解多少呢？当罪犯做苦工时，我们至少可以说他们应得他们所受的惩罚。但即便那样，他们也不是国家的奴隶，他们所受的耻辱（常常）是有限的和短暂的，显然最沉重的工作是决不应该由他们来承担的。而如果这种工作不能由他们来干，那么，当然别人也不应被安排干这种工作。事实上，如果罪犯被驱赶着做苦工，那么，普通男女就可能应该免于做苦工了，只要说明他们不是罪犯且从来没有被由同胞组成的陪审团发现有罪就行。如果甚至连罪犯都不应该被强迫忍受压迫（监禁已经是足够的压迫了），那么，其他任何人都不应忍受压迫就是不容置疑的了。

压迫当然也不能强加到外人身上。我已经论证过，做这种工

作的人与政治共同体的日常生活关系如此密切，以至于他们不能被合法地拒绝成员资格。艰苦的工作是一种归化程序，它给那些忍受艰难困苦的人以成员资格。同时，一个其成员抵抗艰苦工作的共同体（其新成员经由归化也加入抵抗队伍中）有其吸引人之处。他们有某种关于他们自己和他们的职业的感受，这种感受排除了接受压迫的可能性；他们拒绝被降格，并有力量持续拒绝压迫。自我意识和个人力量在人类历史上都不是那么普遍的。它们代表着现代民主的一个重大成就，这当然与经济增长密切相关，而且也与复合平等在福利领域的成功或部分成功密切相关。有时候，其成员不愿承 166
担某种工作成为反对福利国家的论据。但无疑，它是成功的一个标志。当我们设计一个公共供给制度时，我们的目的之一就是把人们从身体需要的直接约束中解放出来。只要他们是不自由的，他们就有可能做每一种艰苦工作，在某种程度上失去期望。饥饿、无力、常常处于不安全之中，他们构成了“无产阶级的后备军”。一旦他们有别的选择，他们就会团结起来说不。尽管如此，工作还得有人去做。那么，谁来做呢？

没有人被迫去干这种工作是人类的一个古老梦想。我们将通过废除这种工作来解决这个难题，在男女觉得令人不快的工作中，用机器代替人。所以，奥斯卡·王尔德[1]在他的唯美随笔《社会主义条件下人的灵魂》中写道：

> 所有无需智慧的工作，所有单调、乏味的工作，所有处理令人讨厌的事情和令人陷入讨厌环境的工作，都必须由机器来做。机器必须在煤矿中为我们干活，为我们做所有的清洁工作，做蒸汽船的司炉，清扫街道，在雨天送信，做所有乏味的、令

1　王尔德，爱尔兰作家、诗人，19世纪末英国唯美主义的主要代表，主要作品有《认真的重要》、《少奶奶的扇子》和长篇小说《道林·格雷的肖像》等。——译注

人倒胃的工作。[1]

但这常常是一种不现实的解决方式，因为人类服务中需要大量的艰苦工作，而自动化在那里是没有前途的。甚至在自动化曾经且仍然有前途的地方，发明和安装所需的机器也是一个比我们过去想象的发展缓慢得多的事业。并且，机器不仅取代人干“乏味的、令人倒胃的”工作，同时，机器也常常取代人干他们喜欢干的工作。技术在其效果上并不具有道德识别力。

如果我们把自动化放在一边，最常见的平等主义观点是工作应该（像公职那样）在公民中分享、轮换。每个人都应该干——当然，除了罪犯，他们现在应该被排除在外，以确保工作不带污名。这是简单平等的又一个例子。我认为，它起始于战争这项危险工作。当我们征募年轻人打仗时，人们说，我们应该普遍地招募男人和女人来干所有那些不可能吸引志愿者干的必要工作。一支由公民组成的军队将取代无产阶级的后备军。这是一个有吸引力的提议，我想给它应有的评价。但是，它不能越过艰难困苦的范围而得到捍卫——甚至不能越过危险的范围。因此，我将不得不考虑更为复杂的分配。消极物品应当不仅在个人中间分配，而且应当在分配领域
167 之间进行分配。有一些消极物品，我们可以按分担福利国家成本的方式来分担；有一些，如果市场条件大致是平等主义的话，我们可以进行买卖；有一些要求政治辩论和民主决策。但所有这些形式都有一个共同点：分配与（消极）物品的特性相左。除了惩罚情形以外，它不可能符合对物品的社会意义的分配，因为没有一个种族、性别或种姓，以及可想象的人群可以被准确恰当地挑出来当社会的苦工。没有人具有资格——不存在帕斯卡尔式公司（Pascalian

1 Oscar Wilde, “The Soul of Man under Socialism”, reprinted in *The Artist as Critic: Critical Writings of Oscar Wilde*, ed. Richard Ellmann（New York, 1969）, p. 269.

company)——因此，我们所有的人在不同场合，都可能通过不同方式干这种工作。

危险的工作

当兵是一种特殊的艰苦工作。实际上，在许多社会，它根本不被认为是艰苦的工作。它是年轻人的正常职业，他们的社会功能与其说是设计的，不如说是仪式性的，他们能在军队中找到同志之爱、兴奋和荣誉。在这些情形里，谈论征兵就像讨论志愿者一样奇怪，这两个范畴都不是相关的。有时候，所有年龄的军团都上阵，去做他们被期望做和他们的成员们(至少，他们当中的大多数)想做的事。有时候，打仗是精英的特权，并且，与它相比，别的一切事情都是艰苦的工作，都或多或少是低级的。年轻人是精力充沛的、好斗的，急于表现的；为他人而战是或可以是一种游戏，并且，只有富人能够有时间和财力玩游戏。约翰·罗斯金对"两愿的战争"(consensual war)做了精妙的浪漫解释，即贵族青年打仗的精神和他们踢足球的精神是完全一样的。只不过风险更大，兴奋程度更高，竞争得更"漂亮"而已。[1]

我们可以尝试一种更为实际的浪漫主义：年轻人是战士的想法与法国社会主义作家傅立叶的儿童应该是垃圾工的想法如出一辙。在这两种情形中，激情服务于社会功能。儿童喜欢在尘土中玩耍，傅立叶认为，因此，他们比别的任何人都愿意收集和处理垃圾。他提议组织他的乌托邦共同体以便利用孩子们的乐意性。[2]但我怀疑他将会发现干这种事比他想象的更加困难，因为说垃圾工是在玩垃

1　John Ruskin, *The Crown of Wild Olive: Four Lectures on Industry and War* (New York, 1874), pp. 90—91.

2　对傅立叶的制度的讨论见 Frank E. Manuel, *The Prophets of Paris* (Cambridge, Mass., 1962), p. 229。

168 圾几乎不是对他们所做工作的一个准确描述。类似地，把战争解释为年轻人的自然活动或贵族的运动只符合少数战争，或者说它只符合特定种类的遭遇战；并且，它根本不符合现代战争。绝大多数士兵几乎没有机会玩；他们的长官对他们的玩闹恐怕也不会高兴。士兵们所做的，从严格意义上说，是艰苦工作。事实上，我们可以把第一次世界大战中的战壕战，第二次世界大战中的丛林战当作艰难困苦的第一个原型。

但是，即便其真实特征被理解了，当兵也不是一种极端卑贱的活动。普通士兵常常是从最低阶级中招募的，或是从游民和外国人中招募的，并且，他们常常受到普通公民的轻蔑对待。但人们对这种工作的价值的认识会突然改变，他们总有机会在某一天以他们所保卫的国家的救星面目出现。当兵是社会必需的工作，至少有时候是这样；而当情况确实如此时，其必要性是清晰可见的、显著的。在那些时候，当兵也是危险的，它之所以危险，是因为在某些方面，它在我们的想象中打下一个特殊的印记。危险并不是自然的而是人为的，士兵生活在一个别人——包括他的敌人和我们的敌人——试图杀死他的世界里，而他也必须努力去杀死他们。他冒着杀人和被杀的风险。我认为，正是由于这些原因，这是公民们被要求承担，或要求彼此分担的第一种艰苦工作。征兵也有别的目的——首先是产生现代战争所需的庞大军队。但它的道德目标是将战争的风险在既定的一代年轻人中一般化或随机化。

但是，当风险是另一种时，同样的目的就似乎不那么紧迫了。考虑一下煤矿开采。“煤矿的事故率非常高，”乔治·奥威尔[1]在《通往韦根码头之路》中写道，“……以至于事故死伤者被当作一场小型战争所造成的伤亡对待。”[2]但是，很难想象这种工作由人们分担将

1 奥威尔，英国小说家，新闻记者，曾一度信仰马克思主义，后变为社会民主主义者，主要作品有讽刺乌托邦政治的小说《动物庄园》和《一九八四》。——译注

2 George Orwell, *The Road to Wigan Pier*（New York, 1958）, p. 44.

是什么样子。采矿可能不是高技能工作，但它无疑是非常困难的，并且，最好由那些已经干了很长时间的人来做。它要求的不仅仅是“基本培训”，“在某种程度上，”奥威尔写道，“我能够做一个可以忍受的扫地工人，或……一个最拙劣的农场工人。但无论我付出可以想见的多么大的努力或受到多好的培训，我也决不可能去做一名煤矿工人，这种工作几个星期就能把我杀死。”[1]突然打断矿工们的团结也起不了多大作用。矿井中的工作产生强烈的联系纽带，一个紧密的共同体是不会欢迎匆匆过客的。这个共同体就是矿工们的伟大力量。对地位和集团的深厚感情以及一代代的阶级斗争产生耐力，矿工可能是现代工业人口中流动性最小的群体。招募一支矿工部 169
队，即便是可能的，与矿工们为自己设计的社会生活相比，也不是一个有吸引力的替代方式。

但是，为什么招募普通公民去开采煤矿从来没有被政治运动所促进或成为公共讨论的主题，还有更深层次的原因。矿工们忍受的风险不是公共敌人强加给他们的，并且，他们并未被卷入杀人或被杀的特殊恐惧中。事实上，在某种程度上，风险是由粗心大意引起的或谋取暴利的矿主强加的，因此，风险就成为一种政治上的事。但显而易见的救济措施是把矿山国有化或规定矿山的运作；似乎没有招募矿工的必要。寻求一种对由自然强加的风险的救济同样重要。在古代雅典，在银矿做工的人是国家的奴隶，永远为城邦服务。今天的矿工是自由的公民，但无论矿山的所有权归谁，我们都认为他们是为国家服务的公民。因此，我们可以把他们当作招募来的士兵对待，不分担他们的风险，但分担救济的成本：研究矿山开采安全，设计他们直接需要的医疗保健，提前退休，体面的养老金，等等。只要是社会必需的，同样的论点似乎可以合理地应用到别的危险工作当中——不适用于登山，但适用于建造桥梁、高层建筑、深海石油

1　George Orwell, *The Road to Wigan Pier*, pp. 32—33.

钻塔，等等。在所有这些情形中，伤亡统计数字都可以与一场战争的数字相媲美；但日常经历却是不同的，因此，我们对于工作的理解也是不同的。

劳累的工作

和平时期的征兵仍然产生不同的问题。仍然存在某种战争风险，每个征召军团的风险都依他们到达年龄时的政治形式而变化。但是，通常，人们所分担的是服役的重担：所花的时间、艰难的训练、严苛的纪律。当然，我们可以付钱找人去服役，或招募志愿者、开放并提高晋升的可能性，鼓励士兵把军队当作一种事业，而不是事业的中断。这是我稍后要考虑的替代性方案，但我在此应该强调的是一个与之对立的政治论点，这个论点认为服役士兵与职业军人或雇佣兵相比，成为国内镇压工具的可能性较小。但是，这个论点只适
170 用于当兵（和警察工作），而和平时期征兵最有趣的是它使当兵和许多其他形式的艰辛同化了。如果军队是靠招募建立的，为什么修建道路、砍伐甘蔗、挖掘莴苣不能用招募形式来找人做呢？

在政治理论家中，卢梭对这个问题做出了最强烈的积极反应，他凭借的是一个对他的整个理论至关重要的道德论据。男人们（我们也应该把女人们加进去）必须分担社会必要的工作，就像他们分担政治和战争一样，如果他们是一个自治共同体的公民的话。如果政治参与和军事服务是社会所要求的，那么，**强制劳役**也是社会要求的，否则，社会将分为主人和奴仆，这两个群体都一样将跌入等级制和依附性陷阱中。我们知道，卢梭认为，当公民们“宁愿掏自己的钱袋而不愿本人来服务”的时候，共和国就处于衰落之中了，

> 当需要出征作战时，他们出钱雇兵，而自己却待在家里。当需要参加议会时，他们指定代表，而自己待在家里。……在一个

> 真正自由的国家里，一切都是由公民们亲手来做的，没有任何事情是要用钱的。……我距离通常的观念委实太远了：我相信劳役要比租税更不违反自由。[1]

通常的观点是：只有在选择他们自己的工作时，男人们和女人们才是自由的。赋税是选择的代价，而把劳役转换成赋税，在每个地方都被当作普通人的一个胜利。卢梭的观点事实上是激进的，但它却被一种没有具体化的模糊性削弱了。他从未告诉我们共同体的工作有多少是在公民当中分担的。劳役将扩张到什么范围的工作中呢？我们可以想象它扩大到包括每一种艰苦工作的地步。因此，公民们就得像托洛茨基的工业军队那样组织起来。那将给个人的选择留下非常小的空间；并且，军队的命令结构将滋生旧等级制和依赖性的新形式。卢梭当然倾向于较为中庸的形式，他所想的可能是那种历史上使用劳役的工作，就像修建国王的公路一样。于是，一种不完全承担的义务就给生活在卢梭理想的共和国中的小农和工匠们留下了充足的时间去干他们自己的事：我们可以把它当作一种象征性的义务（尽管他们所分担的将是真正的工作）。

如果这是正确的，那么，象征物的选择就非常重要，我们必须清楚这种选择的目的。修路对卢梭来说是一个好的选择，因为它是旧 171
政权下强制劳动的典型形式：贵族出身的男子原则上免于劳役，资产阶级实际上免除了劳役，这样，工作就强加到了国王那些最穷、最弱小的臣民身上，因此，经验证明劳役是一种最卑贱的工作。如果公民们作为一个实体来承担这种工作，那么，他们就不仅将穷人从体力劳动中解放出来，而且也把他们从这种工作的耻辱中——从贵

---

1 Jean-Jacques Rousseau, *The Social Contract*, book III, chap. 15, in *Social Contract and Discourses*, trans. G.D.H. Cole（New York, 1950）, p. 93.（译本参见《社会契约论》，何兆武译，商务印书馆，2003 年。——译注）

族蔑视和资产阶级对贵族蔑视的模仿中解放出来了。这并不是说修路对大多数做这种工作的人来说，不管他们是罪犯还是志愿者，将不再是一种消极的物品。充满辛苦、劳累和压迫，它是艰难困苦的第二个原型。但即便对它负有全职义务，也会不再使他们蒙受同胞的不尊重。因此，别的使人蒙羞的不尊重行为也应该逐渐停止，因为公民们可能随时愿意付钱修他们需要的公路，而工人们可能随时要求更多的报酬。所有这些都可能发生——但实际上，我们有证据说明，对体力劳动的态度的一种更为根本的转变事实上已经开始了，而且这种转变也是朝着有点像卢梭所主张的共同体的方向发展的。

以色列的基布兹

犹太复国运动从一开始就预示着一个犹太工人阶级的诞生，一种或另一种颂扬工人力量的马克思主义意识形态，一直是这个运动中的一个重要趋势。但从一开始，也存在着另一种趋势，这种趋势在哲学和政治上都较为新颖，它所颂扬的不是工人的力量，而是劳动的高尚，它的目的不是产生一个阶级，而是创造一个共同体。基布兹，或合作居留地，作为第二种趋势的产物，代表着对价值重新评价过程中的一个实验：通过分担工作来使劳动高尚。早期居民的信条是一种“劳动信仰”，即人们通过田间劳动相互交流，而最艰苦的工作也是精神上和社会上最高尚的。[1]

第一批犹太人居留地建立于1900年代早期。到1950年代，当孟福特·斯皮罗出版他的经典研究《基布兹：乌托邦中的探险》时，价值的重新评价非常成功，以至于无须再要求成员们分担居留地集体的体力劳动了。每个能够劳动的人都想干活，一只长满老茧的手
172 就是荣誉的徽章。只有那些有时间限制的工作（挤奶工人、守夜人）才在成员间轮换。另一方面，高中教师需要招募，因为教学与在田

---

1 Melford E. Spiro, *Kibbutz: Venture in Utopia* (New York, 1970), p. 44.

间劳作相比，不那么受尊敬——考虑到欧洲犹太人的文化，这是一个令人惊异的事实。[1]（不那么令人吃惊的是，厨房工作也引起了困难，我稍后将回来予以说明。）

我认为，对基布兹的成功至关重要的是，每一个犹太人居留地同时也都是一个政治共同体。不仅工作是分担的，而且有关劳动的决策也是大家共同做出的。因此，工人们在卢梭所说的“道德自由”这个首要意义上是自由的：他们忍受的负担是他们自我强加的。不愿接受它们的人可以离开，拒绝接受它们的人可能被驱逐。但成员们总是知道，他们的工作日状态和加班任务的分配是共同决定的事，而在这些决策中，他们有，而且将有重要的发言权。这就是为什么分担工作是全体人的事情的原因。在一个共和国的强迫劳役情况中，在一个较大的共同体和一个较复杂和分化的经济里，工人们只能间接地参与决策的制定，一种区别性的分享将是更合适的。但基布兹经验所说明的还有另一种对照：一个居民共同体中工作和政治之间紧密结合的可能，与各种在职背景中更偏向部分性的结合的可能之间的对比。正如我们应该看到的，工人们的控制或自我管理提供了强制劳役的一种替代性方案。对工作的政治改组有时可以是分担工作的一个替代品——尽管它是基布兹的一个核心特征，也是基布兹道德特征的一把钥匙，二者正是在这里走到了一起。

基布兹建立在一种把消极物品转换成积极物品的根本努力上。我一直认为这种努力是成功的，而且从总体上看，它的确是成功的。但它在一个领域内并没有成功。“某些工作被认为是非常令人讨厌的，”斯皮罗写道，“于是，只好对之采取一种永久的轮换制度……最著名的例子是在（公共）食堂和厨房里干活，烧饭、刷盘子、上菜。”[2]

1　Spiro, *Kibbutz*, p. 77.

2　Spiro, Ibid. 有关基布兹中劳动性别分工的分析，见 Joseph Raphael Blasi, *The Communal Future: The Kibbutz and the Utopian Dilemma*（Norwood, Pa., 1980）, pp. 102—103。

在斯皮罗所研究的基布兹中，妇女一次抽调一年，男子一次是二到三个月，来做厨房工作。现在，工作中的性别差异就不成问题，如果工作是自由选择的（或者由个人或者通过在其中男女都能够平等地发言的大会来选择），不同的工作受到同样的尊重的话。但是，这些条件中的第二种在这种情况下并不是有效的。我们有理由说，就食物而言，厨房是和田地一样重要的。但基布兹成员们通常蔑视资产
173 阶级在吃上的“雅致”，他们对任何带有奢侈迹象的东西都有一种卢梭式的不安。因此，斯皮罗报道说，“人们很少（做出）努力来改善（可获得的）食物的准备。”[1]（食物在1950年代的以色列是定量配给的。）厨房工作也许会得到更多尊敬，如果它的产品更个性化和受到高度重视的话——因此可能有人希望随着基布兹意识形态坚硬边缘的软化而改善它的相应地位。但饭后的清扫可能是令人厌恶的，不管这顿饭本身是多么美味。而且，别的种类的清扫可能也是令人厌恶的。这里，基布兹意识形态可能遇到了不能转换的消极物品。如果在我们不得不干的艰辛工作中不存在某种不能缩减的艰苦，那么，亚当所受的诅咒就根本不是诅咒了。而且，甚至在基布兹里，一些人对这个诅咒承担得也显然比别人多。

肮脏的工作

从理论上讲，没有什么是本质上丢人的工作；耻辱是一种文化现象。但是，一些与污垢、废弃物和垃圾有关的工作是几乎每一个人类社会所蔑视和避免的对象，这在实践中也可能是真的。（傅立叶的儿童还没有学到他们前辈的道德观念。）这些活动的详细清单将因时因地而异，但都或多或少有共同之处。例如，在印度，它包括宰牛和鞣制牛皮——而在西方文化中，这种工作有着完全不同的地

1 Spiro, *Kibbutz*, p. 69.

位。但除此之外，印度贱民特有的职业说明了什么是我们可以当作第三种艰难困苦工作的原型：清道夫和扫地工，废弃物和夜间秽物的搬运者。毫无疑问，贱民是特别卑贱的，但很难相信，他们所做的工作将会是有吸引力的和广受尊敬的。萧伯纳说得很对："如果所有的清洁工都是公爵的话，就没有人会蔑视尘土了。"[1]但指出如何造成这样一种令人愉快的安排却并不容易。如果所有的清洁工都是公爵，那么，他们就会找到某种新的群体，在另一种名称下干他们的清洁工作。因此，在一个人人平等的社会里，问题就是：谁会来干脏活？这个问题有一种特殊的力量，其必然的答案，至少在某种部分的象征的意义上，就是：我们所有的人都得干。因此，我们就会让公爵寿终正寝，如果不是终结清洁工的话。这就是甘地在要求他的追 174
随者——包括他自己——清扫他们聚会场所的公共厕所时所表达的意思。[2]这里有一个清洁印度社会不宜触及之事[3]的象征性方式，但它也说明了一个实际要点：人们应该清除他们自己的污秽。否则，不仅为他们自己，而且也为其他所有的人做清洁工作的男女，将永远不会成为一个政治共同体的平等成员。

于是，我们所需要的是一种国内的强迫劳役，不仅在家里——尽管在家里，强迫劳役是特别重要的——而且在公社、工厂、办公室和学校里都需要。在所有这些场所，我们所能做的最好是遵从沃尔特·惠特曼的强制令（诗是无力的，但论点是正确的）：

为了让每个男人注意自己真的在做些事情，
每个女人也同样认真，

1　Bernard Shaw, *The Intelligent Woman's Guide to Socialism, Capitalism, Sovietism, and Fascism*（Hammondsworth, England, 1937）, p. 106.

2　Harold R.Isaacs, *India's Ex-Untouchables*（New York, 1974）, pp. 36—37.

3　untouchability（不宜触及之事）与 untouchable（贱民）词根相同，此处应为贱民所干的活。——译注

> ……
>
> 去发明一些有独创性的东西
>
> 帮助洗涤、打扫和烹饪，
>
> 并且不要耻于参加这所有的劳动本身。[1]

如果每个人都事先知道他不能把清洁工作留给别人做的话，那么，这个世界就可能没有那么多需要清扫的污秽了。但有些人——例如，医院的病人——不能自理，只能把清洁工作给别人做，而某些种类的清洁最好是组织起来大规模地做。这种工作可以作为一个国家服务项目的一部分来做。事实上，战争和垃圾似乎是国家服务的理想科目：第一，因为它们涉及特殊的风险；第二，因为它们是不名誉的。可能这种工作应该由年轻人去做，不是因为他们喜欢做，而是因为这种工作具有教育价值。在人生过程中必须承担责任的时候，可能每一个公民都应该被允许做出选择。但无疑正确的是：比方说，清洁城市街道，或清洁国家公园，应该成为公民们的（兼职）工作。

但是，所有需要干的脏活都应该在全体公民中分担并不是社会政策的一个适当目标。那将要求国家对每个人的生活予以特别程度的控制，并且，它将从根本上干涉其他工作，而在别的工作中，有一些也是必要的，有一些只是有用的。我已经论证了一种具有部分象征性的工作分担：其目的是打破脏活与轻蔑之间的联系。在某种意义上，这种联系已经被打破了，或者说，通过肇始于早期现代化对封建等级制之攻击的长期文化转型，这种联系实质上已经被打破
175 了。新教的传道士教导我们，在上帝面前，所有的人类召唤、所有

1 Walt Whitman, "Song of the Exposition", in *Complete Poetry and Selected Prose*, ed. James E. Miller, Jr. (Boston, 1959), p. 147.（译文参见《惠特曼精选集》，山东文艺出版社，1997 年，第 261 页。——译注）

有益的工作，都是平等的。[1]今天，我们倾向于把工作分为是否合意的，而不是是否令人尊敬的。我们大多数人将否认任何对社会有益的工作可以是且应该是有损人格的。尽管如此，我们还是给干脏活的同胞公民们强加行为模式、规定日常距离，用恭顺的举止、专横的命令、拒绝予以承认等给他们划定范围。一位社会学家写道，当一个垃圾工感到被他的工作所玷污时，耻辱感就在他的眼睛里流露出来。他"与我们的想法不谋而合，避免用他那卑贱的自我玷污我们"。他向别处看去，而我们也向别处看去，"我们的视线没有相接，他成为一个非人的物体"。[2]打破这种共谋的一个办法，可能也是最好的办法，是确保每个公民都能从工作的角度了解承担最辛苦工作的同胞的劳动。一旦这样做了，就可能用别的机制，包括市场机制来组织社会的辛苦工作。

只要还有后备军，还有一个被贫困和对自我价值的无力感驱赶的卑贱的男人和女人阶层，市场就永远不会是有效率的。在那种环境下，最艰辛的工作也是报酬最低的工作，尽管没有人愿意干。但如果有一定水平的公共供给和一定水平的自我评价，那么，除非事实上得到好的报酬（或者除非工作环境非常好），否则，这种工作没有人去干。公民们将会发现，如果他们想雇用自己的同胞做清洁工和扫地工人，费用将会很高——实际上，比更体面和令人心情舒畅的工作的费用高得多。这是他们雇用**同胞**公民这一事实的直接后果。有时候，有人说在真正存在伙伴关系的情况下，没有人会同意做清洁工或扫地工人。在那种情况下，这些工作就得分担了。但这种说法可能是错误的。正如萧伯纳所说："我们太惯于看到脏活由肮脏的报酬可怜的人干了，而若不是一个肮脏的卑贱的阶级存在，

1　见 Michael Walzer, *The Revolution of the Saints: A Study in the Origin of Radical Politics*（Cambridge, Mass., 1965）, p. 214。

2　Stewart E. Perry, *San Francisco Scavengers: Dirty Work and the Pride of Ownership*（Berkeley, 1978）, p. 7.

那些脏活根本不会有人干。”[1]萧伯纳所坚持的很正确，如果有充足的钱或闲暇，人们就会趋之若鹜了。

他自己的倾向是采用闲暇或“自由”形式的回报——他争论道，这对本身几乎不具有内在满足感的工作来说，将总是最强的动力和最好的补偿：

176 在一个画廊，你将会看到一个穿着考究的女士坐在桌旁无所事事，只是告诉那些问价钱的人某幅画的价格，如果该画要送人的话，记下它的订单。她与记者和艺术家有许多令人愉快的闲谈，如果她对此感到腻味了，她可以读读小说……但画廊每天都得刷洗、都得清扫，画廊的窗户也得保持干净。显然，这位女士的工作比女工友的工作清闲得多。要使两者平衡，你就必须要么让她们隔几天或几周轮流做台前服务和刷洗工作；要么采取别的办法。一个一流的刷洗、清洁工人可能是一个很糟的商业女士，而一个非常引人注目的商业女士可能是一个很糟的刷洗工，因此，你必须让女工友比那位女士早回家享受她自己剩余的时间。[2]

“一流的”女工友和“非常有魅力的”商业女士之间的对比恰当地把对阶级和性别的偏见结合起来。如果我们抛开那些偏见，那么，定期的工作交换是不难想象的。毕竟，那位女士在家也得分担刷洗、擦灰、清扫工作（除非如萧伯纳对她所期望的那样，她在家也有一个女清洁工）。而女工友在闲暇时间做些什么呢？可能她会画点画或读一本有关艺术的书。但是，尽管交换是容易的，这也可能遭到女工友的抵制。萧伯纳的提议的一个吸引力在于它把艰苦的工作

1 Shaw, *Woman's Guide*, p. 105.

2 Ibid., p. 109.

设定为想保护自己时间的人的一种机会。因此，他们为了自己的闲暇，会去清扫、刷洗或捡垃圾，如果可能的话，避开任何有吸引力的、竞争性的或浪费时间的工作。在正常情况下，市场提供了一种免于市场压力的避难所。避难所的价格是一天中那么多小时的辛苦工作——至少，对一些人来说，这个价格是值得的。

对萧伯纳提议的一个重要替代性建议是工作改组，以便改变其道德特征，而非其物理要求（因为我认为它们是不可改变的）。旧金山的垃圾收集史为这种转型提供了一个绝好的例子，我将对它做简要描述，不仅为了它自身的利益，而且也因为它以一种有益的方式与我在前面对公职的讨论以及与我将要对荣誉和权力的论述有关。

旧金山的清洁工

在过去的六十年里，旧金山的大约一半垃圾是由夕阳清洁公司收集和处理的，该公司是由它的工人，即开着大卡车装垃圾桶的人，建立的合作社。1978年，社会学家斯图尔特·佩里出版了一本研究
夕阳公司的书，这是一部精美的城市人种志和关于“脏活和业主身 177
份的骄傲”的有价值的理论研究——它是我以下段落的唯一源泉。这个合作社是民主管理的，它的官员从普通成员中选出，报酬不比别的工人多。1930年代，在国内税务署（Internal Revenue Service）的强制推动下，他们通过规章制度，成了“股东”，不过，成员们仍然坚持忠于，并且将继续忠于这项事业的组织发起者们的纲领：“要建立和经营一个合作社——其中，每个成员都是工人，身体力行地干普通的工作，每个成员都做自己的事并希望别的成员也参与工作，各尽所能地增加集体的收入。”[1]事实上，收入已经增加了（总体上比那些体力工人的收入高），规模也扩大了，选举出来的官员也表现出相当的企业管理才能。佩里相信这种合作制为旧金山的公民们提

1　Perry, *Scavengers*, p. 197.

供了高于平均水平的服务，并且在此，更重要的是，为自己的成员提供了优于平均水平的工作条件。这并不意味着这种工作在体力上更容易了，毋宁说，合作使这种工作更令人心情愉快了——甚至使工作成为骄傲的源泉。[1]

在某种意义上，这种工作实际上变得更容易了：夕阳公司成员中的事故率比工业平均事故率明显低得多。收集垃圾是一种危险的活动。在今天的美国，没有别的什么工作有更高的受伤风险（尽管煤矿工人易于受到更严重的伤害）。对这些统计所做的解释并不清晰。虽然收集垃圾是一种艰辛的工作，但与许多别的有更好安全记录的工作相比，没太大差别。佩里指出，在安全与自我评价之间可能有联系。"身份制度的'潜在伤害'可能与健康和安全专家们能够记录的明显伤害之间有某种联系。"[2]收集垃圾的第一种"事故"是不尊重的内化，然后才是随之而来的其他事故。不尊重自己的人们将不会正确地照顾自己。如果这种观点是对的，那么，夕阳公司的
178 这种优良记录可能与共同决策和业主责任感有关。

夕阳清洁公司的成员资格是通过现有成员们的投票和随后对股份的认购来分配的（一般地，借到必需的钱不难，而股份的价值是直线上升的）。公司的创建者是意大利裔美国人，而今天，公司成员的主体也是意大利裔美国人；他们中大约有一半与别的成员之间是亲戚，有许多是儿子步父亲后尘进了公司。合作制的成功可能要归功于成员之间的融洽相处。在任何情况下，不管我们想对这种工

1 因此，佩里的书是一种反对奥斯卡·王尔德悲观主义的观点。"打扫一个泥泞的十字路口，"王尔德写道，"是一种令人厌恶的职业。带着精神的、道德的或身体上的尊严去打扫，在我看来，似乎是不可能的。而满心愉快地去打扫则是骇人听闻的。"见 Wilde, "Soul of Man", p. 268。佩里的研究说明王尔德低估了表现尊严的可能性，如果不是愉快的可能性的话。他区别了工人们是如何恪守对岗位、对工友和公民们的承诺的。但我并不想忘掉王尔德的观点，即工人们所做的工作也是不一样的：没有办法把清扫或清洁变成一种吸引人的或知性上鼓舞人的职业。

2 Perry, *Scavengers*, p. 8.

作发表什么意见，他们都已经把成员资格变成了一种好东西。但是，他们并不按照“机会的公平平等”原则来分配他们已经创造的物品。在纽约市，由于有一个强大的工会，收集垃圾也是一种许多人想得到的工作，在那里，这种工作已经变成了一种公职。候选人们必须通过参加公务员考试来获得资格。[1]了解一些有关那些通过考试并被作为政府雇员雇用的人的自我评价将是很有趣的。他们可能比夕阳合作公司的工人们挣得多，但他们可能没有同样的安全保障，他们并不拥有他们的工作；并且，他们并不分担风险和分享机会，他们并不经营自己的公司。纽约人称自己是“环卫工人”（sanitationmen），而旧金山人称自己为“清洁工人”（scavengers）：谁更有优越感？如果如我所认为的那样，夕阳公司的成员们的确有优势的话，那么，这种优势是与夕阳公司的特征紧密相连的：一个自己选择同事的同事公司，除了向公司当前的成员们申请之外，没有别的办法获得干这种工作的资格。毫无疑问，成员们所寻找的是能够干必需的工作且能把它干好的人，但可以想见，他们同时找的也是好同事。

但我并不想低估工会化的价值，因为工会可以是另一种自我管理的形式和使市场起作用的方法。毫无疑问，工会已经为自己的成员们赢得了更好的工资和工作条件，有时候，它们甚至成功地打破了收入差异与地位等级之间的联系（纽约的垃圾清洁工就是一个最好的例子）。也许，一般原则应该是：在工作不能成立工会或不能合作运行的任何地方，工作都应该由公民们分担——不是象征性地和部分地，而是普遍地分担。事实上，当人人都可以参加工会或合作社的时候（当没有后备军的时候），除非人们自己动手，别的工作是不会有人去干的。这在家庭的烹饪和清扫上是显而易见的，这两方面的工作都日益被新移民，而非公民所承担。“（如今）很少有年轻的 179
黑人妇女做家务活了，”一个做了一辈子用人的黑人老妇告诉斯塔

1　Perry, *Scavengers*, pp. 188—191.

兹·特克尔，“我很高兴。那就是我把我的孩子们都送去读书的原因。这个女士告诉我：‘你们所有人的生活都会像这个样子的。’我说：‘我很高兴。’再也没有什么让他们筋疲力尽的事了。”[1]这是一种主要依赖于其（被蔑视的）道德特征的一种工作。改变这种特征，这种工作就可能成为不可做的了，不仅从工人的观点看，而且从雇主的观点看，都是如此。“当家庭用人被当作人对待时，”萧伯纳写道，“就不值得雇用他们了。”[2]

但这对于垃圾清洁工和煤矿工人来说并不是真实的，尽管要求人道对待将无疑使每一种脏活和危险的工作都比以前更为昂贵。这对于士兵来说是否为真也是一个有意思的问题。如我已经说过的，我们可以通过劳动力市场来招募士兵，在缺乏后备军的情况下，这种诱因可能与那些其他形式的艰辛工作不相上下，甚至有过之而无不及。但是，如果有军事效率必需的纪律，那么，工会化就是困难的，自我管理也不可能。而那就可能是甚至在和平时期也征兵的最好理由。征兵是一种分享纪律和——可能更重要的是——用政治控制来施加其艰难困苦的方法。有些男人和女人喜欢艰难困苦，但我怀疑他们当中是否有足够的人来保卫国家。并且，虽然军队对那些希望成为军官的人来说是一个诱人的职业，但对那些将填补低级军官空缺的人来说，没那么吸引人——或在一个公民共同体中，它不应该是吸引人的。当兵比收集垃圾享有更多的特权，但与军队中的一个列兵相比，旧金山的清洁工和纽约的环卫工人，在我看来，更像是自由人。

在夕阳公司（和在以色列的基布兹一样）的经验中，最吸引人的是艰苦工作与别的活动相联系的方式——在这种情况下，是“股东们”的会议、对政策的辩论、选举官员和吸收新成员。公司同时也拓

---

1 Studs Terkel, *Working*（New York, 1975）, p. 168.

2 Bernard Shaw, “Maxims for Revolutionists”, *Man and Superman*, in *Seven Plays*（New York, 1951）, p. 736.

展业务到废渣填埋和海上救助，为成员们提供新的多样化的（包括管理性工作）的就业机会，尽管他们所有的人，不管现在在干什么，都干过好几年开卡车拉罐子的活。在整个经济中，劳动分工的发展千姿百态，不断地分离出而不是聚集着最辛苦的工作。这在人道服务领域，在我们为病人和老人提供的照顾中，表现得非常真实。这些工作中的大部分仍然是在家庭中完成的，家庭与许多别的工作相 180
联系，其困难被它所维系的关系缓解了。但是，它日渐成为机构性的工作，在庞大的看护机构中——医院、精神病院、养老院——最艰苦的工作、脏活、最亲密的服务和监护，是由最下级的雇员做的。医生和护士，捍卫着他们在社会等级中的地位，把责任转到了护理员、勤杂工和服务员身上——他们整天看护着陌生人，而我们只有在我们所爱的人处于危急关头时才可能这么做。

也许，护理员、勤杂工和服务员赢得了他们的病人或病人家属们的感激。这并不是我想要低估的一种回报，但是，感激最经常的和最明显的体现是医生和护士们——治病者而非仅仅病人的看护者——所得到的报酬。看护者们的憎恨是众所周知的。奥登显然想着病人，而不是医院员工，他写道：

> ……医院本身提醒我们
> 人是生而平等的。[1]

勤杂工和服务员不得不打发漫长时光，虽然上司偶尔也慰问一下，但一般公众根本不会来或根本不愿来看他们一眼。通常，他们看护的是那些世界上其余的人已经放弃了（而世界一旦放弃了他们，也就把他们拒之门外）的男女。报酬极低而操劳过度，生活在身份制

1 W. H. Auden, "In Time of War" (XXV), in *The English Auden: Poems ,Essays, and Dramatic Writings 1927—1939*, ed. Edward Mendelson (New York, 1978), p. 261.

度的底层，他们无疑是人道博爱中最不舒服的人——尽管我怀疑，除非他们受到神的召唤来干这种工作，否则他们给予病人的舒适程度不会比他们得到的多。而有时候，他们为使工作稍微轻松一点的些微虐待而感到愧疚，他们深信，他们的上司将会很快惩罚他们，并找人取而代之。

“这里有一系列问题，”爱弗利特 · 休斯曾写道，“不能通过改变社会选择谁进入这种工作的某种奇迹来解决。”[1]事实上，如果看护是分担的——如果来自不同社会背景的年轻男女轮流做勤杂工和服务员——那么医院、精神病院和养老院内的生活将无疑会变得更好。也许这种工作由地方而非国家组织是最好的，这样可以在看护和街邻友善之间建立一种联系；这甚至还很可能用一点点发明来减
181 少这些机构环境的某些没有人情味的僵化。但这样的努力充其量是补充性的。这种工作的大部分将由那些以此为职业的人来做，而这种选择在一个由平等公民组成的社会里将是不容易产生出来的。以前，我们必须招募外国人来做大量我们看护机构中的辛苦、肮脏的工作。如果我们想避免这种招募（和它常常带来的压迫），我们就必须再一次地改革这种工作。休斯说，“我有一种观念，当它是一个好角色的一部分，即对一个人的自我有充分的回报时，……‘脏活’可以更容易为人所忍受。一个护士在干活时可能比一个自己不被允许称为护士的人更有优越感，但她又被诸如‘次专业的’或‘非专业的’之类的评价所打击。”[2]这是相当正确的。国家服务可能是有效率的，因为至少在一段时间内，邻居角色或公民角色将包括必要的工作，但经过一段较长时间后，这种工作就只能被一种机构的或职业的地位的升华所包容了。

没有机构或职业中一种深远的变化，这种升华将是不可能

1 Everett Hughes, *The Sociological Eye*（Chicago, 1971）, p. 345.

2 Ibid., p. 314.

的。因此，它依赖于长期的拉锯战式的政治斗争的结果、社会力量的均衡、各种利益的组织等。但我们也可以在更倾向于哲学讨论层面对它进行思考。这里有必要做的是中国人所说的“正名”（the rectification of names）。在一种意义上，“名”是历史地、文化地规定的，在另一种意义上，它又受社会权力和政治权力游戏的影响。公职持有者和专业人员在持有一个特定地位的头衔和特权的过程中逃避与职位相联系的不那么惬意的责任是权力游戏的一个例子——也许是至关重要的例子。但除非你是一个极端的唯名主义者，否则，名的问题就仍然是悬而不决的。“当护士的任务被改组后，谁应该被叫作‘护士’呢？是教师还是管理者？还是病床边的安慰者？或者是那些做卑贱服务的人？”[1]我们当然应该给做“护理”工作的人——（按字典所解释的）“侍候并关注”病人的人——以名分和与名分相符的一切。我的意思并不是就护理的本质提出某种权利要求，也不打算提起一个纯粹语言学上的争论。我所讨论的，再说一次，是共识，而这些共识也常常是引起争论的。尽管如此，似乎还可以公平地说，存在一个包括“卑贱服务”在内的有价值的活动的范围，而这个范围内的活动之所以是有价值的，部分原因是它们包括了这种“卑贱服务”。这种工作的艰辛是与荣誉相联系的，而我们决不能太草率地允许二者分开，即便冠以效率或技术进步的名义也不能这么做。

对艰苦工作的困难而言，不存在什么容易的和一流的解决方案，也不存在完全令人满意的解决方案。积极物品可能有其适当的 182
目的；消极物品则没有。“为了逃避面对这一事实，”萧伯纳写道，“我们可以借口说，某些人有非常奇特的品味，以至于说出一种你可能找不到一个对之有狂热爱好的人的职业几乎是不可能的——上帝从不创造工作却造出干活的男女，这句谚语在这一点上是千真万

1 Hughes, *The Sociological Eye*, p. 314.

确的。”[1]但这个借口并没有使我们走多远。事实是：艰苦的工作对大多数发现他们自己正在干活的男人们和女人们来说，是没有吸引力的工作。当他们渐渐长大时，他们梦想着干别的工作。而随着他们年龄的增长，工作也变得越来越难。因此，一个五十岁的垃圾清洁工对斯塔兹·特克尔说：“小巷变得越来越长，垃圾桶也变得越来越大。我老了。”[2]

我们可以通过某种国家服务来分担(并部分地转换)艰苦的工作；我们可以用金钱和闲暇来回报它；我们可以通过把它与其他种类的活动联系起来使它更有回报——政治上的、管理上的和本质上专业的。我们可以招募、轮换、合作和补偿；我们可以改组这种工作并为之正名。我们可以做所有这些事情，但我们无须废弃艰苦的工作；而且，我们也无须抛弃承担艰苦工作的工人阶级。如我已经论证过的，第一种废除主义是不可能的；第二种废除主义只能用强制来加重艰辛程度。我所提议的措施至多是部分的和不完整的。它们有一个与消极物品相适应的目的：一种对艰苦工作的分配并不腐蚀与之重叠的分配领域，即把贫穷带入货币领域，把耻辱带入荣誉领域，把虚弱和顺从带入权力领域。剔除消极的支配因素：这就是集体谈判、合作经营、职业冲突、正名——艰苦工作的政治——的目的。这个政治的结果是非决定性的，无疑随着时间、地点的不同而变化，以先前确立的等级制和社会共识为条件。但它们也将受到工
183 人们自身的团结、技能和能量的制约。

1 Shaw, *Woman's Guide*, p. 107.

2 Terkel, *Working*, p. 153.

第七章

自由时间

闲暇的意义

与金钱、公职、教育和政治权力不同，自由时间不是一种危险物品。它不能轻易转换成别的物品；它也不能被用来控制别的物品的分配。贵族、寡头以及他们的资本主义模仿者无疑都享有很多闲暇时间，但如索斯廷·范伯伦在19世纪末所论证的，这种享乐之事却主要是设计用来展示而非取得财富和权力。因此，我将简要描述一下这种人和他们的乐趣，上层阶级打发闲暇无事的传统方式只不过是我描述的主题的一小部分。

范伯伦关于"尊贵的闲暇"（honorific leisure）的解释说明，事实上，它可能是一种令人厌烦和忙乱的事（尽管它决不是艰苦的工作）。因为单纯的游荡是不够的，你还必须堆砌"有用的证据，来证明一种对时间毫无产出的花费"。[1]至关重要的是，在无所事事的同时还要让整个世界都知道你在无所事事。一大群仆人的忙乱对此是一个很大的帮助。但问题是贵族和寡头们可做的活动没有留下

---

1 Thorstein Veblen, *The Theory of the Leisure Class*（New York, 1953）, p. 47.

任何物质产品。因此，“有用的证据”就体现为善于辞令的智慧、优雅的举止、国外旅游、奢侈的娱乐、“半学术半艺术的成就”等形式。我认为，假定高等文化依赖于这种事情是一个错误——尽管游手好闲的男人们和女人们常常涉足艺术和文学或者资助艺术家和作家。“一切智力进步都诞生于闲暇，”塞缪尔·约翰逊[1]写道，但他头脑
184 中的闲暇却不是这种闲暇（而他的生活也并没有为他的命题提供证据）。无论如何，上层阶级的闲暇在复合平等条件下都是不可能得到的。它所要求的社会物品的集中将是不可能发生的；仆人将是难以找到的，或者他们将不会恰如其分地忙乱；无所事事将拥有较低的社会价值。尽管如此，有闲暇去消磨时光仍然是一件好事，至少有时候如此；而这样做的自由——表现为长假、短假、周末、非工作时间等具体形式——是分配正义的一个中心议题。

对大部分人来说，闲暇只不过是工作的反义词，而闲散则是它的本质。希腊语的*schole*和希伯来语的*shabbat*的语源学词根，是动词“终止”（to cease）和“停止”（to stop）。[2]可以想见，要停止的是工作，其结果是宁静、和平、休息（还有娱乐、玩耍、庆祝）。但还有一种对闲暇的替代性理解需要在此至少做个简单的描述。自由时间（free time）并不只是空闲时间（vacant time），它也是一个人所掌握的时间。“一个人自己的甜蜜时光”（one’s own sweet time）这个可爱的短语并不总意味着一个人没有什么事做，毋宁说，没有什么事是一个人必须做的。因此，我们可以说，闲暇的反义词不是纯粹的工作，而是必须干的工作，是在自然或市场的约束下的工作，或最重要的，是受工头、老板约束的工作。因此，有一种休闲（在自己的

1 James Boswell, *The Life of Samuel Johnson*, ed. Bergen Evans（New York, 1952）, p. 206.

2 关于这些词的讨论见 Sebastian de Grazia, *Of Time, Work, and Leisure*（New York, 1962）, p. 12; Martin Buber, *Moses: The Revelation and the Covenant*（New York, 1958）, p. 82。

空间内）的干活方式，也有与一生闲暇相适应的各种工作。“因为闲暇并不意味着无所事事，”T.H.马歇尔在一篇关于职业化的论文中写道，“它意味着按照你自己的偏好和你自己关于何为最佳的标准选择你的活动的自由。”[1]专业人员曾一度热切主张这种自由，它使他们成为绅士，因为尽管他们通过工作来谋生，他们却是以一种休闲的方式工作的。不难想象一个环境，其中同样的自由将培育出公民资格而非高贵的身份。例如，让我们考虑一下希腊的工匠，他们毕生的目标据说是“保护他的完整个人自由和行动的自由，当他想工作或他作为一个公民的职责准许的时候就工作，把他的工作与所有其他充实（他的日子）的职业相协调，参与治理，参与法庭的审判，参加比赛和欢宴”。[2]这幅图景当然是理想化的，但重要的是要注意到，这种理想是一个其所有时间都是自由时间的劳动者的理想，这种人不需要为了享受片刻闲暇而要求“带薪度假”。

亚里士多德认为，只有哲学家才能被正当地说过着一种闲暇的
生活，因为哲学是唯一不受某种深层目的约束的人类活动。[3]其他每
一种职业，包括政治，都与一个目的相联系，并最终是不自由的，但 185
哲学本身就是一个目的。工匠不仅是出售自己产品的市场的奴隶，
而且是产品本身的奴隶。我想，我们目前归因于亚里士多德所撰写
的书籍，相较而言，根本不是哲学沉思的产物，而只是哲学沉思的副
产品。亚里士多德写作的目的不是为了挣钱，也不是为了赢得官职
任期或永恒的名誉。理想状态下，哲学没有问题，至少，人们投身哲
学不是为了解决它的问题。我们在此处可以看到对生产性工作的
贵族式蔑视的根源（或者，它可能就是一种反映）。但把非生产性作

1　T.H. Marshall, *Class, Citizenship, and Social Development* (Garden City, N. Y., 1965), p. 159.

2　Alfred Zimmern, *The Greek Commonwealth* (Oxford, 1961), p. 271, 转引自 G. Salvioli, *Le Capitalisme dans le monde antique* (Paris, 1906), p. 148。

3　Aristotle, *Nicomachean Ethics*, X. 7.

为闲暇的核心特征对闲暇的意义而言，既是一个不必要的限制，也是一个自私自利的限制。哲学家的思想没有玷污闲暇的观念，而工匠的桌子和花瓶、雕像却玷污了闲暇的观念——这是一种可能只投合哲学家脾胃的想法。从某个道德立场看，人类活动由内在指引似乎比它没有外在目的或物质产出更为重要。而如果我们关注于自我导向，大量有目的的活动就会被纳入休闲生活的范围。学术工作无疑是这其中的一种，不是因为它是无用的——我们从来都不能肯定这一点——而是因为知识分子通常能够按照他们自己的具体规定设计他们做的工作。但其他种类的工作也可以由工人们，或者个人或者集体设计（计划、确定进度、组织），因此，把工作描述为“自
186 由活动”，把时间描述为“自由时间”就不是不合理的。

人类也需要“停止休息”，马克思曾批评亚当·斯密把休息描述为理想的人类状态，并将之等同于自由和快乐，他写道：“无疑，工作的度量方法似乎是由要达到的目标以及在达到目标的途中所遇到的障碍外在设定的。”他接着写道：“但斯密没有意识到，克服障碍本身就是实现自由。”马克思的意思是，它有时候可能是一种自由的实现——无论何时，只要“外在的目标，不再只表现为本质上必需的东西，成为个人为自己选择的目标”。[1]这里利益攸关的，部分地是对工作的控制、工作场所和整个经济中权力的分配——这是一个我将在稍后一章中讨论的问题。但马克思同时也想暗示，在某种重大变革时期人类与自然联系的方式，即摆脱必然王国，这是一种对工作和游乐的古老区分的超越。于是，人们不必像我一直所做的那样以一种休闲的节奏干工作或把工作融入一种闲暇生活中，因为工作将就是休闲，而休闲也将是工作：自由的生产活动、人类的“类生

---

1 Karl Marx, 转引自 Stanley Moore, *Marx on the Choice between Socialism and Communism* (Cambridge, Mass., 1980), p. 42。见 *The Grundrisse*, ed. and trans. By David McLellan (New York, 1971), p. 124。

活”(species life)。

对马克思来说，这是资本主义文明的一个伟大失败，即大多数男人们和女人们都经验着这种活动，如果他们完全经历的话，就只能是在剩余的零散的时间里把它作为一种业余爱好而非他们的终身事业。相较而言，在共产主义社会，每个人的工作都将是他的业余爱好，每个人的事业也是他的副业。但这种景象，虽然辉煌灿烂，却不是正义理论的一个合适主题。如果它能够实现，那么，正义将不存在争论。我们所关注的是在转型、摆脱和超越发生之前自由时间的分配——此时此地，当工作和休息的节奏对人类的福祉仍然至关重要的时候，当一些人，至少当他们不能从他们的日常工作中得到休息时间，他们就根本没有类生活的时候。无论工作是如何组织的，无论工作是多么休闲——而这些都是重要问题——在“停止工作”的更狭窄更传统意义上，男人们和女人们仍然需要闲暇。

两种休息形式

马克思以一种较无情的语气写道，工作将永远是一种必然王国。人类力量的自由发展是超越于那个王国的：“工作日的缩短是根本条件。”[1]我们还可以加上“缩短工作周、工作年、工作生活。”所有这些在20世纪的分配斗争、阶级战争中都是中心问题。马克思在《资本论》第一卷中关于工作日的那一章是对这些斗争的一个精彩阐释。但是，只要与正义有关，它就被打上一种普遍的(和特有的)二元论标记。一方面，马克思坚持认为无法从正义推论出工作日的合适长度，他说：

1　Karl Marx, *Capital* (New York, 1967), vol. III, p. 820; cf. Moore, *Choice*, p. 44.(译文参见马克思:《资本论》,人民出版社,2018年。——译注)

> 资本家要坚持他作为买者的权利，他尽量延长工作日，如果可能……工人也要坚持他作为卖者的权利，他要求把工作日限制在一定的正常量内。于是这里出现了二律背反，权利同权利相对抗，而这两种权利都同样是商品交换规律所承认的。在平等的权利之间，力量就起决定作用。[1]

另一方面，马克思也坚持——而在这一点上，他倾注了更多的感
187 情——力量可能做出不正当的决定：

> 资本由于无限度地盲目追逐剩余劳动，像狼一般地贪求剩余劳动，不仅突破了工作日的道德极限，而且突破了工作日的纯粹身体的极限。它侵占人体的成长、发育和维持健康所需要的时间。[2]

身体的极限确实存在，尽管这些是骇人听闻的最低限度："哪怕是几个小时的休息时间，如果没有，劳动力就根本不能重新工作。"[3] 如果所需要的是细心的、创造性的或增大到最大限度的生产性工作，极限就更严厉了；几个小时是不够的。事实上，生产力的增加是与休息相联系的，至少在一个点上是这样的；而理性的资本家，恰恰由于他们"像狼一般贪求"，所以，应该找到那个点。但这是一种关涉谨慎或效率的事，而不关涉正义。道德界限更加难以明确，因为它们因文化的不同而变化，依赖于人们对一种体面的人类生活的共识。但我们有记录的每一种共识都既包括工作又包括休息，马克思毫不费力地就把英国辩护士为一天工作十二个小时、一周工作七天

1 Marx, *Capital*, vol. I, pp. 234—235.

2 Ibid., vol. I, pp. 264—265.

3 Ibid., vol. I, p. 264.

做辩护时的伪善揭穿了——“这还是在信守安息日的国家里！”实际上，由于工作时间规定有悖于工作和休息并重的悠久历史，1840年代和1850年代的英国似乎像地狱一样。尽管工作的节奏和周期在农民、工匠和产业工人之间有着很大差异，尽管特定的工作日的长度表现出极大的不同，工作年度的确看起来有着一种标准化形态——至少是在许多不同的文化环境中都存在。例如，对古罗马、中世纪欧洲的计算说明工作日与休息日的比率大约是2∶1。[1]而这正是我们今天的水平（表现为一周工作五天、两周的休假，以及四至七天的法定假日）。

休息目的的变化更为彻底。马克思的描述是19世纪自由主义者和浪漫主义者的典型：“个人受教育的时间，发展智力的时间，履行社会职能的时间，进行社交活动的时间，自由运用体力和智力的时间。”[2]政治，在古希腊工匠的自由时间里起着非常重要的作用，但甚至连提都没有人提过。宗教仪式也没有人注意。在此，任何关于儿童无所事事地“打发”时光的价值的解释在马克思看来，都没有多大意义——除非“游戏”的意思包括胡思乱想、眺望星空和白日梦。我们可以结合亚里士多德关于闲暇的定义来说，漫无目的、没有固定目标的状态，是闲暇特有的目的之一（尽管只是其一）。

但是，无论人们如何描述这些目的，都不会挑出任何特定一群男女来或多或少地赋予他们自由时间。没有办法给闲暇设定资格。188
事实上，为某种休闲式的工作定资格是可能的，就像为职业定资格一样。类似地，一个人还可以赢得奖学金来留出自由时间搞研究或写作。社会有兴趣确保哲学课程由合格的人来教，但社会对谁思考

1 de Grazia, *Time*, pp. 89—90; Neil H. Cheek and William R. Burch, *The Social Organization of Leisure in Human Society* (New York, 1976), pp. 80—84; William L. Parish and Martin King Whyte, *Village and Family in Contemporary China* (Chicago, 1980), p. 274.

2 Marx, *Capital*, vol. I, p. 264.

哲学或非哲学的思想并没有兴趣。身体和精神的自由运动是……自由的。虚度光阴的性质是不受评判的。因此，闲暇，由于它是在特定时空所构想的，似乎属于那个时空的所有居民。找不到什么选择原则和排除原则。财富和权力与闲散的古老联系只不过是另一种形式的暴政罢了。因为我是有权势的并掌握着人们的顺从，所以，我应该休息（而你应该干活）。更准确的是说，权力的回报是它的行使，而权力的正当性是它的尽职的或有效率的行使——而这是一种工作形式，其目的之一是别人可以休息。因此，莎士比亚笔下的亨利五世，重复着国王们共同的自我辩白：

> 他浑浑噩噩、安安稳稳地过着太平日子，
> 全没想到做人君的为了维护这太平世界
> 对着孤灯，操着怎样一片心；他
> 宵旰勤劳，到头来却是那村夫最受用。[1]

并且，没有人知道在村夫中谁是真正"最受用"的。

但是，尽管剔除了像马克思所描述的那样的工作日，这种论点迄今也并没有要求每个人都拥有正好相等的自由时间。实际上，相当多的变化是可能的，甚至是令人向往的，如果考虑到人们所做的不同种类的工作的话。在《聪明女人手册》中，萧伯纳着重写道，正义要求"……闲暇或自由在全部人口中平等地分配"。[2]这是闲暇领域中的简单平等，我们可以通过增加工作小时和按人数把人们分成几组来确定工作日的长度。但紧随萧伯纳对平等的主张而来的是一场对不同种类的工作和工人的相当复杂的讨论。我已经引用了

1 William Shakespeare, *Henry V*, IV: 1.

2 Bernard Shaw, *The Intelligent Woman's Guide to Socialism, Capitalism, Sovietism, and Fascism*（Hammondsworth, England, 1965）, p. 340.

他的论点，即做社会清扫和刷洗工作的人应当得到额外的自由时间作为补偿。他也并不反对提出自己的权利主张：“就我自己的情况而言，一个作者的工作通常可以正好分成有限的日常周期这个事实抛开不论，我通常是强迫自己在一个期间内拼命工作，然后，离开一段时间放松复原。”[1]这听起来相当合理，但我们现在必须更仔细地考察这种模式可能正当适用的几种方式。 189

休假短史

在1960年，平均150万美国人，即劳动人口的2.4%，每天都在休假。[2]这是一个惊人的数字，并且，在那个时期，这个数字从来没有那么高过。休假事实上历史很短——对普通男女来说，是非常短的：至迟到1920年代，塞巴斯丁·德·格雷泽报告说，只有少数挣工资的人能够自吹有带薪休假。[3]这种制度安排在今天已经相当普及，是每个工会合同的核心特征，而“度假”的做法——如果不是几个星期，至少也是一两个星期——也开始越过阶级界线普及了。实际上，休假已经成为规范，因此，我们被鼓励将周末当作短假，把退休后的岁月当作一个相当长的休假。尽管如此，这种观念也仍然是新的。**假期**（vacation）一词的使用意味着仅始于1870年代的私人假期；而动词**休假**（to vacation）则始于1890年代。

这都始于资本家对贵族从宫廷和城市退回到乡村庄园的模仿。由于资产阶级男女很少拥有乡村庄园，他们就回归到海滨或山区胜地。一开始，有关休闲和娱乐的想法是借口新鲜空气和矿泉水或盐水等有利于保持健康，因此，18世纪的巴思温泉（Bath）和布莱顿（Brighton）成为人们用餐、聊天和散步的好去处，有时也是“打点泉

1　Bernard Shaw, *The Intelligent Woman's Guide to Socialism, Capitalism, Sovietism, and Fascism*（Hammondsworth, England, 1965）, p. 342.

2　De Grazia, *Time*, p. 467（table 12）.

3　Ibid., p. 66. 我非常感谢德·格雷泽对此做出的论述。

水”的地方。但逃离都市和城镇很快就流行开了，而企业界的反应也渐渐使胜地的数量增多，使这种可获得的娱乐更便宜了。铁路的发明使19世纪工人们参加这种活动成为可能，但他们没有时间做比“远足”更多的事——在一天之内赶个来回。大众休闲的巨大发展仅仅始于第一次世界大战结束后：人们有更多的时间、有更多可去的地方，有更多的钱、便宜的住宿，还有第一批公共项目、公共海滩、国家公园，等等。

对休假至关重要的是它的个人主义（或家庭）特征，这显然被汽车的诞生大大促进了。每个人都计划着自己的休假，到他想到的任何地方，做他想做的任何事。实际上，休假行为当然是高度模式化的（特别是被社会阶级模式化了），而它所代表的逃离常常是从一组路线变成另一组路线。[1]但这种经历显然是一种自由：暂时离开
190 工作，到某个新鲜的不同的地方旅行，以及可能遇到的快乐和刺激。人们成群地度假事实上是一个问题——并且，随着人群规模的日益增大，它变成了一个分配上的难题，空间而非时间成为短缺的物品。但是，如果我们不能强调度假是由个人决定和个人设计的，那么，我们将误解休假的价值。没有两次休假是完全相同的。

但是，休假是按个人（或家庭）财力的大小设计的。假期是商品，人们必须购买它们——放弃薪水，花掉金钱。而他们的选择受购买力的限制。我不想过分强调这一点，因为人们为他们的假期而奋斗也是真的；他们组织工会，与他们的雇主讨价还价，为赢得“休假”、缩短工作日、提前退休而罢工，等等。如果没有对这些斗争的解释，那么，任何休假的历史就都是不完整的，但它们并不是当代分配的核心特征。我们事实上可以从与工作时间直接相关的方面考虑休假时间，所以，如萧伯纳所建议的，个人可以选择辛苦肮脏的工作和长假，或选择休闲式的工作和短假。但对大部分工人来说，目

1 Cheek and Burch, *Social Organization*, chap. 3.

前，时间可能在决定他们休假的形式和价值上不如他们能够承受的花销重要。

如果工资和薪水大致相等，使假期成为可购买的商品就没什么错。货币是个人设计的适当工具，因为它强加给人们对应的选择种类：一方面，在工作和它的报酬之间做出选择；另一方面，在这种或那种休闲活动（或哪儿也不去）的花销之间做出选择。我们可以设想，有着相似资源的人们可能做出不同的选择，其结果将是一种复杂的、高度特殊化的分配。例如，他们中的一些可能很少休假或不休假，他们更喜欢挣更多的钱并用漂亮的饰物装点自己的环境，而不是逃到优美环境中。其他人可能更喜欢休许多短假；还有一些人更喜欢在紧张工作一个长时期之后享受一段长假来休息。这里既有集体决策的空间，也有个人决策的空间（例如，在工会中和在合作居留地中）。但决定性的决策必须在个人层面做出，因为那才是休假的意义。它们带着它们自由的、资本主义起源的印记。

在复合平等条件下，工资和薪水将不是平等的，与今天的情况相比，只不过不平等减少了许多而已。在小资产阶级社会，男人们和女人们仍然拿他们的钱——还有时间——来冒险，并因此发现他们的钱和时间与别人的相比，或者多一点，或者少一点。工厂公社将表现得好一些或表现得不那么好，并因此在它们的成员中有或多
或少的钱和时间可以分配。甚至对于像肖伯纳那样的人来说，他的 191
“许多星期”休息的精确长度和他休息时的条件也可能既依赖于他剧作的成功，也依赖于其缪斯女神的要求。另一方面，一旦休假成为——如它们在今天的美国已经表现出来的那样——社会生活和文化的一个核心特征，人们就开始要求有某种形式的公共供给了。必要的不仅是确保分配不受财富和权力的完全控制，而且还要保证一个选择范围并保证个人设计的实现。因此，例如要保护野生动植物和荒原，如果没有它们，某些种类的休假（被广泛认为是颇有价值的）就不再是可能的了。而把税收花到公园、海滩、野营地上面等，

也是确保所有那些想要“走开”的人有地方可去。尽管他们所做的选择——去哪儿、怎么住宿、带什么装备——对每个人或每个家庭来说，并不具有同样的约束力，一定范围的选择必须是随处可得的。

但所有这些都承认休假的中心地位，而现在重要的是强调假期是特定时空的人造物品。它不是唯一的休闲方式，在人类历史的绝大部分时期，它确实是不为人知的，而主要的替代形式甚至在今天的美国还存在，这就是公共假日。当古罗马人或中世纪的基督教徒或中国农民都从工作中脱身休息时，他们并不是自己走开或与家人一起出去游玩，而是参加公共庆祝活动。他们在一生中有三分之一时间，有时候更多，被民间纪念会、宗教节日、圣日等所占据。这些是他们的假日，在起源上，是神圣的日子，而它们与我们的假期相比，就像公共医疗转为个人治疗，或大众交通变成了私人汽车一样。它们是以同样的形式、在同样的时间里向每个人提供的，而它们也是人们在一起欢乐度过的。我们仍然有这种假日，尽管它们正在剧烈衰落，而在考虑它们的时候，关注幸存假日中最重要的一种将不无裨益。

安息日观念

根据《圣经·申命记》的解释，安息日被定为出埃及的纪念日。逃脱了无休止的或随时听候主人吩咐的奴隶劳动，以色列人认为这一天是一个自由民族的成员们在一个确定的休息日尽情欢乐的第
192 一个标志。事实上，《申命记》中所记录的神的命令把以色列奴隶当作最初的对象：“男仆和女仆应该和你一样得到休息。”（5：14）即便奴隶制本身没有被废弃，也不能重复埃及人式的压迫。安息日是一种集体性的善。如马丁·布伯[1]所说，它是“所有人的共同财产”——这就意味着，它是所有人在公共生活中都分享的。“甚至奴

1　马丁·布伯，生于奥地利的德国犹太宗教哲学家、《圣经》翻译家，1938 年被迫离开德国，曾任耶路撒冷希伯来大学社会哲学教授，其哲学思想接近哈西德主义和存在主义，认为存在就是神与人、人与世界之间的对话。——译注

隶也被允许进入家庭共同体，甚至连ger，即陌生人（外邦居留民）都被允许进入民族共同体，他们都必须被允许分享神圣的休息。”[1]家畜也被包括在内——“牛、……驴、……牲口”——因为动物也被认为能够享受休息的乐趣（尽管它们不能去休假）。

马克斯·韦伯认为陌生人或外邦居留民之所以被要求休息是为了不让他们有任何竞争优势。[2]认为经济动机在原则上肯定是首要的，这超出了宗教信仰，但是并没有充分的理由，在众多资料中没有证据，而事实也并不一定像韦伯所说的那样。但千真万确的是，甚至在前资本主义经济时期，不用强制措施来保证每个人都得到休息是困难的。公共假日需要强制。我认为，任何种类的工作的绝对禁令对犹太人的安息日来说，都是独特的；但如果没有某种一般义务感和某种执行机制的话，就根本不会有假日存在。这就是为什么随着义务和执行的衰落，假日不再是公共盛会的原因，它已经与周末联系起来，成为彼此毫无差别的个人假期。我们在这里可以看到一个“蓝色法规”[3]的论据，它的合理性就如同税收的合理性一样：为了公共供给，两者都采取了对生产性的或挣工资的时间收取费用的形式。

安息日休息比休假更具有平等主义色彩，因为它是不可购买的：它是又一种金钱不能购买的东西。它是对每个人的约束，每个人都能享受。[4]这种平等有很有趣的溢出效应。由于庆典总是要求

1　Buber, *Moses*, p. 84.

2　Max Weber, *Ancient Judaism*, trans. H. H. Gerth and Don Martindale（New York, 1967）, p. 33.

3　蓝色法规，美国殖民地时期清教徒社团颁行的法规，禁止星期日营业、饮酒及娱乐等世俗活动，源出印在蓝色纸上的关于安息日规定的报道，美国独立战争后除若干州外已终止执行。——译注

4　根据犹太民间传说，甚至地狱里的恶魔都被允许在安息日休息一天。因此，限制是通过“必要”休息的特定观念既设定在惩罚上也设定在工作上的。我们可以说加诸安息日上的痛苦负担将代表着“残酷的、不寻常的惩罚”。见 Louis Ginzberg, *The Legends of the Jews*（Philadelphia, 1954）, vol. IV, p. 201。

特定种类的食物和着装，犹太人共同体感到他们有义务为他们的全体成员提供这些东西。因此，尼希米[1]对那些跟随他从巴比伦回到耶路撒冷的犹太人说："今日是耶和华——你们上帝的圣日，……你们去吃肥美的，喝甘甜的，有不能预备的就分给他。"(《尼希米记》8:
193 9—10)不分给别人就等于压迫穷人，因为这将把穷人们从共同庆典中排除出去；这是一种他们不值得做的排除。因此，由于安息日的休息是大家分享的，人们就争论说，为安息日做准备也应该由大家分担。如果人们不首先工作，又何来休息呢？"即使你是一个等级很高的人且通常不到市场上买东西或做别的家务事，"迈蒙尼德首先考虑到拉比和圣贤们，因此写道，"他自己仍然应该在为安息日做准备的活动中承担一种任务……事实上，一个人在这种准备活动中干得越多，他就越值得称颂。"[2]因此，第七日的普适论就至少延伸到了第六日。

但是，也许有人会说，这只不过是平等与自由的丧失并存的又一个例子罢了。当然，如果没有这个关于休息的一般戒律，安息日休息是不可能的——或者，毋宁说，在一种自愿基础上，没有戒律，剩下的就是不完整的安息日。另一方面，安息日的历史经验并不是一个不自由的经验。在犹太文学(不论是世俗的，还是宗教的)中，人们都热切盼望并由衷欢迎这一天的到来——恰恰把它当作放松的一天、兴高采烈和休闲的一天。如列奥·贝克所写的那样，这一天是用来"为灵魂提供一个广阔高远的空间"的，而它看起来也确实如此。[3]无疑，这种空间感对于那些置身于信徒共同体之外的男女来说，将是不可得的，但他们也仍然在这种或那种程度上服从其

---

1 尼希米，公元前5世纪的希伯来领袖，曾重建耶路撒冷城墙。——译注

2 引自 Isadore Twersky, *Introduction to the Code of Maimonides* (New Haven, 1980), pp. 113—114。

3 Leo Baeck, *This People Israel: The Meaning of Jewish Existence*, trans. Albert H. Friedlander (New York, 1964), p. 138.

规则。但这里起决定作用的不是他们的经验。假日是为成员们设定的，而成员们可以是自由的——证据确凿——当然是在法律范围内。至少，当法律是一个圣约、一个社会契约时，他们可以是自由的，尽管圣约从来不是由个人设计的。

人们对私人休假的选择会压倒公共假日吗？想象一种这个选择将以这样尖锐而简单的方式呈现出来的情形是不容易的。在可能有公共假日的任何共同体中，假日早就存在了。它们构成共同体的公共生活的一部分，并且，它们将影响并为成员的个人生活赋予意义。名词假期（*vacation*）的历史说明我们已经从这样一种公共生活中走出了多远。在古罗马，没有宗教节日或公共运动会的日子被称为*dies vacantes*，即空虚的日子（empty days）。相反，假日是充实的——充满义务但也充满庆典的欢乐，到处都有事可做，饮宴和跳舞，仪式与游戏。这就是时机成熟时，人们对社会物品所产生的共享神圣与狂欢。谁会放弃这样的日子呢？但我们已经丢掉了那种 194
充实感，而我们所渴望的日子成了空虚的日子，成了我们随自己意愿而独处或与我们的家人待在一起的日子。有时候，我们经历对空虚的恐惧——例如，害怕退休，退休现在已经被认为是一段没有尽头的空虚日子。[1]但许多退休的人所渴望的充实，即他们所知道的唯一的充实，是工作而非休息带来的充实。我怀疑休假要求以工作为对照；它是休假所带来的满意的一个重要组成部分。假日也是这样

1　或者对失业的恐惧：至少，在我们的文化中，失业的人不可能把他们的时间分为充实的和自由的。当他们刚刚被解雇时，他们可能会做个短暂休假，但此后，他们的闲暇就成为一种负担；失业导致时间的停滞。见 E. Wright Bakke, *Citizens Without Work*（New Haven, 1940）, pp. 13—18。我们把休假当作通过有益工作而获得的东西，一种“应得的”休息。因此，失业不仅对我们的物质福利是一个威胁，而且对我们把自己当作其中一种特定的工作和休息模式被确定下来的社会的一个受尊敬的成员的自豪感也是一个威胁。一种强烈的公民资格感可以使失业变得威胁性小一些：因此，没有工作的公民们可以在一个旨在改革经济或福利国家的政治运动中“工作”。我在本书第十一章和第十二章将再次讨论这些问题。

吗？这是莎士比亚的《亨利四世上篇》中哈尔亲王的观点：

> 要是一年四季，全是游戏的假日，
> 那么游戏也会变得像工作一般令人厌烦；
> 惟其不常有，所以人们才会盼望它们的到来。[1]

哈尔的观点当然很普遍，它似乎与我们自己的经验相符。但根据古代拉比们的解释，安息日是来世的预示。弥赛亚王国，如古老的预言所说的，将要在充实的日子到来，那是永无止境的安息日（而不是假期）。[2]

不过，我应该强调，每一次伟大革命都包括对这些传统假日：安息日、圣日，以及节日的攻击——这种攻击部分地是为了日益增长的生产力的需要，部分地是为了废弃传统生活方式和僧侣般的等级制度的一般努力的需要。中国的共产主义者提供了一个最近的例子。“宗教节日太多了，”他们中的一个在1958年写道，“由于迷信和节日，每年的生产都被迫中断100多天，有的地方中断138天……反动阶级用这些罪恶的习惯和仪式奴役人民。”[3]可以想见，这有一定的道理，但奴役并不明显，而废弃节日遭到了坚决抵制。可能由于这种抵制的某种原因，共产主义者试图用新的假日来取代旧的假日——五一劳动节等——并发展出新的仪式和庆祝方式。对他们来说，如同他们之前的法国革命者一样，选择并不在于公共休闲和
195 私人休闲之间，而在于两个不同种类的公共休闲之间。但这个选择也可能被误解。我们不可能使公共假日脱离意识形态。两个研究新中国的学者报告说，在许多村子，“三个重要假日的意义除了不干

1 William Shakespeare, *Henry IV*, Part I, I: 2.

2 Ginzberg, *Legends*, vol. III, p. 99.

3 Parish and Whyte, *Village and Family*, p. 274.

活之外，就没什么了”。[1]因此，出于对集体主义的忠诚信仰，中国还是不可抗拒地滑向欧洲资产阶级首先采用的自由时间的分配形式。但如果新的共同体在那里或在别处确实得到发展，那么，新型公共庆典模式也将随之发展。作为先锋队的官僚的帮助是不必要的。成员们自己将找到表达同胞感受和把他们共享的政治与文化付诸实施的办法。

假日和假期是分配自由时间的两种不同方式。每一种都有它自己的内在逻辑——或者，更准确地说，假期有一个逻辑，而每一个假日都有一个我们可以从其历史和仪式中发现的特定的次逻辑。我们可以想象一种假日与假期的混合：有点像我们早已经知道的东西。而今天，这种混合看起来是不稳定的，但只要它在继续，它就的确允许一些政策选择。但是，建议这些选择由正义理论来约束将是愚蠢的。《联合国经济、社会和文化权利国际公约》在其（非常长的）权利清单上包括了“定期的带薪假期”的权利，即休假。[2]但这并不是在定义人权，它只不过倡导一套特定的社会安排，不一定是最好的一套或对每个社会和文化来说是最好的一套。需要保护的权利完全是另一种：不被排除在对自己的时空很重要的休息形式之外；如果休假是重要的，那就尽情享受假期（尽管是不同的假期）；在有公共生活的任何地方，参加影响公共生活的节日。自由时间没有唯一正义的或道德上必需的结构。道德上必需的是：其结构无论是什么，都不会被马克思所说的资本“篡夺”，或因公共供给在人们需要时的失败，或通过将奴隶、外国人和贱民排除在外而扭曲。摆脱这些扭曲，自由社会的成员们就能够以他们集体或个人发明的所有不同方式来体验和享受自由时间。 196

1　Parish and Whyte, *Village and Family*, p. 287.

2　United Nations' International Covenant on Economic, Social, and Cultural Rights, part I, art. 8; 相关讨论见 Maurice Cranston, *What are Human Rights?*（New York, 1973）, chap. 8。

第八章
教　育

学校的重要性

每个人类社会都教育它的儿童，它未来的新成员。教育表达的可能是我们最深切的希望：在时间中继续、延续、持续下去。它是一个为社会生存而制订的计划，因此，它总是与它所设计的社会相关。根据亚里士多德的观点，教育的目的是在每一代中繁育一种“情操”（type of character）以维护政体：建立并维护特定的政体需要特定的情操。[1]但这里也有困难：社会的成员是不可能在亚里士多德的广泛意义上对这个政体实际上是什么，或它将是什么，或它应是什么达成一致意见的。他们也不可能同意何种情操能够最好地维护它或那种情操将如何最好地创造出来。实际上，政体可能要求不止一种情操；学校将不仅必须训练它们的学生，而且还得把他们挑选出来；而那将肯定是一种引起争议的事情。

因此，教育并不只是相对的——或者，它的相对性并不告诉我

1　Aristotle, *The Politics*, 1337a. Trans. Ernest Barker (Oxford, 1948), p. 390.（译文参见《政治学》，吴寿彭译，商务印书馆，1996 年。——译注）

们所需要知道的有关其标准化功能或其实际作用的一切。如果学校真的总是如其本身那样服务于繁育社会——已确立的等级制、占据主流的意识形态、现有的劳动力——而不做别的事情，那么，讨论一种教育诸物品的正义分配就没什么意义了。这里的分配将与别处的分配平行，不存在什么独立的领域和内在逻辑。在不存在学校 197
的时候——当父母自己教育他们的孩子或让他们在将来要从事的行业中当学徒的时候，也可能真的存在类似的东西。因此，社会再生产是直接的和不可调节的；选择过程是无须公共干预而在家庭内部进行的；并且，就宪法可以被解释、评价和争论来看，并不存在什么区别于家族史和商业奥秘的知识或学术领域。但学校、教师和思想创造并填充了一个中介空间。他们提供了一个环境，虽然不是唯一的一个，但却是迄今为止最重要的一个，使批判性理解和社会批判的生产与再生产得以发展。这是所有复杂社会的一种生活现实，甚至马克思主义的教授都承认（而保守的政治家们为此忧心忡忡）学校的相对自治。[1]但社会批判是自治的结果，它并不能帮助解释社会批判。最重要的是，学校、教师和思想构成了一组独立于其他诸物品而形成的新的社会物品，并且，它反过来要求一组独立的分配流程。

教学职位、学生位子、学校当局、打分和升级、不同种类和层次的知识——所有这些都得进行分配，而其分配模式不能简单地照搬经济和政治秩序的模式，因为所讨论的是不同的物品。当然，教育总是支持某种特定的成人生活方式，而且，从学校到社会的呼吁，从一种教育正义观念到一种社会正义观念的呼吁，常常是合法的。但在发出这种呼吁时，我们必须同时关注学校的特殊性质，一般的教师—学生关系、学术领域。相对自治是一种功能，关涉教育过程是

---

1 见 Samuel Bowles and Herbert Gintis, *Schooling in Capitalist America*（New York, 1976）, p. 12。

什么，关涉一旦它不再是直接的和不可调节的，它所包括的社会物品是什么。

我想强调动词**是**：教育过程**是**什么。正义不仅与教育的效果有关，而且与教育的经验有关。学校填补了家庭与社会之间的中间地带，同时也填补了幼年向成年过渡的中间时期。这无疑是一个训练和准备、演习、开学典礼、“毕业典礼”，等等的时空；但时间和空间也构成了一个有其自己重要性的此时此地的善。教育分配给个人的不仅是他们的未来，而且也包括他们的现在。无论何时，只要有足够的时间和空间来做这种分配，教育过程就呈现出一种标准化的结构特征。我并不是要描述某种像它的“本质”之类的东西，我只
198 是想说明它应该是什么样子这个最一般的概念。这是一个我们可以在许多不同社会中找到的概念，也是我所关注的唯一一个概念。成年人的世界是由一群教师代表的，成年人世界的知识、传统，以及仪式都是由教师解说的，而这群教师是在一种或多或少封闭性的共同体中——约翰·杜威所说的“特殊社会环境”[1]——面对他们的学生的。学生们对于来自社会和经济的要求有权部分延期偿付。教师们也不受直接形式的外界压力的影响。他们传授他们所理解的真理，并把同样的真理向他们所面对的所有学生传授，尽他们所能来回答学生们提出的问题，而不考虑学生们的社会出身。

我想，那并不是事物在实践中常常发挥作用的方式，或者甚至不是事物通常在实践中发挥作用的方式。列出一个对教育共同体的残暴侵扰的清单，描述学术自由所面对的危险，指出教师对资助人和官员的依赖、上层阶级学生通常掌握的特权，以及学生和教师们带进教室的期望、偏见、顺从习惯和权威，所有这些都太容易了。但我还是应该假定规范是真实的，因为最有意思的和最难的分配问题只会在做出这个假设后才会浮现出来。哪些孩子是被允许进入

1 John Dewey, *Democracy and Education* (New York, 1961), pp. 18—22.

这些封闭性的共同体的？谁上学？上哪种学校？（这种封闭区域的力量如何？）学习什么？学多长时间？与别的什么样的学生一起学习？

我并不想对教学职位的分配做多少论述。教学通常被认为是一种公职，因此，有必要寻找合格的人，并向全体公民提供一个平等的机会来取得资格。并且，教学是一种特殊的职位，它要求特殊的资格条件，其准确的品质特征已经由城镇议会、治理委员会和选拔委员会辩论通过。但是，我应该强调，我的一般假设——学校构成一个特殊环境并有着一种特定的标准化结构——挑战着把教育交给较大共同体的老年人或由普通公民轮番担任教员这种实践。[1]因为所有这些实践都削减了教育过程的间接性特征，并倾向于繁育更直接的民间记忆、传统和技能“传承”。严格地说，学校的存在是与知识学科的存在以及一群在那些学科中合格的男女相联系的。 199

阿兹特克人的“年轻人之屋”

让我们来考虑一下——它是一个异域的但并非不典型的例子——阿兹特克印第安人的教育制度。在古墨西哥，有两种学校。一种被简单地叫作“年轻人之屋”，由大多数男性儿童参加。它提供“武器的装备、艺术和手工、历史和传统，以及普通的宗教仪式”方面的教育；并且，它似乎由普通公民主持，这些公民从较有经验的武士中选出，他们“在特殊岗位上执行着部落长老们在普普通通的一天给他们下的命令”。[2]而为精英的孩子们（和一些从平民家庭中挑选出来的孩子们）提供的则是一种完全不同的教育——更加严格，更加严厉，也更培养智力。在与修道院和寺庙相关的特殊学校里，

1 比较卢梭的提议，见 *The Government of Poland*, trans. Willmoore Kendall (Indianapolis, 1972), p. 20:“首先，不要犯把教学当作一种职业的错误。”这种观点在我看来恰恰是错的。

2 G. C. Vaillant, *The Aztecs of Mexico* (Hammondsworth, England, 1950), p. 117.

"所有有关时间和国家的知识都传授下来：以象形文字阅读和写作、预言、年表、诗歌和修辞学"。这时，教师来自僧侣阶级，"其选择不考虑家庭出身，只考虑他们的道德水平、他们的行动实践、他们的教义知识和他们生活的纯洁性"。[1]我们不知道孩子们是如何被挑选的；至少在理论上，类似的品质可能是有要求的，因为僧侣们自己就是从这些学校中走出来的。尽管一种精英教育要求牺牲和自律，但似乎人们，特别是有抱负的平民，都热切追求学校职位，总之，我假定这第二种学校的存在，如果没有它们，分配问题就几乎不能表现出来。

我们可以争论说"年轻人之屋"也是一种中介机构。阿兹特克的女孩子，除非被训练来做女祭司，否则，大部分是待在家里，从家里的长辈女性那里学习女子才艺。但这是同一事情的两个例子：直接形式的社会再生产。女孩们自此以后就待在家里，而男孩们则团结起来与临近的城市和部落进行无休止的战争。选出少数老年妇女在"年轻女子之屋"里教传统的社会习俗这种形式也没有构成一种自治的教育过程。为此，我们必须有受过"教义知识"训练和测
200 试的教师。现在，让我们假定有这样的教师，他们应该教谁呢？

基础学校教育：自治与平等

孩子群体可以为教育之目的而以各种方法进行区分。最简单也是最普通的分法——大部分教育计划发展到现代只不过做了一些变化——采用了这种形式：为少数人所设的间接性的教育，为多数人设的直接教育。正是通过这种方法，男人们和女人们的传统角色——统治者和被统治者、祭司与外行、上层阶级和平民阶级——

1 Jacques Soustelle, *The Daily Life of the Aztecs*, trans. Patric O'Brian (Hammondsworth, England, 1964), pp. 178, 175, respectively.

被历史性地区分开来，而且，我想，也被复制出来，尽管再次强调这一点是重要的：间接性教育总是可能在生产出较标准的产品的同时也生产出怀疑者和冒险者。在任何情况下，学校都主要是精英机构，由出身和血统，或者财富、性别、等级品秩等控制，并且，他们轮番控制宗教和政治职位。但这个事实与它们的内在特征无关；并且，事实上，强化教育共同体内部的必要差别是没有什么容易的办法的。这里，比如说，有一个与政府有关的教义正文，这部分正文应该教谁呢？现有统治者宣称说这个教义是为他们和他们的子孙而设的，但除非孩子们被天然分为统治者和被统治者，否则，从教师的立场看，似乎这个教义应该教给能够表达自己且有能力学习它的任何人。“邦内如果有一个阶级的人超群拔类，”亚里士多德写道，“他们的体格和智虑几乎像诸神和英雄，那么统治阶级自将与他们的臣民判然相异。”因此，教师们可以合理地把他们的注意力只放在那一个阶级身上，“但这样的设想，世上终不可遇；我们在实际生活中，迄今尚未见到有如斯居克拉斯所说的印度诸王及其臣民身心两俱显然有别的情况”。[1]因此，除了在斯居克拉斯所说的印度之外，没有孩子可以被正当地排除在教授治理原则的封闭共同体之外。这对别的原则也同样适用；并且，不需要有哲学家理解这一点。

房顶上的西勒尔[2]

一个古老的犹太民间故事讲述了西勒尔这个伟大的智者的故事。当西勒尔还是一个贫穷的年轻人时，他想到一所耶路撒冷学院学习。他通过伐木挣了钱，但这些钱连养活他自己都不够，更不用说支付听讲座的入场费了。一个寒冷的冬夜，身无分文的西勒尔爬

1 Aristotle, *The Politics*, 1332b, p. 370.

2 西勒尔，大约公元1世纪初的耶路撒冷犹太教《圣经》注释家，解经不拘泥于词义，力求使人理解经文和律法的真意。——译注

201 到了教学楼的房顶上，透过天窗听讲。由于筋疲力尽，他睡着了，雪很快覆盖了他的身体。第二天早晨，集合起来的学者们发现一个睡着的物体轮廓遮挡了光线。当他们知道了西勒尔所做的一切后，他们立即同意他进入学院并免掉了学费。他穿着破烂、身无分文，又是一个刚从巴比伦来的移民，他的家族名不见经传，但所有这些都不重要。他显然是一个学人。[1]

这个故事的力量来自一组关于学校教育应该如何分配的假设。它不是完美的一组；我们不能从这种民间智慧里推出一种教育制度。但这里有一个不存在社会差别的教师与学生的共同体的共识。如果教师发现一个潜在的学生，他们就收下他。至少，这是传说中的或因此而成为理想中的教师的作为；他们并不问有关财富和地位的常规问题。我们几乎肯定能从别的文化里发现与西勒尔的故事相似的传说和真实的传记。例如，许多中国官员的第一步是从作为被乡村私塾教师收留的贫穷农村小子开始的。[2]这就是人们认为教师们应该做的吗？我不知道在中国，这个问题的答案是什么，但我认为，我们今天仍然倾向于接受这些故事中的道德。“服务于教育的需要，而不去考虑阶级和收入等庸俗的、不相干的东西，” R. H. 唐尼写道，“这是教师荣誉的一部分。”[3]当学校排外的时候，那是因为它们被一个社会精英阶层所俘获，而不是因为它们是学校。

但只有民主国家（或教会、犹太教会堂）坚持**包容性的**学校，在那里，未来的公民们可以为政治（或宗教）生活做准备。这时，分配是由学校的目的是什么而不单纯由学校是什么决定的，是由战争、工作或崇拜的社会意义——或公民资格的社会意义，它通常包括所

---

1 这个故事是由 Aaron H. Blumenthal 重讲的，见 *If I Am Only for Myself: The Story of Hillel*（n. pl., 1974）, pp. 2—3。

2 见 Ping-Ti Ho, *The Ladder of Success in Imperial China: Aspects of Social Mobility, 1368—1911*（New York, 1962）, pp. 267—318。

3 R. H. Tawney, *The Radical Tradition*（New York, 1964）, p. 69.

有这些在内——所决定的。我并不是说民主制要求民主的学校；没有民主的学校，雅典照样发展得不错。但如果有公民们必须掌握的，或认为他们必须掌握的一套知识，以便他们发挥他们的作用，那么，他们就得去上学；并且，因此他们所有的人就都必须上学。所以，亚里士多德反对自己城邦的实践："一个城邦中的教育制度必须……对所有公民一视同仁，而规划这种体系当然是公众的职责。"[1] 这是教育领域的一种简单平等，但这种简单性很快就消失了——因为没有一种教育制度能够做到"一视同仁"——不过它确定了民主国家的学校政策。学生的简单平等与公民的简单平等相关：在教育体系中，一人/一票，一个孩子/一个位子。我们可以把教育平等当作一种福利供给的形式，其中，所有孩子都被当作未来的公民，同样 202
需要学习知识；其中，如果教以同样的东西，成员资格的理想就得到了最好的实现。孩子们的教育不许由他们父母的社会地位或经济能力决定。（它是否应该由孩子们父母的道德和政治信仰决定仍然是一个问题，因为民主国家的公民们也可能对他们的孩子们需要学些什么有不同意见；我稍后将回来论述这一点。）

简单平等与需要相联系：所有未来的公民都需要一种教育。当然，从学校内部看，需要当然不是知识分配的唯一标准。兴趣和能力至少是同样重要的——如西勒尔的故事所说的那样。事实上，教师—学生关系的基础似乎首先是后两者。老师找与自己兴趣相投的学生，学生找与自己兴趣相投的老师，然后，他们就一起工作，直到学生学到了他们想学的知识或尽己所能学到了知识。但是，民主的需要当然不是施加于学校的政治强制。民主的倡导者正确地主张所有的孩子在国家的治理上有利益所系，并且，孩子们有能力理解这一点。他们符合至关重要的要求条件。但同样真实的是孩子们的兴趣表现程度不一，并且，他们的理解能力也不一样。因此，一

1 Aristotle, *The Politics*, 1337a, p. 390.

旦他们进了学校，他们就必然开始把自己与别的孩子区别开来。

一个学校如何对这些区别做出反应，主要依赖于它的目标和课程设置。如果教师们致力于民主政治的必要的基本学科教育，那么，他们就会在学生中努力建立一种共享的知识并把他们培养到近乎相同的水平。其目的不是压制差别，而是减小差别，因此，孩子们首先学着做公民——工人、经理、商人、职业人员等都是其次的。每个人都学习公民们需要知道的知识。学校教育不再是少数人的垄断，它不再自动控制官衔和职位。[1]由于不存在通往公民资格的特权途径，也就没有办法通过在学校更好地表现而得到更多的公民资格或更快地得到公民资格。学校教育并不保证任何东西，也几乎没什么交换，但它提供了政治和社会生活的通用货币。这难道不是对基础教育的一种合理解释吗？毕竟，教孩子们阅读是一种平等主义的事业，即便教（例如）文学评论不是。阅读教师的目标不是提供平等的机会，而是获得平等的结果。就像民主理论家一样，他假设他的
203 学生有兴趣且有能力学习。他并不试图使学生们都有可能阅读，他所努力的是使他们进行阅读并**教他们阅读**。也许他们应该有平等的机会成为文学评论家、担任教授职务、出版文章、攻击别人的书，但他们应该首先学会简单的阅读，他们应该成为读者（即便阅读买不到什么特权）。这里，一旦孩子们都入学受教育，较大共同体的民主信仰与其说被学校民主实践反映出来，不如说与后者相匹配并得到了提高。

日本的例子

在当前条件下，较大共同体中的学校越自治，民主信仰与民主

1 因此，人们常常说（例如）高等教育的价值随着更为广泛地分配 而“贬值”了，这方面的有益讨论见 David K. Cohen and Barbara Neufeld, “The Failure of High Schools and the Progress of Education”, in Daedalus, Summer 1981, p. 79 and generally。

实践之间的匹配（match）就越有可能。因为扩大学生当中已经存在的自然差别的压力和找到并区分出国家的未来领导人的压力几乎完全来自外界。在对第二次世界大战后日本教育平等性发展的一项极有价值的研究中，威廉·卡明斯争论说，学校只有在不受公司和政府侵扰的情况下，才能提供一种真正普遍的教育，相反地，如果受到保护，学校即使在资本主义社会也可能会产生平等主义的效果。[1]让我们假定，就像我已经做过的那样，存在或多或少封闭的教育共同体，每一群与老师面对面的学生都遵循一种确定的平等。加上每个孩子都上学，有共同的课程，并且，学校的封闭性很强，那么，教育领域就可能成为一个高度平等主义的场所。

但平等只是学生间的平等：学生和教师不是平等的；事实上，教师的权威对学生的平等来说是必要的。教师是学校封闭性的守护者。卡明斯争论说，在日本，教育平等的关键条件是教师工会的相对力量。[2]确切地说，这是日本这种情况的特有特征，即它是一种社会主义工会。但因此，社会主义者，或自称为社会主义者的人就创造出极为不同的学校。在日本导致平等的，是工会受其意识形态指导而抵制（不平等的）政府官员的压力，而政府官员又受公司经理精英的压力影响。学校与其说受社会主义理论的影响，还不如说受那种抵制的自然结果的影响——也就是说，日复一日的自治实践。这里有独立的教师，一个知识群体，以及需要学习知 204
识的学生。紧随其后的是什么呢？我将引用并评论卡明斯的一些结论。

1. “学校是通过内部的最低限度的区分有机地组织起来的……在小学阶段，没有专业教师，而且，也没有对学生进行能力跟踪。”[3]

1　William Cummings, *Education and Equality in Japan*（Princeton, 1980）, pp. 4—5.

2　Ibid., p. 273.

3　Ibid., p. 274; 也参见 Ibid., p. 154。

这只是展现了亚里士多德关于民主学校的箴言："为一般目的而进行的教育本身也应该是一般的。"[1]在低年级进行内部区分是差学校（或对自己职业把不准的教师）的一个标志，它屈从于种族或阶级的暴政。

2. 教师们"试图通过发明一种（所有）学生都能得到奖励的积极环境——通过把教学调整得与学生的学习速度相一致，以及通过让学生们互相辅导，来培养所有的学生（使他们符合一般标准）"。[2]不能说较聪明的孩子被这种程序抑制了。学生互教是一种承认方式，它对"教师"和对学生一样，也是一种学习经验，一种对民主政治真正有价值的经验。**学，然后教**，是优秀学校的实践，它们能够把学生招募到其中心事业中来。其结果是"使学习特别差者的发生率最低化"。

3. "……课程是有高要求的，根据中等偏上水平学生的学习速度而定。"[3]这是优秀学校和有雄心的教师的又一个标志。人们常说，教育每个人的决定必然导致教育标准的降低。但只有在学校差且不能抵抗等级制社会压力的情况下，这才是真的。在这些压力中，我认为包括的不仅有商业领袖们所要求的受过最低教育和心安的工人，而且还包括身陷等级制较底层的许多父母的冷漠和冷淡——还有上层阶级的许多父母所形成的傲慢。这些群体也是社会复制性的，而民主教育只有在它把他们的孩子们都划在它自己的封闭圈内时，才有可能成功。因此，在日本的教育制度中可能存在的一个重要特征是"学生们花在学校学习上的时间远比大部分发达社会中的同龄人多得多"。

---

1 Aristotle, *The Politics*, 1337a, p. 391.（相关内容请参见《政治学》，吴寿彭译，第405页："教育的目的及其作用有如一般的艺术，原来就在效法自然，并对自然的任何缺漏加以殷勤的补缀而已。"——译注）

2 见 Cummings, *Japan*, p. 274; 也参见 Ibid., p. 127。

3 Ibid., p. 275.

4. “认知表现上的相对平等缓解了孩子当中彼此分等的倾向……相反，孩子们被安排在一起，仿佛他们在一起合作掌握课程。”[1]这种安排可能被这个事实，即所有学生——还有教师——分担学校的清扫和修缮，进一步加强了。在日本的学校里，实质上并没有维修人员：教育共同体是自给自足的，只由教师和学生组成。“学校的维修是每个人的责任。”[2]分享学习和分担工作同样会形成一个公民世界 205
而非劳动的分工。因此，他们不鼓励劳动分工——至少以其传统形式——无休止地挑起的比较。

我忽略了卡明斯的分析中与这里所讨论的问题并不直接相关的各种复杂特征。我的目的是说明民主环境中标准化学校教育的作用。这些作用可以简单概括起来。每个人都被教以作为一个积极公民所必需的基本知识，并且，大多数学生都学会了。学习的经验本身是民主的，它本身回报的是相互关爱和友情，还有个人的成就。当然，也可能把孩子们聚集到学校里的唯一目的不是教育他们，而只不过是教他们读书识字罢了。于是，由于学校的疏怠，教育实际上是无中介的，并且是在家里或街头进行的；或者，它是由电视、电影和音乐工业完成的，而学校只不过是在（实际上）维持现状，直到孩子们长大到能工作而已。这种学校也可能有把孩子们围起来的高墙，但它们没有把社会和经济圈在外面的高墙。它们是一些中空的建筑，而不是自主学习的中心；因此，就有了一些训练下一代经理和职业人员而非公民的必要的替代性知识——因此以一种新形式复制了直接教育和中介教育之间的古老区别，并维持着一种阶级社会的基础结构。但在自治学校内，教育物品的分配将促成平等。

1 Cummings, *Japan,* p. 275.

2 Ibid., p. 117.

专业学校

民主教育是从简单平等开始的：为一个一般目的而做的一般工作。教育是平等地分配给每个孩子的——或者，更准确地说，每个孩子都被帮助掌握同一套知识。那并不意味着每个孩子都和其他孩子一样受到完全相同的对待。例如，在日本的学校里，表扬虽然是大量分配的，但却不是平等地分配给所有孩子的。一些孩子定期
206 当教生（student-teacher）[1]，而一些孩子却总是学生。落后的和对学习缺乏兴趣的孩子可能得不到老师充分的关注。而把他们团结到一起的是强有力的学校以及核心课程。

但是，一旦核心课程被学生们掌握，并且，一般目的也达到了，简单平等也就完全不适用了。从那以后，教育必须按学生个人的兴趣和能力来进行，并且，学校自身也必须对日常工作世界的特定要求有更强的接受性。萧伯纳曾建议说此时应该取消学校——这正是因为它们已经不能为所有学生制定共同目标了。他把学校教育与简单平等等同起来：

> 当一个孩子已经学会了社会信条、教理问答并能读、写、算，还能自己动手：简言之，当他能够在现代社会里前进并做普通的有益工作时，最好是让他自己朝着更高教养的方向去追求对他有益的东西。如果他是一个牛顿或莎士比亚，他就会学习微积分或剧院艺术，而无须对他强行灌输：必要的是让他能够接触到书籍、教师和剧院。如果他的心智不愿意得到高度陶冶，那么，最好让他的心智停留在知道什么对他有益的层次上。[2]

---

1 即作为一种奖励，教师往往让学习好、守纪律的学生当“小老师”。——译注

2 Bernard Shaw, *The Intelligent Woman's Guide to Socialism, Capitalism, Sovietism, and Fascism* (Hammondsworth, England, 1937), pp. 436—437.

这就是萧伯纳版的"废除传统学校"的理由。与伊万·伊里奇在1970年代倡议的版本不同，它建立在数年的初级教育上，因此不那么愚蠢。[1]萧伯纳可能是对的，他认为，年轻男女应该被允许自我选择并在没有官方证书的世界里闯他们自己的路。我们已经过分强调的不是学校教育本身的重要性，而是学校教育无限延伸的重要性。其效果是掠夺经济的唯一合法的无产阶级，即年轻的无产者，并使真正的无产阶级地位的上升更加困难。

但根本不清楚的是，一个人需要用多长时间学会"社会的教理问答"或了解自己在现代都市中的前途需要掌握什么知识。无疑，这应该是比街头学问更丰富的知识，否则，学校教育从一开始就是没有必要的。而且，如果一些孩子很快就被放到街头而另一些孩子的父母购买了更进一步的教育并由此使他们获得城市中的特权职位，那么，从民主立场看，这也不是令人满意的。由于这个原因，离校年龄上的每一个进步都是平等的一个胜利。但是，在某些方面，这并不真实，因为不可能有一个对所有孩子都同等适用的唯一的人生课程。就学校所列出的课程来看，相反的主张更为合理：如果学 207
校作业是通向成人责任的唯一途径，那么，就决不会存在一个由平等公民组成的政治共同体。对一些孩子来说，超过了一定年龄，学校就是一种监狱了（但他们并没有做错什么而应得监禁！），之所以不得不忍受下去是因为法律是这么要求的或只为得到一纸文凭。无疑，这些孩子应该被给予自由，并得到帮助，学习他们想干的工作的技能。平等的公民资格要求一种一般的学校教育——它的准确时间长度要通过政治辩论，但它并不要求一致的教育经历。

而那些为了得到一般的自由教育而想继续待在学校里的男女呢？我们最简单的做法是继续为他们提供超过离校年龄的开放的

1　见 Ivan Illich, *Deschooling Society*（New York, 1972），他并没有说在一个"废除传统学校"的社会里，初级教育应该怎么进行。

入学注册：废除分级，不允许考试不及格，如果必要，只在教育过程结束时挑选出合格的人准予毕业。学生们将学他们有兴趣学的一切，直到他们对这个或那个科目（或对学习本身）的兴趣耗干为止，然后，他们就会去干别的事。但兴趣至少潜在地是无限的，并且，从特定观点来看待人生的话，一个人就应该活到老学到老。政治共同体为这种教育提供必要财政支持的可能性很小，并且，没有理由假设放弃学习的人在道德上是被要求支持那些继续学业的人的。中世纪的僧侣和先哲们事实上是由普通男女的工作支持的，而那也可能是一件好事。但是，在一个像我们这样的社会里，这种支持在道德上是不需要的，即使成为一个僧侣或圣人或当代的相当身份的人对每个人来说都机会均等。

但如果共同体承诺保障一些公民的一般教育，就像我们今天为大学生所做的那样，那么，对那些有兴趣的人就都应该予以支持——不仅在大学里，而且如唐尼所争论的，还包括“在他们工作生涯的中途”。唐尼用数年时间致力于工人教育联合会的工作，他坚持人们获得这种高等教育的基础不应该只是“有从五岁到十八岁不间断的在校学习的经历”。[1]我们可以想象许多各种各样的学校和课程，吸引着不同年龄和有着不同教育背景的学生，它们由国家和地方运营，与工会、职业联合会、工厂、博物馆、养老院等联系在一起。确切地说，在这些环境中，学校教育让位于另外的较不正式的教和学。“封闭的共同体”失去了它的自然真实性，成为重大距离的一个隐喻。但只要我们还在分配学校位子（“逆境磨炼的大学”总
208 是开放注册的），我不认为我们应该放弃使学校相对封闭于社会的思想或让出更大的距离。与一个民主国家相符合的基础教育的唯一延伸是提供真正机会、真正学术自由的那种，它不是只对一些按传统方式聚集起来的学生，而且也对所有其他学生开放。

1 Tawney, *Radical Tradition*, pp. 73, 79—80.

我不能详细说明这种供给在任何特定层面的支持。这里还有民主辩论的空间。事实情况也并非如一些教育激进分子所争论的那样，即如果没有一个继续教育的公共计划，民主自身就是不可能的。[1]只有在这样一种计划是非民主地组织起来的情况下，而不是这种计划根本不组织的情况下，民主才处于危险之中。就像僧侣和圣人的情形一样，普通的公民也如此：如果他们能够不带什么职业目的，而只是为了唐尼所说的“一种合理的仁爱的社会举止”而无限学习，那是一件好事；但对正义理论唯一至关重要的一点是：这种学习不能成为由国家官员通过考试制度选拔出来的一小部分人的排他性特权。学习“仁爱的社会举止”，任何人都不需要资格条件。

但是，对于专业或职业训练来说，情况就不同了。这里，兴趣自身不能用作一个分配标准；而兴趣和能力合起来也不能用作分配标准：有兴趣和有能力的人太多了。也许，在所有可能的最好的世界里，只要这些人是可教的，我们就教育他们。人们可能说，这是教育思想所固有的唯一标准——就好像有能力的男女是空的容器，应该被填满一样。但这是把教育从每个特定的知识群体和每个职业实践体系中抽象出来了。专业学校教育并不是不断说教，直到学生们学会可能学到的一切；当学生学会了一些东西，当学生对某个领域的知识现状熟悉之后，专业学校教育就停止了。我们可以合理地预先寻求某种保证，使他能够学得足够多且学得足够好。并且，如果我们只有有限数额的钱可以花，或者如果只有有限的地方要求特定的训练，我们就会合理地寻求某种保证，使他能够把这种训练学得非常好。

教育公民是一种公共供给，一种福利。我认为：我们通常把一

1　见 David Page, “Against Higher Education for Some” in *Education for Democracy*, ed. David Rubinstein and Colin Stoneman (2nd ed., Hammondsworth, England, 1972), pp. 227—228。

种更为专业化的教育当作一种职位，学生们必须符合它的资格条件。大概，他们通过展示某种兴趣和能力来达到要求，但这二者并不产生接受专业教育的权利，因为必要的专业化是由公众决定的
209 事，而专业学校中可获得的位子也是由公众决定的。学生们拥有和公民们通常在担任公职时一样的权利：他们在被授予可获得的位子时，都会得到同等考虑。并且，学生们还有这个额外的权利：只要他们为在公立学校中找到位子做准备，他们就应该尽其所能地做同等的准备。

约翰·弥尔顿写道，一个绅士的教育应该使接受教育的孩子能够"公正地、巧妙地、宽宏大量地履行和平和战争时期的所有私人的和公共的职位的职责"。[1]在一个现代民主国家里，公民们拥有文雅的特权和义务，但他们的教育只使他们成为选民和士兵或（也许是）总统和将军，而不是就核技术的危险向总统提建议，也不是就这种或那种战略计划的风险向将军提建议，也不是开药、设计建筑、教育下一代等等。这些专业化的职位要求更深层次的教育。政治共同体将需要确保它的领导人——还有它的普通成员——得到可能最好的建议和服务。而教师群体对最机敏的学生也有着同样的兴趣。因此，就需要有一个选拔程序，其目的是在未来公民群体中确定一个未来"专家"的次群体。这个过程的标准形式是不难发现的：如我在第五章已经描述过的，一般的公务员考试被简单地引入学校，但这造成了民主教育结构中的深层紧张。

基础教育越成功，未来的公民群体就越机敏，教育体系内对高级位子的竞争就越激烈，那些没有获得资格的失败的孩子们的受挫感就越强。[2]现有的精英们于是就可能要求越来越早的选拔，因此，

1 John Milton, "Of Education", in *Complete Prose Works of John Milton*, vol. II, ed. Ernest Sirluck (New Haven, 1959), p. 379.

2 见卡明斯对越来越多的日本孩子竞争大学位子的讨论，Cummings, *Japan*, chap. 8。

未被选上的学生的学校作业就变成一种消极的顺从的训练。优秀学校的教师将抵制这种要求，孩子们可能也会抵制——或者，恰当地说，孩子们的父母也会抵制，只要他们在政治上是警觉的和有能力的。事实上，同等考虑似乎要求这种抵制，因为孩子们以不同的速度学习，他们的智力在不同的年龄被唤醒。任何一劳永逸的选择过程都无疑对一些学生是不公平的；同时，它对那些已经不再学习而投身工作的年轻人也是不公平的。因此，必须有再考虑的程序，更重要的是，也要有横向的和向上的通向专业学校的流动程序。

但是，假定位子有限，这些程序就只能增加最终失败的候选人
的数量。没有办法避免这一点，但只有在人们对学校位子和教育机 210
会的竞争就像地位、权力和财富传统上与职业地位紧密结合那样时，才能在道德上造成灾难性损失。但是，学校的需要与这种三位一体的利益无关，没有一个教育过程的特征要求高等教育与等级制级别之间建立联系。也没有任何理由认为如果那个联系断裂，未来的官职持有者被付给“工人的工资”，最机敏的学生就会放弃他们的教育。当然，一些学生与他的同辈相比，将会成为更好的工程师、外科医生、核物理学家等。找到这些学生并让他们感到他们能做一些事，然后让他们步入轨道，这仍然是专业学校的任务。专业教育必然由有才能的人，至少是那些在任何特定时刻都最有能力发挥他们才能的人垄断。但这是一种合法垄断。学校不能避免在学生中做出区分，提高一些学生，同时把一些学生拒之门外；但它们发现并加强的差别应该是工作所固有的，而不是针对工作的地位做出的。它们应该与成就有关，而不是与成就的经济和政治回报有关；它们应该是本质上内聚的，是学校内然后是职业内的表扬与骄傲，但在更大的领域内，其地位就不确定了。地位之所以不确定是因为：如果有一点点运气，成就所带来的仍然是权威和特权，而不是财富和权力。我现在描述的不是培养圣人的学校，只不过是各种学习的中心，与当下“成功的”事业相比，更为与世隔绝。

乔治·奥威尔上学的日子

在这一点上考虑一个负面例子可能有所帮助；并且，在有关学校和学校教育的浩如烟海的文学作品中，没有比奥威尔对他在1910年代参加的英国预备学校所做的阐述更完美的负面例子了。一些人已经对其阐述的准确性提出了若干质疑，但我认为，就与这里最相关的几点来看，我们可以假定奥威尔的阐述是真实的。[1]奥威尔笔下的学校"克罗斯盖茨"是为学生们考入哈罗公学和伊顿公学[2]做准备而建立的，而哈罗公学和伊顿公学都是训练高级公务员和专业人员领袖的地方。从定义上看，一个预备学校不是一个学习的自治中心，但克罗斯盖茨的依附性被它不仅是一个教育企业，而且是一个
211 商业企业——而且是一种当时相当不稳定的企业——这个事实强化了。因此，学校的主人和教师一方面使自己的工作符合哈罗公学和伊顿公学的要求；另一方面，符合学生的父母的偏见和野心。第一种外在压力决定了课程的形式，奥威尔写道："你的工作是准确地学习那些东西，给考官以你比你实际上知道的还多的印象，并尽量避免使你的脑子里负担别的东西。缺少考试价值的科目——几乎被完全忽略。"第二种外在压力决定了学校的治理及其内部社会关系的特征。"所有非常富有的男孩们都或多或少不加掩饰地被老师喜爱——我怀疑西姆斯（校长）是否用藤杖责打过那些父亲的年收入超过两千镑的孩子。"[3]因此，阶级制度就被天真的孩子们和校长的

1　见 Bernard Crick, *George Orwell: A Life*（Boston, 1980），该书第二章评论了相关证据。

2　哈罗公学（Harrow），创建于1517年，是英国哈罗城的一所著名男生寄宿学校；伊顿公学（Eton），1440年创办，是英国著名贵族学校，只招收男生，毕业生多升入牛津或剑桥等大学。——译注

3　George Orwell, "Such, Such Were the Joys", in *The Collected Essays, Journalism, and Letters of George Orwell*, ed. Sonia Orwell and Ian Angus（New York, 1968），vol. III, p. 336.

算计复制出来了。

这些外部压力——精英的公共学校和付钱的父母——并不总会导致同样的目的。克罗斯盖茨得提供某种严肃的学术训练，而如果它要吸引学生的话，它在这方面的成功就得展示出来。因此，它需要的不仅是富有的男孩，而且还得是聪明的男孩。由于最有支付能力的父母不一定养育出可能在考试中表现得最好的孩子，克罗斯盖茨的主人就将钱投资到一小部分减免学费的学生身上，寻找学术声望形式的回报。奥威尔就是这样一个学生。“如果我‘变质’了，就像有前途的男孩们有时候做的那样，我想（西姆斯）就会迅速把我除名。实际上，时机到来时，我为他赢得了两个奖学金，无疑，他在学校简介里充分地利用了它们。”[1]因此，在预备学校根深蒂固的反知识环境中，还有着一小部分潜在的知识分子，他们不那么心安、间或怀着感激之情、闷闷不乐，偶尔还有些叛逆。尽管他们因为聪明而被容忍，但是，他们必须忍受别的孩子们认为理所当然的一百来种专门来教训他们的小羞辱：除非他是富人，否则没有人会真正数清这个数目的羞辱，而最伟大的美德不是挣钱，而是有钱。奥威尔是被招来充任教育的先进典型，然后是充任官僚机构或专业职位的典型——但仅仅是在最高职位的资格条件是继承的体制内。尽管富有的父母事实上为他们的孩子买了优势，但孩子们被教导去把那些优势当作一种权利。除此之外，他们没有被教会别的什么知识。克罗斯盖茨就像奥威尔所描述的那样，是财富与阶级凌驾于学习之上的暴政的完美例子。

我怀疑是否所有的预备学校，作为一种商业投机，都将成为暴政的工具——事实上，成为这些暴行的工具。因为市场决不可能是 212
一个封闭的环境，它是（而且应该是）一个钱说了算的场所。因此，这再一次显示了为所有上优秀的独立学校的孩子而设的普通“预备

1　Orwell, “Such, Such”, p. 343.

学校”的重要性。但我们又如何能够阻止家长把钱花在一点点额外的准备上呢？即使所有的家长都有同样的收入，他们中的一些也会比另一些更愿意把他们所有的钱都用到孩子们的教育上。而即使像克罗斯盖茨那样的学校被废弃、被法律禁止了，家长们也仍然会为他们的孩子请家庭教师。或者，如果家长们有足够的渊博知识，他们就会自己调教他们的孩子：专业人士和官职持有者们给他们的孩子遗传了他们生存和晋升的本能，还有他们阶级的社会习俗。

由于缺乏把孩子从他们的父母身边分开的措施，这种事情就无法避免。但是，它通常可以在社会生活中起到较大或较小的作用。例如，家长对像克罗斯盖茨这样的学校的支持将随着社会等级的险峻坡度和通向专业训练和官位的途径的数量而变化。奥威尔被告之，他要么在考试中好好表现，要么最终做一个“一年挣四十英镑的办公室小勤杂工”。[1]他的命运在他十二岁时就被决定了，没有一点暂缓的机会。如果那是一幅准确的图画，那么，克罗斯盖茨就几乎像一个明智的机构——可能是压制性的，但不是非理性的。但假如这样一幅图画是不同的。假如说者发出嘲笑而听者颤抖，“一年挣四十英镑的办公室小勤杂工”这句可怕的话对这两种人就都是不适合的。假如官职的组织方式不同于1910年，那么，“小勤杂工”就可能在他们当中得到提升（或平等交流）。假如公立学校是找到有意义的和有声望的工作的一个——但不是唯一一个——途径，那么，克罗斯盖茨就可能显得对家长和对许多孩子都没有吸引力了。“预备学校”就不那么重要了，考试就不那么可怕了，而可获得的学习空间和时间就会大大增加。甚至专业学校也要求从社会压力中得到某种自由，如果它们想做好它们的工作的话——因此，一个社会组织起来就是要创造出那种自由。学校决不能是完全自由的，但如果它们要想得到完全自由，就必须有对其他领域的限制，即我已经描

1 Orwell, “Such, Such”, p. 340.

述过的那些大致的限制，例如，对金钱购买范围的限制，以及对公职的范围和重要性的限制。 213

联合与分隔

基础教育是强制性的。至少，在较低年级，学校是孩子们被要求必须参加的机构：

> 哭哭啼啼的小学童，背着他的小书包和
> 清早刚洗干净的小脸，像蜗牛一样一步一蹭
> 不愿意去上学

这在许多文化里都是一个常见的情景。[1]在莎士比亚时代，驱赶不情愿的男孩子去上学的是家长的意志，国家并没有强迫孩子入学。孩子们的教育依赖于他们父母的财富、抱负和教养。这在我们看来，似乎是一种不正当的依赖性：首先是因为共同体作为一个整体在教育中有利益；其次是因为孩子们自己也被认为对教育有兴趣，尽管他们可能还不理解它。这两种利益着眼于将来，着眼于孩子们将来会成什么样以及他们将干什么工作，而不是，或不单纯是依靠他们的父母是什么人，或他们在社会上有什么地位，或他们所拥有的财产。公共供给最好地满足了这两种利益；因为它也是向前看的，是用来提高个人能力和加强（未来）公民团结的。但这必然是一种特殊的供给，其接受者不是注册的，而是强制征募的。如果废除，孩子们就会被扔回来，这依赖的不是——如“废除传统学校教育”的倡导者们喜欢提议的——他们自己的资源，而是他们父母的资源。

1 William Shakespeare, *As You Like It*, II: 5.

因为他们是被征募的，学童就像士兵和囚犯一样，并且，他们与自己决定干什么和与谁联合的普通公民也不一样。但我们不应该过多地比较他们的相似之处或不同之处。[1]囚犯有时被“改造”，而士兵们所受的训练有时在平民生活中是有用的；但如果我们假装说教育是监狱或军队的主要目的的话，我们就是在对自己撒谎。这些机构的设置是服务于共同体的目的的，而不是服务于那些被拖进去的人的。士兵服务于他们的共同体；囚犯们“服刑”。但学童们在某种重要意义上，是在为自己服务，监狱位子的分配，还有有时候军队位子的分配，是一种对社会诸恶的分配，是对痛苦和风险的分配。
214 但说学校的位子是社会之善不仅仅是成年人的托词。成年人这么说的时候是从他们自己的经验出发的，而他们希望孩子们有朝一日能有这种想法。当然，成年人也记得孩子们在放学后自由自在的方式是成年人们只能忌妒而无法再捕捉和体验的。

尽管如此，入学受教育仍然是强制性的；而由于这种强制，被分配给孩子们的不仅是学校的位子，而且，孩子们自己也是在可获得的位子中进行分配的。公立学校不是先验存在的，它们必须被建立，它们的学生必须由一项政治决策来分配。于是，我们需要一个联合原则。谁和谁一起上学？这在两种意义上都是一个分配问题。首先，它是分配性的，因为课程的内容随着其接受者的特征而变化。如果学生们是作为未来的公民们而联合在一起的，他们将被教以他们国家的历史和法律。如果他们是作为这个或那个宗教的同辈信徒而联合起来的话，他们将学习宗教仪式和神学。如果他们是作为未来的工人而联合起来的话，他们将接受一种“职业”教育；如果他们是作为未来的专业人士而联合起来的话，他们就将接受“学术”

1　见福柯对“监狱连续体”（carceral continuum）的阐释，它包括监狱、修道院、军队、工厂和学校。见 Michel Foucault *Discipline and Punish: The Birth of the Prison*, trans. Alan Sheridan（New York, 1979）, pp. 293—308。福柯对相似之处做了太多的描述。

教育。如果聪明的学生被集合在一起，他们将在同一个层次上受教育；而迟钝的学生则被集合起来接受另一个层次的教育。这些例子可以无限延伸，与主流的人与人之间的差别和社会差异相匹配。即使我们假设，如我已经在做的，孩子们是作为公民联合在一起的，并接受一种通用教育，他们不可能都在一起学习这一点也仍然是真的；他们必须被分散到不同的学校和班级。如何去完成这件事仍然是一个分配问题。因为孩子们是彼此的资源：既是同志又是对手，互相挑战，又互相帮助，形成了可能是他们以后成年生活中的重大友谊。课程的内容与教室的人际环境相比，可能较不重要。因此，毫不奇怪的是，联合与分隔在教育领域是争论最激烈的问题。家长们对他们孩子的同窗比孩子们的教科书有更切实的兴趣。他们这么做是对的——不仅在"你认识谁比你知道些什么更重要"的愤世嫉俗意义上是对的。因为我们从我们的同辈那里学到的东西非常重要，跟谁学和学到什么总是密切相关的。

随机是最显而易见的联合原则。如果我们不考虑孩子家长们的职业和财富、不考虑孩子家长的政治或宗教信仰而把孩子们聚到一起，并且，如果我们把他们放到寄宿学校，使他们避免和他们的父母天天接触的话，我们就可以形成有完美自治的教育共同体。教师面对他的学生时，就好像他们只是学生，没有过去，只有尚未决定的 215
未来——无论是什么样的未来，他们所学到的东西都会帮助他们实现。这种联合是由左翼团体以（简单）平等的名义偶然倡议的，而它也确实实现了那个目标。无疑，有资格受到专业训练的机会与在任何别的替代性安排下的机会相比，其分配都显得更为平等。但随机联合所代表的不仅是学校的胜利，而且也是国家的胜利。纯粹的学生是不存在的；他得被创造出来；而我认为，这只能在一个专制的社会才能实现。在任何情况下，教育更准确地说都是对有自己的身份、渴望和生活的特定的人的训练，这种特殊性是由家庭代表的，由家长捍卫的。自治的学校是起调节作用的机构；它们与家长（但不仅仅是与家长）之间有一种紧张关系。废除义务教育，我们就不再有这种紧张关系；孩子们只不过是他们的家庭和他们的家庭所植根的社会等级的臣民。废除家庭，这种紧张关系也就不存在了，孩子们就只是国家的国民。

教育领域关键的分配问题是在不破坏孩子们的特性、他们的社会特性和遗传特性的前提下，使他们成为学习上的平民。我应该争辩说，在特定社会条件下，对这个问题有更可取的解决办法，一方面，有最符合学校标准化模型的复合平等；另一方面，有民主政治的要求。但不存在唯一的解决办法。起调节作用的机构的特征只能由它在其中调节的社会力量决定，所以，必须在各种社会力量之间维持一种平衡，这种平衡在不同的时间和不同的地点也有所不同。

在讨论其中的某些可能性时，我应该从当代美国——一个与奥威尔笔下的英国和战后日本相比，更为异质性的社会——援引例子。在美国，比别的地方更显而易见的是：基础教育和同等考虑的要求与民族、宗教和种族的多元化相碰撞，联合和分隔的问题有着特别激烈的形式。但是，我想预先强调，这些问题也有着一般形式。马克思主义作者们有时建议说共产主义的实现将终结植根于种族和宗教的所有差异。这也许可能，但甚至共产主义社会的家长们也不会共享一种唯一的教育哲学（不管他们共享别的什么东西）。他
216 们对何种学校对共同体普遍来说是最好的或对他们自己的孩子来说是最好的，将有不同意见，因此，父母有着不同教育哲学的孩子们是否应该上同样的学校就仍然是一个问题。实际上，这在今天也是个问题，尽管它被较小的智力差异所掩盖。

如果我们站在学校里面，什么样的联合原则看起来是最合适的呢？我们有什么样的理由把特定的一群孩子放到一起呢？学校之所以为学校，除了欠缺文字学习能力之外，没有理由将一些孩子排除在外。把孩子们包括进来的理由是与学术主题相互关联的，专业学校把有特殊兴趣和能力合格的学生聚集起来。在基础教育情

况下，把孩子们聚集起来的理由是需要（我们假设孩子们有兴趣和能力）。这里至关重要的是每个孩子都需要在这个民主共同体中长大，并成为胜任的公民。因此，学校的目的应该是建立一种结合模式来实现一个民主国家中成年男女之间的联合。这是最符合学校核心目标的原则，但它也是一个非常一般的原则。它排除了随机性原则，因为我们能够确保成年人不会（就定义和任何共同体而言）不考虑他们的利益、职业、血缘关系等而随意联合起来。但除此之外，还有一些至少看起来与民主公民的教育相容的联合模式和机构形式。

私立学校和教育券

义务教育和普通课程都不要求所有的孩子都上同一种学校或所有学校都与政治共同体有同样的关系。教育主办人、具有相似意向的家长和宗教组织都被准许资助私立学校，这是美国自由主义的一个特征。这里的联合原则可能最好表述为家长利益和意识形态——尽管这些必须包括对社会地位和社会阶级的意识形态的考虑。这里主张的是父母应该能够得到他们想为孩子做到的一切。这并不必然消除学校的调节作用，因为国家仍然可以为私立学校颁发许可证和设定公共课程要求。而家长们常常想为孩子做到的也并不总是他们自己能够提供的。可能他们在社会上或智力上或甚至宗教上有抱负：渴望孩子们比他们更杰出、更世故、更虔诚。而许多私立学校的教师有一种强烈的（奥威尔的老师们显然缺乏的）团 217
结合作和智识使命感。无论如何，在他们的社会阶级或阶级渴望或宗教信仰（或他们关于如何教育他们的孩子的想法）基础上，难道成年人不正是以这种方式联合在一起的吗？

但私立学校是昂贵的，因此，家长们并不具有同等能力如他们所愿地把孩子们放在一起。这种不平等似乎是错误的，如果这种联合被认为是有益的，就尤其如此：为什么孩子们仅仅因为出生的偶然性就被拒绝了那种好处呢？在公众支持下，这种假想的好处就会得到更加广泛的分配。这就是“票券制”（voucher plan）的要旨，即用于教育目的的税收转而以能在公开市场上花的票券形式返还给家长。[1]为了吸收这些票券，各种新学校就建立起来，迎合各个层次家长的兴趣和意识形态。一些学校将仍然迎合阶级利益，要求学费的支付优先于票券并因此使富有的家长确信他们的孩子们只需要或主要需要与同一社会阶级的孩子们结合在一起。但我将不讨论这一点（对此，有一种容易的立法救济）。更重要的是票券制将保证孩子们与那些其父母至少与他们自己的父母非常相像的孩子们一起上学。

票券制是一种多元化的计划，但它所建议的是一种特殊的多元化。因为，尽管这个计划可能强化像天主教这样的传统组织，它仍然是明确用来作为具有相似意向的家长们的组织单元。它的目标指向，且可能帮助形成一个其中没有强烈的地理基础和惯常的忠诚，而是有着大量变换不拘的意识形态群体的社会——或者，更好的表达是，由被市场联系在一起的消费者群体组成的社会。公民们是高度流动的、漂泊无根的，很轻易地就从一个联盟转向另一个联盟。他们的迁移是他们自己的选择，因此，他们将避免民主政治无休止的争论和妥协，而民主政治的参与者都或多或少是永远联系在一起的。手里有票券的公民们，用阿尔伯特·赫施曼的话说，总是选择“退出”而非“发言”。[2]

我怀疑在这些公民当中是否可能存在一个充分的思想和感情共同体来支持票券制——毕竟，票券制是一种公共供给形式。甚至一个最低限度的福利国家也要求更深、更强的关系。在任何情况下，孩子们在由他们的父母自由选择的学校里的实际经验几乎并不
218 会产生漂泊和轻易的迁移。对于大多数孩子来说，家长的选择几乎

1 John E. Coons and Stephen D. Sugarman, *Education by Choice: The Case for Family Control* (Berkeley, 1978).

2 Albert O. Hirschman, *Exit, Voice, and Loyalty: Responses to Decline in Firms, Organizations, and State* (Cambridge, Mass., 1970).

无疑意味着比他们在被政治分配进入的学校里更少差异、更少压力、更少机会的个人变化。他们的学校将更像他们的家。可能这种安排预言了他们自己的未来选择，但这种安排几乎不能预言他们在一个民主社会里所接触的全部范围、工作关系和政治联盟。家长的选择也许以一种政治分配有时不可能实现的方式超越了民族和种族界限。但甚至连这也是不确定的，因为民族和种族在今天无疑是私立学校得以组织的两个原则。即便这些是可接受的原则，只要它们在一个多元社会里不是唯一的原则，那么，就必须强调，对特定的孩子们来说，这些原则是唯一的原则。

票券制假设在一个狭窄而非普遍的共同体内，家长代表他们自己的孩子的利益时是行动主义的。但我认为，它最大的危险是许多孩子将因此而受到学校主办者的无情和家长的冷漠对待。毕竟，甚至对孩子最关心的家长也常常在别的地方忙碌。因此，孩子们的利益只能得到国家代理人，即执行一般标准的政府督察员的保护。事实上，即使家长们是积极的和参与的，国家代理人也还是有事可做的。因为共同体在教育孩子上有利益所在，孩子们也有其利益所在，而这是既非家长也非学校主办者所能充分代表的。但这种利益必须经由公众辩论并给予明确的形式。这是民主集会、政党、运动、俱乐部等的工作。而基础教育所预期的正是对这种工作必要的联合模式。私立学校并不承担这种工作。教育之善的公共供给因此不得不采用一种更为公共的形式——否则，它将不能有助于训练公民。我并不认为有对家长选择进行正面攻击的必要，只要其主要作用是在占主导地位的公共教育的边缘提供意识形态的多样性。从理论上讲，教育之善是不应该被购买的，但如果它本身并不带有巨大的社会好处的话（例如，在今天的英国，它仍然带有这等好处），其购买就是可以容忍的。这里，如在别的公共供给领域一样，公共系统越强大，个人对公共系统资金的运用就越容易。只要大部分人都能得到奖学金，只要有公立和私立职位的替代性通道，就没有更多

理由担心那些提供专业教育的私立学校。为专业学校教育和在职
219 培训而设的票券制将发挥很大作用。但这并不能有利于按家长的偏好而把孩子们放在一起；它将允许孩子们按自己的偏好和同伴进行联系。

天才追踪

职业向有才能的人开放是美国自由主义所喜爱的一个原则。而且人们常说，学校应该随着职业的要求而变化。能够自己迅速行动的孩子们应该被允许自由行动，学习慢的学生的学业应该调整得和他们的学习速度一致。这样，这两个群体将会更高兴，而人们的争论也会烟消云散；而在群体中，每个孩子都能找到他们真正的未来的朋友——而且，事实上可能还有他们的配偶。在稍后的生活中，他们将与和他们有着大致相似智力的人继续为伴。认为他们的孩子特别聪明的家长将喜欢这种分隔，因为这样，孩子们会有"正常"的接触，在学校里不觉得无聊，并且相信智力的强化将会使他们更聪明。但是，就因为这些原因，常常会出现一种反要求——聪明的学生被分散到整个学校以便鼓励和加强其他学生的学习。这看起来像是用聪明学生作为较不聪明学生的资源，把前者看作手段而不是目的，就像我们对待强壮的年轻人一样，我们征募他们来保护普通公民。但这种对待对于学生似乎是错误的，他们的教育被认为既服务于他们自己的利益，也服务于共同体其他人的利益。但是，分配聪明学生是否包含着利用他们依赖于我们把什么看作征募他们的自然出发点。例如，如果出发点是日常起居和玩耍，那么，人们可以合理批评的就是聪明学生的隔离：它现在看起来像是故意使其他学生教育经历贫瘠的一种行为。

在冷战高峰时期，在苏联把它的第一艘火箭发射进太空后不久，天才追踪就被倡导为一种自然防卫措施：尽早招收科学家和技术人员，大量训练我们需要或认为需要的男女。但是，如果人们想

要保卫的共同体是一个民主国家，那么，任何形式的招收都不能先于公民的“招收”。无疑，今天的公民要求有现代科学方面的教育；没有这一点，他们将几乎不能为“和平和战争时期的所有民间和公共职位”做好准备。而这种教育大概将鼓舞他们中的一些人从事一种或另一种科学专业化。如果这样的人是大量需求的，社会就会提供额外的刺激措施。但是，不需要早早地就选出未来的专家，在某种程度上，这就如同在别人有机会获得灵感之前就给了他们合适 220
的名分。这样做只是在“招收”公民刚开始一半之前就承认失败了——而这将在优秀的学校，尤其是初级学校被抵制，日本的例子就说明了这点。

还有一点也是不正确的，即对天才的追踪会让人们提前知道成年公民的联合模式，即便追踪可能会有助于形成成年公民的联合模式。成年人的世界不是由智力分隔的，各种工作关系，地位等级制的上上下下，都要求混合；而且，更重要的是，民主政治要求混合。我们不能想象在不把不同程度和种类的天才以及缺乏才能者聚到一起的情况下，能够组织一个民主社会——不仅在城镇里，而且在政党和运动中（更不用说在官僚机构和军队里了）。人们倾向于和与他们的智力水平相当的人结婚这个事实具有边际意义，因为一个民主生活的公共教育只不过是对婚姻或个人生活进行附带性的一般训练。如果没有公共生活，或者如果民主政治是根本被贬值的，那么，天才追踪就会更容易得到辩护。

但是，对分隔的较有限的使用甚至在未来的公民当中也是允许的。例如，把在数学方面或在外语方面有特殊困难的孩子分离出来有教育上的原因。但在一切方面都做这样的区分，在学校内使用两极制教学，或为不同种类的学生设立完全不同的学校，就既没有教育上，也没有社会性的根据。如果这样做的话，特别是在教育过程的早期阶段就这么做的话，它所提前造就的就不是公民的联合，而是与它的当前形式大致相同的阶级体制。孩子们被聚集在一起，主要是基于他们入学前的社会化状况和家庭环境，这是对学校封闭性的否定。在今天的美国，这种否定似乎导致的不仅是社会阶级的等级制，而且还有种族群体的等级制。不平等增加了一倍；而这种成倍增加，正如我们有理由知道的，对民主政治是特别危险的。

融合与乘校车

但是，我们不可能通过起居和玩耍把孩子们团结起来而避免种族隔离；因为在今天的美国，不同种族的孩子们几乎不在一起生活
221 和玩耍，他们也不接受一种共同的教育。这些事实主要不是从他们上学或在教学质量上或课程内容上所花的不同数额的钱产生的，他们在社会特征和孩子们自己的期望里都有其根源。在隔离区和贫民窟的学校里，孩子们所准备的，以及为彼此准备的是隔离区和贫民窟的生活。学校的封闭性根本没有强大到保护他们不受他们自己的想法和他们所面临的直接环境的影响。他们被他们的社会环境贴上了标签，并且，被教导着为彼此贴上标签。人们常说，改变所有这些的唯一办法是改变环境，把学校从其周边环境中分离出来。可以通过把隔离区和贫民窟的孩子迁出他们的当地学校或把其他地方的孩子们迁进这些学校来做到这一点。在这两种方法里，要改变的都是联合的模式。

虽然目的是未来公民之间的融合，但准确说出这个目标所要求的新模式是什么，并不容易。逻辑迫使我们转向一种公共体系，其中，每个学校的社会构成将是相同的——不是随机联合而是比例联合。不同种类的孩子在给定区域的每个学校里将按相同的比率混合在一起，比率因地区的不同而变化，但有人口的整体特征。可我们怎样识别合适的地区呢？还有，我们应该怎样挑选孩子们呢：只按种族，还是按宗教、按民族团体、按社会阶级？一种完善的比例均衡性似乎要求各地区把最大可能范围内的群体都合在一起，然后最

仔细地挑选出各个群体的成员。但在1970年代决定这些问题的联邦法官们把他们的注意力都只集中在已有的政治单元（城市和集镇）和种族融合上了。威廉·盖里提在宣读一个要求延长市内乘车路线的决定时说，“在波士顿，公立学校的人口大概是三分之二白人和三分之一黑人；理想状况下，每个学校都应该有相同的比例。”[1]毫无疑问，就此打住有很好的理由，但需要强调的是：比例联合原则将要求更加精细的安排。

另一方面，没有一种比例联合形式会期望民主公民们的选择。例如，让我们想一想许多黑人积极分子在民权运动中围绕民权运动所做的争论。他们坚持说，甚至在没有一个种族主义污点的政治共同体中，大多数美国黑人将选择共同生活，建立他们自己的居民区，掌管地方机构。实现这种模式的唯一办法是现在就建立地方控制。如果学校由黑人专业人士管理，由黑人家长支持，那么，隔离区将不再是一个充满挫折和失败的地方了。[2]从这种观点看，平等所要求的
是黑人孩子与别的黑人孩子联合在一起，通过这种联合，使孩子们 222
相互促进，达到白人孩子之间的联合的同样效果。选择比例制就是承认这种促进是不可能的——而在尚没有任何使其发挥作用的认真努力之前，（再次）这样做是不可能的。

这是一个有力的论点。但它在今天的美国遇到了一个大难题。美国黑人居住区的隔离与其他群体的隔离是完全不同的：他们更加彻底，更不是出于自愿。它所预先显示的与其说是多元主义的，倒不如说是分离主义的。它不是我们在民主公民中所期望找到的模

1　对盖里提决定和对一般“统计上的奇偶”的批判性讨论，见 Nathan Glazer, *Affirmative Discrimination: Ethnic Inequality and Public Policy*（New York, 1975），pp. 65—66。

2　国会种族平等委员会（Congress of Racial Equality, CORE）提出的“关于社区学校分区的建议”（“A Proposal for Community School Districts”），见 *The Great School Bus Controversy*, ed. Nicolaus Mills（New York, 1973），pp. 311—321。

式。在那种情况下，地方控制可能使教育调节的目的归于失败。即便地方激进主义分子取得政治胜利，学校教育也将变成强化某种非常强烈的群体认同的工具，就像新兴民族国家中的公立教育一样。[1]孩子们受到的与其说是实际的公民资格教育，倒不如说是意识形态的教育。较大共同体没有理由为这种教育付钱。但我们在考虑黑人们甚至在一个有着充分民主的共同体中所形成的各种联合的同时，我们还能偏离它多远？同样重要的是，我们在考虑其他人早已形成的联合的同时，我们还能偏离它多远？我不知道如何准确地划出这个界线，但是，我倾向于认为那种严格的比例制划出的界线肯定很糟糕。

我假设一个多元主义的社会：只要成年人自由结合，他们将在一个较大共同体中形成各种不同的共同体和文化。无疑，他们在一个移民国家会这么做，但他们在别的地方也会这么做。因此，孩子们的教育具有群体依赖性（group-dependent）——至少在这个意义上，即具体由家庭所代表的群体的特殊性是学校所调节的力量中的一极。但另一极是具体由国家代表的较大共同体，它依赖于所有群体的合作和相互包容。因此，尽管学校尊重多元主义，但也必须在努力把孩子们聚集到一起的同时为可能的合作敞开大门。在多元主义模式是不自愿的和扭曲的条件下，这就是最重要的。所有的学校不必要在社会构成上相同，但不同种类的孩子们在学校中彼此相逢却是必要的。

这种必要性有时需要被（反对它的人）称作“强制性乘车”（forced
223 busing）的措施——仿佛公共教育出于某种原因必须摒弃公共交通。这个短语无论如何都是不公平的，因为所有学校的分配在本质上都是强制性的。因此，出于同样的原因，学校教育也一样：强迫

1 这在地方激进主义分子说“外语”时表现得尤其明显，见 Noel Epstein *Language, Ethnicity, and the Schools*（Institute for Educational Leadership, Washington, D.C., 1977）。

阅读和强迫学算术。乘车计划是用来满足严格比例制的要求的，它并非人们所向往的，而是代表着一种更公开的强制、一种对日常生活模式更直接的破坏。而且，美国的经验说明，通过把住在完全不同地方的孩子们聚集到一起来进行融合的学校不可能成为融合的学校。当被迫应付发生在外部（且不断从外部强化）的社会冲突时，甚至连优秀的学校也会失败。另一方面，显然，甚至在实际的生活安排提倡或至少允许不同的联合模式时，国家官员也强行实施种族分离主义。这种强制实施需要补救，而补救现在要求校车，把校车剔除出去是愚蠢的。我们还应该希望对住房和就业领域的专制分配——在那里，任何教育安排都不可能得到修复——进行更直接的攻击。

街区学校

从理论上讲，如我早已论述过的，居民区没有准入政策。无论它们最初是一群人拖家带口聚集起来的，还是受行政决策、高速公路布局、土地投机、工业发展、地铁和公共汽车路线等影响而形成的，这些人都会来到这里，并形成一个异质的人口群体——“不是一种选择，而是作为一个整体的类生活”，或至少是作为一个整体的国民生活。于是，一个街区学校并不——或并不长久——服务于彼此选择做邻居的一群人。但只要不同的群体都把一所学校当作他们自己的学校，那么，这所学校的存在就会有利于提升共同体的感情。这就是公立学校从一开始就确立的诸多目标中的一个：每所学校都成为一个小熔炉，而邻里友善，在某种程度上，是它在通往公民资格的道路上的第一个产品。人们认为地理划定的学区应是社会成为混合的，而坐在一间教室里的学生应该有着非常不同的阶级和民族背景。由于保护公约、分区法规和不公正划分选区而形成的学区，这在任何特定城市或集镇从来都不是一贯真实的；我不能确定它在 224
今天与在过去相比，是更真实了，还是更不真实了。但是，就种族融合来说，证据是很明显的：街区学校把黑人儿童和白人儿童分开了。由于这个原因，居民区联合原则受到了尖刻的批评。

不过，它还是人们偏爱的原则。因为政治总是以地区为基础的；而居民区（或自治村镇、城镇、镇区、城镇的“终点”：居民区的毗邻区）在历史上，仍然是民主政治的第一个和最直接、最明显的基础。当人们在家附近，在熟悉的敌手和朋友中间时，他们可能最有关怀意识、最有见识，也最活跃并有影响力。因此，民主学校应该是一个街区内的封闭区：在孩子们熟悉的地方的一个特殊环境中，他们作为学生聚集在一起，就像将来他们作为公民聚在一起一样。在这种环境下，学校很容易认识到自己的调节性作用。一方面，孩子们上的学校是他们的父母理解和支持的；另一方面，有关学校的政治决策是由一群不同的家长和非家长在国家设定的条件下做出的。这些决定（主要）是由在街区外受教育的教师们作为职业责任和政治责任来执行的。它是一种导致冲突的安排——而且，实际上，美国的校园政治可能是一种最生动和最有魅力的政治。很少有家长对其结果完全满意，而孩子们几乎毫无疑问在学校发现了一个不同于他们在家里所了解的世界。学校同时既是一个“年轻男女之屋”，又是一个有自己知识领域特色的地方。

家长们总是试图打败这种原则，而教师团体又常常不够强大到维系它。学校教育的实际分配是相当受人们关于学区的规模和日常治理、资金的配置、寻找新教师、课程的具体内容等地方政治斗争影响的。街区学校随着街区的不同决不会相同，因此，教育体制中一个孩子/一个位子的简单平等只能成为教育领域正义谎言的一部分。但我认为，当各街区是开放的（当种族认同或民族认同没有超越成员资格和地域而占主流时），而且当每个街区都有自己的优秀学校时，我们可以公平地说，这实现了正义。孩子们在一个复合分配制度安排中是平等的，他们接受的是一种公共教育，即使课程（以及教师们强调的方式不同或在一门课中不讲这个或那个地方）在各

个地方略有变化；全体教员的内聚力和家长们的合作或批评热情也 225
会有所不同；但这是民主学校所固有的本质，是复合平等不可避免的特征。

这同样适用于学生的联合模式。一些学区可能比别的学区更加异质化；一些学区由于是跨群体的，所以比别的学区内的关系更紧张。每所学校都可能面临多元主义社会所特有的边界冲突，但有时比较温和，有时比较尖锐。它要求人们有非凡的意识形态热情或强烈的自负来坚持说他们将以最有效的方式随时随地解决冲突。事实上，我们可以为此做出安排，但只能通过彻底地运用国家权力来进行。现在，国家在教育方面做的事太多了。它要求上课出勤，确定课程的一般特征，监管获得证书的过程。但如果学校想要拥有一些根本的内在力量的话，就必须对国家的活动做出限制——通过学术科目的完整性，通过教师的职业化，通过同等考虑原则来确定这些限制——并通过一种有利于民主政治但又不受当权者或起支配作用的意识形态控制的联合模式来进行。就像冷战时期的成功不是提高专业学校的质量和吸引力的理由一样，一个整合协调的社会的目标，也不是超越结束随意隔离所要求的救济的理由。学校教育对政治目的的任何根本屈服都会削弱学校的力量、学校调节的成功，以及作为一种社会之善的学校教育的价值。最后，当学生和教师都屈从于政治的专制暴政时，它所导致的不是更大的平等，而是
更少的平等。 226

第九章

亲属关系与爱

情感的分配

人们通常认为亲属纽带和性关系构成了一个分配正义无法触及的领域。它们由别的术语来评判，或者，我们被教导说不能对它们进行评判。人们尽力去爱，他们的感情是不能进行再分配的。可能真如塞缪尔·约翰逊曾经说过的，“婚姻一般来说应该是快乐的，而且在更大程度上也常常如此，如果所有的婚姻都是由上帝撮合而成的话。”[1]但没有人认真地提出用这种方法扩展上帝的权力，甚至没有人为了获得更大的快乐而这样提出来（而且，如果这样的话，为什么不是平等的快乐呢？）。不过，认为亲属关系和爱是一个不同于所有其他领域的领域，是一个神圣的区域，就像意大利共和国中的梵蒂冈一样，不受哲学批判的责难，那就是错误的。实际上，它与别的分配领域是密切联系的，很容易受其他领域的入侵，而它本身也具有普遍的影响力。它的边界如果不是防范上帝的，那就常常是防范其他

1 James Boswell, *The Life of Samuel Johnson*, ed. Bergen Evans（New York, 1952）, p. 285.

种类的残暴侵扰的——例如，在私人住宅驻军，或在工厂和矿山使用童工，或社工、训导员、警察以及现代国家的其他代理人的"来访"。而其他领域也得防范它的入侵，防范裙带关系和偏袒——这在我们的社会里，尽管并不意味着在所有社会里，是爱的阻碍行为。

重要的分配是在家庭内部以及通过家族联盟实施的。嫁妆、礼物、遗产、赡养费，许多不同种类的相互扶助：所有这些都服从于具 227
有传统特征并反映着深刻但又绝非永久性共识的风俗习惯。更重要的是，爱本身，还有婚姻、父母的关怀和子女的孝敬都受相似的影响并具有相似的反映性。"尊敬你的父母"是一个分配原则，孔子关于"事父兄"的格言也是一种分配原则。[1]因此，人类学家们发现了大量权威性的因袭习惯，例如，把孩子们与他们的舅舅连在一起，或把妻子与婆婆连在一起。这些分配也依赖于随着时间而变换的文化共识。如果人们自由恋爱、自由结婚，就像我们想象的那样，那是源于爱情和婚姻在我们的社会里的意义。我们也不是完全自由的，尽管我们进行了连续不断的解放斗争。乱伦仍然是禁止的："当代西方世界的性许可还没有废除这个限制。"[2]多配偶也是被禁止的。同性恋婚姻仍然是法律不承认的，并且在政治上是有争议的。种族间的通婚虽然已经没有法律惩罚，但还有社会惩罚。在每一种（非常不同的）例子中，"解放"将是一种再分配行为，是一种对信仰、义务、责任和联盟的新安排。

在大部分人类历史中，爱情和婚姻远比今天的美国受到更严格的管理。亲属关系规则是人类学研究的盛宴，五花八门且高度成熟。关于基本分配问题——谁分配……向谁分配——有一百种问和答的方式。谁能和谁一起睡觉？谁能和谁结婚？谁和谁一起生活？谁和谁一起吃饭？谁和谁一起庆祝？谁必须对谁表示尊敬？

1　*The Analects of Confucius*, trans. Arthur Waley (New York, n.d.), p. 83 (I: 2), 见《论语·子罕第九》："出则事公卿，入则事父兄。"

2　Lucy Mair, *Marriage* (New York, 1972), p. 20.

谁对谁负有责任？这些问题的答案构成了一个精巧的规则体系，并且，它是人们对政治权力达成的最初共识的一个特征：违反这些规则的酋长和君主就是暴君。[1]关于暴政的最深刻的见解可能就在于此：权力凌驾于亲属关系之上占支配地位。婚姻很少是约翰·塞尔登[2]所说的："只不过是一纸民事契约"[3]，它是更大系统的一部分，立法者们通常只在边缘或在事实发生之后才予以处理，是对"私"生活的道德上和空间上的安排：家庭、饭菜、拜访、义务、情感表达，以及物品转让。

在许多时间和地点，亲属关系的决定延伸得更远，还影响政治，确定个人的法律地位和生活机遇。事实上，一种人类历史观认为所有亲属和分配领域，所有男人和女人的"结合"，都派生于家庭，就像一整套国家职位和机构都是王宫的衍生品一样。但亲属关系和
228 政治的对立是很古老的，可能是原始的。当代人类学家梅耶·弗利茨写道："每个社会……都包含两种基本的社会关系秩序……家族领域与政治-法律领域，亲属关系与政体。"[4]因此，说亲属关系规则并不包括社会领域但又在社会领域中并划定了第一组边界是讲得通的。

家庭是一个特殊关系领域。这个孩子是父亲的掌上明珠；那个孩子是母亲的欢乐源泉。这对兄妹彼此之间的关爱比一般兄妹更甚，那个叔叔溺爱一个他喜欢的侄女。这是一个激情和忌妒的领

1 见 Eugene Victor Walter 关于亲属关系对政治权力的制约的讨论，*Terror and Resistance: A Study of Political Violence, with Case studies of Some Primitive African Communities*（New York, 1969），chap. 4; 然后是他关于沙卡（Shaka），即祖鲁人的"恐怖暴君"（the "terrorist despot" of the Zulus）对亲属关系的攻击的描述，特别是第 152—154 页。

2 塞尔登，英国法学家、文物学家和东方学家，因支持下议院反对国王而两次入狱，著有《荣誉称号》、《弗莱塔监狱》等。——译注

3 John Selden, *Table Talk*, ed. Frederick Pollack（London, 1927），p. 75.

4 Meyer Fortes, *Kinship and the Social Order: The Legacy of Lewis Henry Morgan*（Chicago, 1969），p. 309.

域，其中的成员常常寻求垄断彼此的关爱，而所有的成员又同时都有某种底线要求——至少在对根本不可能提一点要求的外人时如此。自己人和外人之间常常是界线分明的：在内部，“约定俗成的利他主义原则”（rule of prescriptive altruism）是适用的，对外，则不适用。[1]因此，家庭是不平等的永久性资源。之所以如此，不仅因为常见的原因，即因为家庭是作为一个经济单位发挥作用的（在不同社会有所不同），在家庭中，财富得到储存并传给后代；而且还因为家庭是作为一个感情单位发挥作用的，在家庭中，爱也得到储存并传给后代。我们可以更恰当地说，财富和爱在家庭成员之间传递，然后才传给后代，而至少一开始是出于内在原因。偏袒始于家庭——当约瑟[2]在他的兄弟中独得父亲青睐时就开始了——而且只是从那以后，才延伸到政治和宗教中，延伸到学校、市场和工作场所中。

柏拉图笔下的护卫者

因此，最激进的平等主义建议，达到简单平等的最简单途径是废除家庭。我在教育领域已经考虑了这个建议，学校提供一种直接的选择，但是，学校，即便是包罗万象的学校，所废除的也只不过是在一定年龄之上的父母与孩子的特殊关系；而值得考虑的是一种更激进的废除主义[3]。想象一个由柏拉图笔下的护卫者组成的社会，在每一代中，所有的成员都是兄弟姐妹，他们对自己的血缘纽带一无

1　引自 Fortes, *Kinship and the Social Order*, p. 232。

2　《圣经》里的人物，是雅各的第十一子，因受雅各宠爱而遭兄长们忌妒，被卖往埃及为奴，后为宰相。——译注

3　导向废除主义的一种特定的张力在平等主义思想中是常见的，甚至在那些显然对这种想法感到不安的作者那里也是常见的。例如，约翰·罗尔斯说：“至少只要家庭这种制度还存在，机会公平原则就只能得到不完善的实施。”这个观点虽然被重复，但没有被深究下去，参见 John Rawls, *A Theory of Justice*（Cambridge, England, 1971）, pp. 74, 511。也许，罗尔斯不想让父母之爱和关怀的分配受正义的第二个原则支配。那么，它应该由什么原则来支配呢？

所知，他们通过一种公民间的乱伦而生出新一代孩子，对这些孩子而言，他们不过是一般化的，没有任何特指的父母。亲属关系是普
229 遍的，因此，几乎可以看作不存在，于是，亲属关系就近似于政治友谊。我们可以认为，激情和忌妒甚至在一般的同胞心中也存在，但没有“我的”和“你的”的清楚含义，没有对人或物的排他性关系。柏拉图争论道：“一时的激情几乎不可能发展为严重的争吵。”我们所知道的人（而柏拉图也知道他），即“他把能够为自己得到的一切东西都拖回私人房间，在那里，他有自己的家，一个有欢乐，也有悲伤的排外的中心”。这种人是不会再有了。相反，男人们和女人们将把欢乐和痛苦当作普通的激情来体验；家庭生活中的忌妒将被一种感情上的，同时也是一种物质上的平等主义所取代：“苦乐同感”（fellow feeling）[1]的国家，它是平和镇静对炽热激情的胜利。

这也是政治共同体对亲属的胜利，因为正如劳伦斯·斯通在他对当代家庭发展的研究中写的：“情感纽带的分配……是一种零和博弈。……高度个人化的、内部向心力的家庭部分地是……以从过去丰富而团结的共同体生活中退却为代价而获得的。”[2]同样的退却似乎在更早的时代就发生了。也许过去的共同体生活是一段黄金岁月，而废除主义是永久的乌托邦。无论如何，废除的目的不是获得亲属关系和共同体之间的某种平衡，而是彻底推翻“游戏”的结果。确切地说，柏拉图只是把他的平等主义王国建立在护卫者阶级上了。他自己的目的不是创造一种真正普遍的社会之爱或使爱的经验相等（尽管他把真正的价值与平和联系在一起）；他想在城邦的政治中消除爱的影响——“让护卫者免受把家庭利益置于整个共同

1 Plato, *The Republic,* trans. F. M. Cornford (New York, 1945), pp. 165—166.（译文参见《理想国》，郭斌和、张竹明译，商务印书馆，1996 年。——译注）

2 Lawrence Stone, *The Family, Sex, and Marriage in England: 1500—1800* (New York, 1979), p. 426.

体利益之上的诱惑。”[1]奥威尔在他的小说《一九八四》中表达了一种类似的目的：青年反性同盟（Anti-Sex league）试图在党员中禁止所有亲属关系纽带，以便把他们明确地团结在党（和老大哥）周围。但穷人是自愿地自由结婚和爱自己的孩子的。我认为，一个民主政权是无法忍受这种分裂的；亲属关系也必须完全废除。但是，设想废除亲属关系的哲学家和小说家如此频繁地想到用社会特权来补偿失去特殊情感的精英阶层的成员并不是偶然的。

因为它是一种损失，并且是大多数男女可能抵制的损失。我们所认为的公共生活的最高形式的东西——普遍的兄弟姐妹关系——可能与大众决策的任何过程都是不相容的。这在道德哲学 230
领域也是一样的。许多作家争论说，伦理生活的最高形式是一种其中“约定俗成的利他主义原则”普遍适用且不存在对亲属（或朋友）的特殊义务的生活。[2]在一场可怕的危险即将来临时，面对救自己的孩子还是救别人的孩子这个选择，我将采用一种随机决定程序。显然，如果我无法认出自己的孩子，或我没有自己的孩子，那情况就会简单得多。但这种最高形式的伦理生活只对少数意志坚强的哲学家或对僧侣、隐士和柏拉图式的护卫者来说是可能的。我们其余的人必须满足于不那么高水平的道德生活，即我们可能认为是较好的东西：我们尽可能地在家庭和共同体之间划出最佳界线，并忍受爱的不平等强度。这意味着一些家庭将比别的家庭更温暖、更亲密；一些孩子将比别的孩子得到更多的爱；一些男人们和女人们将满怀父母之爱和尊敬所培养的自信而进入教育、货币和政治领域，而其他的人则满怀疑虑地曲折前行。（但我们仍然可以尝试在学校中剔除偏袒，在公务员体系内剔除“家族联盟”。）

---

1 Plato, *The Republic*, p. 155 (Conford's commentary).

2 Lawrence Kohlberg, "The Claim to Moral Adequacy of a Highest Stage of Moral Development" , *Journal of Philosophy* 70 (1975), pp. 631—647.

如果我们放弃普遍的亲属关系，那么，没有一种家庭纽带的安排看起来是理论上要求的或甚至是普遍看来更可取的。不存在比所有替代性选择更公平的唯一的一组情感联系。我认为，这一点是作者们都承认的，尽管他们在别的领域仍然寻求一种高度明确划一的正义。但这里的论点也适用于别处。例如，我们不知道政治共同体是否应该使它的成员们都能平等地看到戏剧，除非我们知道戏剧在这个或那个文化中的意义。我们不知道出售枪支是否应是一种限制性交换，除非我们知道枪支在特定街道上是如何使用的。而且，我们不知道有多少爱情和尊敬是丈夫应该得到的，除非我们知道露茜·梅耶在她开始对婚姻的人类学研究时提出的问题："丈夫有什么用？"[1]的答案。

当然，在每一种地方环境中都有客观原则，有时候是有争议的，而且常常被违反，但也常常是人们所理解的。约瑟的兄弟们忌妒他们父亲的偏心，因为在他们看来，这种偏心超出了家长任性而为的界限。在这种情况下，尽管常常伴随着令人不快的后果，我们还是把亲属原则的实施留给家庭成员。我们并不想让政府官员插手来
231 确保每个人（或没有一个人）得到一件色彩绚丽的外套。只有在家族分配削弱了共同体成员资格和福利的承诺时，我们才需要干预，例如孩子被遗弃或妻子被殴打虐待的情况。家庭财产的分配也是受法律约束的，但如我在讨论赠予和继承时已经论述过的，这些规定也可能代表着源自内部的原则对一种特定的关于家庭纽带的理解的外部强制。

家庭和经济

在近代政治思想中，家庭常常被描述成一个"小国家"，其中，

---

1 Mair, *Marriage*, p. 7.

孩子们被教导服从的美德，并为较大国家，即整个政治共同体的公民资格（或者，更经常的是臣民）做准备。[1]这似乎是一个整合公式，但它还有另一个目的。如果家庭是一个小国家，那么，父亲就是一个国王，而他所统治的王国是一个国王本人不能侵犯的王国。这些小国家约束并制约着它们作为其中一部分的较大国家。类似地，我们可以把家庭当作一个经济单位，部分地结合进货币和商品领域，但同时也确定这个领域的边界。当然，这是整合的完美状态。派生出我们的**经济**一词的希腊语中的词的意思只不过是“家庭管理”；它描述的是区别于政治的唯一一个领域。但无论何时，只要经济具有一种独立的特征并促成陌生人而非亲属之间的合作，无论何时，只要市场取代了自足的家庭，我们对亲属关系的理解就为交换的范围设定了界限，确定了市场规则在其中不适用的一个空间。如果我们考虑一个经济快速变化时期，如工业革命早期，我们就能把这一点看得更清楚。

曼彻斯特，1844年

恩格斯在他对1844年曼彻斯特工厂生活的阐释中对工人阶级家庭做了大量描述。他所讲述的不仅是一个悲惨的故事，而且是一个道德灾难的故事：男人、女人和孩子们从早到晚地工作；婴儿被扔在一边，锁在冰冷的小屋里；社会化彻底失败；爱和相互尊敬的 232
结构崩溃；在不给感情留下任何空间和实现余地的环境下，亲情缺失了。[2]今天的历史学家们提出，恩格斯低估了家庭的力量和弹性，

1　见 Gordon J. Schochet, *Patriarchalism in Political Thought*（New York, 1975），chaps. 1—3。

2　Frederick Engels, *The Condition of the Working Class in England*（1844），in Karl Marx and Frederick Engels, *Collected Works*（New York, 1975），vol. 4, especially pp. 424—425 on the “neglect of all domestic duties”；Steven Marcus, *Engels, Manchester, and The Working Class*（New York, 1974），pp. 238ff.

以及家庭在恶劣的条件下对其成员所能提供的帮助。[1]但我对恩格斯之论述的准确性——它已经够准确的了——的兴趣没有与对它所揭示的早期社会主义作者和组织者们的意图的兴趣那么大。他们把资本主义看作对家庭的攻击，是对家庭纽带的粗暴破坏："无产者的一切家庭联系越是由于大工业的发展而被破坏，他们的子女越是由于这种发展而被变成单纯的商品和劳动工具。"[2]而他们所反对的正是这种暴政。

曼彻斯特，如恩格斯所描述，是另一个未划分区域的城市，金钱在那里的每一个角落都大行其道。因此，儿童被卖进工厂，女人被卖进妓院，家庭"解体"了。没有温暖舒适的家庭生活情趣，没有做家庭安排和家庭庆祝的时间，没有休息，没有隐私。家庭关系，马克思和恩格斯在《共产党宣言》中写道，"……变成了纯粹的金钱关系。"他们接着写道，共产主义将带来的是资产阶级家庭的废除；但在他们看来，资产阶级家庭也代表着对亲属关系和爱的废除——对儿童和"妇女群体"的奴役——他们真正的意图是与家庭重建的可能后果中某种更亲密的东西。或者，更恰当地说，他们争论说，当生产最终被完全社会化后，家庭将第一次作为一个独立的领域、一个个人关系的领域而出现，它完全建立在性爱和完全不受金钱暴政统治的基础上——而且，他们也认为，家庭还应该从密切相关的父亲和丈夫的暴政下解放出来。[3]

---

1 Jane Humphries, "The Working Class Family: A Marxist Perspective", in Jean Bethke Elshtain, ed., *The Family in Political Thought* (Amherst, Mass., 1982), p. 207.

2 *Manifesto of the Communist Party*, in Karl Marx and Frederick Engels, *Selected Works* (Moscow, 1951), vol. I, p. 48.

3 见Frederick Engels, *The Origin of the Family, Private Property, and the State*, in *Selected Works*, vol. II。相关讨论参见Eli Zaretsky, *Capitalism, the Family, and Personal Life* (New York, 1976), pp. 90—97。尽管恩格斯在关于曼彻斯特工人阶级生活的经典阐述中着重强调了儿童所忍受的痛苦，他的重组家庭——还有马克思的——似乎仅限于成年人。儿童将由公社照顾，因此，家长双方都能分担社会生产。当共同体是（转下页）

工会主义者和改良主义者对恩格斯所描述的条件的反应只不过是更具防御性的。他们想“保全”现有的家庭，而那是19世纪大量工厂立法的目的。童工保护法、更短的工作日、对妇女可以做的工作的限制：所有这些都是设计来保护家庭联系不受市场侵害，为家庭生活划出一片空间并留出一些最低限度的时间的措施。一个古老的家庭生活观念支撑着这个努力。这里的时间和空间对母亲 233
和孩子来说是根本的；家被认为是以这二者为中心的，而父亲是较远的保护者，他保护他们的目的只不过是保护他的依赖者。因此，“妇女通常被排除在工会之外，而男性工会主义者则要求能够养活整个家庭的工资。”[1]家庭领域是妇女的所在，孩子们围着她，在她养育下是安全的。维多利亚式的多愁善感既是一种无产阶级的创造，也是一种资产阶级的创造。情感的家庭是亲属关系和爱的分配所采取的第一种形式，至少在西方，家庭和经济一经分离，这就成为事实了。

婚　姻

但家庭领域（domestic sphere）的确立在工业革命之前很久就开始了，并且有与**家庭生活**（*domesticity*）这个词所指的含义完全不同的长远后果。这在上层阶级中最显而易见；这些后果产生于双重划界的过程，不仅包括亲属关系和经济生活之间的划界，而且还包

（接上页）小型的且人们关系密切时，如在一个以色列基布兹当中，这个提议是有意义的。但考虑到大众社会的条件，这个提议就可能导致爱的大量流失——而且，是首先由社会最弱成员承担的损失。在各种各样的安排下，包括但又远远超越传统资产阶级安排（为什么家长不能分担社会再生产呢？），家庭能够发挥作用避免这种损失。对马克思观点的讨论，见 Phillip Abbott, *The Family on Trial: Special Relationships in Modern Political Thought*（University Park, Pa., 1981）, pp. 72—85。

1　Zaretsky, *Capitalism*, pp. 62—63.

括亲属关系和政治生活之间的划界。现代早期的贵族家庭和中产阶级上层家庭都是小朝廷。他们的婚姻为的是交换和结盟，要经过精心策划和艰苦谈判。这种事在我们这个时代也仍然有，尽管如今的谈判几乎不那么公开直率了。我认为，只要家庭在不同的社会和政治世界里被放在不同位置上，只要还有家族事业和根深蒂固的关系网，婚姻将永远有这一面。简单平等将通过消灭家庭差别来消灭交换和结盟。"如果每个家庭都是以同样的成本得到教养，"萧伯纳写道，"我们所有的人就应该有同样的习惯、举止、文化和文雅；垃圾工的女儿可以与公爵的儿子结婚，就像现在股票经纪人的儿子与银行经理的女儿结婚一样容易。"[1]所有的婚姻都将是爱的竞赛——而这事实上是我们目前所理解的亲属关系体系的趋势和意图。

但萧伯纳高估了金钱的力量。他可能提出的要求是：不仅任何
234 孩子都不能在一个比别的家庭更有钱的家庭里受教育，而且任何孩子都不能在一个比别的家庭有更大政治影响和更高社会地位的家庭里得到培养。我认为，所有这些都没有废除家庭本身，因此都是不可能的。但是，有同样效果的东西是可以通过分配领域的分离而实现的。如果家庭成员关系和政治影响是完全清楚的，如果裙带关系被剔除、继承权被剥夺、贵族头衔被褫夺，那么，就没什么理由把婚姻当作一种交易或一种结盟了。因此，儿子和女儿们就可以（而且将会）寻找他们认为身体或精神上具有吸引力的伴侣了。只要家庭与政治和经济生活结合，浪漫的爱情在其中就没有什么地位了。可以说，行吟诗人所赞美的是一种边际分配。家庭的独立导致爱的重新定位。

或者至少是罗曼蒂克的重新定位：因为爱情无疑也存在于较古老的家族中，尽管人们常常用一种有限的华丽辞藻谈论它。如今的

---

1 Bernard Shaw, *The Intelligent Woman's Guide to Socialism, Capitalism, Sovietism, and Fascism* (Hammondsworth, England, 1937), p. 87.

浪漫爱情，或多或少有些夸张，被认为是婚姻和婚后生活唯一令人满意的基础。但那意味着婚姻走出父母和他们的代理人（如媒人）的掌握并放到了孩子自己手里。浪漫爱情的分配原则是自由选择。我的意思并不是说自由选择是亲属关系领域唯一的分配原则。那是决不可能的，因为尽管我选择我的配偶，我并不选择我配偶的亲属，而婚姻的深层义务常常是由文化而非个人决定的。不过，浪漫爱情把我们的注意力集中在互相选择的结合上。而它有着至关重要的暗示：男人和女人不仅是自由的，而且他们的自由是平等的。感情必须是相互的，探戈要两个人跳，等等。

从此以后，如果父母试图用他们的经济权力或政治权力对子女的愿望横加阻拦，那我们就称他们为暴君。一旦子女到了年龄，父母事实上就没有合法权力去惩罚或约束他们了；尽管婚姻“糟糕”的儿子和女儿们仍然如谚语所说被完全剥夺了继承权，这种威胁也不再是家庭的道德武库的一部分了（在有些国家，它也不再是家庭合法武库的一部分了）：在这些情况下，父母几乎没有什么法定权威。如果能够的话，他们就必须利用他们子女的感情。而当这一招奏效时，它就被称为“感情暴政”。但我认为这个短语是错误的——或者，它是被隐喻性地使用的，就像萨姆塞特·毛姆[1]所说的“人性的枷锁”（“human bondage”）。因为感情的运转，剧烈情感的经验是亲属关系领域所固有的，而非侵入性的。自由恋爱描述的是不受 235
交换和结盟约束的一种选择，而不是爱情本身的约束。

公民舞会

如果孩子们可以如他们所愿自由恋爱和结婚，那么，就必须有一个他们能在其中做出选择的社会空间，一组制度安排和实践。在

1　毛姆，英国小说家，因洞察而怀疑人类的善良与智力，作品基调愤世嫉俗，著有长篇小说《人生的枷锁》、《大吃大喝》等，其短篇小说更是脍炙人口。——译注

政治和社会理论家中，卢梭最明确地承认了这一点，并且以一种常常标志于他的著作中的非凡远见描述了后来成为一种最常见的公共安排，一种特殊的公共节日："为能够结婚的年轻人举办的舞会。"在《就戏剧致达朗贝的信》中，卢梭希望对日内瓦人的舞会不要有那么多"谨慎的怀疑"。在这种"惬意的活动"中，年轻男女能够"炫耀他们自己可能拥有的魅力和缺点，使那些对他们有兴趣的人在与他们坠入爱河之前对他们有很好的了解"。[1]难道还有比这更好的办法吗？卢梭无疑认为父母（以及祖父母！）应该参加这些舞会，充当观众而非参与者；而这至少将给这种场合强加一种特定的"重力"。他所描述的活动在过去几个世纪的年轻人的浪漫生活也确实起了很大作用。舞会常常在阶级基础上组织——乡村俱乐部的沙龙舞和介绍少女初入社交界而举行的社交舞会——但它也有更民主的方式，如高中的正式舞会，使卢梭谨慎表达的意图在我们自己的时代里得以发扬光大："孩子们的倾向可以更加自由一些，（他们的）第一次选择可能更依赖于他们的内心；年龄、脾气、品味和特性的一致可以更多地加以考虑；而他们对地位和财富的关注则较少。"社会联系将变得更容易，而且，"婚姻由于更少受等级的限制，将……调和过多的不平等"。[2]

我刚才所引用的那段话中与安排婚姻的制度、子女（以及物质商品）的交换，还有家族的联盟形成了含蓄的对比。卢梭的公民舞会是用来促进和表达自由选择的新制度的。家长们在那里首先表达他们的默许，尽管同时无疑也是以一种微妙的或不那么微妙的方式限制这种自由。城市的认可有另一个目的；它确认了家庭（部分地）从政治生活和经济生活中分离出来并保证或至少保护爱情的自

1 Jean-Jacques Rousseau, *Politics and the Arts: Letter to M. D'Alembert on the Theater*, trans. Allan Bloom（Glencoe, Ill., 1960）, p. 128.

2 Rousseau, Ibid., p. 131.

由选择。几乎以同样的方式，城市长官可能主办一个展览会或市场 236
并保证自由交换。但城市无论如何也不会填补父母所丧失的权力。卢梭实际上提出由一组裁判者选出“舞会皇后”；但地方长官和公民们都不能对谁应该和谁结婚进行投票。

“约会”观

我想对这些分配爱情和婚姻的机制稍做一番详细说明，因为它们在日常生活中起着至关重要的作用，并且极少在分配正义的讨论中出现。我们现在几乎完全是通过自由，通过个人在某种道德和法律框架（这基本上也确立了其他个人的权利）内随其意愿而做事的权利来思考它们。因此，反对交媾和性私通的古老律法就被简单地理解为对个人自由的侵犯。所以，我认为，它们至少对我们来说是这样的；而我们也倾向于认为它们是由那些被别人的欢乐伤害了的心胸狭窄的立法者仅为此目的而制定的。但这些法律——或者，毋宁说，成为破烂遗迹的道德和法律约束——是人们怀着更大的目标而设计的。有太多保卫社会诸善的努力：例如，一个女人和她的家庭的“荣誉”，或婚姻的价值，或婚姻所体现的交换或结盟的价值。而只有当身体之爱被公开认为（我毫不怀疑人们私下里已经承认了它）本身就是一种善时，这些努力才是残暴的。或者，当它被认为是一种自由选择婚姻的好工具时：“它是一种惬意的活动”，年轻男女通过它能够“炫耀他们自己……使那些对他们有兴趣的人在与他们坠入爱河之前对他们有很好的了解”。如果它不是导致婚后爱情的好工具（至少有时候），我怀疑我们对它的担心将比对私下幽会的担心更深，而私下幽会时，孩子们是完全自由的，父母是完全不在场的。

幽会的通俗说法是“约会”，可能是今天西方最常见的求爱方式。约会的早期历史是有据可查的。例如，我们可以在下述对西班牙乡村求爱方式的简要描述中找到它的一些痕迹：“年轻男子在星期天晚上的舞会中选择他们的女朋友，而村里所有未婚的男女都在

一起互换舞伴跳舞。求婚者先是与他的女朋友在舞会上翩翩起舞，然后跟她来到她家附近的拐角处，最后以请求进入她家的方式表白
237 自己。”[1]这里所说的舞会是一种市场，年轻人，尤其是女孩们，是商品；而一起散步是一种试探性交换。这些一般程序在很长时间内是异常稳定的，尽管它们在最近几年里也在交换中表现出更大的平等和更多的亲密行为：平等和亲密行为都是自由恋爱的结果。这个过程仍然常常导致家庭拜访、父母见面等，但它显然能导致风流韵事，而不是婚姻，而此时，登门拜访显然被避免了——因此，事实上，爱情和亲属关系之间的联系是可能完全被打破的。

也许我们应该说存在一个私人事务领域，其中，男人们和女人们都是完全自由的，每一种亲属之间的义务都像是一种暴政。实际上，至少在法官介入强制实行一种人为的亲属关系之前，例如，要求支付赡养费，并不存在义务关系。私人事务领域就像商品市场一样，只不过这些商品都是他们自己拥有的：自我的赠予和自我的自愿交换是标准的交易。爱情、友爱、友谊、慷慨、关怀以及尊敬，在每一个时间点上都不仅仅是个人选择的开始，而且是个人选择的继续。这些选择得以通过的分配机制将不是公民舞会或公共舞会，而是更像单身酒吧和分类广告之类的东西。作为结果的分配显然将是非常不平等的，即使机会对每个人来说或多或少是相同的；更重要的是，它也将是非常不稳定的。在这种背景下，我们可以看到，家庭是一种福利国家，保证它所有的成员都享有一点点爱、友谊、慷慨等，并因此向其成员征税。家庭之爱是根本无条件的，而一件私事则是一桩（或好或坏的）交易。

孩子显然是对恋爱的绝对自由的一个威胁——恋爱事实上由友谊来代表比由异性之爱来代表更为完美。投身恋爱的任何人都必须找到把父母从孩子们的包围中解放出来或把男女都从为人父

---

1 Mair, *Marriage*, p. 92.

母中解放出来的途径。因此，各种各样几乎都旨在形成一种或另一种制度化形式的建议被提了出来。主张个人恋爱的完整性要求有放弃权虽然是一个困难的论点，但却是一个真实的论点。因此，如果一些孩子可以任由官僚机构抚养，那为何不以平等的名义把所有的孩子都送去官僚机构呢？我们还可以把这个观点推进一步，把妇女从生育中解放出来，并把父母从对孩子的照顾中解放出来，例如，238
用克隆来繁育下一代，或从欠发达国家购买婴儿。[1]这不是父母之爱的再分配，而是父母之爱的废除，我怀疑这将很快培养出甚至无力承担恋爱所要求的义务的一族男女。这再一次说明，家庭的力量在于对爱的保证。这个保证并不总是有效的，但至少对孩子来说，还没有人创造出爱的替代品。

私人事务领域并不是一个稳定的领域，商品市场之所以能够起作用，是因为进行商品交易的男女是与别处相联系的（最经常的是与他们的家庭）。但在这里，男人们和女人们所买卖的是他们自己，而他们是根本上互不联系、自由漂浮的主体。这是一种大多数人会选择的生活方式，如果他们只在一个时期有选择的话。从社会是一个整体这个观点来看，私人事务是婚姻和家庭的边缘，并寄生于婚姻和家庭。除了在边缘之外，个人生活并不被有效地看作一种私人事务。它的中心是家庭，甚至当这种中心是紧张的和对抗性的，中心也不会改变。说这些并不是要为政治对私人事务的干预做辩护。“因为我们自由恋爱，如我们意愿去爱或不爱”，所有那种干预都是被禁止的：它们代表的是超出其领域之外的权力行使。[2]我只想重申：亲属关系的约束，尽管它们常常是繁累和封闭的，但也并不因此而显得不公平。因为家庭的本质、爱情上的自由几乎就是对（一套特定的）家庭约束的自由接受。

1　这种或那种关于解放的例子的生动描写，见 Abott, *Family on Trial*, esp. pp. 153—154。

2　引语来自 John Milton, *Paradise Lost*, book V, l.538。

妇女问题

爱情自由从根本上改变了妇女的地位，但它并没有，当然也没有通过某种自动的方式，结束她们所受的压迫。因为那种压迫只是部分地存在于家庭内部。作为一个有像国王一样的父亲统治着的小小经济单位和小小国家，家庭很久以来就是统治妻子和女儿（还有儿子）的地方。找到身体虐待的故事或描述用来蹂躏青年妇女精神的风俗实践和宗教仪式都不是难事。同时，家庭很久以来就是妇女的天地；她对它的存在和康宁是绝对必要的；在某种程度上，在大多数文化中，她还被当作一个宝贵的成员。在家庭内部，并且
239 只在那里，她才常常拥有相当的权力。妇女的真正统治与她们的家庭场所的关系较小，如果与她们被排除在所有其他领域之外相比的话。她们被否认享有城市的自由，在亲属关系和爱的领域之外，她们不得参与分配过程并与社会物品相隔绝。

裙带关系是对家庭统治形式最直白的理解，但它还不是最重要的。家庭不仅偏爱它的某些成员，也冷待某些成员。它在较大世界里复制亲属关系结构，它还在与性完全无关的大量活动中强加上我们现在所说的“性别角色”。与裙带关系相平行的——在不应有偏好的地方表达亲属关系偏好——还有很久以来就存在的它的对立面：一种政治和经济上的厌女症——在不应有约束的地方表达一种亲属关系约束形式。因此就拒绝了妇女投票、担任公职、拥有财产或在法院提出诉讼等权利。在每种情况下，给出的理由（如果有人不嫌麻烦地给出理由的话）都是与妇女在家庭中的地位有关的。[1]因此，亲属关系模式就在它们的领域外占据了支配地位。而随着人们不断出于自己的理由而非家庭的理由要求分配各种社会物品，解

1　这是 Susan Moller Okin 的一个主要观点，见 *Women in Western Political Thought*（Princeton, 1979）；总结性陈述见 pp. 274—275。

放也就从外部开始了。

让我们来考虑几个例子。在19世纪的中国，太平天国起义的一个重要要求就是女人应该和男人一样有资格参加科举考试。[1]妇女怎么能够被排除在其唯一目的在于发现精英和合格人才的制度之外呢？我并不怀疑在甚至有可能提出这个问题之前，必须进行深刻的文化转型。毕竟，这种考试已经进行了很长时间。但如果他们自己没有提出这个问题，那么他们确实为它提供了道德基础——以及为更大范围的答案提供了道德基础。如果妇女们可以参加考试，那么，她们必须被允许为考试做准备；她们必须被允许上学，不受纳妾、包办婚姻、缠足的束缚，等等。家庭本身必须改革，以便使它的权利不再伸到公职领域。

妇女的选举权运动在西方有类似的情况。运动的领导人利用了民主社会中公民资格的意义。确切地说，她们提出了许多妇女们在发挥她们的政治作用时带来的特殊价值，而这些价值基本上是家 240
庭的价值：母性、养育、同情心。[2]但并不是这些论点使她们的主张最终无懈可击。事实上，反对给予妇女选举权的人的抗辩可能被证明更接近于真理：妇女大规模地参与政治将导致亲属关系制度里新的冲突形式和利益的新计算。我怀疑在1927年，出于对农民（男的和女的）敏感性的关注，毛泽东试图使共产主义者对传统家庭的攻击慢下来，他所做的是制止想把阶级斗争引入家庭领域的一些女同志，“家族主义、迷信观念和不正确的男女关系之破坏，乃是政治斗争和经济斗争胜利以后自然而然的结果”。他还警告说要反对“生硬地勉强地”干预日常家庭生活劳作。[3]妇女们在政治中的表现大

1　Hugh D. R. Baker, *Chinese Family and Kinship*（New York, 1979）, p. 176.

2　Jean Bethke Elshtain, *Public Man, Private Woman: Women in Social and Political Thought*（Princeton, 1981）, pp. 229—235.

3　引自 Baker, *Chinese Family*, p. 176。（参见《毛泽东选集》，人民出版社，1991年。——译注）

概会像男人们一样，也就是说，用她们所能积聚的权力来服务于她们自己的目的——不仅作为她们性别（或家庭）的成员，而且作为别的群体的成员，也作为单个的人。正是由于这个原因，民主国家没有为把她们排除在外提供任何基础。

最后，当代经济领域"平权行动"的要求也是同样的。尽管这些有时候看起来像优惠待遇，但它们最深的目的只是在自由市场中确立妇女的地位。正如市场力量不应该被允许破坏家庭联系一样，一套特定的家庭联系也不应被允许制约市场力量的发挥。在这里，女权主义者当中还有一些观点认为妇女将（或应该）改变游戏的条件：例如，减少竞争压力，或改变全职工作的纪律，或改变一种职业由此赋予的义务。但现在最重要的是：市场，如它实际运作和我们所了解的它所发挥的作用，对妇女的参与并没有设置内部障碍。它集中在商品的质量和个人的技能、精力上，而不是亲属地位或性上——除非性本身是待售商品：性和性行为的买卖是否将被妇女在市场中提高的地位所削弱，或只是变得更多样化了，还仍然是一个悬而未决的问题。无论如何，市场上的交往，就像讨论会上的一样，是一种混合交往。

当家庭不再是妇女唯一的场所时，当亲属关系的结构不再在其他分配领域重复时，家庭无疑将是一个不同的场所。重新依靠自己的资源，它也可能会是一个比其他更古老社会的亲属群体更脆弱的
241 联盟。尽管如此，个人关系、家庭生活、生育孩子的领域甚至在我们自己社会当中，仍然是相当重要的分配核心。"约定俗成的利他主义原则"不是一个大多数人愿意放弃的原则；家庭财富的分享（现在妇女也被确保有她们合理的份额）是一种至关重要的安全措施，甚至在福利国家也是如此。离婚率上升可能说明，没有古老的权力和利益的强化作用，爱的结合并不会导致社会稳定。但我们正处在独立家庭的早期阶段，简单地预测当前的潮流将是愚蠢的。而且，如我已经论述过的，自由选择的爱情甚至也不是当代家庭的唯一基

础。例如，同胞之爱也是重要的；尽管现代生活的所有力量都在削弱它，所以“同胞的团结似乎将……很少有机会比早先童年时代时保持得久……证据显示，在大多数人的一生中，它仍然是一种占主流的情感和道德力量”。[1]而抚养和教育孩子则以一种新方式把家庭成员聚集起来：今天的父母对孩子成就的骄傲更强于孩子对父母地位（或者父母祖先地位）的骄傲。这也是把家庭从政治和经济中分离出来、国家和地方王朝衰落、复合平等胜利的一个产物。今天我们尽自己所能地保护我们的孩子，为他们的上学、考试、结婚和工作做准备。但我们不能决定和保证他们的职业，例如，安排女儿过家庭生活和为人母，安排儿子进教会或进入法律领域或房地产领域。他们自己闯自己的路，负担着父母对他们不平等的期待并享受着父母不平等的宠爱。这些最后的不平等是不能消除的；事实上，家庭存在且将继续存在下去，正是为了给这些不平等安排出一个空间。 242

1　见 Fortes, *Kinship and Social Order*, p. 79, 转引自 Elaine Cumming and David Schneider, “Sibling Solidarity: A property of American Kinship”, *American Anthropologist* 63(1961), 498—507。

第十章

神的恩宠

恩宠大概是仁慈的上帝的礼物。上帝把它赠予他所喜欢的任何人，赠给那些应得的人（就像得到了天使团的认可一样），或赠给上帝出于只有他自己知道的原因而使之应得的那些人。但我们对这些馈赠一无所知。只要男人们和女人们开始相信他们得到了救赎，或被别人认为得到了救赎，他们就是这种社会善——其分配由一个教会组织或宗教教义来调节——的受众，这并不是一种在所有文化和社会中，甚至不是在大多数文化和社会中，能够获得的善。但它在西方历史中如此重要，以致我必须在这里谈谈它。恩宠常常是一种有争议的善，不是因为它必然是稀缺的，我拥有了它，你得到它的机会就少了，而是因为两个不同的原因：第一，它的可获得性有时候被认为依赖于明确的公共制度安排；第二，它被一些人（而不是其他人）所占有，在这种情况下，某种政治特权有时候被认为是与它相伴而来的。所有这些信仰今天通常都被否定了；但在过去的许多时候，否定这些信仰并进而抵制这些信仰的强制执行是需要勇气的。

使这两种否定在今天如此容易的是人们的普遍观点，即追求恩宠（而其分配自然在于万能的上帝）必然是自由的。这种观点的极端版本是清教把个人和他的上帝之间的关系——这里的物主代词是重要的——解释为一种完全私人的事情。“每个人在涉及神的许诺时都只代表他自己，”路德写道，“所需要的是他自己的诺言。每个人都必须对自己负责。”[1]但即使我们想象恩宠依赖于人神沟通的社会实践，人们也仍然认为人神沟通是个人的选择。这可能是我们自己文化中一个最显而易见的自治领域的例子。神的恩宠是 243
不能购买或继承的，它也不能被强制。同样，它也不能通过担任公职或通过考试而拥有，它并不是，尽管它曾一度是，一种公共供给物品。

这种自治得来并不容易。当然，西方常常有政治统治者争辩说宗教是另一个领域的事——因此，牧师们不应该干预政治。但甚至这些统治者也常常发现，如果他们能够的话，控制分配人神沟通和确保救赎的机制是有用的。而其他统治者可能更虔诚（他们自己就是恩宠的受众），或在插手政治的牧师们面前更为圆滑，坚持他们组织政治王国的义务，以便使所有的臣民即上帝的子民们可以得到，甚至可能平等地得到上帝的馈赠。既然这些统治者是凡人男女，他们也只能做到这一点；既然他们执掌尘世，他们就能够做他们能施加相当影响的任何事，规定宗教教义的教育和圣礼的管理，要求人们加入教会，等等。我并不想否认做这些事是他们的义务（尽管我希望能够在接近烧死异教徒之处画一道界线）；这是否是他们的义务依赖于对恩宠的理解和他们与臣民们分享的政治权力——需要强调的是，并不依赖于他们自己的个人理解。

但是，从一开始，政治强制就与基督教教义尴尬地坐在一起。上帝的恩宠可以通过自由选择的善行而得到，也可以仅仅因为虔诚而获得，但它似乎决不与君主所做的事有关。因此，干预臣民敬神

1　Martin Luther, *The Pagan Servitude of the Church*, in *Martin Luther: Selections from His Writings*, ed. John Dillenberger (Garden City, N.Y., 1961), p. 283.

的君主常常被称作暴君——至少被那些受干预之苦的臣民们称作暴君。各种新教教徒，在16—17世纪捍卫宗教宽容时，都能够借助潜在的但又深刻的崇拜、善行、虔诚和救赎的真实含义。当洛克在他的《关于宽容的通信》中坚持“没有人能够，如果他愿意的话，使自己的信仰顺从于另一个人的专政”时，他只不过是在回应奥古斯丁的声明，“没有人可以或应该被强迫信仰某个宗教”。[1]这一论述也被路德所引用。

基督教教义的形成受到原初分配规则的影响，即“恺撒的物当归给恺撒，上帝的物当归给上帝”（《马太福音》，22：21）。由于这个规则常常被皇帝或宗教战争推翻，因此，无论何时，只要上帝的仆
244 人或恺撒的仆人发现有用，他们就定期重申这个规则。并且，通过这种或那种形式，它被用来服务于现代早期宗教迫害的反对者的目的。两种“贡献”，两种权限，两个分配领域：一个领域由行政官员掌管，如洛克所说，“取得、保护和增进”其臣民的民事利益；[2]另一个领域由上帝自己掌管，他的权力是看不见的，由他的追随者和崇拜者尽其所能地增进他们的精神利益，并确保他们自己或彼此得到神的宠爱。他们为此目的可以通过他们喜欢的任何方式组织起来，如果他们喜欢，就顺从于主教、牧师、长老、教区牧师等。但所有这些官员的权威都局限于教会，就像行政长官的权威局限于共和国一样，“因为教会是……一种绝对分离和区别于共和国的东西。双方的边界是固定的和不可移动的。上帝把天国和尘世混在一起……因此混淆了这两个社会”。[3]

---

1 John Locke, *A Letter Concerning Toleration*, intro. Patrick Romanell (Indianapolis, 1950), p. 18; Luther, *Secular Authority*, in *Selections*, p. 385.

2 Locke, *Letter*, p. 17.

3 Ibid., p. 27.

教会和国家之间的屏障

在成稿后的一个世纪里，洛克的《关于宽容的通信》在美国宪法的第一修正案中得到了合法表达："国会不应制定有关建立宗教的法律，或禁止该宗教的自由活动。"这个简单句禁止在恩宠领域采取任何形式的公共供给。国家被排除在与治疗灵魂相关的任何事情之外。公民们不能因为治疗他们自己的灵魂或治疗别人的灵魂而被课税或强制。国家官员甚至不能管制恩宠领域的企业活动；他们必须对各个教派提供救赎的形式持旁观态度，不论它们提供廉价救赎，或者，可能更刺激地，提供一种花费大量金钱和大量精力的救赎。消费者不可能获得保护不受欺骗，因为第一修正案禁止国家承认欺诈（而且欺诈在恩宠领域也不是容易辨认的，在这个领域，正如人们所说的，最靠不住的人也可能在行上帝之善）。

所有这些都叫作宗教自由，但这也是宗教平等主义。第一修正案是一条复合平等原则。它并不平等地分配恩宠；事实上，它根本不分配它。不过，它所建立的屏障有着深远的分配作用。它在宗教方面使所有信徒都有神职身份；即它使所有信徒掌握自己的救赎。虽然他们可以认可他们喜欢的任何神职等级，但这种认可就是由他们做出的承认或拒绝，它并不是法律强加的或法律约束的。这道屏障在政治方面，导致信徒与非信徒之间、圣人与俗人之间、获得救赎 245
的人和受诅咒的人之间的平等：所有的人都是平等的公民，他们拥有同样的宪法权利。政治不凌驾于恩宠之上，恩宠也不凌驾于政治之上。

我想强调这些消极主张中的第二种。美国人对第一种是非常敏感的。宽容（宗教的）有良知的异议的意愿来自那种敏感，而它也无疑说明了政治权威的重大克制。那些相信他们的不朽灵魂的安全所依赖的是避免以任何形式参与战争的人免于服役。尽管国家不能保证灵魂的不朽，它至少自我克制不去剥夺它。国家并不滋养灵魂，但它也并不扼杀灵魂。但第二种消极主张剔除了一种今天至少在西方已没有人谈论的控制，因此，我们最好还是忘掉它在历史上的重要性。对于洛克来说，在17世纪，否认“统治基于恩宠”[1]的主张仍然是具有至关重要的意义的。这个主张只是在最近的清教革命中才提出来的，并带有相当的激情。事实上，克伦威尔的首届议会，“贤人议会”就是赋予它政治效应的一个尝试，而克伦威尔在第一次会议开幕时宣称的恰恰是洛克想要否定的：“上帝作证，这是显示救世主力量的一天；通过加诸这些民族身上的那么多鲜血和那么多审判，它已经使这成为其中一个伟大议题：把他的子民召唤到最高权威中来。”[2]

清教共和国

克伦威尔承认了这个“召唤”的不平等。只有圣贤被邀请分享权力的行使。而使圣贤服从于一种民主选举或甚至——这在17世纪的英格兰也许更为可能——服从于一个由男性财产所有者参加的选举是没有什么意义的。在这两种情况下，“上帝的子民”都没有赢得选票的多数。克伦威尔希望有一天，选举会成为可能，即在那一天，所有的人自己都成为蒙上帝挑选者。“我希望所有符合（上帝心意）的人都被召唤。”但“谁知道需要多久上帝才会挑选合适的人呢？”[3]在这期间，寻找内在圣灵光亮的外在征兆是必要的，因此，议会的成员是由一个选拔委员会，而不是由一个选举团来选择的，而英格兰是由恩宠的垄断者统治的。

洛克的观念，即嵌入美国宪法中的观念，是：圣人们可以自由

---

1 Locke, *Letter,* p. 27.

2 见 Oliver Cromwell, *Oliver Cromwell's Letters and Speeches*, ed. Thomas Carlyle (London, 1893), p. 354（1653 年 7 月 4 日，对贤人议会所做的演讲）。

3 Cromwell, *Letters and Speeches*, p. 355.

保持他们对恩宠的垄断并统治他们自己建立的任何社会（教会或教派）。恩宠无疑是一种伟大的特权，但没有办法把它分给那些不相信其存在的人，或那些采纳了一种与圣人们的观点完全不同的观点的人，或虽然持相同观点但不那么狂热的人；也没有办法强迫圣人们对他们的特有赠予有一种更平等主义的理解。在任何情况下，圣人们的垄断都是无害的，只要它不触及政治权力。他们没有主张统治他们没有建立的国家，而对于那些人的必要工作，神的保证是没有限制条件的。宪法屏障的目的是遏制恩宠，而非对恩宠进行再分配。 246

但是，国家可能是作为一个世俗王国，而非作为一个宗教王国创立的；民众利益可能也被理解为上帝的利益。毕竟，矗立在教会和国家之间的高墙是人为建造的；它可能会被拆毁，或者如在伊斯兰教中，从一开始就没有建立起来。因此，圣人统治看起来可能会非常不同：还会有别的什么人——如果不是上帝的子民——应该在一个上帝自己制定法律的王国里进行统治呢？而且，情况还可能是：只有圣人能够建立日常社会安排，并使其余的大众能够过好生活和拥有来世。因为这些安排可能从《圣经》经文的字里行间得出，而照亮这些字句的正是内在圣灵光亮。这个论点有真正的力量，如果有充足的广为传播的对基本宗教教义的信仰的话。但如果有足够的人信仰圣人统治原则，那么，圣人应该毫无困难地赢得选举。

在任何情况下，一旦信仰动摇，论点的力量就下降。新英格兰的清教徒就是一个绝好的例子。他们的整个教育制度都服从于宗教皈依的任务。它的主要目的是在第二代中培养创建者们已经知晓的“恩宠经验”。首先，这毫无疑问是可能的。“上帝这样划定选举的界限，”英格丽斯·马瑟[1]写道，“以至于在很大程度上，这个界

1　马瑟，新英格兰清教徒牧师，教育家，曾任哈佛大学校长（1685—1701），因坚持宗教信仰自由而被英国政府撤销垦殖特权（1686）。——译注

限穿透了虔诚的父母的腰。”[1]教师们除了激活休眠的精神之外几乎没什么可干的。但精神活泼的天赋不是容易代代相传的，不是通过腰，也不是通过学校传承的：显然，自然和养育都不能保证这种遗传。在其长者眼里——在它自己的眼里也一样——美国清教徒的第二代，就像别的第二代一样，表明在恩宠上是不足的。因此，1662
247 年的《半途信约》(Half-Way Covenant)所做的折中允许圣人的孩子，即便他们没有恩宠的经历，为了孙子女的利益而继续维持与教会的某种松散的联系。但这只不过推迟了显而易见的困难。一个现代学者写道，考虑一下“一种具有讽刺意味的情形，是一个上帝选定的人找不到足够的上帝选定的人来延长其存在”。[2]现世主义以宗教挫折的形式悄悄潜入了清教的共和国。因为这个共和国的成员资格事实上是通过虔诚的**和不虔诚的**父母的腰传承的。因此，共和国很快不仅包括圣人和俗人——前者群体统治后者群体——而且包括圣人们所生的俗人子女和俗人们所生的圣人子女。恩宠的统治不能克服这种完全可以预见的和完全不可预知的结果而幸存。

当圣人们不同意对来世生活必要的日常安排时，或者他们否认彼此的圣洁性时，作为替代性选择，现世主义以宗教异议形式悄悄潜入清教共和国。当然，压制异议、驱逐异议者，甚至如在欧洲的宗教裁判所中那样为了他们自己的（和别的每个人的）救赎而折磨和杀死他们，总是可能的。但我认为，这里对所有鼓吹救赎的宗教来说，也有普遍的困难，我在论述基督教时已经把困难指出来了。恩宠观念似乎对强制性分配有着很深的抵触性。洛克的断言“人们不能被强迫获得救赎”[3]可以代表一个异议者或甚至一个怀疑者的主

---

1 见 Increase Mather, *Pray for the Rising Generation*（1618），转引自 Edmund S. Morgan, *The Puritan Family*（New York, 1966），p. 183; 相关讨论见 J. R. Pole, *The Pursuit of Equality in American History*（Berkeley, 1978），chap. 3。

2 Alan Simpson, *Puritanism in Old and New England*（Chicago, 1961），p. 35.

3 Locke, *Letter*, p. 35.

张，但它建立在一种被许多信徒共享的对救赎的理解基础上。如果确实如此，那么，宗教争执和异议就对暴力的使用设定了限制——最终采取了根本分裂形式的限制：教会与国家之间的高墙。因此，突破高墙的努力，强制实行被认为导致救赎的制度安排或强制做出被认为导致救赎的行为，就被恰当地叫作暴政。248

第十一章
承　认

争取承认的斗争

头衔社会学

在一个像封建欧洲那样的等级制社会中，一个头衔就是与一个人的名字相联系的等级名称。用头衔来称呼一个人就是把他放进了社会等级中并根据其等级来给予他荣誉或使他蒙羞。头衔通常在上层阶级很普遍，它们在那里划出细微的区别并说明争取承认的斗争的强度和重要性。较低等级的人的头衔也较粗略，而最低等级的男人和女人则根本没有头衔，并被直呼其名，或用一些蔑视性的泛称（"奴隶"、"男仆"、"女佣"等）来称呼。对每个人来说，都有一个恰当的称呼，这种称呼同时确立他被授予的承认程度和给予他与那个程度相符的待遇。[1]通常，头衔的使用必须伴以传统的姿势，如下跪、鞠躬、脱帽：这些代表着头衔的延伸；头衔本身用动作表

1　对这种制度的残余的绝妙回顾请参见"Armiger"，*Titles and Forms of Address: A Guide to Their Correct Use*（7th ed., London, 1949）。

示，而它们也服务于同样的双重目的。类似地，人们可以用穿戴体现他们的头衔——天鹅绒或灯芯绒、齐膝短裤或长裤——因此，穿戴是一种自反性承认，而在大街上行走是一种要求尊敬的行为或对自己出身卑贱的承认。如果我们知道每个人的头衔，那么，我们就知道了社会秩序；我们就知道我们必须服从谁和谁必须服从我们；我们就对所有遇到的人有所准备。正是等级制社会的这种巨大便利使这种知识易于掌握和广为传播。 249

头衔是直接的承认。只要每个人都有一个头衔，每个人就都被承认了；不存在看不见的人。这就是托克维尔在谈到贵族制社会时的用意，"任何人都无须担心或害怕别人看不见他。任何人的社会地位再低，也有他自己的一席之地，并且，没有人会因其默默无闻而免受褒贬"。[1]但托克维尔无疑错误地描写了在所有蓄奴贵族社会中奴隶的地位；[2]他对农奴和仆人这些在任何情况下都没有他们自己足够的一席之地的人的看法可能是错误的；而且他对贵族本身的看法可能也是错误的。他说每个等级，甚至最低等级，都有标准，因此，最高等级就更加有标准了，而那些没能过与这些标准相匹配的生活

1　Alex de Tocqueville, *Democracy in America*, trans. George Lawrence（New York, 1966）, p. 601.（译文参见《论美国的民主，董果良译，商务印书馆，1989 年。——译注）

2　奴役的整个要点，如奥兰多·帕特森所说的，是从根本上贬低和侮辱奴隶，否定他有社会地位，否定"他自己的一席之地"。奴隶在他们的主人眼里，是卑鄙的、不可靠的、不知羞耻的、幼稚的。他们可以被鞭打或宠爱，但他们不能，在词语的恰当意义上，得到赞扬或谴责。他们的价值是他们在拍卖时索要的价格，而他们被否认还有其他价值或有任何可以承认的价值。但他们自己并不参加到这种否认中。"在奴隶制那冗长沉闷的记录里，绝对没有证据，"帕特森写道，"证明有任何奴隶群体曾把他们的主人所持有的贬低观念内化为自己的观念。"奴隶和主人并不生活在一个有共同认可的意义的世界里。如黑格尔所声称的，这两个群体只是处于交战状态，而他们遭遇的道德问题最好通过正义和非正义战争的理论而非通过分配正义的理论来解决。见 Orlando Patterson, *Slavery and Social Death: A Comparative Study*（Cambtidge, Mass., 1982）, p. 97 and chap. 3 generally。

的男女将失去他们的头衔。但这正是贵族男女所不能做的。对于等级制顶端像墨尔本勋爵欣羡地对嘉德勋位(Most Noble Order of the Garter)所做的评价:“它没什么十足的价值。”赞扬和谴责毫无意义；没什么要检验的,也没什么要证明的。

当然,贵族和绅士可能行为恶劣,而且常常如此,并且,他们的下层阶级很可能注意到这一点并在他们当中对此进行评论。但他们不能更加广泛地评论；他们不能在公共场合用手势表达他们的评论意见。在没有造反和革命的情况下,他们就别无选择,只能屈从于传统上由坏贵族和好贵族同样享有的荣誉、尊敬、尊重。“你不是绅士”这句话不可能由一个农奴对他的地主说出来,也不可能由一个仆人对他的主人说出来。在一个等级制社会,一个人可以赞扬或谴责他的同辈和下等阶级,但没有资格承认他的上等阶级。

因此,等级主导着承认。如果头衔是可以继承的,血统就决定着等级；如果它们是可以购买的,金钱就是支配性的；如果它们操纵在国家的统治者手里,政治权力就是支配性的。在所有这些情况下,赞扬和谴责都不是可以自由给予的。(事实上,在它们当中,没有
250 一种情况下,爱和恨是可以自由给予的,喜欢或不喜欢是可以自由表达的,而这可能更为重要；但我在这里关注的是别的东西：关注尊敬而非爱,关注轻蔑而非恨,关注在整个社会中,我们评价人们的方式和人们被评价的方式。)可以想见,等级和血统的支配性,尽管不是财富和权力的支配性,可以如此强大,以至于甚至连考虑自由承认都是不可能的。但是,在犹太教和基督教世界里,这种思想却总是可能的,因为上帝提供了一个典范,不依靠男人们和女人们的世俗地位而评判他们,并激发了一种特定的社会怀疑主义：

当亚当挖地、夏娃纺织时,
谁还是绅士?

但这是一个颠覆性的问题。宗教教义更经常地是认可现有的等级制，而宗教机构则迅速复制现有的等级制；二者都遵从一种等级秩序的基本原理。承认所依靠的不是独立的判断，而是社会的预先判断，体现在诸如“君”、“绅士”、“先生”、“阁下”（和“主教阁下”）等称谓上。而这些称谓后面的现实是什么，我们现在将不予谈论。

但尽管争取承认的斗争常常被社会的预先判断所限制，它也并不是完全由它们决定的。处于等级边缘的人们，对冷落怠慢满怀紧张，加倍捍卫他们的头衔；对他们来说，头衔是一种独立的价值，他们捍卫它就像他们已经获得了它一样。而在每个等级内，荣誉的明确概念被设计出来。这在外人看来将常常显得专断，甚至荒谬，但他们确定标准，通过这种标准，有相同头衔的男人们和女人们就彼此区别开来。这些区别越是被苦苦争论，它们的实质内容就越少。霍布斯把当时贵族的争论，特别是决斗，看作是所有人反对所有人的战争的一种原型。男人们拿他们的性命去赌他们的荣誉，尽管他们为之争斗的问题客观地讲是无足轻重的——“一些鸡毛蒜皮的小事，如一言一笑、一点意见上的分歧，以及任何其他直接对他们本人的藐视。”[1]

这种争斗只在同一等级内的同等人而非不同等级的人之间进行。当较低等级的人挑战较高等级的人时，我们不称其为决斗，它是一次革命。想象许多各种各样的革命是可能的，但我应该在这里只考虑现代时期的民主革命，它代表着对整个社会的预先判断的攻
击，用一个唯一的头衔来取代等级制的各种头衔达到了高潮。最终 251
胜出的头衔，尽管不是人们选择的第一个，来自最低等级的贵族或绅士。在英语中，普通的头衔是“先生”（master），简写为“Mr.”，它成为17世纪“加在任何地位低于骑士而高于一些卑贱的人但社会地位又不明确的男子姓名前的惯用尊称前缀。……对于别的礼貌

1 Thomas Hobbes, *Leviathan*, part I, chap. 13.

头衔，它应用的等级限制已经被不断降低了”。[1]在美国，尽管不像在英国，它的应用没有上限。甚至在英国，有权势的人也采用了这个一般头衔。“皮特先生和皮姆先生[2]一样，”爱默生[3]写道，“认为先生这个头衔在欧洲任何国王面前都好用。”[4]在第一届国会里，人们提议把来自贵族历史的某种更高的头衔授予总统，但人们最后决定用总统办公室的名称已经足够了；用直接的称谓，他就是“总统先生”。[5]纵观欧洲，结果是一样的：monsieur, Herr, signor, seňor，都是英语“master/Mr.”的对应词。在每种情况下，一种荣誉头衔，尽管不是最高荣誉的头衔，变成了一般头衔。革命性的替代称谓——“兄弟”、“公民”、“同志”——代表了对这种一般化的拒绝；我稍后将回来对它们加以论述。

男人们可以被称作“先生”，而女人们却没有相应的称谓，这的确是一件非常重要的事。甚至在民主革命以后，妇女们仍然被描述她们在家庭中而非社会中的地位的姓氏（如“小姐”和“夫人”）来称谓。女人们被她们亲属的地位“置换”了，并且，社会并不希望她们自行其是。“女士”（“Ms.”）的发明是一个必要的救济：一个没有相应单词的缩写。部分地，我即将提出来的论点既适用于女人，也适用于男人，但也仅仅是部分地适用。一种一般性头衔的缺失说

---

1 *Oxford English Dictionary*, s.v. “Mr.” 也请参见条目 “Titles of Honour” in the *Encyclopedia Britannica*（11th ed., 1911）。

2 （老）皮特（William Pitt），英国政治家，曾任首相，为英国赢得七年战争的胜利，使英国成为北美和印度的霸主。皮姆（John Pym），英国议员，内战前反对国王查理一世的下院领导人，曾迫使国王接受未经议会同意不得解散议会的法令，是国王企图逮捕的五名议员之一。——译注

3 爱默生，美国思想家、散文作家、诗人，美国超验主义运动的主要代表。强调人的价值，提倡个性绝对自由和社会改革，著有《论自然》、诗作《诗集》和《五月节》等。——译注

4 Ralph Waldo Emerson, *Conduct of Life*, in *The Complete Essays and Other Writings of Ralph Waldo Emerson*, ed. Brooks Atkinson（New York, 1940）, p. 729.

5 H. L. Mencken, *The American Language*（4th ed., New York, 1974）, pp. 27—28.

明女人或大部分女人仍然被排除在社会世界——当下构建的承认领域——之外。

在一个先生的世界，职业向有才能的人开放，承认给予能够赢得它们的任何人。套用霍布斯的话，头衔的平等孕育了希望的平等和随后的一般竞争。贵族中风行的为荣誉而战，在早期现代文学中占了很大篇幅，现在也进入了普通人的生活。但是，普通人所追求的不是贵族的荣誉，斗争的范围扩大了，人们所争论的社会善是无限多样化的，而它的名义也增加了。**荣誉、尊敬、尊重、赞扬、威望、地位、声誉、尊严、等级、关怀、钦佩、价值、声望、顺从、敬意、欣赏、光荣、名望、名声**：这些词代表着长时间的积累，它们最初是在不同社会环境中用于不同目的的。但我们能够迅速地掌握它们的共同要素。它们是讨人喜欢的承认，现在已经几乎不带任何阶级特性了。252
它们的反面是令人不快的承认（不名誉）和不承认（漠视）。托克维尔认为在旧政权下不承认是不可能的——也是不必要的：我们通过让一个人知道（你们所知道的）他的地位来责骂他。在新政权下，任何人都没有固定的地位；我们通过否认其**存在**来责骂一个人，即说他根本没有任何地位。我们拒绝承认他的人格或他在道德、政治上的存在。不难看出，这也许比被**放置**在可能最低的等级上更糟。变成贱民（可能）不如变成别人看不见的人那么可怕。在印度的一些地方，几年前，“一个贱民在进入一条街道时必须大声警告路人，以便所有更圣洁的人能够避开他那玷污人的影子”。[1]我几乎想象不出大声喊出警告会是什么情景，但至少喊出警告的人是一个可怕的存在，而他可能会从别人恐惧的四处逃散中得到某种满足。而看不见的人则得不到这种满足。另一方面，只要他摆脱他的外侨或贱民身份，他就不是以这种或那种低等级的身份进入社会，而是作为一个竞争荣誉和名誉的平等的人进入社会。而他是通过说“叫我先

1 Harold R. Isaacs, *India's Ex-untouchables* (New York, 1974), pp. 27—28.

生”宣布自己的进入的。

他要求一般头衔并加入一般斗争。由于他没有固定的等级，由于没有人知道他属于哪个地方，他必须建立自己的价值，而他只有通过赢得同辈人的承认才能那样做。他的每一个同辈人都在努力地做着同样的事。因此，竞争在没有国界的情况下是没有社会边界的；并且，它也没有任何临时性的限制。它只是不停地继续下去，而参加者很快就知道昨天的荣誉在今天的市场上已经一文不值了。他们不能躺在他们的殊荣上睡大觉；他们必须对每一点细微的光亮都保持警觉。“每个人都希望共处的人对自己的估价和自己对自己的估价相同，”霍布斯写道，“每当他遇到轻视或估价过低的迹象时，自然就会敢于力图尽自己的胆量……强使轻视者作更高的估价。”[1] 但是，只说强取太过刻板。因为承认的方式多种多样，所以，赢得承认的方法也多种多样。竞争者在市场上投机，密谋身边的对手，为蝇头小利而讨价还价：如果你称赞我，我就称赞你。他们行使权力、花费金钱、展览商品、馈赠礼物、传播闲话、登台表演——都是为了得到承认。而做完所有这些后，他们再重新做一遍，从他们的同辈人眼里阅读他们的日常得失，就像股票经纪人阅读早报那样。

253 但无论斗争多么复杂，霍布斯的“强取”确实抓住了它的核心特征。考虑到他们自己的权利要求，承认必须从不情愿的给予者那里赢得。事实上，我怀疑，我们大多数人要求，甚至需要在接受承认的同时也给出承认；我们需要英雄，即我们能够无须谈判、不受约束地崇拜的男女。[2]但我们对在我们的朋友和邻居中发现这样的人而心怀警惕。这种发现是困难的，因为它们挑战了我们自己的价值并给我们强加了不受欢迎的比较。在一个民主社会里，有距离的承认

1 Thomas Hobbes, *Leviathan*, part I, chap. 13.

2 这是 William J. Goode, *The Celebration of Heroes: Prestige as a Social Control System*（Berkeley, 1978）中的一个主要观点。

是最容易的。突然的和暂时的承认也是容易的：因此，大众传媒创造出每日名人。我们对这种人物的出现所怀有的兴奋被我们对他们失势的期望强化了。毕竟，他们是谁？只不过是像你我一样的男人和女人，可能比我们稍微幸运一些罢了。他们没有永恒的地位，而我们明天是否能够记住他们是谁还是个未知数。媒体使承认看起来似乎是一种有充足供应的物品；分配是不稳定的，但在理论上是无限的。然而，在实践中，这种物品是稀缺的。我们的日常比较有把一个人的所得变成另一个人的所失的作用，甚至在除了相对地位的丧失之外没有丧失什么的情况下也是如此。在承认领域，相对地位是非常重要的。

一个人渴望一个固定地位的安逸必定有些日子了。一个“先生”的社会是一个充满希望、努力和无穷忧虑的世界。首先由霍布斯于17世纪提出的一种竞赛的形象已经成为我们社会意识的一个核心特征。这是一种民主竞赛，一种参与性竞赛，没有观众；每个人都得跑。而我们所有的感情，包括对我们自己的和对别人的，是我们跑得如何的一个函数：

想一想他们所追求的，是荣誉
想一想他们所面对的，是谦恭
想要呼吸的，是希望
想要厌倦的，是绝望
努力去赶上的，是下一轮竞争
因为一点点落后和胆怯
一败涂地
瞬间跌落，是让人哭泣
看到别人失败，是让人大笑
不断被别人胜出，是不幸
不断赢得下一场竞争，

是运气
而放弃跑道，是寻死。[1]

我们为什么要赛跑呢？“没有别的目标，也没有别的花环，”霍布斯
254 写道，“只有处于领先位置。”[2]但这个主张太多地利用了古老贵族制的经验。帕斯卡尔在他的《思想录》中的一节更有预见：“我们的假定是我们应该为整个世界所知晓，甚至为我们不复存在之后的人所知晓：我们如此虚荣，以致我们身边五六个人的好话就能使我们满心欢喜，获得极大的满足。”[3]我们赛跑是为了被其他人中的一些团体看见、承认和崇拜。如果地方性胜利是不可能的，我们所有的人在赢得胜利之前很长一段时间内都会陷入绝望。另一方面，帕斯卡尔所描写的满足并不能持续多长时间。我们先前的想法就平静下来，补充加压，然后获得新生。很少有人以任何严肃的方式希望获得永恒的荣誉，但实际上，每个人都希望得到比他已经得到的承认再多一点。不知足不是永久性的，却是循环往复的。而我们的成就带来的忧虑与失败带来的忧虑是一样多的。

尽管我们被呼以同样的头衔，我们也并没有被给予同样程度的承认。霍布斯式的竞赛比等级制更有流动性，也更无常；但在任何给定时刻，赛跑者都会发现他们是有秩序的，从第一个到最后一个，在较大社会和他们自己的子集里或赢或输。也不存在任何不服失败的容易的上诉，即使它们看起来是不公平的或不应得的。财富和商品总是可以得到再分配，由国家来聚集并按某种抽象原则再次分配；但承认是一种无穷的更为复杂的善。在某种深层意义上，它

1 见 Thomas Hobbes, *The Elements of Law*, ed. Ferdinand Tonnies（2nd ed., New York, 1969）, pp. 47—48, part I, chap. 9, para. 21（我省略了一些定义）。

2 Ibid.

3 Blaise Pascal, *Pensées*, no. 151, trans. J.M. Cohen（Hammondsworth, England, 1961）.

完全依赖于个人得到荣誉和蒙羞、被尊重或不被尊重的行为。当然，也有像公共承认和公共耻辱之类的事：我稍后将谈论一下。“国王，”根据一条古老的法律格言，“是荣誉之源。”我们可以把国王的好名声或国家合法性看作一个承认的蓄水池，每个人都从中分得一部分。但这种事的印记很小，除非它被普通男女修正和重申。金钱只需要接受，而承认必须重复，如果它还想有社会价值的话。因此，国王如果只给那些被广泛认为可敬的人荣誉的话，他所做的就是对的。

任何简单平等的承认都是不可能的；这种思想是一种有害的玩笑。安迪·沃赫尔曾说过，在未来的社会里，“每个人都会闻名世界十五分钟”。当然，实际上，未来和过去一样，一些人将比其他人更出名，而一些人则根本不会出名。我们能够保证每个人都能被（如，政府官员）看见，但我们不能保证他能够（与他的同胞公民）有平等的可见性。我们可以作为一种原则来坚持说，从亚当和夏娃开始，每个人都是绅士；但我们不能给每个人的文雅——也就是说，“无限 255
的但又微妙的”——举止提供同样的名誉。相对地位将仍然依赖于个人在连续不断的争取承认的斗争中能够积聚起来的资源。正如我们不能再分配名声本身一样，我们不能再分配那些资源；因为它们不是别的，而是在一定时空下，个人的品质、技能和受到尊敬的才能。而有了这些，特定的男女就有能力博得他们同胞公民的钦佩。但没有办法预先决定何种品质、技能和才能将是受到尊敬的和谁将拥有它们。而即使我们在某种程度上能够识别和收集这种东西，然后再按平等份额分配它们，它们也可能立刻不再（由于平等）博得别人的钦佩。

但如果在争取承认的斗争中不可能有结果的平等，那么就可能存在——我就好像当作存在似的——机会的平等。这是先生社会的承诺。但是，它在任何现实社会中达到了吗？一个当代社会学家警告我们不要把个人的身份与他们“名誉上的品质”混淆了。弗兰克·帕金争辩说，身份是职位、职业和公职的函数，不是对特定成就的特定承认的函数。[1]废除头衔不是废除阶级。荣誉的概念比它们在旧政权下更有争议，但分配仍然是模式化的，现在被职业而非血统或等级所支配。因此，一方面是公职的傲慢，另一方面是把干着社会艰苦肮脏工作的男女降格。在霍布斯式的竞赛中，许多赛跑者是按顺序跑的，不能打破较大模式的束缚，而那个模式也不能被有效地描述为他们自己评价的产物和一种对个人承认的社会捷径。事实上有这样一种捷径，但它来自占统治地位的意识形态，它自己是公职和权力的一个函数——因此，公职持有者以获得高薪的同样方式博得尊敬，而无须对他们的同事或客户证明他们的价值。

但这个占支配地位的意识形态只不过是霍布斯式的竞赛，现在被认为是一场争取工作和收入的斗争，而非争取特权与荣誉的斗争。或者毋宁说，这个主张认为这两种斗争实际上是一种：一场对社会诸善的一般竞争，其中，优点、野心、运气，或者无论别的什么东西，最终胜出。我们按人们所取得的胜利而给他们相应的荣誉，因为赢得一般竞争的那些品质大致是与我们可能在任何情况下都
256 崇敬的品质是一样的。并且，如果还有未进入这场一般竞争的可敬品质，那么，我们就可以自由地在这个或那个子集中用附带性的或地方性的其他方式尊敬它们。因此，我们可以尊敬一个邻居的好心肠，但又不让那种尊敬干涉我们对社会地位的更准确的计算。

地位（在竞赛中的位置）支配承认。这与等级制级别的支配性是不同的，但它还不是每个人对别的每个人的自由评价。自由评价将要求社会诸善的分解，荣誉的相对自治。在这种情况下，自治的可能意思是不容易弄清楚的，因为荣誉与其他种类的善是密切相连的。例如，它与赢得一个公职相联系，或者与在医疗委员会获得一个高分相联系，或者与一个新事业的成功建立相联系。这些类型的

1　Frank Parkin, *Class, Inequality, and Political Order* (London, 1972), pp. 34—44.

成就可能总是博得尊敬，但并不会总是博得它们在今天所能得到的精确程度的尊敬，它们中的每一个在今天都被看作是通向财富和权力的关键一步。它们单独能博得什么样的尊敬呢？实际上，我们不知道，如果每个人的荣誉都完全依赖于别的每个人自由给予或自由保留的承认的话，社会领域将会怎样。[1]毫无疑问，存在着范围广泛的文化变异。但即使在我们自己的社会中，想象与当前占主流的评价非常不同的评价也是并不困难的——如对社会有益的工作，对体力成就，或对公职的有益性而不只是持有官职的新敬意。[2]我认为，自由评价也会产生一个分散得多的承认系统，因此，霍布斯假设的一般律令的重要性将减弱，或者甚至再也无法辨认出来。让我们回忆一下密尔的抱怨吧，"他们喜欢聚群"。他们确实如此，但我们仍然可以用不同的或至少起初不同的好恶标准辨认出不同群体的轮廓。这些差别为了一般竞争目的而被压制。但如果一般竞争被打 257
破，如果财富并不使公职——或官职、权力——成为必需，那么，承认也将是自由的。

这将是承认领域的复合平等，而且，它将无疑导致与流行的分配非常不同的关于荣誉和不名誉的分配。但单个的男女受到的尊敬将仍然是有区别的，而我不能肯定这里的竞争与霍布斯所描写的

1　托马斯·内格尔写道，在当下（和在可预见的未来），"我们没有办法把职业地位从社会尊敬和经济报酬中分离出来，至少在没有社会控制的巨大增加的情况下，是没有办法的"。见 Thomas Nagel, *Mortal Questions*（Cambridge, 1979）, p. 104。但在这里，分离不是一个问题——或者毋宁说，分离和增加的控制是简单平等所要求的，而不是复合平等所要求的。职业地位的成就无疑授权一个男人或女人享有**某种**程度的社会尊敬，甚至经济报酬。我们其余的人是随时准备承认技能、才能和（个人地或集体地）为出现的服务付费的。但我们想有能力承认一个范围更广的技能和才能，而支付的只不过是市场价格，或者，在征召服务情况下，一个公平的工资。它只不过是我们应该剔除的职业地位向尊敬和财富的非法转化——然后是转化的技术：有限的渠道、智力的神秘化，等等；而那将要求比一种"社会控制的巨大增加"小得多的东西。

2　帕金争论说这种评价已经有了，尽管它们是隶属于别的"意义系统的"（Parkin, *Class*, p. 97）。

世界里的竞争相比会不那么尖锐。如果有更多的获胜者(和更多样化的可能胜利),也仍然不可避免地要有一些失败者。复合平等也不保证承认将分配给在某种客观意义上值得得到它们的那些人。当然,至少对某些形式的承认来说,存在着客观标准。如,有值得评论注意的小说家,也有不值得评论注意的小说家。而且,从社会等级和市场束缚下解放出来的评论家更可能关注名副其实的小说家。但是,更一般的是,承认将给予被一些同辈认为值得的个人,而思想将是自由的。我们会自由地把荣誉、尊敬、尊重和评价给予那些似乎值得我们评价的男女——有时我们就像热爱他们那样去重视他们,而根本不考虑客观应得。因此,应得的穷人将仍然与我们同在。可以这样阐释马克思:如果一个人以他自己作为一个可敬的人的表现没有能力使他自己成为一个令人尊敬的人,那么,他的价值就是无力的和不幸的。这种不幸将不再是一个特定阶级、种姓或职业团体的垄断物。但在一般事件面前,我想象不出来似乎合理的社会保险方式。

但也许某种最低限度的尊敬在先生社会里实际上是一种共同财产。我们可以有益地把我所说的**简单承认**,从更为复杂的**这样那样的承认**形式中区分出来。简单承认在今天是一种道德要求:我们不得不承认我们所遇到的每个人都至少是一个荣誉和钦敬的潜在接受者,一个竞争者,甚至是一个威胁。"叫我先生"这个短语不是对任何特定程度的荣誉提出了权利要求,而是对荣誉的可能性提出了权利要求。有一个我们不了解的人,没有带出身和等级的标志而出现在我们面前,我们也仍然不能把他剔除在比赛之外,他至少值得我们评价,而我们对他则无能为力。我们社会生活的这些事实为当代的礼貌形式增添了一种特定的机警,而没有它的刺激,这就是不可能的。美国人停止使用"先生"而直呼其名的热情来自减少刺
258 激程度并找到办法稍做放松的愿望。无论何时,只要我们知道双方都不是真正想放松时,我们就认为这种热情是不诚实的。这种消极

意图代表着一种最低限度的、基本的尊敬。“他们承认他们自己，”黑格尔写道，“就像他们彼此相互承认一样。”[1]但这可能是一种非常紧张的事。

公共荣誉和个人应得

我对承认领域的叙述就好像它是一个自由企业系统似的。荣誉像商品，它们通过交换、勒索和赠予在人们之间流通；供应对需求的反应是粗浅的、不充分的。没有福利国家，没有财富的再分配，没有有保证的最底线（在赤裸的承认之上，每个人都是一个竞争者）。而这似乎是最好的安排了。最常见的是，承认的流程被其他善的支配性和旧家族、种姓和阶级的垄断扭曲了。如果我们打破这些扭曲，我们就会发现我们处于一种放松的霍布斯式竞赛中。至多，我们将成为承认领域的业主——我们中的一些人富足，而其他人贫困。

所有这些都是真的，但它只是真理的一部分。因为在个人分配之外，还有大量的集体性分配：报酬、奖金、奖章、嘉奖、桂冠。公共荣誉，如我所说的，可能是无效的，除非它们与个人自己的标准相符合。但现在重要的是要注意到，个人承认他人所用的标准比承认自己所用的标准更严苛。公共荣誉的关键标准是应得。但不是偶然地和狭隘地构想出来的应得，不是一个人的朋友和敌人的应得：只有在被认为与客观尺度相符的情况下，公共荣誉才是由单个的个人认可和重申的，因此，它是由陪审团分配的，陪审团的成员发表的不是一个观点，而是一个判决——一个对接受者的品质的“真话”。坐在陪审团席位上，思想就不是自由的，它受限于证据和规则。这里所要求的是一个绝对的判断。当教会指定它的圣徒或宣布它的英

1　George Friedrich Hegel, *The Phenomenology of Mind*, trans. J. B. Baillie (London, 1949), p. 231.

雄时，所问的问题只能用**是**或**不是**来回答。奇迹或者确实出现了或
259 者没有出现，勇敢的行为或者做出了或者没有做出。

公共荣誉的目的不是找出应得的穷人，而只是找出应得的人，而不管他们是不是穷人。但这场寻找将无疑发现一些由于各种各样的原因，其英雄行为、非凡的成就或公共服务被同胞们忽视了的男女。因此，在某种意义上，它是一种救济性分配——不是因为它终结了荣誉的平衡，而是因为它促成了不均衡的公正。它的代理人（理想地）与他们所支持的标准之间的联系比个人与这些标准的联系要紧密得多。公共荣誉事实上是出于公共理由而分配的；但公共理由不像个人的理由，只有在我们选择那些值得给予荣誉的品质时才起作用。如果国家官员有目的地选择那些政治上容易给予荣誉的男女，那么，他们就使他们所分配的荣誉贬值了。因此就有了混合分配现象，少数应得的个人就被添加到荣誉名单上，其目的是掩饰那些因政治原因而被授予荣誉的人；通常，这种掩饰并不起作用。

不仅国家官员分配公共荣誉，而且民间个人组织的协会、基金会和委员会也分配公共荣誉。各种成就都被授予或能够被授予荣誉，包括那些对国家有益的、对社会有益的，以及只是值得纪念的、出众的、著名的和令人激动的成就。只要选择符合某种客观尺度，只要它不是一种个人意志或怪念头，我们就可以把它恰当地当作一种授予公共荣誉的形式。标准是应得，而得到奖赏的是功绩：如果一个人或一群人有不同表现、成就、好事、出色的工作或者生产了精妙的艺术品。[1]

---

1 但人们应得那些不是因为某种成就，而是因为某种存在状态而得到的奖赏吗？一场选美大赛的获胜者应该得到荣誉吗？当代选美大赛的组织者们似乎有一种模糊的、尴尬的想法，即获胜者不应该被授予荣誉，如果她只是因为天生丽质而被选中的话。因为他们已经介绍了各种各样的“天才”标准。荣誉（对我们来说）是对一种行为的承认；而展示一个人的自然美丽或为此原因而宣布一个人的贵族出身和血统并不使一个行为在适当意义上是合格的。以某种社会尊重的方式使用一个人的天资是必要的，但显然，想象建立在不同荣誉观念之上的社会是并不困难。

在大多数社会物品的分配中，应得起的作用很小。甚至在公职和教育领域，它的作用也只是最低限度的和间接的。对于成员资格、福利、财富、艰苦的工作、休闲、家庭之爱和政治权力，它根本不起作用（而对于神的恩宠，我们不知道它是如何起作用的）。然而，应得不是无法限定的，因为虽然有时形容词“**应得的**”不能或没有准确地表现男女个人的特色；但是它能够而且确实做到了。平等的倡导者们常常感到被迫否定应得的真实性。[1]他们争论说，我们称之为应得的人只是幸运而已，他们天生就有某些能力，他们的父母充 260
满爱心，要求严格或者富有鼓动性，因此，他们非常偶然地在特定情况下发现了自己那些经过精心培育的特定能力也是被人们珍视的。他们不能因此而要求荣耀，在最深层意义上，他们对自己的成就并不负责任。甚至他们所花费的努力、他们所受的痛苦训练都不是个人功绩的证据；因为做出努力和忍受痛苦的能力，就像他们的其他能力一样，只是自然或养育的任意馈赠。但这是一种奇怪的论点，因为尽管它的目的是留给我们有平等权利的人，但很难看到它到底留给我们**什么人**。一旦我们把他们的能力和成就当作偶然的附属品，就像他们恰巧戴的帽子和穿的大衣一样，我们又如何看待他们呢？事实上，他们又如何看待他们自己呢？承认的自反形式，自负和自尊是我们最重要的财产——我将在本章的最后谈这个问题，但是对于那些幸运的宠儿来说肯定毫无意义。

这里起作用的动力与把当代哲学家们引向忽略社会善的具体意义的冲动是密切联系的。从品质中抽象出来的人和从意义中抽象出来的善当然把他们自己导向了按抽象原则进行的分配。但这种分配是否能按照实际情况公正地对待人们并根据他们的构想寻找诸善似乎值得怀疑。我们所遇到的其他人在道德和心理上并不

---

1 见 John Rawals, *A Theory of Justice*（《正义论》）（Cambridge, Mass., 1971），pp. 72—74，103—104。罗尔斯的观点是我在这里主要关注的，我部分沿袭了诺齐克的批判，参见 Robert Nozick, *Anarchy, State, and Utopia*（New York, 1974），pp. 213—236。

是“白板”，不是中性的、偶然品质的携带者。并不是如果有X就有X的品质，因此我就能对它们区别对待。正义提出的问题正是以对应他们具体的整合自我的方式来把诸善分配给一大群X。也就是说，正义始于人，更进一步的，它始于社会领域中的人，他们的头脑中和手中都有物品。公共荣誉就是这样一种善，而我们无须长时间地或深入地思考它以便认识到除非有应得的男女，否则它实际上就不会作为一种善存在。这是应得必须考虑的独特场所，如果还有什么分配或能够分配的价值的话。

当然，我们可以出于功利主义原因而分发公共荣誉，以便鼓励政治上或社会上有益的活动。这种理由常常在授予荣誉的实践中发挥作用，但我看不出它们如何能够单独站得住脚。除非我们致力于关注个人应得，否则，我们又如何知道授予谁荣誉呢？任何人都会这样做，只要鼓励被证明是有效的。事实上，当局可能认为最好
261 是发明一套行为标准并“树立”一个楷模，以此确保他们所鼓励的正是他们想要鼓励的行为。这种可能性（反映了一种用功利主义解释反对惩罚的古老观点）说明有坚持对个人应得的普遍共识的好理由。否则，荣誉就成为用于暴政用途的东西了。因为我有权力，所以我应该得到这种和那种荣誉。我选择谁并不重要，因为实际上没有人值得授予荣誉，而且在什么场合也不重要，因为我并不承认荣誉和特定表现之间有任何内在的（社会）联系。这种事不会发生，除非暴君掌权的时间长得足以转换对一种可敬表现的普遍共识。但这正是他的目的。

斯大林的斯达汉诺夫工作者

斯达汉诺夫（Stakhanov）[1]不是一个发明，尽管他可能曾经是。

1 斯达汉诺夫，苏联煤矿工人，著名劳动模范，1935年创一班采煤超定额十四倍的记录，苏联在第二个五年计划期间开展了学习斯达汉诺夫，提高劳动生产率的运动。——译注

他是一个有着非凡力量和精力的煤矿工人，他所生产的煤超过了官方定额的要求。当然，在一个社会主义社会，一个无产阶级国家，这是一种可敬的表现。同样无疑的是，斯达汉诺夫的力量和精力，用当代的话说“从道德角度看是武断的”——没有理由把他从其他天资较少但工作同样努力的工人中挑选出来。（在这种武断观点下，也没有任何理由把那些努力工作的人从只是在工作的人中挑选出来。）但在选择斯达汉诺夫时，不只是向他授予荣誉，而且也是树立社会主义荣誉的活生生的典型。斯大林大概支持应得观念。斯达汉诺夫值得尊敬是因为他完成了他所做的，而他所做的是可敬的。实际上，斯大林自己几乎确实不相信这些命题中的第一个，而斯达汉诺夫的同辈工人们则不相信第二个。

应得观念表达了人类某种自治观念。在一个人可以表现得可敬之前，他必须对他的行为负责；他必须是一个道德代表，行为必须是他自己的。在1930年代，有一些苏联哲学家和心理学家持有这种人类能动性观点，但当斯大林在第二次世界大战刚结束的那段时期宣布他自己对这些事的态度时，他采取了一种非常不同的立场。他采纳的是当时的巴甫洛夫主义。这种观点认为，“人是一种反射机制，其行为，包括更高级的精神活动过程，能够通过一种条件反射定律彻底了解，并……通过应用这种知识而得到控制”。[1]这只是似乎合理地支持否定个人应得的一种心理学理论，但必须说它支撑得非 262
常好。斯大林可能在斯达汉诺夫运动开始实施的1930年代持有这样一种观点。但如果斯达汉诺夫的积极活动（我现在将抛开他的身体力量）是他的条件反射的产物，那么，他在什么意义上是值得因此获得荣誉的呢？斯大林把他挑出来只是出于功利主义理由：斯达汉诺夫运动的目的是使别的工人形成条件反射，以类似的方式工

1 Robert C. Tucker, “Stalin and Psychology”, in *The Soviet Political Mind* (New York, 1963), p. 101.

作——因此定额可以提高，生产装配线可以加速，等等。斯达汉诺夫工作者的奖励不是一种承认，而是一动力，一种刺激，一种可以很容易转变成威胁的意图。我认为，在缺乏应得理论时奖励只能是这样的。

其他工人自然会反对，斯大林头脑中的功利不是他们的功利。但他们的反对还不止于此，因为无论他们如何看待斯达汉诺夫本人，他们显然并不认为他的继任者们——1930年代中期的斯达汉诺夫工作者们值得尊敬。赢得奖励的人（让我们假定）工作努力，但他们也违反了他们阶级的规则，打破了它的团结。根据各种说法，他们被当作机会主义者和叛徒，汤姆大叔的无产阶级同辈；他们在工作中被冷落、放逐和骚扰。[1]斯大林所授予的荣誉使个人和公社蒙受耻辱。无疑，这种蒙羞的部分目的是打击积极性。但我怀疑工人们也会说他们这样做是对斯达汉诺夫式的表现和先进工作者们的不光彩行为的反应。也就是说，他们可能会说，他们相信应该给人们他们（真正）应得的评价。

但那是否可能是一个困难的问题。即使我们拒绝哈姆雷特的“谁会逃脱笞刑？”的追问并假定有一些人值得得到公共荣誉，是否有办法找到合适的人仍然是一个问题。陪审团能够做出不只是观点的真正判决吗？甚至在我们同意成就不是任意性的时，奖励仍然是任意的吗？这里重要的是别把我们的标准定得太高。我们不是神，而且，我们决不会有足够的知识去对其他人的品质和表现做出真实的评价。但是，重要的是渴望。我们的目的是做出判决，而不是列出观点，并且，我们为此目的而设计特定的安排。因此（再一次
263 地），陪审团是一群宣誓追求真理的男女。有时候，真理是他们无法触及的，而他们发现自己是在相互竞争的近似值中进行选择的。有时候，他们也犯错误；有时候个别成员被腐蚀或有派性。有时候，分

1 Iassc Deutscher, *Stalin: A Political Biography* (New York, 1960), pp. 270—271.

歧太深而根本不可能做出判决；有时候，成员们只是在讨价还价。但我们通常对陪审团的批评实际上是用于修正他们的目的的。因为我们所说的是他们应该做得更好，或者我们应该做得更好，而不是什么事都不做。至少，在理论上，说真话是可能的。

诺贝尔文学奖

现在考虑一个最可敬的和最有争议的公共荣誉。阿尔弗雷德·诺贝尔留下遗嘱，在1896年设立了一项奖励文学成就的奖金，但其规定却是简单的，并且，是完全不清晰的。奖金要奖给“在文学领域创作出具有理想主义倾向的最杰出的作品的人”。[1]后继的评审委员会不得不为奖金的目的决定“文学领域”如何构成，如何理解与那个领域相关的“理想主义”。然后，他们不得不在异常多的候选人中进行选择，这些候选人写作的体裁不同，语言不同，文学传统也不尽相同。评审委员会怎样才能至少接近一个判决呢？“几乎不可能决定，”第一届评审委员会的首席成员卡尔·大卫·艾夫·沃森写道，“是否该把一个剧作家、一个史诗或抒情诗人……一个民谣作家或一个充满思想的人，列第一位，这就像决定榆树、菩提树、橡树、玫瑰、百合、紫罗兰的相对价值一样困难。”[2]而评审委员会的会议记录指出，沃森对谁应该得奖有很强的观点。后继评审委员会的批判也没有——而且，有很多批判——将这种不可能的思想公之于世。一方面，甚至尝试对世界上的所有作家来做一个排序都似乎是愚蠢的；另一方面，人们几乎又很自然地承认有数量非常少的杰出作家。那么，评论家和读者们似乎很容易就陷入关于谁是最好的作家的讨论。

---

1 Andersösterling, “The Literary Prize”, in H. Schück, et al., *Nobel: The Man and His Prizes* (Amsterdam, 1962), p. 75.

2 Ibid., p. 87.

我想，这个问题绝不可能只有一个答案。但是，经过一段时间后，可能会有一系列或多或少穷尽这个领域的答案。而提供这个系列答案正是后继的评审委员会的目的。托尔斯泰、易卜生、斯特林堡[1]、哈代[2]、瓦莱里[3]、里尔克[4]和乔伊斯[5]从未得到这项奖金的事实，说
264 明评委会并不是完全成功的。但评论家们毫不费力就能指出构成评审委员会失败的那些遗漏。当然，我们有后见之明的优势；而重要的是记住，这项奖金是而且应该是对其同时代的人认为是杰出的作家的即时承认，而不是记录历史评判的努力。尽管如此，托尔斯泰、易卜生、斯特林堡、哈代、瓦莱里、里尔克和乔伊斯仍然被许多与他们同时代的人认为是杰出的。……也许评审委员会的成员有时感到受政治因素的约束；也许他们认为奖金应该反映一种特定的地理分配。因此，他们不知不觉地陷入了选拔委员会的角色，寻找候选人填补空缺。因此，普遍的批评是他们应该更像一个陪审团一样工作。无论如何，像陪审团那样行动是可能的；而诺贝尔奖的历史以及对特定奖励的论战的历史强有力地说明，我们所有的人都相信有值得授予荣誉的作家。

但是（除了阿尔弗雷德·诺贝尔的遗嘱），我们只把目标锁定在“最杰出的”成就上是没有必要的；我们可以简单地把目标定在

1 斯特林堡，瑞典戏剧家、小说家，开创现代瑞典文学，对欧美戏剧艺术有很大影响，主要作品有剧本《父亲》、《朱丽小姐》、《鬼魂奏鸣曲》及长篇小说《红房间》、《黑旗》等。——译注

2 哈代，英国小说家、诗人，早期和中期主要从事小说创作，作品多以家乡韦塞克斯为背景，后期转向诗歌创作，代表作为小说《德伯家的苔丝》、《无名的裘德》，以及历史诗剧《列王》。——译注

3 瓦莱里，法国诗人、评论家，受象征派诗人等影响，诗篇富于哲理和想象，主要作品有长诗《年轻的命运女神》、《旧诗集存》、《幻美集》及《杂文集》（5 卷）。——译注

4 里尔克，奥地利诗人，生于布拉格，对西方现代文学有巨大影响，著名诗作有《祈祷书》、《杜伊诺哀歌》和《献给俄尔甫斯的十四行诗》等。——译注

5 乔伊斯，爱尔兰小说家，作品揭露西方现代社会腐朽的一面，多用“意识流”手法，语言隐晦，代表作《尤利西斯》。——译注

所有杰出的成就上。这是现代社会最普通的公共荣誉形式，荣誉名单总是公之于众，荣誉名单总是宣读出来，并含蓄地向应该列在名单上但又因疏忽而漏掉的人致歉。这可能是广泛的名单和重要奖金之间的一种特定紧张。在《论波兰政府》中，卢梭利用这种紧张提出了一个论点。他描述了一个审查委员会，它“草拟所有等级中行为值得被授予某种名望和奖励的人的准确的完整的名单”——然后，卢梭继续说，这个委员会

> 应该更多地关注动因而非孤立的行为。真正好的行为是做了后几乎不夸耀的行为。持续不变的日常行为，一个人在他的私生活和家庭生活中表现的美德，忠实地履行与(他的)地位相联系的义务……这些都远比他只在一个场合表现出的引人注目的功绩——对其余的场合来说，已经在公共颂扬中得到了奖励——重要得多，是一个人真正值得尊敬的事。制造轰动的哲学家们热衷于制造噪声的行为。[1]

最后一点可能是真的，尽管我看不出有什么理由因为这种或那种“引人注目的功绩”而刻意避免支持一般大众的钦敬。但卢梭是对的，他坚持承认普通人，特别是民主政权下的普通人的美德的重要性。斯大林的斯达汉诺夫工作者奖励是对需要完成的工作的恶性拙劣模仿，但需要在其拙劣的模仿中仍然是可以看见的。这在当代军队中最为常见，在军队里，为一些英雄事迹所设立的最高荣誉奖励并不排斥为较低层次的事迹设立较低的荣誉。另一方面，这种需 265
要在那些社会特权低的职业中根本没有得到满足。“有时候难以置信的英雄主义是由矿工和渔夫表现出来的，”正如西蒙·威尔所写

1 Jean-Jacques Rousseau, *Government of Poland*, trans. Wilmoore Kendall (Indianapolis, 1972), pp. 95—96.

的，“它几乎不能在矿工和渔夫群体中唤起反响。”[1]这里，公共荣誉显然是补救性的——也是教育性的：它使普通公民的目光超越他们的预断，并承认在任何地方出现的应得，甚至包括在他们自己当中找到的应得。

罗马人和其他的胜利

这种分配不是政治上中立的。如果民主看起来需要它，那么，其他政权只在某种风险下忍受它。在君主制和寡头制政权中，应得是一个破坏性原则，甚至在它仅是引起争议的“引人注目的功绩”时，也是如此。这是政治理论中一个古老的论点，但它值得反复讲，因为它帮助我们理解分配领域的自治为什么总是有意义的。标准的参照物是罗马人的胜利。“罗马公民渴望的最高荣誉，”让·布丹写道，“……是他的胜利使他的入城仪式比一个国王能够在他的王国里做到的更值得尊敬。”穿紫着金，头戴桂冠，驾着战车行进在军队的前头，他的俘虏用锁链串成一串走在他面前，凯旋的司令官浩浩荡荡班师回首都，“使所有男人们的心陶醉，有的带着难以置信的喜悦，有的带着惊异和钦佩”。这样的胜利只在一个民众国家（有很强的公民美德感）才是合适的。相较而言，一个国王不得不对荣誉有些忌妒；他是吝啬的源泉，荣誉的垄断者。除了自己，他不允许任何人占据他的臣民的心。“因此，”布丹继续写道，“我们从未见过君主们，暴君就更少了，向他的臣民授予胜利和荣誉的入城仪式。无论他们取得了对敌人的何种胜利……胜利的荣誉总是归功于君王，尽管他在战斗打响的那一天并未到场。”[2]弗朗西斯·培根在他的《论文集》中也表达了相同的观点：“但那种（胜利的）荣誉可能对君

---

1 Simone Weil, *The Need for Foots*, trans. Arthur Wills (Boston, 1955), p. 20.

2 Jean Bodin, *The Six Books of a Commonweale*, ed. Kenneth Douglas McRae (Cambridge, Mass., 1962), p. 586.

主并不适合，除非胜利是君主自己或他的儿子们亲自取得的。"[1]

如布丹所说，这个观点对暴君来说甚至更适合。这就是为什么斯大林等人总是为自己要求伟大成就的荣誉，不仅有战争中的荣誉，还有科学、语言、医药、诗歌、农业等方面的荣誉。而那也是为什么斯达汉诺夫不能被授予任何他的同辈工人认为值得授予的荣誉， 266
唯恐"荣誉的甜蜜诱饵"使他寻求代表角色或领导角色。暴君分发荣誉是出于操控或反复无常的原因，以便削弱赠予的价值。但他们自己要求尊重则出于假定的应得。当然，在较早时期，国王因他们的出身和血统或他们的王权而得到荣誉：这些东西自身是声誉卓著的。布丹和培根都没有用那些术语主张权利；他们的论点呼吁的是政治上的深谋远虑。他们和我们一样认为，荣誉属于应得的人。国王的荣誉因此是一个政治谎言。尽管布丹和培根决不会这么说，每个国王都是一个篡位者和暴君。"因为……作为美德的唯一奖励被从那些应得它的人那里夺走了，或至少是被很大地限制了。"[2]对应得的男女的承认，以及对所有应得的男女的承认，只有在民主国家才是可能的。

因此我们被告知，承认产生奇迹。民主政权与任何其他政权——如布丹所说，它们都被荣誉的甜蜜诱饵所诱惑——相比，有更多的英雄，更多有进取心的公民，更多愿意为公共善牺牲自我的公民，但同时，荣誉决不能在太广的范围内分配以致贬值。平等主义哲学家通常坚持在民主共同体中，公民们有权利获得同等尊重。[3]我稍后将试着找出这个权利主张合理化的某种意义；但根据我迄今的论证，否定它将更有意义。法律面前人人平等。当公民们向他们的政府

1　Francis Bacon, *Essays*, no. 29, "Of the True Greatness of Kingdoms and Estates".

2　Bodin, *Six Books*, p. 568.

3　参见罗纳德·德沃金的论点，他认为罗尔斯式的正义根本上是建立在"所有男人和女人"有权受到平等尊重这个权利要求之上的。见 Ronald Dworkin, *Taking Rights Seriously*（Cambridge, Mass., 1977）, chap. 6。

请愿时，他们有权受到平等的关注；当公职可获得时，他们有权得到同等的考虑；当分配福利时，他们有权得到同等关心。但当争论的是尊敬时，“恭顺的尊敬”、特别的关注、仪式上的尊崇最终是给予应得它们的人的。

确切地说，这种发现与市场和霍布斯式的竞赛中的“发现”是不同的，因为它从理论上说无须讨价还价和勒索。公共荣誉不是一种礼物或贿赂，而是对不同之处和价值说真话而已。但在真话中所断言的价值必须是市场和竞赛的参与者们能够理解的，而它支持的不同之处必须是他们倾向于做出的。因此，公共荣誉与私人荣誉相比，不能是平等主义的——至少，在那个术语的任何简单意义上如此。甚至当通常被忽略的男人们和女人们被承认和授予荣誉时——
267 如被卢梭的审查委员会承认和授予荣誉——那是出于对他们所做成就已经获得其他公民赞扬（如果是广为人知的话）的原因。承认荣誉可以由那些传统上并非值得授予荣誉的人得到，是复合平等的一个关键特征，但它并没有减少或废除荣誉的稀有性。

惩 罚

惩罚的情况也是相同的，最重要的例子是当众侮辱。所有公民在被证明有罪之前都是清白的，但这个格言并不要求普遍的尊敬，而是要求普遍消除不尊重。法律面前人人平等，它不（或不应该）根据他们出身好并有贵族头衔，或腰缠万贯，或持有这种或那种政治观点而预先判断人。惩罚要求明确的判决，一个陪审团的判决；而这说明我们只在人们应该被惩罚时才惩罚他们。惩罚，像荣誉一样，是一个挑选过程。事实上，惩罚比一个荣誉名单更像一个大奖，因为我们对一个人的惩罚是针对其单个行为（而且对“引人注目的罪行”惩罚得尤其严厉），而不是针对一条邪恶生命的。也许能设计出一种卢梭式的荣誉，某种对非犯罪的恶意的公共承认，但像这样的东西并没有——或者说，就我所知，从来没有——在惩罚制度中起什么作用。

惩罚是对名誉的严重玷污，它使对象蒙羞。根据《圣经》的解释，上帝在该隐身上做了记号来保护他，但这个记号给他打上了凶手的印记，因此，它是一种惩罚；尽管我们所有的人都会为得到神的保护而心存感激，但没有人想背上该隐的印记。如果不标识那些应受惩罚的人，就没有办法进行惩罚。无论是对于功利主义的惩罚还是分配都是如此。无论惩罚的目标是什么，无论它是如何被证明正当的，分配的结果是一样的。如果我们惩罚的目标是威慑其他人的犯罪，那么，如果不挑出一个特定的罪犯，我们就做不到这一点；威慑要求典型，而典型必须是鲜明的。如果我们的目标是改造一个犯法的男人或女人，那么，如果我们不把这个特定的男人或女人指定为需要改造的人，我们就做不到这一点。在前两个例子中（尽管不 268
是在第三个例子中），我们可以随机地挑选对象，伪造证据，并"强加给"他们我们想要威慑或谴责的罪名。如果人们不为他们的品性和行为负责，那么，我们选谁就不重要。但是，一个公平的分配将不存在问题，因为不负责任的人不是正义的合适对象。而且，如果我们所有的人都知道惩罚的目的是什么，这种惩罚在任何意义上就都是令人蒙羞。但如果惩罚是使人蒙羞的，它也的确如此，那么，情况就必须是单个的男人或女人应得或不应得蒙羞。因此，至关重要的是我们找到合适的人，即我们把该隐的标记**贴在该隐身上**。再重复一次，我们不是神，也决不会真正确信无疑，但我们必须设计分配制度，以便使我们尽量接近确定无疑。

有一种道德上的忧虑注意到惩罚的实践，它与令人蒙羞的关系可能和它与惩罚所带来的强制和痛苦的关系一样。强制和痛苦也是服兵役的一个特征，但在军队中，它们并不产生同样的忧虑或让我们寻找应得的男女。但服兵役不令人蒙羞，而且，它不是或不应该是一种惩罚。我们试图公平地分配它，但我们在根本不担心应得的情况下才那样做，并且能够那样做。征兵不需要依赖于一系列判决。类似地，惩罚不需要依赖于为一个年龄群体做的一般设计；我们不通过抽签选择犯人或免除患有哮喘或静脉曲张的人的惩罚。我们征募身体强壮，具有作战精力的男女入伍。但我们只惩罚应受惩罚的人：不是那些最有能力承担惩罚的污名的人，也不是在他们当中进行随机挑选，而是那些应该受惩罚的人。我们旨在达到一个非凡的而且艰难的精确度。

而且，我们通过审判机制，通过对一个特定行为的真实性进行公开审查，决定合适的人是谁。虽然在不同文化中组织有所不同，审判仍然是一个非常古老的制度；我们几乎可以在每个地方找到它，它总是与其他制度相区别，作为一种特殊程序，其目的不是达成共同观点或一个政治决定，而是一个判断，一个证明，一个判决。除了爱丽丝的仙境以外，惩罚是跟随判决而来的，并且，如果没有判决，惩罚就是不可能的。我们甚至可以说，判决就是惩罚，因为它与污名相联系，随后的强制和痛苦是惩罚执行的标志。没有判决，强制和痛苦就只不过是恶意，而众所周知，心怀恶意根本不会玷污名
269 声。类似地，如果审判是一种欺诈，那么，其受害者就更可能从他们的“惩罚”中得到荣誉，而非坏名声。

如果我们用不同的方式分配惩罚，那它就根本不是惩罚了。如果我们考虑两种不同的分配机制，即“选拔”和“搜寻”，我们就能最好地看到这一点。我们可以投票决定我们要惩罚的人，就像古代雅典人选择要放逐的人时所做的那样；或者，我们可以寻找最合格的候选人，就像当代预防性拘留的倡导者们想让我们做的那样。这两种方法显然是实践安排；但我认为只要它们分配耻辱，它们就是残暴地进行分配的。

雅典的贝壳放逐法

流放是古代社会的一种惩罚，而且，它常常适用于最严重的犯

罪。它所带来的是政治成员资格和公民权利的丧失。没有一个希腊或罗马作者持有霍布斯的观点"单纯换换空气不能算是惩罚"。[1]那种情绪属于另一个年代，即地域和共同体感失去了它的吸引力时。但流放，至少在雅典，是一种只有经过审判并做出判决后才实施的惩罚。贝壳放逐法则非常不同，它之所以不同，准确地说，是因为被放逐的公民不是被判决而是被与他身份相同的人选出来的。其程序是在民主制早期形成的，允许公民们除掉有权势或有野心的人，这些人可能旨在实行暴政或其竞争威胁到城邦的和平。因此，贝壳放逐法是一种政治上打击对手的办法，是民主政治的一种风险。没有暗示说被选中的人应得他们的放逐；而只是在公民们看来，放逐他们对城邦是最好的。没有控诉和辩护。这个法律运作的目的就是剔除任命和辩论——可能是有意识地避免像审判之类的东西。公民们只是简单地在一个陶瓷碎片或瓦片(当代考古学家已经发现了数以千计的陶瓷碎片和瓦片)上写上他们想要放逐的任何人的名字就可以了，而得到多数选票的人就被流放十年且不能上诉。如芬利所说，从这种程序可以得出结论，即贝壳放逐法是"一种名誉放逐……不存在财产损失，也没有社会耻辱"。[2]

但当贝壳放逐法的实践在公元前5世纪晚期停止时，芬利继续写道："就'犯罪指控'而采取的普通放逐仍然是可能的。"[3]也就是说，使用陪审团体制对一个敌人或对手做出同样的政治打击是可能 270
的。因为雅典陪审团是一个小型会议，有数以千计的陪审员；而刑事审判过程早就政治化了。但当敌人或对手而非罪犯被宣告有罪并被纳入不再被称为"名誉放逐"的放逐程序时，这种宣判显然是

1 Thomas Hobbes, *Leviathan*, part II, chap. 28.

2 M. I. Finley, *The Ancient Greeks* (Hammondsworth, England, 1977), p. 80. 对贝壳放逐法的历史和程序的解释，见 *Aristotle and Xenophon on Democracy and Oligarchy*, trans. With commentary by J. M. Moore (Berkeley, 1975), pp. 241—244。

3 Finley, *Greeks*, p. 80.

一种暴政行为。因为我有政治权力，并能够掌握足够的选票，所以，我将惩罚你。贝壳放逐法与惩罚之间的区别在公共观点和陪审团的判决之间，在政治打击和罪犯应得之间划出了清晰的界线；并且，它给人们上了精彩的一课。社会耻辱，如果是公平分配的，那么，就必须遵循一个判决，必须是应得的一项功能。

预防性拘留

就像古雅典人放逐危险的公民一样，我们有时候被诱使对他们实行监禁。如果有一种“名誉监禁”的话，这可能是一种有吸引力的安排。但目前还不存在这样的形式，而预防性拘留的倡导者们并没有试图解释它与普通的监禁有什么不同，就像解释贝壳放逐法与一般流放有什么不同一样。而其前景也并不令人看好，因为他们头脑中所想的是一个罪犯，而不是一种政治危险；并且，并不容易看出我们可以体面地拘留被我们指明为潜在罪犯的男人和女人。[1]

预防性拘留的主导思想，是我们应该通过寻找合格的候选人——可能有恶劣行为的男女——来填充我们的监狱，就像我们通过寻找可能表现好的男女来担任公职一样。它所要求的不是一个判断，而是一个预言：因此，所需要的不是一个陪审团，而是一个选拔委员会。也许委员会必须要求拥有某些专门知识（而一个陪审团则没有这种要求）；至少，它必须咨询专家。如果它的预言是正确的，那么，在有必要逮捕之前就拘留人应该是可能的，这样，日常生活的安全性将会大大提高。当然，预言并不是与判决相同的东西；尽管我们可以争论说，考虑到陪审团的反复无常和选拔委员会的推定能力，预言可能和判决一样是“真话”。但这遗漏了二者的关键区别。一旦一个人奉行预言，想知道它是不是真话就几乎根本是不可

1 把“危险”当作一种监禁理由的有益讨论，见 Norval Morris, *The Future of Imprisonment* (Chicago, 1974), pp. 63—73。

能的。一旦一种预防性拘留计划得到确立，犯罪的影响范围可能会急剧缩小；事实上，如果足够多的人被拘留，犯罪的影响范围肯定会 271
缩小。但我们将永远不会知道这个现在被羁押的特定的人究竟会不会犯罪。

我们之所以忍受公职领域中这种不确定性是因为我们别无选择。没有办法知道失败的候选人是否能比成功的候选人做得更好。职位所要求的表现与惩罚所预示的表现不同，从分配做出后才开始。某种程度的荣誉无疑在表现开始前与官职相伴而来，但我已经试图说明，在复合平等条件下，最高的荣誉将只会归于表现好的公职人员。现在，惩罚是一种否定性荣誉，而不是一个否定性公职。它产生的是行为，而不是资格；我们惩罚的是行为已经恶劣的人。我们可以通过诉诸自由的价值来捍卫这种惩罚观点：甚至那些据说可能会犯罪的男女都有权为他们自己选择他们是否事实上将那样做。[1]但我认为以一种略微不同的方式表达这个观点将更有意义。如果我们对自由的珍爱少一点，我们将为可能合格的人（尽管我们假定他们宁愿不合格）设计出一种荣誉性拘留，就像给人们打传染病疫苗一样。这是因为我们还没有这么做——还没有选择这么做，还没有能力这么做——预防性拘留是不公平的。被拘留的男女之所以受惩罚，其原因是与我们对惩罚是什么和它应该如何分配的普通理解不相干的，因此，这种拘留是一种暴政行为。

自负与自尊

荣誉和不名誉之所以特别重要，是因为它们太容易采取自反模式（reflexive form）了。事实上，有一个古老观点，即自我观念只不过是内化的社会判断。没有别人的帮助，就不会有自知之明。我们

1 H. L. A. Hart, *Punishment and Responsibility* (Oxford, England, 1968), pp. 21—24.

从他们的眼睛所构成的镜子中看到我们自己。当我们被周围的人崇敬时，我们就对自己表示敬意。是的，但还需要加一句：不仅是那时，而且甚至不总是那时。承认的循环圈是成问题的。我们来考虑一个自大傲慢的人：他对自己的敬意远超过我们其余的人对他的敬意。再看一个有很深自卑情结的人：他认为自己是卑下的，而我
272 们其余的人则不认为如此。也许有人曾经极端崇拜第一个人或者鄙夷第二个人。尽管如此，这些只是循环圈上的断裂，它们应当使我们警觉到自反模式的困难。我们能够彼此分配的是尊重，而非自负；是尊敬，而非自尊；是打击，而非挫折感；而第一个人与第二个人的关系用这些对应词来称呼是间接的和不确定的。

自负也许在等级制社会里登峰造极——除了等级制的最下层。所有其他等级的成员们，如卢梭所言，"宁愿向下看而不愿向上看"，喜爱他们所受到的尊敬而不喜欢他们所做出的恭顺。在这个意义上，等级制社会不断重现，因为除了最低等级，每个等级都享受着受到尊敬的欢乐，就像德尔图良[1]宣称的圣徒们在看到遭谴责的人受苦时将感受到的欢乐一样。而这不仅是一种感官上的快乐，而且也是一种精神上的快乐，一种与圣徒们认为他们达到的社会（或精神）高度相联系的高度自负。当他们看到地位低于他们的人"不再悲惨"的时候[2]，如卢梭在谈及富人和有权势的人时所说的，他们将不再高兴。但那些下层人的悲惨生活并不总是或必然反映在一种消逝的自负感里。较低等级模仿较高等级并寻找某种比较优势。因此，根据当代人类学家的研究，印度清洁工承认他们在等级制中的地位，

1　德尔图良，迦太基基督教神学家，用拉丁语而非希腊语写作，使拉丁语成为教会语言及西方基督教传播的工具，著有《护教篇》、《论基督的肉体复活》等。——译注

2　见 Jean-Jacques Rousseau, *A Discourse on the Origins of Inequality*, in *The Social Contract and Discourses*, trans. G. D. H. Cole（New York, 1950）, p. 226。对德尔图良的态度的精彩讨论，也参见 Max Scheler, *Ressentiment*, ed. Lewis A. Coser（New York, 1961）, p. 67。

但同时也“把他们的工作……与他们崇敬的男人们和女人们的坚韧性联系到一起，与吃喝‘火的’物质，即吃肉和烈酒联系在一起。与这些联系起来使他们相信他们是情感强烈的和非常性感的”。[1]我们把这叫作补偿，如果我们愿意的话，就好像说它只有主观价值一样：但虽然如此，它的确是价值。从他们自己的高度看，清洁工瞧不起“较高”种姓的苍白节制。

我并不想谎称如果等级制被废除的话，清洁工将不会有更高的自尊。相反，我假定他们会的。但是，自负的总量，如果可以测量的话，也许真的会减少（这并不是一个讨好等级制的观点）。在先生社会中，我们应该期望找到一种更一致的自负，更广泛但更有力地被人们持有，男人们和女人们因此能够抓住每一个机会把他们自己与别人区别开来。“在我们的社会条件下，”萨克雷[2]在1840年代写道，“有时候不做一个势利小人是不可能的。”[3]势利是那些不再确信自己社会地位的人的骄傲，而且，它是民主特有的一种恶习。我们说势利小人“趾高气扬”、“摆架子”。他的做派就好像他是贵族；他 273
声称自己有一个并不存在的头衔。很难看出怎样才能避免这种事，即使随着贵族记忆的褪色，它也开始采取非常不同于（尽管令人奇怪的是，还没有那么不同）萨克雷所描述的形式了。如果我们消灭建立于等级之上的势利，那么，人们就会在财富、官职或学校教育和教养方面变成势利小人了。如果它不是这个东西，它就会是另外一种东西，因为男人们和女人们在与别人做比较时常常夸耀自己——

1 Mary Searle-Chatterjee, “The Polluted Identity of Work: A Study of Benares Sweepers”, in Sandra Wallman, ed. *The Social Anthropology of Work* (London, 1979), pp. 284—285.

2 萨克雷，英国小说家，作品多讽刺上层社会，主要作品有长篇小说《名利场》、《彭登尼斯》，历史小说《亨利·埃斯蒙德》及散文集《势利人脸谱》等。——译注

3 William Makepease Thackeray, *The Books of Snobs* (Garden City, N. Y., 1961), p. 29.

正如他们被重视一样。"通过对比所看到的，"诺伯特·伊莱亚斯写道，"是提升生活的乐趣。"[1]自负是一个重要概念。在复合平等条件下，关系模式将变得松散，并且不受等级和财产的控制；贵族的特殊乐趣将被废除；建立在这个或那个基础上的势利将是普遍可能的。但自负将仍然是一个相关概念。

但是，至于自尊，情况就不同了。这个差别在我们的语言中是界线分明的，但常常在当代哲学家的著作中被忽略。根据字典解释，自负是"对自己赞许的评价或观点"，而自尊是"对一个人自己的人格或地位的适当评价"。[2]其中第二种是一个规范概念，而第一种则不是，这依赖于我们对人和地位的道德理解。同样的差别并不在非自反模式中表现出来，只是尊重和尊敬而已。那些后面的术语都属于人际间的对比，但自尊属于另外的世界。荣誉概念，像"好名声"的概念一样，似乎属于这两个世界。我尊重我自己不是根据别人的看法，而是根据一个标准；同时，别的人可以以同样的标准判断我是否有权尊重我自己。

考虑一下我对学校教育的讨论中的一个例子。"服务于教育的需要，"R. H. 唐尼写道，"而不考虑阶级和收入等庸俗的不相干的东西，这是教师荣誉的一部分。"这里所求助的是某种对教师的普遍看法，是一种（含蓄的）职业标准。教师个体被假定为根据职业标准考虑他的荣誉；除非他的行为与职业标准相符合，否则他不应该尊重自己。而如果他的行为符合职业标准，他就应该尊重自己。下面的句子可以表达这种意义：

---

1 Norbert Elias, *The Civilizing Process: The History of Manners*（New York, 1978）, p. 210; Nozick, *Anarchy*, pp. 243—244.

2 参见 *Oxford English Dictionary*, s.v. "self-esteem", "self-respect"。David Sachs 是当代哲学家中少数就这个区别进行著述的人，见 "How to Distinguish Self-Respect from Self-Esteem", *Philosophy and Public Affairs* 10（Fall 1981）, 346—360。

有自尊心的医生都不会那样对待病人。

有自尊的工联主义者都不会同意那样一个合同。

利益攸关的是地位的尊严和拥有这个地位的人的正直。他不应该 274
为了一些个人好处而贬低自己；他不应该轻视自己；他不应该忍受如此这般的公开侮辱。而什么算得上是贬低、轻视和忍受侮辱要依赖于角色和工作的社会意义。对自尊的实质解释都不会同时也是一种普遍性的解释。

但完全可能的是，每个教师、医生和工联主义者都将拒绝贬低自己、轻视自己，等等，在他的每个行动中表达对他的人格和地位的适当敬意。适当敬意的规则当然可能会陷入争议，而且，争议可能产生竞争行为。但尊重自己不是一种竞争性实践。一旦我们知道规则是什么，我们就拿它来衡量我们自己；而已经测量的自我感觉（或其他人的感觉），虽然它可能会刺痛有些人的良心并使他不安，但不是他成功的障碍，而他的成功并不减少我自己的自尊。我想，一个人可能会在度量方面太过小心。自尊倾向于产生一本正经的人，就像自负倾向于产生势利小人一样。但一本正经的人夸大的价值，不像势利小人所夸大的那样，是可以分享的。自尊是我们所有的人都可以拥有的一种善——而且它仍然是很值得拥有的。

在一个等级制社会里，对每一个等级来说，有不同的规则和衡量标准。一个绅士可能会因为他的大片土地或他与一个大领主的近亲关系而珍视自己：这是自负，如果一个拥有更多的土地，或与一个更大的领主是近亲的人搬了过来，那么，他的这种自负就会立刻减少。或者，他珍视自己也许是因为他做到了某种标准的温文尔雅：这是自尊；尽管自尊可能会丧失，但我不认为它能减少。这两种自反模式都是微妙的，但自负与等级制度的联系更为紧密（甚至当较低等级在秘密酝酿反等级制情绪时也如此）。因此，我们整体上做出这样的假设：贵族和绅士比工匠、农奴和仆人享有更多的自负。但一涉及自尊，情况就又不同了，较低等级的人和较高等级的人都能牢固地抓住自尊，尽管他们衡量自己的标准是不同的。而且，他们的标准也不必然是不同的。奴隶哲学家爱比克泰德[1]用他的人性观念衡量他自己，并维护他的自尊。宗教普救说提供了类似的衡量标准，它对奴隶的吸引力无疑比对主人的吸引力更大，但对二者平等地提供救赎。但是，我在此更感兴趣的是等级制产生与每个等级相符的截然不同的自尊模型的方式：骄傲的贵族，诚实的工匠，忠实的仆人，等等。这些是传统的类型，它们用来支撑等
275 级制。尽管如此，我们仍然不能太草率地贬低这种自我概念，即使我们希望替换它们。因为它们在人类的道德生活中发挥了很大作用——在人类历史中，它发挥了比他们的哲学和宗教替代品更大的作用。

因此，自尊对于任何拥有某种对自己的“适当”尊严的理解和将它付诸实践的能力的人来说，都是存在的。自尊的标准因社会地位的不同而不同，在等级制中的等级间变化，就像它们在先生社会的不同职业间变化一样。但在后一种社会里，同时还有一种一般社会地位，以“先生”头衔命名（对男子来说）。在那里，什么样的标准是合适的呢？托克维尔建议说，这个问题与下面这个问题是相同的：做一个有自尊心的（或可敬的）人意味着什么？

> 关于荣耀的规定，在没有等级制度的国家总是少于其他国家。如果形成了难以发现一丝阶级差别的国家，那么，荣耀将被限制在少数规范当中，而这些规范将逐渐接近一般人性所接受的道德法则。[2]

---

1 爱比克泰德，古罗马新斯多葛派哲学家，奴隶出身的自由民，宣扬宿命论，认为只有意志属于个人，对命运只能忍受，其学说见于其门徒编纂的爱比克泰德《语录》和《手册》。——译注

2 Tocqueville, *Democracy in America*, p. 599.

但我认为，这个建议从阶级和国家太快地转到了“一般人性”上，我们事实上对做一个有自尊心的人可能意味着什么有某种想法——一个“人”，一个**受尊敬的人**，一个人类。但这个观念缺乏具体性和明确性。就它本身来看，它太模糊了，当它从角色、关系和社会实践中抽象出来时，就好像一般的道德。正是出于这个原因，“先生”这个头衔可以用于竞争性定义，并在一般竞争中开始以比一种最低地位高一点点的形象出现。挑战旧秩序的革命者并不自称“先生”，平等博爱也不是他们最直接的要求，相反，平等成员资格是他们最直接的要求。他们可能理解西蒙·威尔的主张，即“荣誉并非简单地就其本身而言是与一个人相联系的，而是从他的社会环境观点看的”。[1]他们更喜欢的头衔是“兄弟”、“公民”、“同志”。当然，这些词是用来描述有自尊心的人的，但它们同时也对这个描述给出了一个更明确的意义。

现在想象——拿这里面最容易的看——一个公民的社会，一个政治共同体。我认为，公民的自尊与等级制中各种自尊是相互矛盾的。有自尊心的仆人，知道他的地位并遵守其规范（当他的主人行为恶劣时，他仍然保持他的尊严），可能是一个有吸引力的人， 276
但他不可能成为一个好公民。仆人和公民属于不同的世界。在主仆世界里，公民资格是不可想象的；在公民世界里，人身服务是有损人格的。民主革命并不像再定义自尊那样进行再分配，如托克维尔所建议的，把它与唯一一套规范联系在一起。当然，做一个有自尊心的教师、医生、工联主义者——以及做一个有自尊心的清洁工、洗碗人、医院勤杂工，仍然是可能的；而这些职业角色可能提供最直接的自尊经验。但这种经验现在在某种意义上是与一个人影响和控制公职与别人一起干工作（和过日子）的能力相联系的。因此：

1　Weil, *Need for Roots*, p. 19.

> 任何有自尊心的公民都无法忍受在国家官员（或社团官员、老板、上司、工头）那里得到的待遇。

民主公民资格是一种与每一种等级制都完全脱离的地位。只有一种对全体公民适用的适度尊重的标准，旨在取得一种奋发有为版本公民资格的男人们和女人们——他们告诉我们说我们应该放弃每一种个人享乐，像卢梭所说的那样“飞奔向公共集会”[1]——更像一本正经的人而非势利小人。他们试图使公民们衡量自己和彼此衡量的标准变得严格。但它是设定自尊标准的民主实践的内在最低标准。而随着这些标准在市民社会里广为传播，他们使一种不依靠任何特定社会地位的自尊成为可能，这种自尊与一个人在共同体中的一般地位以及一个人对自己的感觉相联系，不是简单地作为一个人，而是作为一个在如此这般的环境中给人深刻印象的人，一个完整的平等的成员，一个积极的参与者。[2]

公民资格的经验要求优先承认每个人都是公民——一种简单承认的公开形式。这可能是“平等尊重”这个短语的意义。我们还可以赋予这个短语某种积极内容：每个公民都有同样的法律和政治权利，每个人的选票是以同样的方式计算的，在法庭上我的话与你的话有同样的分量。但是，所有这些都不构成自尊的必要条件，因为法庭上和政治领域中的实质不平等在大多数民主国家都持续存在，而在民主国家，公民们仍然能够尊重他们自己。必要的是公民资格思想在一些承认彼此的头衔并提供这个头衔能够表现的社会空间的群体中得到共享。类似地，把行医作为一个职业和把工联
277 主义当作一种义务的思想必须在能够产生有自尊心的医生和工联

1 Jean-Jacques Rousseau, *The Social Contract*, book III, chap. 15, in *Social Contract and Discourses*, p. 93.

2 见罗尔斯对这些问题的讨论——尽管是在“自负”的标题下进行的（*Theory of Justice*, p. 234）。

主义者之前就被一群人共同分享。或者，更强有力地说，“为了在职业生活中得到满足的荣誉的需要，每种职业（必须）有某种相关物，它们——高贵、英雄主义、正直、慷慨和鲜花以及职业迸发出的天才——能够使人们保持鲜活的记忆”。[1]自尊不能成为一种特质；它不是一种意志上的事。在任何实质意义上，它是成员资格的一个函数，尽管总是一种复合函数，依赖于成员间的平等尊重。再一次地，尽管现在是随着人们的密切合作而非竞争，“他们在承认自己的同时也彼此承认了”。

因此，自尊要求某种与成员团体的实质联系，与支持职业荣誉、阶级团结、公民权利的运动相联系，或与较大共同体相联系，在这个较大共同体中，这些思想已经或多或少建立起来了。那就是为什么开除出运动或驱逐出共同体之所以是一种严厉惩罚的原因。它既攻击荣誉的外部形式，又攻击荣誉的自反形式。延长的失业和贫困是有相似威胁的：它们代表着一种经济放逐，一种我们憎恨说任何人应得的惩罚。福利国家是一种避免这种惩罚、尽量涵盖被驱逐者、保证成员资格有效性的努力，[2]但甚至它以可能最好的方式这么做时，在没有贬低任何人的情况下满足人们的需要时，它也并不保证自尊；它只帮助使它成为可能。这可能是分配正义的最深层目的。当所有的社会善，从成员资格到政治权力，出于正当理由予以分配时，自尊的环境就可能是建立得最好的时候。但仍然会有忍受着自尊匮乏的男人们和女人们。

为了享受自负，我们可能不得不使我们确信（即便这种手段是欺骗我们自己）我们需要它，而没有我们朋友们哪怕一点点帮助，我们就不能那么做。但我们是自己案件的法官；我们尽自己所能在

---

1 Weil, *Need for Roots*, p. 20.

2 见罗伯特·雷恩的论点，即在维系“自负”方面，工作比政治更重要。见 Robert Lane, “Government and Self-Esteem” , *Political Theory* 10 (February 1982): 13。

陪审团中安插我们的人，在任何可能的时候伪造判决。对于这种情况，没有人有负罪感；这种审判太有人情味了。但自尊使我们更接近真实的情况；它比霍布斯式的竞赛更近似于公共荣誉和不名誉系统。现在良心是法庭，而良心是一种共享的知识，一种对公共标准
278 的内化接受。这些标准没有那么高；我们被要求做兄弟和公民，而不是做圣徒和英雄。但我们不能忽视这些标准，而且我们不能篡改判决。我们的确符合标准，或者我们不符合标准。符合标准并不是在这个事业或那个事业中取得成功，当然也不是相对成功和成功的名誉。它毋宁说是一种在共同体中昂首挺胸（这与趾高气扬完全不同）的存在方式。

为了享受自尊的乐趣，我们必须相信我们自己有能力达到标准，而且，我们必须接受构成符合标准或不符合标准的行为的责任。因此，自尊依赖于一种我将称之为“自制”(self-possession)的更深层次的价值，不是控制一个人身体的所有权，而是对一个人性格、品质和行为的所有权。公民资格是自制的一种模式。我们对自己负有责任，而且，我们的公民同胞们对我们负有责任。从这种相互负责中产生了自尊的可能性和公共荣誉的可能性。但是，这二者并不总是相伴发生的。如果我认为自己被错误地羞辱了，那么，我可以保留我的自尊。而且，我还可以通过体面地接受不名誉、通过“坦白”我自己的行为而保留我的自尊。不名誉的首先是宣称不负责任，拒绝自制。并不是有自尊心的公民们从来没有不履行公民资格的义务，而毋宁说是他承认他没能履行义务，知道他自己有能力履行他的义务，并继续履行义务。自负是帕斯卡尔所说的“借来的”品质；我们生活在其他人的观点里。[1]自尊是我们自己的品质，是一种知识而非观点，认同而非相对地位。这是马克·安东尼的诗句的最深刻的意义：

1 Pascal, *Pensées*, nos. 145, 306.

……要是我失去了我的荣誉，
就是失去了我自己。[1]

有自尊心的公民是一个自主的人。我的意思并不是说在世界上自主；我不知道那将包括什么。他在他的共同体中是自主的，一个自由的负责任的人，一个参与的成员。我认为他是正义理论的一个理想对象。他在**这里**像在家里一样无拘无束，而且他知道自己的位置；他“自己（在自己的领域中）为治，而非在别处为治”，并且，他并不“期望统治整个世界”。他是暴君的真正反对者，而暴君往往利用他的高贵出身，或者财富、官职，甚至他的名声要求他们不曾获得也没有权利获得的其他物品。柏拉图用心理学术语把暴君刻画成一个被激情控制的人。[2]用我所描述的道德经济方面的术语说，暴君是一个利用一种起主宰作用的善来控制他周围的男男女女的 279
人。他不满足于自制；相反，通过金钱和权力，他仍然把他人占为己有。“我是丑的，但我能给自己买到最美的女人。可见，我并不丑，因为丑的作用……被货币化为乌有了。……我是一个邪恶的、不诚实的、没有良心的、没有头脑的人，可是货币是受尊敬的，所以，它的持有者也受尊敬。”[3]我并不想说一个有自尊的邪恶的人决不会追求这种荣誉——尽管一个类似的观念可能藏在某种对人类厌恶的骄傲背后。更普遍地讲，有自尊的公民将不会追求他不可能体面地拥有的东西。

但他无疑将会从霍布斯式竞赛（他并不是一个中途退出者）的其他赛跑者那里寻求承认，从他的同胞公民那里寻求公共荣誉。这些是值得拥有的好东西、社会诸善，而自尊不是它们的替代品。我

---

1 William Shakespeare, *Antony and Cleopatra*, III: 4.

2 Plato, *The Republic,* IX. 571—576.

3 Karl Marx, *Economic and Philosophical Manuscripts*, in *Early Writings, trans. T. B. Bottomore*（London, 1963）, p. 191.

们可以不必像抛弃动机（motion）的相对性那样废除价值的相对性。但是，我应该想到，自尊将会引导一个人只要求自由给予的承认和他的同辈人的诚实判决。在这个意义上，它是一种承认复合平等的道德意义的途径。而我们可以反过来假定复合平等的经验将会孕
280 育——尽管它决不可能保证——自尊。

第十二章
政治权力

主权与有限政府

我应该从主权、政治命令、权威决策——现代国家的观念基础——开始。主权决不会穷尽权力领域，但它的确把我们的注意力集中在权力可以采取的最重要和最危险的形式上。因为权力不单纯是男人们和女人们所追求的一种善；作为**国家权力**，它也是管理所有不同追求——包括对权力本身的追求在内——的手段。它是分配正义至关重要的机构；它警戒着每一种社会善在其中得以分配和配置的领域的边界。因此就同时出现了两个要求，即权力必须维系和权力必须受到约束：权力必须被动员、被分割、被制衡。政治权力保护我们不受暴政统治……而它本身却是残暴的。正是因为这两个原因，对于权力，人们朝思暮想，同时也无休止地争夺。

许多争斗是非官方的，我们（普通公民）通过日常生活的偶然冲突保卫或努力奋斗以修改各种分配领域的边界。我们试图阻止非法越界；我们提出指控，组织抗议，有时候甚至尝试在良好的民主国家中可以被称为“公民逮捕”（citizen’s arrest）的行动。但由于缺乏革命，我们在所有这些情况下的最终诉求对象仍然是国家的权力。

我们的政治统治者，主权的代理人，有大量工作要做（和不做）。在他们的职务能力中，他们在每个地方都是，而且他们不得不是积极
281 的。他们废除等级制头衔，确认英雄，支付起诉罪犯的费用——而且也为罪犯的辩护付费。他们警戒着国家与教会之间矗立的高墙。他们管理着父母的权威，提供民事婚姻，确定赡养费的给付。他们界定学校的管辖权并要求孩子们上课出勤。他们宣告和取消公共假日。他们决定军队如何征募。他们保证公务员考试和职业考试的公平。他们禁止非法交易，再分配财富，推动工会组织。他们确定公共供给的范围和特点。他们接受或拒绝成员资格的申请。最后，在他们的所有活动中，他们约束自己的权力，使自己服从于宪法的限制。

这些大约就是他们应该做的。表面上，他们代表着我们的利益，甚至是以我们的名义（在我们同意的情况下）行动的。但在大多数时间的大多数国家里，政治统治者的功能实际上是由丈夫和父亲、贵族家庭、学位持有者或资本家完成的。国家权力被财富、才能、血统或性别占有；而一旦它被这些东西占据，就很少受限制了。或者，国家权力本身是帝国主义的；它的代理人本身就是暴君。他们并不分配诸领域，而是破坏它们；他们并不捍卫社会意义，而是践踏它们。这是最明显的暴政形式，也是我们将讨论第一种情况。**暴君**这个词的直接含义是政治性的；它的贬损意义来自酋长和国王长达数世纪的压迫——而且，最近的是将军和独裁者的压迫。在人类大部分历史上，政治领域是建构在专制主义模式之上的，权力被唯一一个人垄断，他所有的精力都投入到使权力不仅控制边界，而且跨越边界在每个分配领域进行控制的活动中。

权力运用所受到的阻碍

正是因为这个原因，大量政治和智力能量都投入到限制权力转换、限制它的使用以及界定政治领域中受阻碍的交换等努力中。因

为，至少在理论上有钱买不到的东西，所以，就有主权代表者、国家官员所不能做的事。或者，更准确地说，在做那些事时，他们所行使的不是政治权力，恰当地说，只是暴力；他们赤裸裸地行动，没有权威。暴力是权力违反其社会意义的运用。它通常这样运用的事实不应该使我们看不到它的暴政特征。托马斯·霍布斯这位伟大的 282
主权权力的哲学捍卫者，争论说暴政只不过是遭人憎恶的主权。[1]只要我们承认"令人憎恶"不是特殊的，而是对创造和栖息于一种特定政治文化的男人们和女人们来说很普通的，那么，霍布斯的说法就是不正确的；它来自人们对主权是什么和它的用途是什么的共同理解。这种理解常常是复杂的、差别细微的，在许多方面是有争议的。但它可以以一个清单的形式提出来，就像受阻碍的交换一样。在今天的美国，这个清单大致是这样的：

1. 主权并不延及奴役；国家官员不能逮捕他们的国民（同时也是他们的同胞公民），强迫他们服役、监禁或杀死他们——除非根据国民们自己同意的或他们的代表同意的程序并根据来自人们对刑事司法、兵役等的共识而这么做。

2. 监护和通婚的封建权利主要由专制主义国王把持，处于国家法律和道德能力之外。它的官员不能控制他们国民的婚姻或干涉他们的个人关系和家庭关系，或规定家庭对孩子的抚养；[2]这些官员也不能调查和把持他们的个人影响力或在他们家里驻扎地方军队——除非根据相关程序，等等。

3. 国家官员不能违反人们对罪行和清白的共识，腐蚀刑事司法系统，把惩罚变成一种政治压迫的手段，或者使用残忍的不寻常的惩罚。（类似地，他们也受人们对神志健全与精神错乱的共识约束，并被要求尊敬精神病治疗的意义和目的。）

---

1 Thomas Hobbes, *Leviathan*, part II, chap. 19.

2 对酋长和君主监护权的讨论，见 Lucy Mair, *Marriage*（New York, 1972）, pp. 76—77。

4. 国家官员不能出售政治权力或拍卖特定的决定；他们也不能用他们的权力增进他们家族的利益或把政府公职分配给亲属或“亲信”。

5. 所有国民/公民在法律面前一律平等，因此，国家官员不能歧视种族、民族或宗教团体，甚至不能贬低或羞辱人（除非这是一个刑事审判的结果）；他们也不能把任何人从任何公共供给物品的分配中排除出去。

6. 私有财产不能无故被征税和没收，而国家官员不能干预货币和商品领域的自由交换和礼物赠予，一旦那个领域被正确划定出来的话。

7. 国家官员不能控制他们国民的宗教生活，或者试图以任何方
283 式管理神恩的分配——或者，为此原因而管理神职或教会的恩惠和鼓励。

8. 尽管国家官员可以通过立法规定课程，但他们不能干预课程的实际教学或限制教师的学术自由。

9. 国家官员不能管理或审查不仅在政治领域，而且在所有领域正在发生的对社会诸善的意义和恰当分配边界的争论。因此，他们必须保证言论自由、新闻自由、结社自由——一般的民事自由。

这些限制确定了国家和所有其他与主权权力相关的领域的边界。我们通常根据自由来思考限制条件，这不错，但它们也有强有力的平等主义结果。因为官员的专横不仅是对自由的一个威胁，而且也是对平等的一个公开侮辱：它挑战了地位并一律无视父母、教会成员、教师和学生、工人、专业人员、公职持有者、买卖双方和公民们的决定。它导致所有群体的男人和女人都屈从于一个拥有并行使国家权力的群体。因此，有限政府就像受阻的交换一样，是复合平等的一个重要手段。

知识 / 权力

但有限政府只告诉我们谁治理。它并不在政治领域内解决权力的分配。至少，在理论上，其限制条件应该得到世袭的国王、仁慈的专制君主、有田产的贵族、资本家执行委员会、官僚政权或革命先锋的尊重。事实上，有一个关于民主的谨慎观点：如果所有群体的所有成员都分享政治权力的话，不同的男人和女人群体最可能得到尊重。它是一个强有力的观点，在它的实质基础上，它与我们对权力是什么和它的用途是什么的共识是紧密相连的。但它不是造成或假装造成那种联系的唯一论点。在漫长的政治思想史中，有关权力的意义的最常见的主张在本质上是反民主的。我要仔细地考察一下那些主张。因为没有比这种社会善的拥有和使用更重要的其他社会善了。权力不是一种人们能够像守财奴面对他的金钱或普 284
通男女面对他们喜爱的财产那样私下里紧紧拥抱和羡慕的东西，权力只有行使起来才能给人带来乐趣；而当它被行使时，我们其余的人就被命令、监管、利用、帮助和伤害。现在，谁应该拥有并行使国家权力呢？

对于这个问题，只有两个内在于政治领域的答案：第一，权力应该由那些最知道如何使用权力的人拥有；第二，它应该由那些最直接承受其结果的人拥有，或至少由他们来控制。出身好和富有的人提出了（正确地说是）外部主张，这些主张与权力的社会意义不相连接。那就是为什么这两种群体有可能，如果他们能够的话，就知识达成一种或另一种观点——例如，假装对政治共同体的固定长远利益有一种特殊了解，这是一种暴发户家族或在国家中没有“赌注”的男女不可能达到的理解。神圣就职的主张，可能除了在那些所有权威都被认为是来自上帝的馈赠的信徒共同体中之外，也是一种外部论点。甚至在这种场合，人们也通常说，当上帝选择了他的俗世代表后，他也赋予他们治理他们的同胞的必要知识：因此，握有神授君权的国王假装对“国家之谜”有独到见解，而清教圣徒系统地把内心灵光与政治领悟混淆起来。所有唯我独尊统治的论点，所有反民主的论点，如果它们是严肃的论点的话，都是来自专业知识的论点。

国家之舟

因此，权力与公职是相似的；而我们被要求来寻找合格的人选，依赖于选拔委员会而非政党、运动和公开辩论，通过现有成员的选择而非选举来选择政治统治者，但有一个更早的相似性更完美地抓住了来自专业知识的论点的本质：柏拉图把政治解释为**技艺**，一种与社会生活的普通专业化相类似的艺术或手艺，尽管它比社会生活的普通专业化难得多。[1]正如我们从一个精于制鞋的工匠那里买鞋一样，我们将从精于统治的工匠那里接受我们的法律。在这里，也
285 有“国家之谜”——这里的**谜**指支撑一种职业或商业的秘密（或至少不容易得到的）知识，就像在短语“技术与秘传诀窍”中，一种学徒契约的常见规则一样。但这些是可以通过训练或教育得到的，而非来自灵感的秘诀。在政治中，就像在制鞋、医药、航海等行业中一样，我们被怂恿着指望少数知道秘诀的人而非指望无知的多数。

考虑一下站在船舵旁引导航程的水手或航海家（英语governor一词来自希腊语“舵手”的拉丁语翻译）。我们应该选择谁去扮演这个角色呢？柏拉图设想了一艘民主之舟：

> 船上水手们都争吵着要当船长，都说自己有权掌舵，虽然他们从没学过航海术，都说不出自己在何时跟谁学过航海术。而且，他们还断言，航海术是根本无法教的，谁要是说可以教，

1　柏拉图观点的主要内容见 *The Republic*, I. 341—347, IV. 488—489; *Gorgias*, 503—508; *Protagoras*, 320—328。

他们就准备把他碎尸万段。

乘坐这艘船是危险的，原因有二：要求身体上的努力来控制船，这并没有明显的或确定的尽头；每个（暂时的）胜利者都可能是无能的。水手们不理解的是“真正的航海家必须注意年、季节、天空、星辰、风云，以及一切与航海有关的事情”。[1]国家之舟的情况与此相同。民主公民们都争吵着要控制政府，因此把自己扔到了危险中，而他们应该把政府交给那个拥有“属于”权利行使的专业知识的人。一旦我们理解了舵是什么，以及它的用途是什么，我们就能容易地转而描述理想的舵手；而一旦我们理解了政治权力是什么，以及它的用途是什么，我们就能容易地（像《理想国》中所说的）转而描述理想的统治者。

但是，实际上，我们对权力的意义思考得越深，我们就越可能拒绝柏拉图的类比。因为，我们只有在决定了要去哪里后，才会把我们委托给航海家；而这甚于设定特定的航程，是最好地阐明权力的行使的决定。“真正的类比，”如伦福特·班布罗在对柏拉图论点的一篇著名分析中所写的，“是在由一个政客选择的政策和由船主或船上的乘客做出的目的地选择之间的类比。”[2]舵手并不选择港口，他的**技艺**与乘客们所做的决定无关；而乘客们的决定与他们个人的或集体的目的有关，而与“年、季节、天空、星辰和风云”无关。当然， 286
在紧急事件中，他们将受“风暴来时不择港”这个格言引导，也因此受舵手关于最近港口位置的判断引导。但甚至在这样的情况下，如果选择是困难的，风险是难以估量的，那么，决定也要留给乘客们去做。而一旦风暴过去，他们无疑将要求把他们从必要的避难所送到

1　Plato, *The Republic,* VI. 488—489; trans. F. M. Cornford (New York, 1945), pp. 195—196.

2　Renford Bambrough, “Plato’s Political Analogies” , in *Philosophy, Politics, and Society*, ed. Peter Laslett (Oxford, 1967), p. 105.

他们的目的地去。

目的地和风险是政治所关注的，而权力只是处理这些问题的能力，不仅为自己，而且为别人。知识显然对解决问题是至关重要的，但它不是，也不可能是做决定本身。哲学的历史，柏拉图式的技艺，是关于悦人心意的目的地以及道德上和物质上可以接受的风险的争论。这些争论在某种程度上被呈现到公民面前；而只有公民们能够有某种权威解决它们。只要考虑的是政策，政客和舵手们需要知道的就是人民或乘客们所要求的。而使他们能够按那种知识行动的，是人民或乘客自己的授权。（鞋匠的情况是与此相同的：他们不能只因为他们知道如何修鞋子就可以不经我同意而修我的鞋子。）行使权力的关键资格不是对人类目标的某种特殊洞见，而是某些与特定的一群人的特殊关系。

当柏拉图为把权力分配给哲学家而辩护时，他宣称他是在解释权力的意义——或者，更好地说，是在通过对制鞋、行医、航海等的类比来解释权力的行使。但他显然不是在解释权力的一般意义，即他的同胞雅典人的政治共识。因为他们或者他们中的大多数人是民主实践的成员，必然相信伯里克利在他的葬礼演说上所宣告的和普罗泰哥拉在与冠他之名的与苏格拉底的对话中所争论的：统治包括选择目的，“公民美德领域的联合决定”；以及对此必要的知识是广为分享的。[1]“我们的普通公民，尽管忙于他们自己的事务，也仍然是公共事务的公正裁判者。”[2]更强有力地说，没有而且不可能有更好的裁判者了，因为权力的正当行使只不过是与公民意识或公民的公共精神相一致的城邦的方向。当然，对于特殊任务，必须找到知识

1 Plato, *Protagoras*, 322；参见 Eric A. Havelock 对这段话的翻译和讨论，*The Liberal Temper in Greek Politics*（New Haven, 1957），p. 169。

2 Thucydides, *History of the Peloponnesian War*, trans. Richard Crawley（London, 1910），p. 123（II. 40）.（译文参见《伯罗奔尼撒战争史》，徐松岩等译，广西师范大学出版社，2004 年。——译注）

特别渊博的人。因此,雅典人选举将军和公共医生——不是通过抽签来选择他们——就像他们在选择一个鞋匠或雇用一个航海家之前,要“货比三家”一样。但所有那些人都是公民们的代理人,而不是他们的统治者。287

惩戒机构

伯里克利和普罗泰哥拉清晰地说出了对权力的民主理解,通常集中在我所说的——现在谈论雅典人是时代错误——“主权”上:国家权力、公民权力、集体命令。这种意义上的权力是由公民们的决策能力,由他们的联合意志构成的。它产生法律和政策,而这只不过是权力的表达。但这些表达的有效性仍然是一个未决问题,而近代以来,人们越来越多地争论说,知识产生一种主权无法控制的权力。这是一种新形式的柏拉图式论点(而更经常的是带着一种不同的意图)的复活,柏拉图宣称熟悉技艺和秘诀的人应被授予权力;理性的男人和女人将向他们的权威鞠躬。今天,据说技术知识本身就构成一种超越和对抗主权的权力。我们所有的人实际上都向它鞠躬致敬,即便我们是民主公民并被认为分享国家的“法定权威”。关于福柯所说的“法律的阴暗面”,哲学最终获得了胜利——或者说科学和社会科学获得了胜利;而我们在军事战略、医药、精神病学、教育学、犯罪学等方面被专家所统治。[1]

当专家们证明自己正当时,他们用的是柏拉图式的论点,但他们并不要求统治国家(他们实际上不是柏拉图式的哲学家);他们满足于统治军队、医院、精神病院、学校和监狱。至于这些机构,其目的——或至少某种最低目的——似乎是给定的。因此,当代的专

1　Michel Foucault, *Discipline and Punishment: The Birth of the Prison*, trans. Alan Sheridan (New York, 1979), p. 223; 也参见 Foucault, *Power/Knowledge: selected Interviews and Other Writings, 1972—1977*, ed. Colin Gordon (New York, 1980), especially, nos. 5 and 6。

家就像船上的舵手一样，其目的地早就被决定了；即将发生的紧急情况可能要求对航程做出某种变更，这是由他们来掌握的。但军队、医院、监狱等有这种特殊性：它们的成员或居民，尽管有不同的原因，被禁止充分参与决策制定，甚至（或特别是）在出现紧急情况时也如此。决定不得不由一般公民代表他们做出，他们不如潜在的乘客那样像乘客，而且，他们不可能把大部分时间花到这项事业上。因此，专家的权力就特别大，非常像柏拉图的哲学王的权力，他们对国民就像教师对儿童，或用柏拉图的另一个类比说，像牧羊人对羊
288 群那样。

军队、医院、监狱和学校（福柯还把工厂包括在内，但工厂中的权力主张最终不是建立在知识基础上，而是建立在所有权基础上的，我将分别对它们进行论述）中的权力分配事实上与民主国家中所要求的权力分配是不同的。知识扮演着一种与众不同的角色；我们要求合格的人并通过寻找而非选举来发现他们。在寻找过程中，我们注重的是教育和经验这些类似于舵手掌握的季节、天空、星辰和风云这样的制度性东西。但无疑真实的是，受过教育和有经验的男人们和女人们部分地得到保护，不受外行的批评。他们的知识越深奥越神秘，如我在第五章中所论证的，规避批评的作用就越有效——这是对民主教育的强有力辩解，但其目的不是使所有公民都变成专家，而是划定专门技术的边界。如果特殊知识有利于权力，那么它也不导致无限制的权力。这里，权力的使用也受到阻碍，而这不仅来自我们建立军队、医院、监狱和学校的原因，而且来自我们对相关官员的正当行为的共同理解。

乘客们对目的地达成共识，这使舵手掌握他的船并为他能做什么设定了限制：他必须最终把船行驶到某某地点。类似地，我们对监狱的目的（以及惩罚的意义，法官、典狱官、狱警的社会角色）的理解为高墙内权力的行使设定了限制。我确信那些限制常常被违反。在最佳环境中，监狱是一个残忍的地方；其日常例行公事是残酷的，

典狱官和狱警常常试探着强化残酷性。有时候，当他们这么做时，他们表达了他们自己的恐惧；有时候——因为监禁罪犯的同一堵高墙为典狱官和狱警设定了自由——他们表达了一种特别刻毒的公职傲慢形式。不过，我们其余的人可以认识到这种对限制的违反。给定对监狱环境的一个事实解释，我们就可以说典狱官的行为是否越权了。而当囚犯声称典狱官确实那么做了时，他们诉诸的是主权和法律，而且最终是公民们的公民意识。典狱官的犯罪学专业知识不是对抗那种申诉的论据。

医院和学校的情况是一样的。病人和儿童特别容易受到一个声称——并没有错——代表他们，为了他们的利益，为他们自己（将来）好等理由的有能力的职业人员所行使的权力的伤害。而这种或那种医学学说或教育学技术可能要求一种苛刻的令人不安的纪律，一种表面上奇异的常规强化训练和对对象的严格控制。但是，这里 289
的限制也是由我们的坚定信念设定的，这个信念就是：治疗是治愈一个**人**（例如，它不像修机器），而教育是训练一个**公民**。要求病人同意的法律，或使学生可以得到学校履历的法律，就是实施这些信念的诸多努力。他们把职业男女约束在人们对他们的职业使命感的密切理解上。因此，科学和社会科学产生一种在特定机构环境中有用甚至必要的权力；但这种权力总是受到主权的限制，它本身是由更多有社会意义的知识产生和形成的。医生和教师（以及典狱官、甚至将军）是服从于公民们的“纪律”的。

（再一次地）他们大约应该这样做。一个体面的国家，其公民和官员会行动起来维系它的各种机构环境的完整性：确保它的监狱是收容罪犯的地方，而不是预防性拘留或做科学试验的地方；它的学校不像监狱；它的精神病院容纳（并照顾）精神上有病的人，而不是政治上不正常的人。相较而言，一个暴政国家将在它所有的机构里复制暴政。也许它把权力分配给了错误的人；更可能的是，它允许或实际上鼓励权力在它的领域外的使用。在我们生命的这个或那个时刻，我们所有的人都经历过对知识渊博的职业人员的服从；对于某个人的专业知识来说，我们都是门外汉。这不仅是因为或主要是因为政治缺陷——甚至在一个资本主义社会中，富有的公民们会是学生、病人、士兵、疯子和（尽管比别人更不常见）囚犯；它也并不必然导致权力的永久丧失。通常，这种经验有一个固定的持续期间和一个大家都知道的终点：毕业、复原，等等。而我们是受各种经验发生于其中的机构环境的自治保护的。不同环境下的情况是相似的，就像在福柯的“监狱连续体”中，所有有惩罚功能的机构看起来都像监狱一样，模糊了自由和平等的界线。国家官员自上而下协调也如此。模仿和协调使暴政统治以一种特别强烈的方式对日常生
290 活施加压力。[1]但专业知识本身不是残暴的。

财产/权力

所有权被恰当地理解为一种对物的权力。像政治权力一样，它是决定目的地和风险的能力——也就是说，把东西卖掉，或（在限制范围内）交换它们，以及持有并使用或滥用它们，自由决定它们的磨损成本。但所有权也带有不同种类和程度的控制人的权力。极端的例子是奴隶制，它远远超出了政治统治的一般形式。但是，我在此关注的不是对财产的实际占有，而只是对人的控制——由对物的占有实现；这是一种与国家对其国民行使的和惩戒机构对其囚犯的权力极其相似的权力。所有权也有缺乏服从的结果。人们彼此之间以及与制度之间各种影响方式反映着他们经济地位的瞬间不平等。例如，我拥有某某书，而你也想拥有它；我可以自由决定是卖给你，还是借给你，或者送给你，或者自己留着。我们组织一个工厂公社并得出结论说某某技能并不适合他拥有成员资格。在竞争

1 Foucault, *Discipline and Punishment*, pp. 293—308.

医院管理者职位时，你把你的支持者聚集起来击败我。在对一个城市合同的激烈竞标中，他们的公司把我们的公司挤了出来。这些都是短暂的遭遇战，我看不出有什么办法可以避免它们，除非通过一种政治安排系统地用恩格斯曾说过的“对物的管理”来取代男人们和女人们的遭遇战——这毕竟是对货币和商品领域正常事件的粗略反应。但主权所承担的，以及所有权有时（在其领域外）获得的，是对别人的目的地和风险的持续不变的控制；而这是一件更严重的事。

准确地指出财产的自由使用在什么时候变成了权力的行使并不容易。这里既有难以解决的问题，也有许多政治和学术争议。[1]两个更进一步的例子（文学中常常出现的那种）将说明一些问题。

1. 由于被市场失败困扰，我们决定关闭或搬迁我们合作共有的工厂，由此对当地商人造成了相当的伤害。我们对这些商人行使了权力吗？我认为，以任何持久的方式看，我们没有，尽管我们的决定可能对他们的生活有严重影响。我们当然没有控制他们对我们所创造的新环境（而新环境也并不完全是我们的创造：我们并没有决 291
定在市场中失败）的反应。尽管如此，考虑到我们对民主政治的义务，可以争论说我们应该在决策时把这些商人考虑进去。包容是中世纪格言，却被现代民主人士所钟爱：**涉及大家的事应该由大家一起决定**（What touches all should be decided by all）。而一旦我们开始用一个特定的决定把我们涉及的或影响到的人都包括进来，而不是被这个决定影响其日常生活的那些人的话，就很难知道包容范围应当止于何处。可能接受这些工厂的各个城镇的商人无疑也应该被考虑在内，还有所有那些生活康宁受所有商人影响的人也应该被考虑进来。因此，权力就从地方协会和共同体中流失并越来越扎

1　有益的讨论见 Steven Lukes, *Power: A Radical View*（London, 1974）; 以及 William E. Connolly, *The Terms of Political Discourse*（Lexington, Mass., 1974）, chap. 3。

根于包括所有受影响的人在内的一个协会，即国家（而且最终，如果我们追求“涉及”逻辑的话，那就是一个世界国家）当中了。但这个论点只说明，影响别人不能成为分配包容权的一个充足基础。它并不等于在相关政治意义上行使权力。

相较而言，国家重新部署其官僚机构内一个行政区域职位的决定如果被质疑的话，必须通过政治过程进行。这些是公共职位，由公共资金支薪，提供公共服务，因此，这个决定显然是对那些交税并且依靠公共服务的男女们行使权力。一个私人公司，无论是个人所有的还是集体所有的，却与此不同。它与它的消费者之间的关系更像短暂的遭遇战。如果我们试图控制这些关系，例如，坚持每一个部署或重新部署的决定都必须通过政治过程进行，那么，货币与商品领域以及与其相连的其参与者的自由实际上就消灭了。所有这些尝试都超出了（有限）政府的合法范围。但如果我们的工厂是城镇唯一的，或者是迄今最大的工厂的话，情况又如何呢？如果是这样，我们关闭或搬迁工厂的决定就可能有灾难性的影响；而在任何真正的民主国家里，政治当局都不得不在民众的压力下介入。他们可能寻求改变市场环境（例如，通过资助这个工厂），或者他们可能会出钱买下我们的全部产权，或者他们可能寻找某种吸引新企业到该城镇的办法。[1]但是，这些选择与其说是分配正义，倒不如说是一种政治上的谨慎。

2. 我们运营的工厂污染了工厂所坐落的城镇的大部分地区的空气，因此危及城镇居民的健康。我们把风险日复一日地强加到我
292 们的公民同胞身上，并且，出于技术和商业原因，我们决定着所强加的风险的程度。但强加风险，或者至少就这种风险而言，恰恰是在这个短语的政治意义上行使权力。此时，代表选民利益的政府机构

1　这方面的例子请参见 Martin Carnoy and Derek Shearer, *Economic Democracy: The Challenge of the 1980s*（White Plains, N. Y., 1980）, pp. 360—361。

将不得不介入其中，捍卫其选民的健康，或代表其选民坚持他们有决定风险程度的权力。[1]但是，甚至在这里，各种政府机构都不会以一种持久的方式使自己卷入工厂的决策中。它们只不过会限定或重新限定工厂做出决策的范围。如果我们（工厂公社的成员）能够制止它们这么做——例如通过威胁搬迁——并因此保留污染的无限权力的话，那么，把我们称作暴君就是有意义的。我们所行使的权力就是在违背人们对权力是什么和权力如何分配的普遍（民主）共识。如果我们的目标不是维持我们的利润率而是努力使工厂在经济上应付自如，那么，情况会有什么两样吗？我不敢确定；也许我们无论如何都必须告知地方当局我们的财政状况，或者接受他们对可接受风险的看法。[2]

这些是难解决的例子，第二种比第一种更甚；我在此并不试图找到对它们的详细解决方案。在一个民主社会里，货币和商品领域的边界可能能够在这两种例子中大致划出来以便涵盖第一种而不包括第二种。但是，我通过假定一个合作共有的工厂基本上简化了我对这些例子的解释；现在，我需要以较长的篇幅思考更常见的私人所有权例子。这时，工厂中的工人们就不再是得到许可做一系列决策的经济代理人了，而只有工厂的所有者是那种经济代理人了；工人则像城镇居民一样，受到工厂失败及其污染的威胁。但或多或少严肃地说，他们不仅仅是“被涉及的人”。与城镇居民不同，他们是造成影响的企业的参与者；他们受工厂规则的约束。所有权构成

1　我们应该依赖市场和法院行为而非行政或立法行为的论证，见 Robert Nozick, *Anarchy, State, and Utopia*（New York, 1974），pp. 79—81；案例研究参见 Matthew Crenson, *The Unpolitics of Air Pollution: A Study of Non-Decisionmaking in Cities*（Baltimore, 1971）。

2　一种可能更进一步的复杂结构，见 Connolly 对威胁和预言的论述，*Political Discourse*, pp. 95—96。

了一种“私人政府”，工人是它的臣民。[1]因此，我必须像早些时候讨论工资决定那样，再次讨论一下经济代理人的特征。

私人政府的经典环境是封建制度，在这种制度下，土地产权被
293 认为赋予土地所有者对生活在其土地上的男女——并且不得离开该土地——有直接惩戒（司法和管制）权。这些人不是奴隶，但他们也不是佃户。最好叫他们“臣民”；他们的地主也是他们的统治者，向他们征税，甚至把他们征募到他的私人军队中。经过多年的地方抵抗、王室扩张和革命活动，地产和王国之间、财产和政体之间的清晰边界才得以划定。直到1789年，封建权利的形式结构才被废弃，地主的惩戒权才被有效社会化。税收、判决和征募，所有这些都在我们所理解的财产的含义之外。如马克思所言，国家从经济中解放出来了。[2]所有权的权利范围被重新界定，以便排除某种被认为只能由作为一个整体的政治共同体来做出的决策。这种重新界定确定了如今社会生活得以组织的关键的分界线。一方面是被称为“政治的”活动，包括对目的地和风险的控制；另一方面是被称为“经济的”活动，包括货币和商品的交换。尽管这个分界线影响了我们对这两个领域的理解，但它自己并不决定在它们内部发生的事情。事实上，私人政府在后封建经济中仍然存在。资本主义所有权仍然产

1　有一个有关私人政府的扩展性文献，主要是当代政治学者（正确地）向新领域延伸的研究。一个极好的开端，见 Grant McConnell, *Private Power and American Democracy*（New York, 1966）。但我认为决定性的文字是唐尼在1912年写的：“我想阐明的是，雇用、统治别人的人与受雇的人数之间的范围。他对他们有管辖权。他所占据的实际上是一个公共职位。他有权力，不是使人入狱和受绞刑的权力……而是使人加班或轻松上班，使人吃饱饭或饿肚子，使人健康或生病的权力。谁拥有这种权力、他怎样有资格使用这个权力、国家如何控制他的自由……这是对今天的普通百姓真正有意义的问题。”见 *R. H. Tawney's Commonplace Book*, ed. J. M. Winter and D. M. Joslin（Cambridge, england, 1972）, pp. 34—35。

2　Karl Marx, “On the Jewish Question”, in *Early Writings*, trans. T. B. Bottomore（London, 1963）, pp. 12—13.

生政治权力，这种权力如果不是在受阻的交换至少对财产的合法使用规定了限制条件的市场中，那就是在其工作似乎要求一种特定纪律的工厂内。谁为谁规定纪律？这是所有者对非所有者规定纪律的资本主义经济的一个核心特征。

我们通常被告知，使这种安排合理的是所有权所需冒的风险和企业家的热情、创造性以及经济公司得以成立、维持和扩张的资本投资。然而，封建财产是建立在武装力量基础上的，通过剑的权力（尽管它也是交换和继承来的）来维持和扩张，资本主义财产依赖于本质上非强制性和非政治性的活动形式。现代工厂与封建庄园不同，是因为男人们和女人们自愿到工厂中做工，他们被工厂主提供的工资、工作条件、未来前途等吸引，而庄园的工人是农奴，是他们贵族领主的囚犯。所有这些至少有时是足够真实的，但它们并没有令人满意地把财产权利从政治权力中划分出来。因为我刚才对公司和工厂所说的可能对城市和城镇也适用，如果并不总是适用于国家的话。它们也是被企业家式的精力、事业心和所承担的风险创造出来的；而且，它们也通过提供有吸引力的居住场所来招募和控制自由来往的公民。但是，我们应该对任何声称对一个城市或城镇拥 294
有所有权的主张感到不舒服，也会对把所有权作为城市或城镇内部政治权力的一个可接受基础感到不安。我认为，如果我们更进一步地思考为什么会这样，我们就应该得出结论：它在公司和工厂中也不应该是可接受的。我们所需要的是一个关于资本主义企业主的故事，这个企业主同时也是一个政治奠基人，他试图在他的财产基础上建立他的权力。

例子：伊利诺伊州的普尔曼

乔治·普尔曼（George Pullman）是美国19世纪后期最成功的企业家之一。他的带卧铺、餐厅和会客车厢的火车使火车旅行比以前舒服很多，只不过稍微贵了一些；而正是在这种度的差异上，普尔曼建立了一个公司并发达起来。当他决定建立一个工厂群并在它们周围建立一个城镇时，他坚持说这只是另一个商业冒险。但他显然有更大的期望：他梦想一个没有政治或经济动荡的共同体——高兴的工人们和没有罢工的工厂。[1]因此，他显然属于伟大传统的政治奠基人，即便不像雅典的梭伦，他并没有颁布他的计划后就动身前往埃及，而是继续停留下来经营他所设计的城镇。如果他拥有这个城镇，他还会干别的吗？

位于伊利诺伊州凯略美湖（Lake Calumet）畔的普尔曼镇，约4000英亩，是以80万美元的价格（分别通过75宗交易）购得的。这个城镇建立于1880年，实际上是按照一个统一的设计在两年内完工的。普尔曼（所有者）并不只是建了工厂和宿舍，如此前的马萨诸塞州的洛威尔（Lowell, Massachusetts）那样，他还建造了大约够七八千人居住的私人住宅、成排房屋和出租房、商店和办公室（带有精巧的拱廊）、学校、马厩、运动场、市场、宾馆、图书馆、剧院，甚至还有一座教堂：一句话，一座现代城镇，一个有计划的共同体。而它的每一片瓦都属于他。

> 一个到了普尔曼镇的陌生人，预订了由普尔曼先生的一个雇员经营的宾馆，参观了一个所有服务员都为普尔曼先生工作的剧院，他喝的水和用的煤气都是普尔曼先生的水、气工厂提
295 供的，他从普尔曼先生的车马出租所租了他外出用的全套装备，参观了普尔曼先生的雇员们的孩子接受他的另一些雇员们教育的学校，得到了在普尔曼先生的银行交费的帐单，除了与普尔曼先生进行交易，他买不到任何东西。在夜间，他的安全由一个消防队警戒，而消防队的每一个成员，从上到下，都听从

1 Stanley Buder, *Pullman: An Experiment in Industrial Order and Community Planning, 1880—1930* (New York, 1967).

普尔曼先生的调遣。[1]

这个说明来自《纽约太阳报》(*New York Sun*)的一篇文章(这个模范城吸引了大量关注),除了对学校的描述外,它完全是准确的。实际上,普尔曼的学校至少名义上是由海德公园镇区选出的校董会经营的。这个城镇同时也受库克县和伊利诺伊州的政治管辖。但它没有市政府。当一个来访记者问他如何"统治"普尔曼的人民时,普尔曼先生回答道:"我们统治他们的方式和一个人管理他的房子、他的商店或他的工厂的方式一样。这总起来说够简单的了。"[2]在他的观念里,政府是一种财产权;而不管社论中的"我们",这是一种独自拥有和独自行使的权利。在他的城镇中,普尔曼是一个独裁者。他对城镇的居民应该如何生活有一种强烈的观念,并且,他从不怀疑他把那种观念付诸实施的权利。我应该强调,他所关注的是人们的外观和行为,而不是他们的信仰。"任何人在迁入(普尔曼)之前都无需同意任何一套理念。"但是,一旦到了那里,他们就被要求按一种特定的方式生活。新来的人可能被看到"躺在门阶上,丈夫只穿着衬衫,叼着烟斗,他那不整洁的妻子穿着织补的衣服,只穿半截衣服的孩子们在他们身边玩耍"。人们不久就意识到,这种事是不可接受的。如果他们不修正他们的行为方式,"公司巡视员就会来访并以罚款相威胁"。[3]

普尔曼拒绝出售房屋和土地——以便维持"城镇设计的和睦",大概还有他对居民的控制。居住在普尔曼镇的每个人都是普尔曼(乔治)的房客。房屋翻新是严格控制的;租约终止只要提前十天通知即可。普尔曼甚至拒绝同意天主教和瑞典路德教会信徒建造他

1　Buder, *Pullman*, pp. 98—99.

2　Ibid., p. 107.

3　Ibid., p. 95. 也参见 William M. Carwardine, *The Pullman Strike*, intro. Virgil J. Vogel (Chicago, 1973), chaps. 8, 9, 10。

们自己的教堂，不是因为他反对他们的信仰（他们得到允许，可以租房子），而是因为他的城镇观念只提倡一座辉煌的教堂，其租金只有长老会才负担得起。出于某些不同的原因，尽管对秩序有着相似的热情，酒精饮料只有在城镇唯一的宾馆中一个相当金碧辉煌的酒吧
296 才能买到，而普通工人在那里是不可能感到舒服的。

我已经强调了普尔曼的独裁；我同样也要强调他的善行。他所提供的住房比1880年代美国工人一般所能得到的住房好得多；租金也不是不合理的（他的利润率实际上很低）；住房不断得到修缮，等等。但关键一点是，所有决定，不论是不是善意的，都由一个人做出，他既是统治者，又是主人，不是由他所治理的人们选出的。理查德·伊力于1885年参观了这个城镇，写了一篇文章发表在《哈珀月刊》（*Harper's Monthly*）上，他称它为“非美国的——仁慈的、好心肠的封建主义”。[1]但这种描述并不十分准确，因为普尔曼镇的男女来去是完全自由的。他们也同样可以自由地生活在城镇外面并坐通勤车到前往工厂工作，尽管在艰难时期，普尔曼的房客们显然是最后才被解雇的。这些房客最好被看作一个资本主义企业的臣民，而这个资本主义企业只不过把自己从制造业扩展到了房地产上，并在城镇中复制了工厂的纪律而已。这又有什么错呢？

我的意思是：这个问题是修辞学意义上的，但清楚地说出它的答案可能是有价值的。普尔曼的居民们是客工，而这是与民主政治不相容的。乔治·普尔曼为自己雇用了一种外侨人口，因为在这个政治共同体中，自尊是与公民资格紧密相连的，有关目的和风险的决策，甚至（或者特别）是地方目的和风险，被认为是由公民分担的。因此，他更像一个独裁者，而非一个封建地主；他是用暴力统治的。他的巡视员对城镇居民的骚扰是侵入性的和残暴的，在其他地方是几乎不可能存在的。

---

1 Richard Ely, quoted in Buder, *Pullman*, p. 103.

伊力争论说，普尔曼对城镇的所有权使它的居民变成了不如美国公民的某种东西："一个人感觉到他与一个非独立的、奴性的民族混合生活在一起。"显然，伊力并没有抓住1894年大罢工或罢工工人们的勇气和纪律的征兆。[1]他所写的文章只是针对城镇的早期历史；也许人们在敢于反对普尔曼的权力之前需要时间安顿下来，并学着彼此信任。但当他们确实举行罢工时，他们就是既反对他的工厂权力，又反对他的城镇权力了。事实上，普尔曼的工头比他的代理人和巡视员更暴虐。研究这个模范城镇所复制的纪律而只谴责它的一部分似乎是奇怪的。但这是当时常见的共识。当伊利诺伊州高级法院于1898年命令普尔曼公司（乔治·普尔曼在此前一年逝世）放弃并非用于制造目的的所有财产时，法院认为，一个城镇的所有权而非公司的所有权，"是与我们制度的理论和精神不相符 297
的"。[2]城镇应该被民主地治理——不是因为所有权使居民们变得有奴性，而是因为所有权迫使他们为作为美国公民早就拥有的权利而斗争。

无疑，工厂中争取权利的斗争是一种较新的斗争，如果只是因为工厂是比城市和城镇更新的机构的话。但是，我想要说的是，考虑到政治权力，民主分配不能驻足在工厂门口。深层的原则对这两种机构是相同的。这种认同是劳工运动的道德基础——而不是"商业工联主义"的道德基础，商业工联主义的道德基础是另外一种，但它是走向工业民主的每一步所需的道德基础。它并不沿循这些要求工厂不能被拥有的主张，封建主义的反对者也不能说土地不能被拥有。甚至可以想见的是，一个（小）城镇的所有居民可以向同一个地主支付租金而非敬意。所有这些例子中的问题不是财产的存在，而是财产的衍推。民主所要求的是财产不应该有政治流通性，它不

1 Ely, Ibid.; see also Carwardine, *Pullman Strike*, chap. 4.

2 Carwardine, *Pullman Strike*, p. xxxiii.

应该转换成诸如主权、权威命令，以及对男人们和女人们的持久控制之类的东西。至少在1894年以后，大多数观察者似乎都同意普尔曼对城镇的所有权是不民主的。但他对公司的所有权有所不同吗？这二者非比寻常的并列导致了一种绝妙的对比。

制造普尔曼的卧铺、餐车和会议车厢所需的企业家眼光、精力、创造性等并没有什么特别的不同之处，因为这些品质同样用到了城镇的建造上。这事实上是普尔曼引以为豪的事情：他"成功地用于铁路旅行的'系统'现在也适用于解决劳工和住房问题。"[1]而如果这种应用在一种情况下并不导致政治权力，它在另一种情况下又为什么应该导致政治权力呢？[2]

二者的不同也不是因为公司中的私人投资。普尔曼也向城镇投资，而并没有因此要求统治城镇居民的权利。这对于购买市政公
298 债的男人们和女人们来说，是同样的：他们并不因购买公债而拥有市政当局。除非他们在城镇中生活并投票，否则，他们甚至不能参与关于如何花他们的钱的决策。他们没有政治权利，而居民们的确拥有这种权利，无论他们是不是投资者。似乎没有理由不在经济协会中做同样的区分，并把投资者从参与者中区分出来，这是政治权力的公正回报。

最后，工厂和城镇不是不同的，因为男人们和女人们自愿到工厂做工，并对工厂的规章制度有足够的了解。他们也是自愿到城镇中生活的，在这两种情况下，除非他们在其中有经验，否则，他们对规章制度是不会有足够的了解的。无论如何，即便预先知道规则，

1 Buder, *Pullman*, p. 44.

2 但也许是普尔曼的专门技术而非他的眼光、精力等使他的独裁统治合理化。也许工厂应该被纳入惩戒机构并被科学的经营者管理。但同样的论证可以用于城镇。事实上，职业经理常常被城镇议会雇用；但是，他们服从于民选议员的权威。工厂经理，尽管常常是无效率地，服从于所有者的权威。因此，问题仍然是：为什么是所有者而非工人（或他们选举出来的代表）呢？

居住也并不构成对专制规则的同意；而即时离开也不是表示反对的唯一途径。实际上，还有一些可能合理违反最后这些命题的社团。例如，一个人，参加了一个要求无条件服从的修道会，他似乎是在选择一种生活方式，而非一个生活场所（或工作场所）。我们不应该给予他适当的尊敬，如果我们拒绝承认他的选择的效力的话。它的目的和它的道德结果恰恰是使他的上级的决策权威化，他不能在没有退出使权威成为可能的公共生活之前就退出这个权威当局。但同样的事情可以用于加入一个公司或开始在一个工厂中工作的男人或女人。在这里，公共生活并不是包容一切的，而且，它并不要求对权威无条件地接受。我们只有在假定新来的工人没有寻求政治服从的情况下才尊敬他。当然，就像他知道他会遇到一样，他会遇到工头和公司监督人员；而情况可能是，企业的成功要求他的服从，就像一个城市或城镇的成功要求公民服从公共官员一样。但在这两种情况下，我们都不会说（虽然我们可能会对初级僧侣如此说）：如果你不喜欢这些官员和他们下达的命令，你随时可以离开。重要的是：除了离开，还有别的选择，并且，这些选择与官员的任命和他们所执行的规章制度的制定是相联系的。

其他种类的组织产生了更为困难的问题。让我们来考虑马克思在《资本论》第3卷里说明共产主义工厂中权威的本质所使用的一个例子。他写道，合作劳动要求“一种指挥的意志”，并且，他把这种意志与乐团的指挥相比较。[1]指挥主持着声音的和谐，马克思似乎认为，指挥同时也主持着乐师的和谐。这是一种令人烦扰的对比，因为指挥常常是暴君。他们的意志应该是命令性的吗？也许应 299
该是，因为一个乐团必须表达出关于其所演奏的音乐的唯一一种演

1　Karl Marx, *Capital*（New York, 1967）, vol. III, pp. 383, 386. 列宁重复了这个论点，建议“乐团指挥适度的领导”是共产主义权威的一个例子；见“The Immediate Task of the Soviet Government”, in *Selected Works*（New York, n. D.）, vol. VII, p. 342。

绎。但工厂中的工作模式更容易协商。也不是说一个乐团的成员必须在他们共享的生活的方方面面都服从乐团指挥。他们可以在乐团事务中有相当的发言权，即便在演奏时他们接受了指挥的命令性意志。

但一个乐团的成员，像工厂的工人一样，尽管他们在一起度过大量的时间，但他们并不生活在一起。可能政治和经济之间的界线与居住和工作之间的区别是相关的。普尔曼把二者合到了一起，使居民和工人服从同一规则。如果居民自我统治而只有工人服从于财产权力的话，一切就足够了吗？如果居民是公民而工人是外侨呢？当然，居民的自我统治通常被认为是第一重要的事，那就是为什么一个地主对他的佃户们的权力比一个工厂主对他的工人们的权力小的原因。男人们和女人们必须集体控制他们生活的地方，以便确保他们在自己家中的安全。**一个人的家就是他的城堡**。我将假定这个古老的格言表达了一种真实的道德命令。但这个格言所要求的与其说是政治上的自我统治，倒不如说是对家庭领域的法律保护——不仅不受经济干预，而且不受政治干预。我们需要一个撤退、休息、隐私和（有时候）孤独的空间。正如一个男爵退回他的城堡反刍公众的冷落那样，我退回我的家。但政治共同体不是一个沉思场所的集合，或者不仅是这样一个集合。它也是一项共同事业，一个我们对公共利益进行争论的公共场所，是我们对目标进行决策和对可接受的风险进行辩论的场所。所有这些在普尔曼的模范城镇中都消失了，直到美国铁路工会为工人和（同时也是）居民提供了一个论坛为止。

从这个角度看，一个经济企业非常像一个城镇，即使——或部分地因为——它不像一个家。它不是一个休息和隐私的场所，而是一个合作行动的场所。它不是一个退归的场所，而是一个决策的场所。如果地主拥有政治权力可能是对家庭的侵犯，那么，工厂主拥有政治权力就可能是对个人的强制。可以想见，这些情况中的第一种比第二种更糟糕，但这种对比并不是用根本方法区别二者；它只是把他们分级而已。侵犯和强制一样通过更深刻的现实成为可能——公共企业的强夺，集体决策的替换都是通过财产权力实现的。而对此而言，没有一种标准的正当理由是充分的。普尔曼通过主张像统治他所拥有的工厂那样统治他所拥有的城镇而把他们的 300
弱点暴露无遗。事实上，这两种统治彼此是类似的，而它们二者与我们通常所理解的专制统治是相似的。强加罚款的权利用于税收工作；驱逐房客或解雇工人的权利用于（某些）惩罚工作。规则是由任命的官员而非选举出来的官员不经公共辩论而发布和实施的。没有确定的司法程序，没有合法的反对形式，没有参与渠道，甚至没有抗议渠道。如果这种事对城镇来说是错误的，那么，它对公司和工厂来说也是错误的。

现在，设想普尔曼或他的继承人做出搬迁他们的工厂/城镇的决策。支付了初始投资后，他们在别处看到了更富饶的土地；或者，他们被一个新设计，一个模范城镇的更好模型吸引并想将之付诸实施。他们声称，由于工厂/城镇是他们自己的，因此决策由他们自己做出；居民和工人们没有什么发言权。但这如何能够是正当的呢？这无疑是在根除一个共同体，要求大规模移民，剥夺人们曾经居住多年的家；这些是政治行为，而且是一种相当极端的政治行为。这种决策是对权力的行使；如果城镇居民只是简单地服从，我们就会认为他们是没有自尊心的公民。而工人们呢？

工人们应该寻求什么样的政治安排呢？政治统治意味着一定程度的自治，但不清楚的是，这种自治在一个工厂或甚至在一群工厂中是否可能。一个城镇的公民也是该城镇提供的物品和服务的消费者；除了偶尔来的游客外，他们是唯一的消费者。但一个工厂里的工人是物品和服务的制造者；他们只不过有时候是消费者，而且，他们决不是唯一的消费者。此外，他们被锁定在与他们所供给的其他工厂和他们的产品所依赖的其他工厂间的密切关系中。私人业主通过市场彼此联系起来。从理论上讲，经济决策是非政治性的，是相互协调且无须政治干预的。只要这个理论是真实的，工人之间的合作就将简单地定位于市场关系网络中。但是，实际上，这个理论既遗漏了业主之间的勾结，也遗漏了他们要求国家官员支持的集体能力。现在，合适的替代是一种在国家和地方层面上都组织起来了的工业民主。但准确地说，权力如何能够分配得既考虑到必
301 要的自治，又考虑到公司和工厂间的实际联系呢？这个问题常常在有关工人控制的文学作品中提出并有各种各样的答案。我不想再次回答它，我的意思也并不是否认它的困难之处；我只是想坚持，一种工业民主中所要求的安排并不是与政治民主中所要求的那些安排完全不同的。除非它们是独立的国家，否则，城市和城镇决不会有完全的自治；它们甚至对自己为内部消费提供的物品和服务都没有绝对的权威。在今天的美国，我们使它们陷入一种联邦结构并规定它们在教育、刑事司法、环境使用等领域可以做什么。工厂和公司可以陷入类似的结构和遵守类似的规定（而且他们也可以被课税）。在一个发达经济体中，就像在一个发达政体中一样，不同的决策将被不同的群体在不同层次的组织中做出。在这两种情况下，权力的分立只部分地是一种原则问题，它也是一种由环境决定的权宜之事。

对于工厂和公司内部的章程安排来说，情况也是类似的。解决这些问题也会有许多困难；和在城市和城镇的历史中一样，也会有错误的起点和失败的试验。我们也不应该期望找到一种唯一适当的安排。直接民主、比例代表制、单一选区制、指定和独立代表制、两院制和一院制立法机构、城市管理人员、监管委员会、公营公司等表明政治决策是有组织的，并且将继续以许多不同的方式有组织地做出。重要的是我们知道它是政治性的，是权力的行使，而不是财产权的自由使用。

今天，有许多男人和女人主持着企业，他们的同胞公民们成百

上千地在这些企业中工作，而这些男人和女人指挥和控制着他们同胞的工作生活，而他们对自己的解释就像乔治·普尔曼对自己的解释一样。他们说，我管理这些人的方式与一个人管理他所拥有的东西的方式是一样的。说这种话的人错了。他们误解了所有权（以及基金、投资和冒险）的特权。他们要求了一种他们没有权利拥有的权力。

说这些并不是要否定企业活动的重要性。在公司和城镇中，我们寻找像普尔曼这样的人，充满精力和想法，愿意创新和冒险，能够组织大的工程项目。创造一个不产生这种人的体制是愚蠢的。如果他们只是在他们的城堡中沉思，那么，他们对我们来说就是没有用的。但他们所做的任何事都并不赋予他们一种统治我们其余的人的权利，除非他们能够赢得我们的同意。因此，在一个企业 302
发展的某个特定点上，它必须脱离企业家控制；它必须根据关于权力应该如何分配的主导（民主的）观念，以某种政治方式组织或再组织起来。人们常常说，如果经济企业家不希望拥有他们建立的公司的话，他们是不会自告奋勇的。但这就像是说如果一个人不希望继承拥有一座教堂或"神圣国度"的话，他就不会寻求神的恩宠或神学知识，或者没有人会建立他不想传给自己孩子的新医院或实验学校，或者没有人会赞助政治革新和改革，除非这种革新和改革可能使他拥有国家。但所有权不是政治或宗教生活的目标，还有吸引人的甚至有强烈吸引力的目标。事实上，如果普尔曼建立一个更好的城镇的话，他也许会赢得男人们和女人们有时认为是人类行为的最高目标的这种公共荣誉。如果他还想要权力，他应该竞选镇长。

民主公民资格

一旦我们把所有权、专门技术、宗教知识等放到了它们各自的合适位置上并确立它们的自治，在政治领域就没有民主的替代品了。唯一能够使非民主的政府形式合理的事是一个无差别的社会善观念——大致上是神权统治者和财阀统治者可能持有的那种。甚至一个似乎只依赖于暴力的军事政权，也必须提出一个更深层的主张：军事力量和政治权力实际上是一回事，男人们和女人们只能用威胁和身体上的强制来统治，因此，权力应该给最能干的士兵（即便它还没有被他们夺取）。这也是从专业知识中得出的一个论点；因为问题不是任何士兵都应该来统治，而是一个最知道如何组织他的军队和使用他的武器的士兵应该来统治。但如果我们在更狭义的意义上看待军事力量的话，就像柏拉图在使护卫者顺从于哲学家时做的那样，那么，我们就也能对军事统治设定限制条件。最好的士兵统治军队而非国家。类似地，如果我们在比柏拉图更狭义的意义上看待哲学的话，我们就会得出结论：哲学家尽管可以统治我们的思想，却不能统治我们的人。

公民们必须自治。“民主”是这个政府的名字，但这个词并不
303 描述任何像简单系统一样的东西；民主也不是像简单平等一样的东西。事实上，政府决不可能是简单平等主义的，因为在任何特定时刻，一些人或一些团体必须决定这个或那个问题，然后执行决策，而其他一些人或团体就必须接受决策并忍受决策的执行。民主是一种配置权力并使其使用合法化的途径——或更好地说，它是配置权力的**政治途径**。每一种外部理由都被排除了。真正重要的是公民中的争论。民主为演讲、劝说和修辞技巧设立了奖金。理想状态下，提出最具说服力的论点——实际上说服了最大数量公民的论点——的公民就可以随心所欲。但他不能使用暴力，或用权势压人，或分配金钱；他必须讨论手边的问题，而所有其他的公民也必须讨论，或至少有机会讨论。但是，不只是包容性导致民主政府。同等重要的还有我们可以称之为理性的统治的东西。公民们步入论坛所依靠的只是他们的论点，所有非政治性的善都被排斥在外面：武器、金钱、头衔和学位。

根据霍布斯的看法，民主“只不过是一种雄辩家的贵族统治，有时候被一个暂时的雄辩家君主所打断罢了”。[1]霍布斯考虑的是雅典的公民大会和伯里克利。在现代条件下，一个人可能不得不注意更多的环境——委员会、政党干部会议、政党、利益集团，等等——然后是更多不同的修辞风格。伟大的雄辩家很久以前就丧失了他的统治地位。但霍布斯无疑是正确的，他坚持说单个公民重视在不同程度上分享政策的制定。他们中的一些人比其他人给人印象更深刻，影响力更大。事实上，如果这不是真的，如果所有公民在字面上都有同等的影响力，就很难看出人们能否达成明确的决定。如果公民们是为自己立法，那么，他们的论点就必须在某种程度上体现在一部**法律**中。尽管这个法律可能反映出大量妥协，它在其最后形式中也将更接近某些公民的愿望。一个完美的民主决策可能与那些在政治上最有技巧的公民们的愿望最为接近。民主政治是政客们的垄断物。 304

雅典的抽签制

避免这种垄断的一个办法就是用抽签来选择公职持有者。这是公职领域的简单平等，我已经讨论了它的一些现代版本。但暂时关注一下雅典例子是值得的，因为雅典的例子非常清楚地说明政治权力是如何逃脱这种平等的。这不是否定雅典民主给人深刻印象的平等主义。大量官员是用抽签选出并被赋予重要的公民责任的。他们事实上在被允许承担那些责任之前都要经受一种考试，但向他们提出的问题与向所有公民和所有职位提出的问题是相同的，其目的只是确信潜在的公职持有者是有良好地位的公民，他们已经履行了他们的政治职责和家庭职责。考试“在任何意义上都不是测验通

1　Thomas Hobbes, *The Elements of Law*, ed. Ferdinand Tönnies (2nd ed., New York, 1969), pp. 120—121 (part 2,chap. 2, para. 5).

过抽签选出担任公职的(个人)的能力的”。[1]人们假定,所有公民都拥有这种能力,而这个假定似乎被认为是正当的;总之,工作完成了,而且是有效地完成的,是由一个接一个随机选出的公民完成的。

但是,最重要的职位——那些要求具有最广泛自由裁量权的职位——不是以这种方式分配的。更重要的职位、法律和政策不是以这种方式选择的。从来没有人建议说每个公民都应该被允许用一般性抽签“提名”一项政策或起草一部法律。那对决定共同体的目标和风险来说,将似乎是一种不负责任的专断的程序。相反,公民大会就各种提议展开辩论;或者,毋宁说,雄辩家的贵族政府辩论它们,而大多数公民则倾听并投票。正确地讲,抽签分配管理权但并不分配政治权力。

民主国家中的政治权力是通过辩论和投票分配的。但投票本身难道不是一种按简单平等原则分配的权力吗?也许,它是一种权力,但缺乏决定目的地和风险的能力。这里有另一个简单平等原则如何使它所统治的物品贬值的例子。正如卢梭所争论的,一张选票代表1/n份主权。[2]在一个寡头政体中,那是一个相当可观的份额;在一个民主国家中,尤其在一个现代大众民主国家中,它事实上是一个非常小的份额。虽然如此,选票仍然是重要的,因为它既表明成员资格,又表明成员资格的具体意义。“一个公民/一张选票”与
305 福利领域的排除和降格规则,公职领域同等考虑原则,教育领域每个孩子都有一个学校位子的保证相比,是政治领域中的具有同等功能的东西,它是所有分配活动的基础,也是选择在其中得以做出的不可避免的框架。但仍然得做出选择;这些依靠的不只是选票,而是选票的积累——因此依赖于影响力、劝说、压力、讨价还价、组织,

1 *Aristotle and Xenophon on Democracy and Oligarchy*, trans. with commentary J. M. Moore (Berkeley, 1975), p. 292.

2 Jean-Jacques Rousseau, *The Social Contract*, trans. G. D. H. Cole (Newn York, 1950), p. 56 (book III, chap. 1).

等等。正是通过介入这样的活动，政客们无论是作为领袖还是作为中间人出现，都行使着政治权力。

政党和初选

权力“属于”说服力，因此，政客们不是暴君——只要他们的所及范围是适当有限的，他们的说服力不是由“金钱说话”或由对出身和血统的尊重构成的话。尽管如此，民主主义者总是对政客有所怀疑，长期以来，他们都在寻找某种方法以便使政治领域的简单平等更加有效。例如，我们可以为最有说服力的公民同胞设置障碍，限制他们介入一次讨论的次数或要求他们在会议上讲话，就像德谟斯提尼在海滩上练习演讲那样，嘴里含着鹅卵石。[1]或者，更合理地说，我们可以消灭所有会议并禁止政客们组织俱乐部和政党来制造他们的说服效果。这是卢梭之论点的意图，他争论说，公民们应该总是达成一个好决策，如果“公民们能够充分了解情况——彼此之间没有任何勾结”的话。因此，每个人都能“只用他自己的思想”思考。不给劝说或组织留下任何空间，不为演讲和委员会技巧设立奖金；这样，与雄辩家的贵族政府相反，一个真正的公民民主国家就形成了。[2]但谁会提供充分的信息呢？如果人们对什么信息是“充分的”有歧义的话，事情又会怎样呢？

实际上，政治是不可避免的；而政客也是不可避免的。即使我们彼此不讨论，有些人也必然会对我们所有的人说话，不仅提供事实和数据，而且还捍卫他们的立场。现代技术使这种事情成为可能，使单个的公民与政策决定和公职候选人之间直接联系或如同直接联系一样。因此，我们可以对关键问题组织按键式公民投票，公民们自己在他们的居室中看着电视，只与他们的配偶争论，手在他

1　Jane J. Mansbridge, *Beyond Adversary Democracy*（New York, 1980）, p. 247.

2　Rousseau, *Social Contract*, p. 27（book II, chap. 3）.

们各自的投票机上飞舞。我们还可以以同样的方式在国家范围内
306 组织任命和选举：电视辩论和即刻表决。这就像政治领域中的简单平等（当然，也有别的人在电视上争论）。但这是行使权力吗？相反，我倾向于说它只是腐蚀价值的又一个例子——一种错误的和最终可耻的分享决策的方法。

让我们来比较一下初选和政党代表大会这两种非常不同的选择总统候选人的方法。民主主义者和平等主义者迫切要求更多、更开放的初选（其中，选民们可以自由选择他们将参加的政党竞赛），然后要求地方的或全国的而非州的初选。在这里，再一次地，目的是使政党组织、政党领导集团、地位牢固的政客等的影响力最小化，并使单个公民的影响力最大化。第一种效果无疑达到了。一旦初选制确立，特别是一旦公开的初选制确立，州和地方组织就失去了控制力。候选人不是通过一种清晰的结构，而是通过大众传媒施加影响的。他并不与地方领袖谈判，不与政党核心小组谈话，不与现有的利益集团结盟，相反，在某种程度上，他在所有登记选民中一张一张地恳求选票而不考虑他们归属的政党和对该政党政纲的忠诚以及为该政党获胜而心甘情愿的工作。反过来，选民们只在电视屏幕上接触候选人，而不接触政治调解。投票被抽离了政党和讲坛背景；它更像冲动性购买，而非政治决策。

当今美国的一场初选运动就像一场突击队奇袭。候选人带着他的个人随从，还有一些附属专业人员、广告商、形象包装大师，袭击一个州，打一场短暂的小战役，迅速撤退，到另一个州重新开始这一套。任何地方联系都是不必要的；基层组织和地方显达的认可都是多余的。事情的整个过程对少数人来说是极度辛苦的，他们到处奔波；而各州的居民们只是看客，于是，不可思议地，主权公民选择他们所中意的人。相较而言，政党政治不是奇袭，而是一场长期的斗争。尽管不时被选举打断，它比一场初选运动的步伐更坚实；它要求承诺和忍耐。它在更多的时间里包容更多的人；但只有卷入其

中的人才做出关键的决定，选择政党的候选人并通过核心会议和大会设计它的讲坛。坐在家里的人就被排除在外。政党政治是一种 307
开会和争论，而参加会议和倾听争论是至关重要的；消极公民只在稍后才参加进来，不是来提名，而是在被提名的人中进行选择。

政党核心会议和大会与初选相比，通常被认为是不那么平等的，但这种观点不符合整个事实。更强烈的参与形式实际上缩短了领袖与追随者之间的距离，而他们服务于维持争论的集中性——没有这一点，政治平等很快就变成一种毫无意义的分配。在政党核心会议和大会上选出的候选人将几乎无疑比在初选中选出的候选人为更多人知晓。因为前者不像后者，他们将在没有化装的肉搏战中被人们看到；他们将为该行政区和选区工作，坚持立场，并以特定方式把自己奉献给特定的男人和女人。他们的胜利将是政党的胜利，而他们将以一种更像集体风格的方式行使权力，不是对他们的支持者们行使权力，而是与他们一起行使权力。核心会议和大会是塑造这种共同努力，把党内分裂的力量——显达、政党核心组织、各派系、起骨干作用的核心小组——凝聚到一起形成一个较大联盟进行谈判的关键场所。在最坏的情况下，这是一种地方老板（而不是初选制度所要求和造就的全国范围内的名人）政治；在最好的情况下，它是政党组织者、积极分子、好战分子的政治，他们开会、辩论问题、做交易。初选像选举：每个公民都是一个选民，而每个选民都是平等的。但所有选民们所做的就是……投票。核心会议和大会就像一般的政党：公民们带着他们所能聚集的权力而来，而权力的聚集把他们更深地卷入政治过程，而这是单纯的投票决不可能做到的。公民/选民对民主政治的生存是至关重要的；但公民/政客对民主政治的活力和完整性是至关重要的。

要求较强形式参与的论点是一种要求复合平等的论点。毫无疑问，参与可以是广泛分散的，实际上，例如在陪审团制度中就是这样。但即使陪审团是由抽签选出的，即使每个成员都有一票，而且是唯一的一票，这个制度的运作也更像核心会议和大会而非初选。陪审团议事室是又一个不平等行使权力的场所。一些成员比另一些成员有更多的修辞技巧、个人魅力、道德力量，或更倔强，而他们更可能决定判决。我们在这个意义上，即他们的领导能力并不依赖于他们的财富、出身甚或受教育的水平，可以把这种人看作“天生的领袖”，这是政治过程所固有的。如果陪审员彼此从不碰面和交谈，
308 而只是单纯地听取律师们的争论，用他们自己的思想思考，然后投票的话，天生的领袖就决不可能出现。较被动的陪审员的权力无疑将被这样一种程序增强；而至于判决是更好了还是更糟了，我就不知道了。但我怀疑整个陪审团制度是否会贬值，而单个的陪审员是否会不太珍视自己的作用。因为我们通常认为真理来自讨论——就像我们认为政策来自政治辩论的交锋一样。而分享讨论和辩论，即便是不平等的，也比为简单平等之目的而废除它们要好得多，要更令人满意。

民主要求平等的权利，而不是平等的权力。这里的权利是被保证有机会行使最低限度的权力（投票权）或试图行使较大的权力（演讲、集会和请愿权）。民主理论家们通常把好公民当作不断试图行使较大权力——尽管不必然为自己利益而这样做的人。他有原则、思想和计划，他和具有相似意向的男人们和女人们合作。同时，他发现自己与其他有自己的原则、思想和计划的男人和女人群体之间有着剧烈的，有时候痛苦的冲突。他可能喜欢这种冲突、政治生活这种“激烈争论”和公共行为的机会。[1]他的目标是获胜——行使**无敌的**权力。在追求这个目标时，他和他的朋友利用他们所能拥有的一切优势。他们充分利用自己的修辞技巧和组织能力；他们利用政党忠诚和对过往奋斗的记忆；他们寻求早已获得承认或公共荣誉的个人的认可。所有这些都是完全合法的（只要承认并不直接转变成

1 Hannah Arendt, *The Human Condition* (Chicago, 1958), p. 41.

政治权力：我们并不给我们所崇敬的人双倍选票或公共职位）。但是，因为我早已阐述过的理由，如果一些公民有能力赢得他们的政治斗争是因为他们个人是富有的，或他们有富有的支持者或在现任政府内有有权势的朋友和亲属的话，这将是不合法的。有一些不平等可以，而另一些不平等不可以在政治活动中利用。

甚至更重要的是，如果已经获胜的赢家使用他们的无敌权力剥夺失败一方的投票和参与权的话，也将是不合法的。他们可以正当地说：因为我们争论过并组织起来，而且说服了大会并进行了选举，所以我们应该统治你们。但这样说将是暴政的表现：我们应该统治 309
你们到永远。政治权利是永久的保证；它们支撑着一个没有终点的过程，是一场没有确定结论的争论。在民主政治中，所有的目的地都是暂时的。任何公民都不能宣称他已经一劳永逸地说服了他的同胞。一方面，总是有新公民；而老公民也有权重开争论——或加入他们以前放弃的争论中（或在边界线上不断找碴）。这就是复合平等在政治领域的意义：人们所分享的不是权力，而是得到权力的机会和场合。每个公民都是一个潜在的参与者，一个潜在的政客。

这种潜在性是公民自尊的必要条件。我早就对公民资格和自尊之间的联系做了一些论述，现在，我想对这个论证做个简要总结。公民尊重自己，当他的原则要求他这样做时，他有能力参加政治斗争，并且在追逐和行使权力的过程中能够与别人合作和竞争。而他也把自己当作不仅在政治领域，而且在其他分配领域能够抵抗他人侵权的人来尊重：因为抵抗本身就是一种行使权力的表现，而所有其他领域都得通过政治领域得到规约。权力的任意专断行使不会产生自尊；这就是按键式参与会导致道德上不令人满意的政治的原因。当他的机会到来时，公民必须是准备就绪和有能力与他的同胞商谈的，他听取同胞们的意见，而他的意见也被同胞们听取，并且，他为他所说的和所做的负责任。他们不仅在各州、城市和城镇，而且在权力行使的任何地方，也包括在公司和工厂，在工会、学院和各职业当中有准备、有能力行使权利。如果被永久性地剥夺了权力，无论是在国家层面还是在地方层面，他就也被剥夺了这个意义上的自我。因此，就有了阿克顿勋爵的格言的反面，20世纪的许多政客和作家们都认为："权力导致腐败，但缺乏权力导致绝对腐败。"[1]我认为，这是一种只有在民主背景下才可能得出的洞见，在民主背景下，潜在权力的意义可以被当作一种道德健康形式（而非一种政治颠覆威胁）。没有自尊的公民们梦想一种暴政式的复仇。

当今美国最常见的无权形式来自金钱在政治领域的统治。财产/权力无休止的精彩表演，富人政治成功的故事，在每个社会阶段都在上演或重现，随着时间的推移，有着一种深刻的渗透性的影响。
310 没有钱的公民们开始分享一种意义深远的信仰，即政治根本不给他们提供任何希望。这是他们从经验中习得并传给子孙的一种实践知识。随着这种知识而来的是被动、顺从和怨恨。[2]但再一次地，我们必须警惕，别把问题夸大化——从无权到丧失自尊再到对权力更加深刻的丧失，等等。因为反对金钱的统治，反对财富和权力的结合，可能是自尊在当代的最好表达。而组织斗争并推进斗争的政党和运动是在孕育有自尊心的公民的基础。斗争本身就是对无权的否定，是公民美德的实施。是什么使斗争成为可能的呢？汹涌的希望，也许是由一种社会或经济危机产生的；一种对政治权利的共享理解；一种隐藏在文化（不是每一种文化中都有）中走向民主的推动力。

但我不能说那个胜利是对自尊的保证。我们可以承认权利，我们可以分配权力或至少分配权力使用的时机，但我们不能保证权利和时机能够使自傲的行为成为可能。一旦我们打倒了每一个不正

1　首选的来源，根据 *Oxford Dictionary of Quotations*, 3rd ed.（1979），被认为是 Adlai Stevenson 提出的。

2　见 John Gaventa, *Power and Powerlessness: Quiesence and Rebellion in an Appalachian Valley*（Champaign, Ill., 1982）。

当的支配性，民主政治就成为一个确定的号召，它使人们在公共场合行动并知道自己是公民，有能力为自己和他人选择目的地和接受风险，也有能力巡查各分配领域的边界并维护一个公平的社会。但没有办法确保你或者我，或者任何人能够抓住机会。我认为，这是洛克的提议——任何人都不能被强迫获得救赎——的世俗版本。但公民资格与救赎不同，它确实依靠特定的公共安排，而这正是我所努力描述的。公民资格的统治，不像神的恩宠（或金钱、公职、教育、出身和血统）的统治，不是残暴的；相反，它是暴政的终结。 311

第十三章

暴政与公正的社会

正义的相对性与非相对性

对分配正义的最好解释是对它的各部分进行解释：社会诸善和各分配领域。但我现在想从整体上谈一谈：首先，看一看它的相对特征；其次，看一看它在我们自己的社会里采取的形式；最后，看一看这种形式的稳定性。这三点将结束我的论证。我在这里将不试图考虑诸善被公平分配的社会是否也是好社会这个问题。当然，正义比暴政好；但一个公平的社会是否比另一个公平的社会好，我没有办法说。对单纯**好的**社会诸善有一种特定的理解（然后是一种特定的分配）吗？这不是我在这本书里所要阐述的问题。作为一个单数的概念，善的理念并不控制我们关于正义的争论。

正义是与社会意义相关的。事实上，正义的相对性来自经典的非相对性定义，给每个人他应得的份额，就像我自己的提议一样，因为“内部”理由而分配物品。正如我试图说明的，这些是要求历史
312 实现的形式定义。我们不能说这个人或那个人应得的是什么，除非我们知道这些人是如何通过他们生产和分配的东西而彼此相联系的。直到有一个社会后，才可能有一个公正的社会；形容词**公正**并

不决定而只是修正它所描述的社会的实质生活。有无限多的可能生命，他们受无限多的可能文化、宗教、政治安排、地理条件等影响。如果一个社会是以某种特定方式——也就是说，以一种忠实于成员们共享知识的方式过实质生活的，那么，这个社会就是公正的。（当人们对社会诸善的意义有歧义时，当人们的认识相互矛盾时，正义要求社会忠实于这些歧义，为它们的表达、裁决机制和替代性分配提供制度渠道。）

在一个社会意义完整且分级的社会里，正义将成为不平等的帮手。让我们再考虑一下种姓制度，它以前是我用来检验理论一致性的。这里是对一个印度村庄谷物分配的详细阐释的摘要：

> 每个村民都参与谷堆的分配。没有讨价还价，没有对特殊服务的酬劳。没有会计帐目，虽然每个对村庄的生活做出贡献的人对村庄的产出都可以提出权利要求，而且全部产出是在村民当中轻松地成功地予以分配的。[1]

这是作为公社的村庄的一个理想化的但又不荒唐的图画。但如果每个人对公有谷堆都有一种权利要求的话，一些人的权利要求就会比别人的大，村民们的份额就会相当不平等；而这种不平等是与一长串其他不平等联系在一起的，它们都是被习惯法则和一种包罗万象的宗教教义证明为正当的。分配是公开的和“轻松地”做出的，因此，不难看出，不公正的攫取和获得不仅仅只针对谷物。例如，一个地主，他雇用劳动力来替代村里较低种姓成员的行为就侵犯了较低种姓成员们的权利。应用于这个共同体时，形容词**公正**就排除了

1　Walter C. Neale, “Reciprocity and Redistribution in the Indian Village: Sequel to Some Notable Discussions”, in *Trade and Market in the Early Empires*, ed. Karl Polanyi, Conrad M. Arensberg, and Harry W. Pearson (Chicago, 1971), p. 226.

所有这种对权利的侵犯。但它并不排除份额的不平等；它并不能要求违反成员们的共识而对村里的分配做出一种极端的重新设计。如果它这么要求，那么，正义本身就是残暴的。

但也许我们应该怀疑，支配着乡村生活的共识是否真正被村民
313 们共享。也许较低种姓的成员们甚至对那些只拿了他们“公正的”一份的地主们也感到愤怒（尽管他们压制着他们的感情）。如果情况确实如此，那么，找出导致他们愤怒的原则就是重要的。这些原则也必须在村里的正义中有一席之地；而如果它们在较低种姓中是广为人知的，它们在较高种姓中就是不为人知的（尽管可能是被压制的）。社会意义不必是和谐的；有时候它们只提供辩论分配的知识结构。但这是一个必要的结构。没有可以替代它的外部或一般原则。分配正义的每一种实质解释都是一种地方性解释。[1]

此时回到我在序言里搁在一边的一个问题上将是有益的：凭借什么特征，我们彼此是平等的？首先有一种特征是我论述的核心。我们（所有的人）都是文化的产物；我们创造并生活在有意义的社会里。由于没有办法按这些社会对社会诸善的理解来给这些社会分等和排序，我们就通过尊重男人们和女人们的具体创造来对实际中的男女实施正义。正义扎根于人们对地位、荣誉、工作以及构成一种共享生活方式的所有东西的不同理解。践踏这些不同的理解（常常）就是不公正地行动。

现在，假定印度村民们确实接受支撑种姓制度的教义。一个到这个村子的访客也许仍然试图使他们相信——这完全是一种可敬的行为——那些教义是错误的。例如，他可能争论说，男人们和女人们是生而平等的，他们无须跨越种种化身，而是在这个化身的

1　同时，如我在第一章中提出的，情况也可能是这样的，即某些内部原则，某些社会物品观念在许多，也许是所有人类社会中是重复的。这是一种经验之事。它不可能由我们自己当中的哲学争论决定——甚至也不会由我们自己的某种理想版本的哲学争论决定。

范围内是完全平等的。如果他成功了，许多新的分配原则将会出现（依赖于职业是如何被再定义得与人们的新理解相匹配的）。更简单地说，一个现代国家强加到种姓制度上的官僚制很快就引进了新的原则和区别的界线。宗教仪式的纯洁性不再与公职持有相整合了。国家工作的分配包括不同的标准；可以说，如果贱民被排除在外，我们就能开始——因为他们将开始——讨论不公平了。事实上，讨论有一种我们熟悉的形式，因为它包括（在今天的印度）对特定职位的保留，一些人把这种保留看作种姓制度的变种，另一些人把它看作 314
对种姓制度的必要救济。[1]而如何划定老种姓制度与新官僚制之间的界线恰恰会成为有争议的事，一旦官僚制处于合适位置上，就必须划出某种界线。

正如一个人能够描述一种符合正义（内部）标准的种姓制度一样，一个人同样能够描述一种符合正义（内部）标准的资本主义制度。但现在，这种描述将会变得更加复杂，因为社会意义不再以同样的方式整合了。如马克思在《资本论》第一卷中所言，情况可能是：剩余价值的创造和占有"对（劳动力的）买者来说是特别的好运，而对卖者来说也根本不是不公平的"。[2]但这绝不是资本主义社会中正义和非正义的全部故事。至关重要的还有：这种剩余价值是否可转换，它是否能在法院、教育系统或在公职和政治领域内购买特权。由于资本主义与社会诸善之间的显著分化并行发展并支持后者，所以，对买卖的任何解释、对自由交换的任何描述，都不可能解决正义问题。我们需要大量学习其他分配过程以及它们的相对自治或与市场的整合。资本在市场之外的统治使资本主义成为不公正的。

正义理论对差别是警觉的，对边界是敏感的。但是，并不能从

1　Harold R. Isaacs, *India's Ex-Untouchables*（New York, 1974）, chaps. 7and 8.

2　Karl Marx, *Capital*, ed. Frederick Engels（New York, 1967）, p. 194; 我沿用了 Alan W. Wood 的翻译和解释，见"The Marxian Critique of Justice", *Philosophy and Public Affairs* 1（1972）, 263ff。

这个理论得出结论说，如果社会更分化，那么，它们就更公正。正义只不过在这种社会里有更大的范围罢了，因为那里有更多不同的物品，更多分配原则，更多代理人，更多程序。而正义拥有的范围越大，复合平等就越有把握成为正义所采取的形式。暴政也有更大的范围。从外部看，从我们自己的观点看，印度的婆罗门非常像暴君——而如果他们的高地位得以建立的共识不再被人们分享的话，他们将的确成为暴君。但是，从内部看，事情本身因他们宗教仪式的纯洁性而变得很自然。他们并不需要为了享受全部范围的社会善而把自己变成暴君。或者，当他们的确把自己变成暴君时，他们只不过是利用了他们早就拥有的优势罢了。但当善是明确的，而分配诸领域是自治的，同样的享受就要求利用、阴谋和暴力。这是暴政的关键标志：一种对并非自然而来的东西的不断攫取，一种试图
315 在自己范围外进行统治的无情斗争。

最高形式的暴政，即现代极权主义，只有在高度分化的社会里才是可能的。因为极权主义是应该分离的社会诸善和生活领域的**一体化**和系统性调和，而其特殊的恐怖来自我们生活中的“应该”的力量。当代的暴君是无休止地忙碌的。如果他们想使他们的权力统治每一个角落，包括官僚系统和法院、市场和工厂、政党和工会、学校和教会、朋友和恋人之间、亲属和同胞公民之间，那么，就会有许多事情要做。极权主义产生新的和极端的不平等，但它可能是这些正义理论永远不可能帮助的不平等的一种补偿性特征。在这里，不公平呈现出一种完美，就像我们已经构想并创造出许多社会善并划定了它们的合适领域的边界以便煽动和扩大暴君的野心一样。但至少我们能够认清暴政。

20 世纪的正义

因此，作为暴政的对立面，正义说明了20世纪最令人恐惧的经

历。复合平等是极权主义的对立面：最大限度的分化反对最大限度的协调。对我们来说，此时此地，它使这种对立显得清晰，这正是复合平等的特殊价值。因为平等不可能成为我们政治的目标，除非我们能够以一种保护我们不受现代政治暴政和政党/国家统治伤害的途径描述它。因此，我需要关注这种保护是如何运作的。

当代平等主义政治的形式在反对资本主义和金钱的特殊暴政的斗争中有其根源。而在今天的美国，毫无疑问，最明显招致抵抗的是金钱的暴政：财产/权力，而非权力本身。但一个常见论点是：如果没有财产/权力，权力本身就太过危险了。我们被告知，无论何时，只要国家官员的权力不受金钱的权力制衡，他们就会成为暴君。因此，可以由此推导出：无论何时，只要财富不受强政府的制衡，资本家就会变成暴君。或者，在一个美国政治学的替代性隐喻中，政治权力和财富必须相互制约：由于一群群有抱负的男女从边 316
界的一边向前推，我们所需要的就是从另一边用力推的类似男女群体。约翰·肯尼思·加尔布雷斯把这个隐喻发展成一种“抗衡力量”(countervailing powers)理论。[1]还有一种与之不同的论点，根据这种论点，只有在资本主义大军在每个地方都无敌手的情况下，自由才能满足。但这个论点不可能是正确的，因为我们在禁止大量(甚至更多)可能的交换时，我们所捍卫的不仅仅是平等，而且还有自由。而等价理论在没有资格限制的情况下也不是正确的。当然，边界必须从边界两边来保卫。但是，财产/权力的问题是它早就代表了对边界的侵犯，对政治领域内土地的攫取。当富有的男人和女人不仅统治国家，而且统治公司和工厂时，财阀统治就成为一种既定事实。当这两种统治走到一起时，通常第一种服务于第二种的目的：第二种是至高无上的。因此，国民警卫队被召集来拯救地方权力以及农场主和经理们的真正政治基础。

---

1 John Kenneth Galbraith, *American Capitalism* (Boston, 1956), chap. 9.

尽管如此，金钱的暴政与那些在金钱/政治两分领域内都有根源的暴政相比，还不那么令人恐惧。当然，财阀统治没有极权主义那么令人恐惧；抵抗也没那么危险。这种差别的主要原因是金钱可以买到权力和影响力，就像它可以买到公职、教育、荣誉等，而并不从根本上协调各种分配领域，也并不消灭替代性过程和代理人。它腐蚀分配但又不使它变形；因此，腐败的分配与合法的分配并存，就像卖淫与结婚并存一样。但这仍然是暴政，它能够导致统治的苛刻形式。而如果这种情况下的抵抗与极权主义国家中的相比不那么英勇的话，它也并不是微不足道的。

抵抗将会在某个点上要求与财阀统治权力相匹配的政治权力的集中——因此，就有一场攫取或至少利用国家的运动或一个这样做的政党。而一旦财阀统治被击败，国家就会消亡吗？不会的，不是因为有革命领袖的承诺，也不是它应该如此。主权是政治生活的一个永久特征。关键问题总是与主权运作于其中的边界有关，而这些将依赖于教义的承诺、政治组织，以及成功的运动或政党的实践活动。这意味着运动必须在它的日常政治中承认分配诸领域的真正自治。一场反对财阀统治的政治运动，如果不尊重全部种类的社会诸
317 善和社会意义，就完全可能以暴政告终。但其他种类的运动是可能的。毕竟，面对金钱的统治，我们想要的是一个分配独立性的宣言。从理论上讲，运动和国家是独立性的代理人；而如果它们被牢固地掌握在有自尊心的公民手里的话，它们在实践上就的确会成为独立性的代理人。

大量事务依赖于公民，依赖于他们声称他们自己对各领域善的把握和捍卫他们自己对其意义的理解的能力。我并不想建议说没有可能使复合平等更容易一些（尽管它决不可能像种姓制度那样“容易”）的制度安排。我认为，我们自己社会中合适的制度安排是那些分权性民主社会主义的安排；一个强有力的福利国家，至少部分地是由地方和业余官员经营的；一个受约束的市场；一个开放

的非神秘化的公务员系统；独立的公立学校；分享艰苦工作和闲暇时间；保护宗教生活和家庭生活；一个不用考虑等级或阶级的公共荣誉和不名誉系统；工人们控制公司和工厂；一种由政党、运动、会议和公开辩论构成的政治。但除非这种制度由在其中感到无拘无束并时刻准备保卫这种制度的男人们和女人们所拥有，否则，这种制度就没有用。它要求一种艰辛的保卫——而在平等正在形成的过程中，保卫工作就开始了，这可能成为反对复合平等的一个论点。但这也是一个反对自由的论点。永久警戒是这两种情况的代价。

平等与社会变迁

如果我们能够用诸领域的和谐而非自治来描述复合平等的话，它看起来也许更安全。但社会意义和分配只有在这个方面才是和谐的：当我们理解为什么一种善有一种特定的形式并以一种特定的方式分配时，我们同时也理解为什么另一种善必然是不同的。但恰恰因为这些不同，边界冲突才是地方病（cendemic）。与不同领域相适应的原则并不彼此和谐；它们所产生的行为方式和感情也并不是和谐的。福利体系和市场，公职和家庭，学校和国家是在不同的原则基础上运作的：它们也应当如此。在一个单一文化内部，这些原则必须在某种程度上是彼此适应的；它们必然被不同的男人和女人 318
群体所理解。但这并不排除深层的紧张和奇怪的并列。古代中国是由君权神授的继承式皇帝和精英贵族统治的。为了解释这种共存关系，我们不得不讲述一个复杂的故事。一个共同体的文化是它的成员们所讲述的故事，以便使他们社会生活的所有不同片段都具有一定意义——而正义是区分这些片段的原理。在任何分化的社会中，正义只有在首先支持分离的情况下才会导致和谐。好的篱笆造就公正的社会。

我们不会知道恰好在哪里建起篱笆是合适的；它们没有天生

的位置。它们所区分的诸善是人造的；因为它们是被造出来的，所以它们也可以再度被造出来。因此，边界对于变换的社会意义来说是脆弱的，我们别无选择，只能忍受造成这些变换的持续不断的刺痛和侵袭。通常地，这些变换就像海洋变迁一样，是非常缓慢的，就像我在第三章中讲的那个有关中世纪和现代西方灵魂的救赎和身体的治疗的故事那样。但现实中的边界修订——当修订的时机到来时——可能是突然来临的，就像第二次世界大战后英国全国医疗服务制度的诞生一样：第一年，医生是专业人员和企业家；而第二年，他们就成了专业人员和公务员了。我们可以基于我们当前对社会诸善的理解绘制出那种修订的规划。正如我已经做的那样，我们可以把自己放在主流统治形式的对立面上。但我们不能期望意识的更深层变迁，在我们自己的社会里不能这样，当然在任何别的社会里也不能这样。社会领域总有一天会看起来与今天不同，而分配正义也将呈现出与我们时代不同的特征。永久警戒不是对永恒的保证。

但不太可能的是，我们（或我们的子女、孙子孙女）会经历大规模变迁，以至于质疑分化的事实和复合平等的论点。统治和支配的形式，即平等被否定的准确方式，也许会变。事实上，在今天的社会理论家中有一种常见观点，即教育和技术知识在现代社会中是日益增长的支配性的善，它正在取代资本并为一个新的知识分子统治阶级提供实践基础。[1]这个论点也许是错的，但它绝妙地说明了仍能保留诸善和社会意义的完整性的大规模转型的可能性。因为即使技术知识呈现出一种新的重要性，我们也没有理由认为它将仍然十分重要，以至于要求我们不必理会它现在还根本没有起作用的所有其
319 他分配过程——例如，在人们被允许入选陪审团或养育孩子、度假

1 例如，见 Alvin W. Gouldner, *The Future of Intellectuals and the Rise of the New Class*（New York, 1979）。

或参与政治生活之前让人们参加考试。知识的重要性也不会大到保证只有知识分子才可以赚钱或得到神的恩宠，或赢得同胞公民的尊敬的地步。我认为，我们可以假定社会变迁将保留不同的男女群体或多或少的完整性。

而这意味着复合平等将仍然是一种真实的可能性，即使平等的新的反对者取代了老的反对者。这种可能性，就所有实践目的而言，是永恒的……而对它的反对也是如此。一个平等主义社会的建立并不意味着争取平等的斗争的结束。我们可以期望的是，随着男人们和女人们学着忍受诸分配领域的自治并承认不同领域对不同人造成的不同结果造就一个公正的社会，这场斗争将变得较容易一些。有一种特定的心态支撑着正义理论，它应该被复合平等的经验所加强：我们可以把它看作对人类观点的一种得体尊重。不是这个人或那个人的观点，个人的观点可能应得到一种粗暴的反应：我的意思是，作为个人心智之反映的那些更深刻的观点也受个人思想影响，是构成我们日常生活的社会意义。对我们来说，而且对可预见的未来来说，这些观点造就自治的分配；而每一种支配形式因此也都是一种不尊重行为。为了反驳支配以及与其相伴的不平等，唯一必要的是关注利益攸关的善和人们对这些善的共享认识。当哲学家这么做时，当他们出于尊敬而写下他们与他们的同胞公民们分享的共识时，他们就是正当地追求正义，并且，他们增强了人们对正义的共同追求。

在《政治学》中，亚里士多德争论说，在一个民主国家里，正义要求公民们轮番为治。他们轮流互相统治。[1]那不可能是一个包括数亿公民的政治共同体的景象。像那样的东西也许对许多公民来说是可能的，不仅在国家中统治，而且在城市和城镇中，在公司和工厂中统治。但是，如果公民的人数既定而且生命短暂，即使有足

1　Aristotle, *The Politics*, 1283, trans. Ernest Barker（oxford, England, 1948）, p. 157.

够的意志和能力，每个人也没有足够的时间等到自己统治时候的
320 到来。如果我们单独考虑政治领域，不平等肯定会出现。政客、演
说家、激进主义分子和好战分子——我们可以期望他们受宪法约
束——将比我们其余的人行使更多的权力。但政治只是许多社会
活动领域中的一个（尽管它可能是最重要的）。一个较大的正义观
念要求的不是公民们轮番为治，而是他们在一个领域内统治，而在
另一个领域内被统治——在那里，“统治”的意思不是他们行使权
力，而是比别人享有对被分配的任何善的更大份额。公民们不能
被保证在每个地方都有“轮流”的机会。我认为，实际上他们在任
何地方都不会被保证有“轮流”的机会。但诸领域的自治与别的可
想见的安排相比，将造就对社会诸善的更大份额的分享。它将把
统治的满意度传播得更广；而且，它将明确今天总是充满争论的东
西——被统治和自我尊重的兼容。因为，没有支配的统治不会对我
们的尊严造成公开侮辱，不会否定我们的道德或政治能力。相互尊
重和一种达成共识的自尊是复合平等的深层力量，而它们二者合在
321 一起，则是复合平等可能的耐久性源泉。

索　引

（条目后的页码为英文本页码，即本书边码）

译后记

自柏拉图、亚里士多德以来，学界对正义的追问和探索从来没有停止过。当代国人对罗尔斯、诺齐克和德沃金有关正义的著作颇为熟悉，而对另一位当代著名政治哲学家——迈克尔·沃尔泽其人其著则甚为陌生。译林出版社购得沃尔泽教授的《正义诸领域》这部皇皇著作的版权，无论对我国学界，还是对改革实践中平等问题的把握都显得慧眼独具。因此，当彭刚先生请我这个政治学界的后辈翻译沃尔泽教授这本可以和《正义论》、《无政府、国家与乌托邦》交相辉映的著作时，我在欣喜的同时也对自己能否胜任有些担心。在近半年的翻译中，我用电子邮件向沃尔泽教授数次请教，教授热情回信并为本书的中文版写了序言。我在翻译过程中遇到的一些疑难幸得彭刚先生和杨雪冬先生指教，杨雪冬先生还认真仔细地校阅了我的译稿。卜志勇先生对译稿的打印排版给予了大力支持。在此，我谨对彭刚、杨雪冬和卜志勇三位先生表示真挚的谢意。

译文中的错译和不妥之处皆由本人负责，恳请读者不吝赐教。

褚松燕

2000年8月于北京八平居

人文与社会译丛

第一批书目

1.《政治自由主义》(增订版),[美]J. 罗尔斯著,万俊人译 118.00 元
2.《文化的解释》,[美]C. 格尔茨著,韩莉译 89.00 元
3.《技术与时间:1. 爱比米修斯的过失》,[法]B. 斯蒂格勒著,裴程译 62.00 元
4.《依附性积累与不发达》,[德]A. G. 弗兰克著,高铦等译 13.60 元
5.《身处欧美的波兰农民》,[美]F. 兹纳涅茨基、W. I. 托马斯著,张友云译 9.20 元
6.《现代性的后果》,[英]A. 吉登斯著,田禾译 45.00 元
7.《消费文化与后现代主义》,[英]M. 费瑟斯通著,刘精明译 14.20 元
8.《英国工人阶级的形成》(上、下册),[英]E. P. 汤普森著,钱乘旦等译 168.00 元
9.《知识人的社会角色》,[美]F. 兹纳涅茨基著,郏斌祥译 49.00 元

第二批书目

10.《文化生产:媒体与都市艺术》,[美]D. 克兰著,赵国新译 49.00 元
11.《现代社会中的法律》,[美]R. M. 昂格尔著,吴玉章等译 39.00 元
12.《后形而上学思想》,[德]J. 哈贝马斯著,曹卫东等译 58.00 元
13.《自由主义与正义的局限》,[美]M. 桑德尔著,万俊人等译 30.00 元

14.《临床医学的诞生》,[法]M. 福柯著,刘北成译 55.00 元
15.《农民的道义经济学》,[美]J. C. 斯科特著,程立显等译 42.00 元
16.《俄国思想家》,[英]I. 伯林著,彭淮栋译 35.00 元
17.《自我的根源:现代认同的形成》,[加]C. 泰勒著,韩震等译 128.00 元
18.《霍布斯的政治哲学》,[美]L. 施特劳斯著,申彤译 49.00 元
19.《现代性与大屠杀》,[英]Z. 鲍曼著,杨渝东等译 59.00 元

第三批书目

20.《新功能主义及其后》,[美]J. C. 亚历山大著,彭牧等译 15.80 元
21.《自由史论》,[英]J. 阿克顿著,胡传胜等译 89.00 元
22.《伯林谈话录》,[伊朗]R. 贾汉贝格鲁等著,杨祯钦译 48.00 元
23.《阶级斗争》,[法]R. 阿隆著,周以光译 13.50 元
24.《正义诸领域:为多元主义与平等一辩》,[美]M. 沃尔泽著,褚松燕等译 24.80 元
25.《大萧条的孩子们》,[美]G. H. 埃尔德著,田禾等译 27.30 元
26.《黑格尔》,[加]C. 泰勒著,张国清等译 135.00 元
27.《反潮流》,[英]I. 伯林著,冯克利译 48.00 元
28.《统治阶级》,[意]G. 莫斯卡著,贾鹤鹏译 98.00 元
29.《现代性的哲学话语》,[德]J. 哈贝马斯著,曹卫东等译 78.00 元

第四批书目

30.《自由论》(修订版),[英]I. 伯林著,胡传胜译 69.00 元
31.《保守主义》,[德]K. 曼海姆著,李朝晖、牟建君译 58.00 元
32.《科学的反革命》(修订版),[英]F. 哈耶克著,冯克利译 58.00 元

33.《实践感》,[法]P. 布迪厄著,蒋梓骅译 75.00元
34.《风险社会:新的现代性之路》,[德]U. 贝克著,张文杰等译 58.00元
35.《社会行动的结构》,[美]T. 帕森斯著,彭刚等译 80.00元
36.《个体的社会》,[德]N. 埃利亚斯著,翟三江、陆兴华译 15.30元
37.《传统的发明》,[英]E. 霍布斯鲍姆等著,顾杭、庞冠群译 68.00元
38.《关于马基雅维里的思考》,[美]L. 施特劳斯著,申彤译 78.00元
39.《追寻美德》,[美]A. 麦金太尔著,宋继杰译 68.00元

第五批书目

40.《现实感》,[英]I. 伯林著,潘荣荣、林茂译 30.00元
41.《启蒙的时代》,[英]I. 伯林著,孙尚扬、杨深译 35.00元
42.《元史学》,[美]H. 怀特著,陈新译 89.00元
43.《意识形态与现代文化》,[英]J. B. 汤普森著,高铦等译 68.00元
44.《美国大城市的死与生》,[加]J. 雅各布斯著,金衡山译 78.00元
45.《社会理论和社会结构》,[美]R. K. 默顿著,唐少杰等译 128.00元
46.《黑皮肤,白面具》,[法]F. 法农著,万冰译 58.00元
47.《德国的历史观》,[美]G. 伊格尔斯著,彭刚、顾杭译 58.00元
48.《全世界受苦的人》,[法]F. 法农著,万冰译 17.80元
49.《知识分子的鸦片》,[法]R. 阿隆著,吕一民、顾杭译 45.00元

第六批书目

50.《驯化君主》,[美]H. C. 曼斯菲尔德著,冯克利译 68.00元
51.《黑格尔导读》,[法]A. 科耶夫著,姜志辉译 98.00元
52.《象征交换与死亡》,[法]J. 波德里亚著,车槿山译 68.00元
53.《自由及其背叛》,[英]I. 伯林著,赵国新译 48.00元

54.《启蒙的三个批评者》,[英]I. 伯林著,马寅卯、郑想译　48.00 元
55.《运动中的力量》,[美]S. 塔罗著,吴庆宏译　23.50 元
56.《斗争的动力》,[美]D. 麦克亚当、S. 塔罗、C. 蒂利著,李义中等译　31.50 元
57.《善的脆弱性》,[美]M. 纳斯鲍姆著,徐向东、陆萌译　55.00 元
58.《弱者的武器》,[美]J. C. 斯科特著,郑广怀等译　82.00 元
59.《图绘》,[美]S. 弗里德曼著,陈丽译　49.00 元

第七批书目

60.《现代悲剧》,[英]R. 威廉斯著,丁尔苏译　45.00 元
61.《论革命》,[美]H. 阿伦特著,陈周旺译　59.00 元
62.《美国精神的封闭》,[美]A. 布卢姆著,战旭英译,冯克利校　68.00 元
63.《浪漫主义的根源》,[英]I. 伯林著,吕梁等译　49.00 元
64.《扭曲的人性之材》,[英]I. 伯林著,岳秀坤译　22.00 元
65.《民族主义思想与殖民地世界》,[美]P. 查特吉著,范慕尤、杨曦译　18.00 元
66.《现代性社会学》,[法]D. 马尔图切利著,姜志辉译　32.00 元
67.《社会政治理论的重构》,[美]R. J. 伯恩斯坦著,黄瑞祺译　72.00 元
68.《以色列与启示》,[美]E. 沃格林著,霍伟岸、叶颖译　128.00 元
69.《城邦的世界》,[美]E. 沃格林著,陈周旺译　85.00 元
70.《历史主义的兴起》,[德]F. 梅尼克著,陆月宏译　48.00 元

第八批书目

71.《环境与历史》,[英]W. 贝纳特、P. 科茨著,包茂红译　25.00 元
72.《人类与自然世界》,[英]K. 托马斯著,宋丽丽译　35.00 元

73.《卢梭问题》,[德]E. 卡西勒著,王春华译 39.00 元
74.《男性气概》,[美]H. C. 曼斯菲尔德著,刘玮译 28.00 元
75.《战争与和平的权利》,[美]R. 塔克著,罗炯等译 25.00 元
76.《谁统治美国》,[美]W. 多姆霍夫著,吕鹏、闻翔译 35.00 元
77.《健康与社会》,[法]M. 德吕勒著,王鲲译 35.00 元
78.《读柏拉图》,[德]T. A. 斯勒扎克著,程炜译 68.00 元
79.《苏联的心灵》,[英]I. 伯林著,潘永强、刘北成译 59.00 元
80.《个人印象》,[英]I. 伯林著,林振义、王洁译 35.00 元

第九批书目

81.《技术与时间:2. 迷失方向》,[法]B. 斯蒂格勒著,赵和平、印螺译 59.00 元
82.《抗争政治》,[美]C. 蒂利、S. 塔罗著,李义中译 28.00 元
83.《亚当·斯密的政治学》,[英]D. 温奇著,褚平译 21.00 元
84.《怀旧的未来》,[美]S. 博伊姆著,杨德友译 85.00 元
85.《妇女在经济发展中的角色》,[丹]E. 博斯拉普著,陈慧平译 30.00 元
86.《风景与认同》,[美]W. J. 达比著,张箭飞、赵红英译 68.00 元
87.《过去与未来之间》,[美]H. 阿伦特著,王寅丽、张立立译 58.00 元
88.《大西洋的跨越》,[美]D. T. 罗杰斯著,吴万伟译 108.00 元
89.《资本主义的新精神》,[法]L. 博尔坦斯基、E. 希亚佩洛著,高铦译 58.00 元
90.《比较的幽灵》,[美]B. 安德森著,甘会斌译 79.00 元

第十批书目

91.《灾异手记》,[美]E. 科尔伯特著,何恬译 25.00 元

92.《技术与时间:3. 电影的时间与存在之痛的问题》,
[法]B. 斯蒂格勒著,方尔平译 65.00 元
93.《马克思主义与历史学》,[英]S. H. 里格比著,吴英译 78.00 元
94.《学做工》,[英]P. 威利斯著,秘舒、凌旻华译 68.00 元
95.《哲学与治术:1572—1651》,[美]R. 塔克著,韩潮译 45.00 元
96.《认同伦理学》,[美]K. A. 阿皮亚著,张容南译 45.00 元
97.《风景与记忆》,[英]S. 沙玛著,胡淑陈、冯樨译 78.00 元
98.《马基雅维里时刻》,[英]J. G. A. 波考克著,冯克利、傅乾译 108.00 元
99.《未完的对话》,[英]I. 伯林、[波]B. P. -塞古尔斯卡著,
杨德友译 65.00 元
100.《后殖民理性批判》,[印]G. C. 斯皮瓦克著,严蓓雯译 79.00 元

第十一批书目

101.《现代社会想象》,[加]C. 泰勒著,林曼红译 45.00 元
102.《柏拉图与亚里士多德》,[美]E. 沃格林著,刘曙辉译 78.00 元
103.《论个体主义》,[法]L. 迪蒙著,桂裕芳译 30.00 元
104.《根本恶》,[美]R. J. 伯恩斯坦著,王钦、朱康译 78.00 元
105.《这受难的国度》,[美]D. G. 福斯特著,孙宏哲、张聚国译 39.00 元
106.《公民的激情》,[美]S. 克劳斯著,谭安奎译 49.00 元
107.《美国生活中的同化》,[美]M. M. 戈登著,马戎译 58.00 元
108.《风景与权力》,[美]W. J. T. 米切尔著,杨丽、万信琼译 78.00 元
109.《第二人称观点》,[美]S. 达沃尔著,章晟译 69.00 元
110.《性的起源》,[英] F. 达伯霍瓦拉著,杨朗译 85.00 元

第十二批书目

111.《希腊民主的问题》,[法]J. 罗米伊著,高煜译 48.00 元
112.《论人权》,[英]J. 格里芬著,徐向东、刘明译 75.00 元
113.《柏拉图的伦理学》,[英]T. 埃尔文著,陈玮、刘玮译 118.00 元
114.《自由主义与荣誉》,[美]S. 克劳斯著,林垚译 62.00 元
115.《法国大革命的文化起源》,[法]R. 夏蒂埃著,洪庆明译 38.00 元
116.《对知识的恐惧》,[美]P. 博格西昂著,刘鹏博译 38.00 元
117.《修辞术的诞生》,[英]R. 沃迪著,何博超译 48.00 元
118.《历史表现中的真理、意义和指称》,[荷]F. 安克斯密特著,周建漳译 58.00 元
119.《天下时代》,[美]E. 沃格林著,叶颖译 78.00 元
120.《求索秩序》,[美]E. 沃格林著,徐志跃译 48.00 元

第十三批书目

121.《美德伦理学》,[新西兰]R. 赫斯特豪斯著,李义天译 68.00 元
122.《同情的启蒙》,[美]M. 弗雷泽著,胡靖译 48.00 元
123.《图绘暹罗》,[美]T. 威尼差恭著,袁剑译 58.00 元
124.《道德的演化》,[新西兰]R. 乔伊斯著,刘鹏博、黄素珍译 65.00 元
125.《大屠杀与集体记忆》,[美]P. 诺维克著,王志华译 78.00 元
126.《帝国之眼》,[美]M. L. 普拉特著,方杰、方宸译 68.00 元
127.《帝国之河》,[美]D. 沃斯特著,侯深译 76.00 元
128.《从道德到美德》,[美]M. 斯洛特著,周亮译 58.00 元
129.《源自动机的道德》,[美]M. 斯洛特著,韩辰锴译 58.00 元
130.《理解海德格尔:范式的转变》,[美]T. 希恩著,邓定译 89.00 元

第十四批书目

131.《城邦与灵魂:费拉里〈理想国〉论集》,[美]G. R. F. 费拉里著,刘玮编译 58.00 元
132.《人民主权与德国宪法危机》,[美]P. C. 考威尔著,曹晗蓉、虞维华译 58.00 元
133.《16 和 17 世纪英格兰大众信仰研究》,[英]K. 托马斯著,芮传明、梅剑华译 168.00 元
134.《民族认同》,[英]A. D. 史密斯著,王娟译 55.00 元
135.《世俗主义之乐:我们当下如何生活》,[英]G. 莱文编,赵元译 58.00 元
136.《国王或人民》,[美]R. 本迪克斯著,褚平译(即出)
137.《自由意志、能动性与生命的意义》,[美] D. 佩里布姆著,张可译 68.00 元
138.《自由与多元论:以赛亚·伯林思想研究》,[英]G. 克劳德著,应奇等译 58.00 元
139.《暴力:思无所限》,[美]R. J. 伯恩斯坦著,李元来译 59.00 元
140.《中心与边缘:宏观社会学论集》,[美]E. 希尔斯著,甘会斌、余昕译 88.00 元

第十五批书目

141.《自足的世俗社会》,[美]P. 朱克曼著,杨靖译 58.00 元
142.《历史与记忆》,[英]G. 丘比特著,王晨凤译 59.00 元
143.《媒体、国家与民族》,[英]P. 施莱辛格著,林玮译 68.00 元
144.《道德错误论:历史、批判、辩护》,

[瑞典]J. 奥尔松著,周奕李译 58.00元

145.《废墟上的未来:联合国教科文组织、世界遗产与和平之梦》,[澳]L. 梅斯克尔著,王丹阳、胡牧译 88.00元

146.《为历史而战》,[法]L. 费弗尔著,高煜译 98.00元

147.《语言动物:人类语言能力概览》,[加]C. 泰勒著,赵清丽译(即出)

148.《我们中的我:承认理论研究》,[德]A. 霍耐特著,张曦、孙逸凡译 62.00元

149.《人文学科与公共生活》,[美]P. 布鲁克斯、H. 杰维特编,余婉卉译 52.00元

150.《美国生活中的反智主义》,[美]R. 霍夫施塔特著,何博超译 68.00元

第十六批书目

151.《关怀伦理与移情》,[美]M. 斯洛特著,韩玉胜译 48.00元

152.《形象与象征》,[罗]M. 伊利亚德著,沈珂译 48.00元

153.《艾希曼审判》,[美]D. 利普斯塔特著,刘颖洁译 49.00元

154.《现代主义观念论:黑格尔式变奏》,[美]R. B. 皮平著,郭东辉译(即出)

155.《文化绝望的政治:日耳曼意识形态崛起研究》,[美]F. R. 斯特恩著,杨靖译 98.00元

156.《作为文化现实的未来:全球现状论集》,[印]A. 阿帕杜拉伊著,周云水、马建福译(即出)

157.《一种思想及其时代:以赛亚·伯林政治思想的发展》,[美]J. L. 彻尼斯著,寿天艺、宋文佳译(即出)

158.《人类的领土性:理论与历史》,[美]R. B. 萨克著,袁剑译(即出)

159.《理想的暴政:多元社会中的正义》,[美]G. 高斯著,范震亚译(即出)
160.《荒原:一部历史》,[美]V. D. 帕尔马著,梅雪芹译(即出)

有关"人文与社会译丛"及本社其他资讯,欢迎点击 www. yilin. com 浏览,对本丛书的意见和建议请反馈至新浪微博@译林人文社科。